BULLETIN
DE LA
SOCIÉTÉ DES SCIENCES
HISTORIQUES & NATURELLES
DE LA CORSE

PUBLICATION TRIMESTRIELLE

XXV⁰ ANNÉE. — 1ᵉʳ ET 2ᵉ TRIMESTRES 1904/5

Janvier, Février, Mars, Avril, Mai, Juin & Juillet 1905

289ᵉ, 290ᵉ, 291ᵉ, 292ᵉ, 293ᵉ, 294ᵉ & 295ᵉ FASCICULES

BASTIA
Imprimerie & Librairie C. Piaggi & Cⁱᵉ

1906.

SOMMAIRE

DES ARTICLES CONTENUS DANS LE PRÉSENT BULLETIN

Mission de M. de Cursay en Corse. — *Lettres et pièces diverses.* (Année 1748).

Pour paraître prochainement :

Lettres de l'amiral Nelson pendant sa croisière sur les côtes de Corse. — Traduction de l'anglais par M. Sébastien de Caraffa, Avocat.

Procès-Verbaux des Assemblées générales des Etats de Corse, tenues à Bastia en 1785, 5e vol., par M. l'Abbé Letteron.

Le Gérant : Laurent BASTIANI.

Société des Sciences Historiques & Naturelles
DE LA CORSE

MISSION DE M. DE CURSAY
EN CORSE

Lettres & Pièces diverses
(ANNÉE 1748)

BASTIA
IMPRIMERIE & LIBRAIRIE C. PIAGGI & Cie

1906.

MISSION DE M. DE CURSAY
EN CORSE

Lettres & Pièces diverses
(ANNÉE 1748)

INTRODUCTION

—⟶✦⟵—

Il n'y eut guère d'étranger, avant l'annexion de la Corse à la France, dont le nom soit resté plus populaire dans l'île que celui de Cursay. Chargé par le gouvernement français d'une mission extrêmement difficile, celle de faire rentrer les Corses révoltés sous l'autorité de la République de Gênes, et de leur faire accepter, sous certaines garanties sans doute, mais enfin volontairement, la domination de leurs anciens maîtres, il sut si bien gagner le cœur des insulaires que pendant plusieurs années il fut en Corse un véritable souverain. En effet si les populations et les chefs étaient charmés de son affabilité et de sa courtoisie, ils lui témoignaient d'autre part une reconnaissance sans bornes pour la fermeté qu'il déployait en contraignant les Génois à rendre une justice rigoureuse et à supprimer une foule de vexations et d'abus qui entretenaient les esprits dans un état continuel d'exaspération.

La partie de la correspondance générale que nous publions dans le présent volume, se rapporte à l'année 1748. Toutes les pièces, sauf une peut-être, ont été tirées des archives du ministère de la guerre. Elles sont signées des plus grands noms du temps : le duc de Richelieu, le maréchal de Belle-Isle,

Puysieulx, d'Argenson, Chauvelin etc., et du côté des ennemis de la France, de l'amiral Byng, de M. de Leutrum, de M. de Cumiana etc. Mais les lettres dont la lecture sera préférée par un Corse, seront sans doute celles du marquis de Cursay, qui donnent sur l'état du pays, les dispositions des chefs, leur influence, leurs préférences et même leurs intrigues, des détails du plus grand intérêt...

Ambrogio Rossi, dans le livre IX de ses Osservazioni, a exposé longuement les événements qui précédèrent l'arrivée de M. de Cursay en Corse ; il a exposé avec non moins de détails la suite des opérations de l'envoyé français depuis son arrivée, au mois de juin 1748, jusqu'à son arrestation, au mois de décembre 1752. Cependant, pour épargner au lecteur des recherches qu'il trouverait peut être un peu fatigantes, nous estimons plus simple de rapporter ici quelques pages d'un auteur bien connu pour sa clarté et sa précision. Voici ce qu'on lit dans l'Histoire de la Corse de M. Friess sur les événements qui précédèrent ou accompagnèrent la mission de M. de Cursay en Corse :

« La tranquillité dont jouissait depuis deux ans le pays ne devait pas être de longue durée ; elle fut tout à coup troublée par un événement inattendu.

» Le roi de Sardaigne, allié de l'Autriche et de l'Angleterre, qui en ce moment étaient en guerre avec la France, se trouvait personnellement en lutte avec la République de Gênes, alliée de la France, pour des intérêts particuliers. Il avait à son service, en qualité de colonel d'un régiment corse, le comte Dominique Rivarola de Bastia, qui, pour être d'origine génoise, n'en était que plus hostile à la République. Le comte Rivarola proposa à plusieurs chefs corses de passer sous le gouvernement de Sa Majesté sarde. Ceux-ci acceptèrent. Alors Rivarola, ayant pris des munitions de bouche et de guerre, débarqua en Corse à la tête de quelques troupes sardes. Les nationaux vinrent se ranger autour de lui et il alla aussitôt mettre le siège devant Bastia.

» Le gouverneur Mari, qui avait remplacé Giustiniani, se préparait à la défense, lorsque le commodore anglais Cooper arriva devant Bastia, somma la ville de se rendre et sur son refus commença à la bombarder ; les habitants, effrayés du danger qui les menaçait, forcèrent Mari à se retirer et ouvrirent aussitôt leurs portes à Rivarola (Novembre 1745).

» Profitant de la présence de la flotte anglaise, Rivarola qui venait d'être proclamé généralissime du royaume, s'empara de Saint-Florent, de San Pellegrino et d'autres postes moins importants. Gaffori et Matra qui d'abord en avaient pris ombrage, voyant qu'il agissait sincèrement, se rallièrent à lui.

» Les succès que venait d'obtenir Rivarola ne pouvaient être que momentanés, car la Cour de Turin ne lui envoyait point de secours, et, réduit à ses seules forces, il ne pouvait prétendre se soutenir contre la République. Tandis qu'il était à Saint-Florent, une conspiration des partisans de Gênes eut lieu à Bastia pour livrer la ville à la République. Le pouvoir de Rivarola fut renversé, le drapeau de Gênes fut arboré sur la citadelle et les Génois rentrèrent en triomphe. Les partisans de Rivarola, livrés au gouverneur sur la promesse que l'on n'attenterait point à leur vie, furent expédiés à Gênes et pendus quelques mois après (15 Février 1746).

» Ceux qui furent ainsi mis à mort étaient : le major Gentile, l'avocat Marengo, Rossi, Casella, Sansonetti, Limperani, Guasco, Degiovanni, Raffalli et Morelli (1).

» Rivarola, accouru pour mettre le siège devant la ville, fut obligé de le lever à cause du secours que les Génois venaient de recevoir. Toutefois il expédia à la Cour de Turin son neveu, l'abbé Zerbi, pour représenter l'embarras dans lequel il se trouvait. Les puissances alliées répondirent que les Corses était trop désunis pour mériter un appui sérieux ; qu'il fallait

---

(1) Relevons en passant l'inexactitude commise ici par Friess. Les patriotes bastiais furent, les uns décapités, les autres pendus, le 7 mai 1746. Les cinq qui furent décapités étaient : Gentile, Asdente, Marengo, Rossi et Cardi Sansonnetti. Les cinq qui furent pendus étaient Bozio, Vincenzini, Lucciana, Sari, Degiovanni. Limperani mourut en prison le 16 septembre 1746.

qu'ils se soutinssent d'abord par leurs propres forces, et qu'ensuite on leur enverrait des secours.

» Cette réponse fit comprendre la nécessité d'un accord. On s'entendit et l'on agit de manière à mériter l'appui que l'on avait réclamé.

» Gaffori, attaqué par le lieutenant de Corte, l'assiégea dans la citadelle, l'obligea à se rendre et lui permit de s'en aller à Calvi à vie sauve (7 Juillet 1746). (1)

» L'intérieur de la Corse se souleva. Une assemblée générale tenue à Corte, le 10 août, déclara la Corse indépendante, nomma pour généraux et protecteurs de la nation, Gaffori, Venturini et Matra, et forma sous le nom de Magistrato Supremo un Conseil qui devait assister les généraux. Les biens des Génois furent confisqués au profit de la nation.

» Une autre consulte eut lieu en Orezza : on y prit différentes mesures d'ordre public et l'on engagea Rivarola à aller en personne demander des secours à Turin.

» Rivarola crut voir un piège dans cette invitation : sous divers prétextes il refusa de partir. Gaffori, irrité, excita contre lui un mouvement auquel il fut obligé de résister par les armes.

» Ces rivalités entre chefs nuisaient beaucoup au succès de cause nationale. Gênes en profitait pour attirer les mécontents dans son parti. Alérius Matra, ayant à se plaindre de Gaffori, accepta le grade de brigadier au service de la République. Venturini, Gaffori et Rivarola, calomniés par les Génois, se justifièrent, et la République offrit mille génuines à celui qui livrerait Rivarola mort ou vif.

» Rivarola sut éviter les assassins. Au mois de juillet 1747, il s'empara de Terra-Vecchia de Bastia ; mais il ne put s'y maintenir que quelques mois. Mari, ayant reçu un renfort d'Espagnols et de Français, l'obligea à se retirer à St. Florent où il l'assiégea avec quinze cents hommes (Septembre 1747).

» Rivarola courait grand risque d'être pris, lorsque Giuliani,

---

(1) Ambrogio Rossi donne comme date le 23 juin.

qui commandait en Balagne, accourut à son secours et força Mari à lever le siège. Giuliani et Rivarola, profitant de la présence de vaisseaux anglais envoyés à leur secours par l'amiral Byng, s'embarquèrent pour aller à Turin.

» Le roi de Sardaigne les accueillit parfaitement et leur fournit des munitions. Giuliani rentra aussitôt en Corse. Il s'empressa de convoquer une consulte à Murato pour ranimer l'esprit des nationaux et leur annoncer l'appui de la Sardaigne (Février 1748).

» En attendant, Rivarola, qui était resté à Turin, parvint à obtenir des puissances alliées des munitions et l'envoi du général Cumiana à la tête de quinze cents Austro-Sardes (Mai 1748).

» A son arrivée Venturin, Gaffori et Matra se réunirent à lui et allèrent assiéger Bastia. Mais ils furent repoussés avec vigueur par Spinola, lieutenant du nouveau gouverneur Passano, et obligés de se retirer ; ils retournèrent à S. Florent en attendant de nouveaux secours (Mai 1748).

» Lorsque les Génois apprirent que les troupes du Roi de Sardaigne étaient débarquées en Corse, ils furent remplis d'épouvante ; il y eut un deuil général dans la ville et le Sénat alla se jeter aux pieds du duc de Richelieu pour implorer son assistance. Richelieu, voyant l'imminence du danger, ne voulut point abandonner l'alliée de la France ; il mit deux mille hommes à la disposition du général de Cursay, lui donnant ordre d'aller occuper les places de la Corse.

» Les vaisseaux français parurent en vue de Bastia le jour où Cumiana devait tenter un nouvel assaut. Leur présence suffit pour le faire renoncer à son entreprise. Il se retira à St-Florent. Quelque temps après, de Cursay, ayant appris que la paix entre les puissances européennes allait être conclue, proposa un armistice qui fut accepté par Cumiana, général en chef des nationaux. La paix ne tarda pas à être définitivement signée, et la Corse, aux termes du traité, faisant retour à la République de Gênes, Cumiana s'embarqua avec les troupes qu'il avait amenées (Novembre 1748).

» Malgré le vide que faisait dans leurs rangs le départ des Austro-Sardes, les Corses n'en persistèrent pas moins dans la résolution de combattre pour leur indépendance. Cependant ils hésitaient devant l'idée de porter les armes contre le roi de France. De Cursay, qui vit leur embarras, leur proposa la médiation même de son Roi. Les chefs acceptèrent avec empressement. Après plusieurs conférences, ils remirent entre ses mains S. Florent, Corte, l'Ile-Rousse et San Pellegrino.

» Comme on le voit, l'intervention du général de Cursay était très utile à la République ; cependant loin d'apprécier les services qu'il lui rendait, elle se plaignit au Cabinet de Versailles de ce que le général traitait les affaires directement sans prendre conseil de ses agents. Par suite de ses plaintes, de Cursay reçut de nouvelles instructions par lesquelles on lui faisait savoir que l'intention du roi était que les Corses retournassent sous la domination génoise. Il en fit part aux nationaux. Ceux-ci trouvèrent la proposition très dure ; mais comme ils avaient la plus grande confiance dans le général de Cursay, ils lui remirent de pleins pouvoirs pour qu'il réglât lui-même les clauses de leur soumission. De Cursay s'appliqua à préparer un règlement qui pût satisfaire les deux partis. Il continua pour le moment à diriger les affaires du pays avec équité et sagesse. Mais les Génois mécontents de ne point avoir euxmêmes cette direction, jaloux de l'ascendant qu'il avait su prendre sur les populations et craignant que le règlement ne leur enlevât la domination absolue qu'ils ne voulaient point abandonner, déterminèrent le marquis de Chauvelin, alors ambassadeur de France à Gênes, à passer en Corse pour faire le règlement.

» Le marquis de Chauvelin étant arrivé à Saint-Florent, y convoqua une assemblée générale. Les esprits avaient été préparés par le général de Cursay, et Chauvelin n'eut point de peine à faire accepter le règlement qui fut fixé d'après les bases suivantes :

1° La république entretiendra dans les villes une garnison aux frais des communes de la Corse.

2° Le Commissaire général résidera à Bastia et il aura la direction des affaires civiles et militaires.

3° Trois évêchés seront toujours attribués aux nationaux.

4° Les causes criminelles seront jugées à Bastia avec l'assistance de neufs assesseurs Corses.

5° Les causes civiles seront jugées par deux assesseurs, un génois, l'autre Corse.

6° Tous les juges podestats et autres employés seront Corses.

7° Les nationaux pourront commercer avec toute puissance étrangère.

8° On pourra introduire dans l'île toutes les sciences et tous les arts (Juillet 1751).

» Après la signature de ce règlement, le marquis de Chauvelin retourna à Gênes laissant à de Cursay le soin de s'entendre sur son application avec Grimaldi, commissaire de la République. De graves difficultés ne tardèrent pas à naître à ce sujet. De Cursay se retira à Ajaccio et rompit ouvertement avec Grimaldi. Les esprits s'aigrirent de part et d'autre. Il se forma deux partis et il y eut des rixes sanglantes entre les Génois et les Français.

» A Ajaccio, où les Génois comptaient beaucoup de partisans, le général de Cursay courut de très grands dangers. Gaffori, informé de la position, accourut à son secours, et les Génois ne purent rien faire contre lui ; mais ils portèrent leurs plaintes à la Cour, où ils dénoncèrent de Cursay comme l'artisan de tous les troubles, et firent si bien par leurs intrigues que ce général fut rappelé et envoyé prisonnier à Antibes.

» Les Corses, perdant en M. de Cursay le seul appui qui leur restait, reprirent l'offensive. Une consulte réunie en Orezza nomma Gaffori seul général et gouverneur de la nation. »

On nous permettra d'ajouter ici, à la suite de l'introduction, deux pièces officielles très importantes et très peu connues, de l'année 1746, que l'ordre chronologique nous interdisait de faire entrer dans le corps du présent volume. L'une est la déclaration (en latin, langue officielle de la chancellerie Impériale) par laquelle l'impératrice Marie-Thérèse, fidèle aux engagements pris en 1733 par son père l'empereur Charles VI, se prononce en faveur des Corses contre les Génois ; *(1)* l'autre est le manifeste par lequel le roi de France, Louis XV, se déclare pour les Génois, ses alliés, contre la reine de Hongrie et le roi de Sardaigne.

---

(1). On trouvera la traduction italienne de cette pièce dans le livre IX des *Osservazioni* d'Ambrogio Rossi, pag. 41 à 43.

NOS MARIA THERESIA, DEI GRATIA, ROMANO-
RUM IMPERATRIX, Germaniæ, Hungariæ, Bohemiæ,
Dalmatiæ, Croatiæ, Slavoniæque Regina, Archidux
Austriæ. Dux Burgundiæ, Brabantiæ, Mediolani, Styriæ,
Carinthiæ, Carniolæ, Mantuæ, Parmæ, & Placentiæ,
Limburgiæ, Lucemburgiæ, Geldriæ, Wirtembergæ, Su-
perioris, & Inferioris Silesiæ, Princeps Sueviæ, & Tran-
silvaniæ, Marchio Sacri Romani Imperii, Burgoviæ,
Moraviæ, Superioris, & Inferioris Lusatiæ, Comes Habs-
burgi, Flandriæ, Tyrolis, Ferretis, Hyburgi, Goritiæ,
Gradiscæ, & Arthesiæ, Comes Namurci, Domina Mar-
chiæ Slavonicæ, Portus Naonis, Salinarum, & Mechli-
niæ, Lotharingiæ, & Barri Dux, Magna Dux Hetruriæ.

Notum hisce facimus; Cum Nobis a Corsicani Regni
Populis dolenter expositum fuerit, quod contra intole-
rabile Dominatûs Reipublicæ Genuensis Jugum, quæ
susque deque habitis humanitatis, ac justitiæ Legibus,
violata proindè solemnium Conventionum sponsionum-
que fide in despicientiam contemptumque Evictionis,
seu, uti vocant, Guarantiæ a Colendissimo Divo Genito-
re Nostro CAROLO VI. Romanorum Imperatore, Rege-
que Hispaniarum Catholico Glor. Mem. præstitæ, Pro-
tectionisque a Galliarum Rege Christianissimo ipsis
adpromissæ omni acerbiore modo ad deletionem hono-
ris, famæ, bonorum, ac vitæ eos habere, persequi ac

penitus opprimere perstiterit, insurgere rursus coactisint; Supplicando Nobis proinde enixissimè, quo Protectione, Tuitioneque Nostra super ipsos misereremur. Cumque præterea in aperto sit, præfatam Rempublicam contra Nos, fidosque Confœderatos Nostros partibus adversis durante hocce Bello, & eo ipso tempore, quo per frequentes declarationes haud fucatam Neutralitatem simulavit, non tantum quævis adminicula Inimicis Nostris continuo suppeditaverit, sed & posthac copias suas cum re armamentaria alacriter junxerit, vanâ semet spe lactando, tempus jam illuxisse, quo invidiam in emolumenta Nostra jampridem conceptam, & nutritam nunc tandem diffundere possit; Nos æquissimis hisce justissimisque de Causis haud cunctandum amplius esse existimavimus, illatas Nobis tam graves injurias repellere opportunitate Nobis se se offerente uti, ac denique damna sæpefatæ Reipublicæ vicissim inferre. Excitata igitur non minus ponderosissimis reciproci belli argumentis, ex Nostra parte eo utique justioris quod a Genuensibus primæ lacessitæ sumus, quam miseratione qua in infaustum, qui Corsicanos impræsentiarum sub tam acerbi Dominatus jugo gementes Populos tangit, fortunæ habitum ferimur, Decrevimus, atque constituimus, concedere ipsis, prouti vigore præsentium Literarum Nostrarum concedimus, ac adpromittimus, Cæsaream Regiamque Protectionem ac opitulationem Nostram, subministrationem una omnis, quod in Nostra est potestate, auxilii Nostris ordinantes: Ac officia præterea apud Confœderatos Nostros interponentes, quo & ipsi hosce Populos in bello, quod adversus Rempublicam Genuensem, custodiendorum, servandorumque jurium, Consuetudinum, Pirvilegiorumque suorum causa tantum, neutiquam vero temerè excitârunt, protegant, viribusque suis ipsis opitulentur, certa spe fretæ ipsissimis, quibus Nos, justissimis momentis motos in eo fore, ut Genti huic Protectionem auxiliaque sua non solum durante præsente dissidio; sed & post reductam Pacem, quam a Divinæ Clementiæ miseratione calidis precibus exoramus, præstituri sint, haud secus ac Nos ex Nostra parte ex dunc religiose promittimus ac spondemus, efficaciter ni agere velle, ut in ipso futuro Pacis Tractatu de stabili, perennique tranquillitate certo ipsis prospiciatur, nullo modo permittendo ut vindictæ Reipublicæ porrò expositi maneant. In cujus rei testimonium ac fidem præsentes Literas Manu Nostra subscriptas, Cæsareo, Regio, Archiducalique Sigillo Nostro appresso firmari jussimus.

Datas in Civitate Nostra Viennæ die 3-Januarii, Anno 1746. Regnorum Nostro Sexto.

MARIA THERESIA.

Loco X Sigilli.

Comes ab Ulfeldr

Ad Mandatum Sacræ Cesareæ
Regiæque Majestatis proprium
Joh. Christophorus Bartenstein

DÉCLARATION
DU ROY

En faveur des Corses fidèles à la République de Genes & contre ceux qui cherchent à se soustraire à sa domination

Toute l'Europe aura vu avec quelle surprise les déclarations que la Reine de Hongrie & le Roy de Sardaigne ont fait publier, pour promettre leur secours aux peuples rebelles de l'isle de Corse.

Il est évident que ces deux Puissances manquent aux lois de la justice, en fomentant la rébellion de ces Insulaires contre leur légitime Souverain, avec lequel elles ne sont point en guerre.

Les égards que la Reine de Hongrie doit à la mémoire du feu Empereur son père, ajoutent à cette en treprise odieuse par elle-même, un nouveau degré d'irrégularité.

Le Roy & l'Empereur Charles VI s'étoient engagez de concert à maintenir la République de Genes dans la possession du Royaume de Corse; ce fut ensuite sous la médiation de ces deux Monarques, que la tranquillité fut rétablie dans cette Isle : enfin leurs Majestés accordèrent en 1738 leur garantie pour le maintien de l'amnistie & des règlemens qui furent alors statuez par la République en faveur des Corses.

Cette considération auroit dû suffire pour prévenir la rébellion, & non pour l'encourager, mais les droits naturels de la raison & de l'équité se taisent lorsqu'il s'agit de satisfaire son ressentiment & sa vengeance.

Le Roy, bien éloigné de se conduire par de pareilles maximes, n'a jamais traité en ennemis déclarez les puissances qui ont fourni à la Reine de Hongrie des secours contre Sa Majesté, tandis que les deux Puissances ennemies de Sa Majesté exercent contre les Genois les vexations les plus illégitimes, par la seule raison qu'ils sont Alliés du Roy, & auxiliaires des Alliés de Sa Majesté.

Cette circonstance est un motif qui doit d'autant plus engager le Roy a donner en cette occasion aux Corses fidèles, de nouvelles assurances de sa protection & de ses bontés, & à aider la République pour faire rentrer dans le devoir ceux qui, séduits ou excitez par les Cours de Vienne & de Turin, ont osé ou oseront s'en écarter, & lesquels Sa Majesté regardera par cette raison, comme déchûs des grâces & des priviléges dont Elle a été garante.

C'est dans cette vûe que le Roy déclare que son intention est de maintenir par tous les moyens convenables, l'autorité légitime de la République de Genes, & de contribuer le plus promptement et le plus efficacement qu'il sera possible, a rétablir la tranquillité, l'ordre & la subordination dans l'isle de Corse. La fidélité de Sa Majesté pour ses Alliés, sa modération & son désir constant de pacifier l'Europe, au lieu d'en multiplier les troubles, sont les fondemens solides de la confiance que les Corses dociles & soûmis doivent mettre dans l'équité & la droiture de ses intentions ; & son Trône sera toujours un asyle assuré pour toutes les Puissances qui lui seront unies, & dont on attaquera les droits & les prérogatives.

(A Paris, de l'Imprimerie Royale, 1746).

Mission de M. de Cursay
EN CORSE

Lettres & Pièces Diverses
(ANNÉE 1748)

Extrait des nouvelles de Corse du 3 Janvier 1748. — Le fils aîné du rebelle Rivarola et Giuliani, autre rebelle, arrivèrent il y a quelques jours de Savone à San-Fiorenzo sur un sciabecq anglais armé en guerre, accompagné d'un autre bâtiment rempli d'armes et de munitions.

Il vient encore d'arriver au même endroit un autre rebelle, nommé Sylvestre Oletta, dit Giba, avec sa famille à bord d'un pink chargé de ferrements et de drap venant pareillement de Savone.

Ils publient qu'ils attendent encore dans ce mois-ci huit vaisseaux de guerre anglais et quatre bâtiments de transport qui amèneront huit bataillons allemands avec de l'artillerie pour attaquer nos places en commençant par Calvi.

Dominique Rivarola ne s'est arrêté à Turin que pour

donner la dernière main à son projet, pendant que Giuliani travaille à San Fiorenzo à tous les préparatifs.

Gafforio de son côté, après avoir fait plier ceux qui refusaient de le prendre pour chef et qui voulaient rouvrir le commerce avec Bastia, a ordonné une marche générale pour aller à Tavagna, et passer ensuite à la destruction de Cardo, Lota et autres lieux circonvoisins.

On fait des feux de joie pour le retour des chefs, ce qu'ils ont apporté et l'espérance qu'ils donnent de voir arriver incessamment des vaisseaux et des troupes, ranimant infiniment le courage des rebelles.

(Ministère de la Guerre, vol. Corse 3 305).

A Versailles, le 14 Janvier 1748. — M. Puyzieulx au maréchal de Belle-Isle. — Je vous ai parlé, Monsieur le maréchal, avant-hier du mémoire que M. le marquis de Pallavicini m'a remis au sujet des justes inquiétudes de sa république pour la Corse. Ce ministre est venu de Paris aujourd'hui tout exprès pour me dire qu'il avait reçu la confirmation des mêmes nouvelles et pour me prier instamment de vous écrire pour vous engager à faire passer en Corse un bataillon. Je soumets cette demande à vos lumières et à votre décision. Il est vrai que les lettres de Florence et de Turin, nous confirment ce qui a été mandé à cet égard à la République par un officier au service du Roi de Sardaigne, qui est Génois et devait être du détachement destiné à passer en Corse. J'ai eu soin d'instruire de tout ceci M. le comte d'Argenson aussitôt que j'en ai été informé. Je présente mon respect à Madame de Belle-Isle et mon hommage à M. le maréchal.

(M. G. vol. Corse 3.305).

A Paris, le 31 janvier 1748. — M. le marquis de Pallavicini à..... — Voici, Monsieur, des nouvelles de Corse qui me paraissent d'autant plus dignes d'attention que l'arrivée du fils de Rivarola, de Giuliani et des deux vaisseaux anglais dans l'Isle, prouve le fond qu'on doit faire sur la lettre anonyme du 30 novembre que j'ai eu l'honneur de communiquer à Votre Excellence.

Je conviens que ces deux rebelles peuvent exagérer les secours qu'ils attendent pour encourager leurs adhérents et en augmenter le nombre; mais ce premier envoi, si positivement annoncé par la lettre anonyme rend presque certaines les autres particularités qu'elle contient.

Je suis donc, Monsieur, dans la nécessité de renouveler à Votre Excellence les instances que j'ai déjà eu l'honneur de lui faire dans mes deux lettres du 10 et 17 pour qu'il plaise au Roy d'envoyer promptement quelques secours en Corse.

Quelle douleur n'aurait-on pas, si, pour avoir négligé des avis ainsi avérés, on perdait une isle que Votre Excellence et tout le ministère sentent si bien qu'il est important de conserver ? Je prie Votre Excellence d'être persuadée des sentiments sincères avec lesquels j'ai l'honneur d'être très parfaitement, Monsieur, etc.,

(M. G. vol. Corse 3.305).

Extrait d'une partie des papiers trouvés dans les bâtiments venant de Corse.

1. — *San Fiorenzo, 10 mars 1748.* — Un pli adressé à la secrétairie d'Etat du Roy de Sardaigne, dans lequel 4 lettres sans adresse ; l'une d'Alerio François Matra qui paraît écrite au comte Rivarola à Turin, à qui il mande qu'il ne peut rien lui dire de positif au sujet du bataillon jusqu'à ce qu'il en parle avec le président et les autres collègues qu'il se flatte de faire consentir à ce qu'il souhaite ; quant à l'envoi des soldats il est très difficile d'en trouver une quantité de volontaires depuis qu'on les a découverts *Vittoli* (du parti de la République) ; on pourrait en envoyer quelques-uns, s'il y avait quelques occasions sûres de bâtiments anglais.

Il mande qu'ils ont des avis très sûrs qu'une quantité de troupes françaises doit venir en Corse pour tenter de surprendre la place et le château, et qu'il craint fort nonobstant ce qu'il a tâché de faire pour la fortifier, de n'être pas en état de résister à une telle force, n'ayant pas de l'argent pour payer les soldats, ni pour faire les approvisionnements nécessaires ; que d'ailleurs il craint que les bons patriotes, las d'espérer, ne se découragent ; qu'il est nécessaire par conséquent qu'il tâche d'obtenir et d'envoyer le plus tôt possible un commencement du secours qu'on attend pour encourager les bons patriotes et intimider les *Vittoli*. — Il mande que le 13 du passé, à 2 heures de nuit, le capitaine Lepidi a été tué d'un coup de fusil, dont on n'a pu découvrir l'auteur.

San Fiorenzo, 3 février. — Seconde lettre sans adresse qui paraît écrite au marquis de Corsegno, du fils de Rivarola ; il le prie de faire rendre les incluses à leur destination ; il lui recommande son père, sa famille et sa patrie.

(Les lettres incluses sont insignifiantes).

2. — *Un pli adressé à Saliceti à Livourne et dedans un pli adressé au S. Raiberti, premier commis de la Secrétairie d'Etat pour les affaires étrangères du Roy de Sardaigne, et dedans:*

Saint-Florent, 1er février 1748. — Une lettre du fils de Rivarola à son père à Turin. Il lui mande qu'ayant fait prisonniers les Rostininchi et Tavagnaninchi, l'on doit faire le lundi suivant une consultation à Murato où l'on résoudra ce qu'on devra faire et en même temps l'on publiera dans tout le royaume les espérances qu'ils ont des puissances protectrices. Il lui mande que Matra gouverne avec beaucoup de jugement, mais que plusieurs se plaignent de lui ; il le presse de retourner lui-même, sans quoi plusieurs abandonneraient la cause commune. Il lui mande que Matra et lui ont consigné à ceux de la Balagne un des deux canons de fer qui étaient dans la place et des munitions pour garnir la tour d'Isola-Rossa, et qu'ils enverront de S. Fiorenzo les approvisionnements pour la troupe de cette tour, comme l'on fait pour la tour de Padulella et de S. Pellegrino.

Il mande que la place ne peut se maintenir du seul revenu du Capo Corso, que Matra fait voir que le revenu n'est que de 8.000 lires environ, et la dépense de 10.000, et qu'il a été obligé d'acheter 400 salines de sel à un prix très élevé.

Il dit que tout le monde le tourmente pour la levée des soldats, entre autres Mordiconi qui lui écrit.

Il lui mande de ne pas venir sans le secours et de ne pas laisser venir le secours sans venir lui-même, et avant de venir avec le secours, de lui en donner avis d'avance pour commencer à faire ses dispositions.

Il lui mande que quand il est arrivé en Corse, les *Vittoli* ont fait courir le bruit qu'il venait pour empoisonner toute la famille et que les Génois font leurs efforts pour faire croire qu'il n'y a point d'espérance de secours pour eux. Ils ont accordé un pardon général aux Bastiais qui sont hors de Bastia.

Il dit que Peppo Mattei a fait savoir à la tante de Matra que si elle veut retourner à Bastia, il lui fera avoir le pardon, mais sans succès.

Les Casali ont fait quelques coups de fusil le premier jour de l'an à Olmeta avec ceux du parti de la République. Il y a eu quatre à cinq blessés entre les deux partis. L'on finit le procès. En attendant ceux du parti des Casali sont sortis de prison, ayant été trouvés innocents, et à la consulte qu'on doit faire l'on châtiera les autres ou peut-être leurs effets, d'autant plus qu'ils ont manqué à leur parole.

Lucciana, 1er février. — Lettre de Mordiconi à Rivarola. — Il lui demande, en cas qu'il doive lever un second bataillon pour son régiment, une commission de capitaine, promettant de faire sa compagnie de 50 hommes dans deux ou trois mois.

San Fiorenzo, 1er février. — Lettre du fils de Rivarola au comte Bogino, premier ministre de guerre du Roy de Sardaigne à Turin. — Il lui mande qu'en conséquence de la lettre qu'il lui a écrite avec le sieur Matra par le retour du chabeck anglais, il a envoyé à la Balagne un des canons que son père a reçus de Sardaigne par son entremise, et qu'il avait aussi envoyé les provisions nécessaires pour armer la tour d'Isola-Rossa ; que Gaffori a intimé une consulte générale pour le lundi suivant dans le couvent de Murato, à Nebbio, pour résoudre ce qu'on doit faire de ceux qu'on a découverts traîtres de la patrie et pour rétablir toujours plus l'union en Corse qui est aujourd'hui très parfaite, et qu'on n'attend plus que l'arrivée de son père avec les secours qu'ils espèrent de la Cour de Turin et des autres Cours alliées ; qu'il espère que moyennant sa protection, ce royaume affligé recevra la liberté pour laquelle on soupire depuis longtemps.

San Fiorenzo, 30 janvier. — Lettre de Dominique Saliceti à Rivarola à Turin. — Il lui mande que les rebelles de la patrie ont été battus et conduits dans le château. Ceux du Nebbio en ont eu la gloire ; il le presse de revenir et de laisser le régiment et tout pour la cause commune, les Génois publiant qu'il ne retournerait plus ; qu'il est obligé pour maintenir sa parole et pour les avantages de la patrie de revenir ; que s'il y manquait, il en résulterait une méfiance universelle dans toutes les pièves ; que personne ne se remuera s'il ne vient avec les secours ; que quoique son fils soit très habile, ils veulent avoir la satisfaction de le voir, et puisqu'il a jusqu'à présent souffert le feu et vaincu les ennemis, ils veulent qu'il soit présent pour donner la dernière main contre eux. Pour le bien de la patrie, l'on doit tout abandonner, ne pouvant laisser une mémoire plus glorieuse à la postérité que d'être employé pour elle, et d'autant plus pour sa liberté etc.

3. — *Ce n° ne contient rien d'important.*

4. — *Un pli adressé à Girolamo Saliceti à Livourne dans lequel les lettres suivantes :*

Une de Rivarola au même Saliceti, sans date ; il lui envoie le résultat de la Consulte tenue à Murato, il le prie, après l'avoir lu et communiqué à M. Clerici, de l'envoyer à son père, à Turin, et de remettre sa lettre au même M. Clerici.

Voici la traduction mot pour mot du résultat de la Consulte.

San Fiorenzo, 23 février 1748. — La consultation qu'on avait intimée à Murato pour le 5 et le 6 de ce mois a réussi heureusement et a duré jusqu'au 7 ; l'on y a décidé plusieurs choses.

La première au sujet du commerce, la deuxième au sujet du camp volant, la troisième des prisonniers faits dans la marche de la fin de décembre et autres choses de moindre importance ; quant au commerce, il a été résolu par les peuples qu'il faut rouvrir le trafic pour tous les vivres à l'exception du blé ; et afin que les Corses n'aient pas un prétexte pour aller à Bastia d'y porter leurs châtaignes et tramer quelque chose avec les Génois, l'on a destiné à cet effet San Fiorenzo, San Pellegrino et la Padulella, dans lesquels *scali* ils sera permis à tous les bâtiments amis et ennemis d'y venir charger de châtaignes et autres choses, et il ne sera permis de trafiquer dans aucun autre endroit.

Quant à l'escadron volant, l'on a délibéré qu'on doit faire 5 capitaines avec 30 hommes chacun, et pour les payer l'on prendra ici pour le premier mois sel et poudre, et pour le deuxième mois, en cas que le secours ne fût pas encore arrivé, l'on prendra un *seino* chaque feu et ce camp volant devra servir pour empêcher le trafic aux présides, pour veiller à prendre les bandits, et pour exécuter les justices dans les endroits où l'on doit les faire.

Quant aux prisonniers, l'on a formé une *giunta* de 6 sujets qui sont le général Giuliani pour la Balagne ; capitaine Anton-Marie Casale pour le Nebbio ; et des autres Clément Paoli, fils du général Paoli ; capitaine Simon-Pierre Frediani, Vincentelli di Caccia et Carlotti de Venaco, lesquels avec nous et le magistrat de guerre doivent décider pour les prisonniers, pour les juges de toutes les *pievi* et autres minuties. L'on a voulu ensuite que cette *giunta* avec les *sunes* (?) doivent former le Magistrat Suprême, comme l'on fit ensuite, ce que je dirai après. L'on délibéra de faire écrire une lettre à sa Sainteté pour la délivrance de M. Mariotti, ou au moins pour qu'on le tire des prisons de Gênes et qu'on le transporte dans celles de Rome ; l'on donne les nouvelles que l'on a de terre ferme, et l'on conclut que les Corses qui servent la République dans les présides, dans le terme de 15 jours, doivent retourner dans leurs maisons ; autrement qu'on doit dévaster leurs biens, brûler leurs maisons et les bannir. Le restant fut remis à la *giunta* qui s'est assemblée à Saint-Florent le 9 et le 10 en présence des 5 lieutenants généraux Ciavaldini, Raffaelli, Poli, capitaine Jean Félix de Rostino et Thomas Santucci, le président, les généraux Gaffori et Matra et moi, et pour la première session l'on a élu le sixième lieutenant général Jean Joseph Casale, ordonnant aux six lieutenants-généraux de parcourir deux à deux toutes les *pievi*, accompagnés de tous ceux qu'ils pourront rassembler pour faire la justice aux criminels qu'il y aura et chasser les bandits pour lesquels le Supérieur Magistrat aurait donné des ordres ; l'on forma le Magistrat Suprême composé pour les quinze premiers jours, d'un général qui est Giuliani, et de quatre sujets qui sont : capitaine Orso Santo Casale ; capitaine Quilico Casabianca et deux autres sujets du corps des milices dont je ne me souviens pas, et tous les quinze jours l'on changera chaque sujet, et l'on changera aussi la résidence, pour qu'il soit présent à tous les besoins de la Corse. L'on a délibéré que tous les prisonniers, dans le terme d'un mois, trouvent deux cautions chacun, qui promettent pour eux qu'ils ne retourneront plus en Corse et ensuite s'embarqueront étant tous retenus pour le présent dans les prisons du château, et l'on donna l'exil dans le terme de vingt jours au piévan Aitelli et au docteur Antonietti, de même qu'au frère Desiderio, qui devait s'être embarqué et qui restait, non obstant, à Calvi ; qu'il lui était ordonné de partir, sous la peine que son frère qui était sa caution serait tué, étant entre nos mains, et qu'on dévasterait tous ses biens ; l'on décida plusieurs petites prétentions de particuliers, et l'on finit en deux sessions le Congrès, après lequel chacun se retira chez soi et le S. Matra est resté ici juge absolu de tout le Nebbio et Capo Corso, tout le reste de Corse étant dans la dépendance des *sunes* (?) Suprême Magistrat. Voilà tout ce qui a été décidé et ordonné dans la consulte générale et dans la *giunta*.

(M. G. vol. Corse 3.305).

Paris, le 17 février 1748. — Le marquis de Pallavicini à M. de Puysieulx. — Je reçois, Monsieur, la lettre que Votre Excellence m'a fait l'honneur de m'écrire hier. J'y vois la réponse de M. le maréchal de Belle-Isle sur le mémoire que je vous avais remis dernièrement touchant la Corse, et sur ce que vous aviez eu la bonté de lui en écrire vous même à ma réquisition.

Je ne doutais pas que ce général ne sentit combien il est essentiel de conserver toutes les places de Corse et surtout celle de Calvi, très importante par elle-même relativement à la conservation de l'Ile, et plus utile que jamais aux autres Etats et à la capitale de la République, en servant comme elle fait de point d'appui et d'échelle au passage du secours que le Roy veut bien y envoyer. Je ne doute pas non plus que M. le maréchal ne rende la même justice au gouvernement de ma République en le supposant parfaitement instruit de l'importance particulière de cette place et du soin qu'elle exige.

Tout est dit sur ce point également connu et adopté ; et les ordres que le gouvernement vient de donner à son commissaire général, M. le marquis de Mari, de se jeter dans Calvi où il est déjà arrivé, et de faire de son mieux pour s'y mettre en état de défense, prouvent qu'il en est convaincu et qu'il ne veut rien négliger de ce qui est en son pouvoir pour empêcher la perte d'un objet de si grande conséquence ; mais le recours qu'il a eu en même temps au Roy et la prière qu'il fait à Sa Majesté de vouloir bien y concourir de son côté avec cette bonté et ce vif intérêt dont la République éprouve tous les jours des effets, font voir que les dépenses et les malheurs dont elle est accablée et qui sont assez connus pour qu'il soit utile d'en faire ici le détail, la mettent hors d'état de suffire toute seule aux besoins présents de la Corse.

Par le mémoire dont j'ai fait mention ci-dessus, on a pu voir également que la République, très occupée du danger où se trouve la Rivière du Levant, ne songe à rien moins qu'à en affaiblir la défense et que c'est une conséquence de la nécessité qu'elle sent au contraire de l'augmenter, qu'elle a prié le Roy d'envoyer en Corse un secours qui fût indépendant de ceux que Sa Majesté veut faire encore passer dans cette rivière.

Ce que la République a de troupes dans ses Etats de terre ferme ne saurait passer ailleurs sans y laisser un vide dangereux, et la même raison qui fait dire à M. le maréchal de Belle-Isle qu'il ne faut pas que les troupes du Roy qui sont dans les Etats de la République passent en Corse, empêchera le gouvernement d'y envoyer les siennes.

Quant à l'approvisionnement de Calvi, M. le maréchal ainsi que Votre Excellence n'ignorent pas que malgré des efforts plus réglés sur le zèle des citoyens que sur leurs facultés, le gouvernement a toutes les peines du monde à subvenir à celui de Gênes et de la Rivière. On doit voir par le genre des choses que Votre Excellence m'a fait l'honneur de me dire dernièrement que M. le Duc de Richelieu mande à la Cour, que l'on manque encore à Gênes et pour Gênes même de ce qui serait à souhaiter en Corse.

Ce qui résulte donc de l'insinuation que Votre Excellence s'est chargée de me faire de la part de M. le maréchal, c'est qu'il est d'une nécessité indispensable de pourvoir promptement à la sûreté de la Corse. C'est un nouveau motif pour moi de réitérer mes instances à Votre Excellence comme ce lui en sera certainement un très puissant pour appuyer auprès du Roy celles de la République.

Sans des raisons fondées sur une nécessité aussi évidente qu'absolue, on n'oserait sûrement pas importuner le Roy pour des choses à l'égard desquelles Sa Majesté donne déjà tant de témoignages de générosité envers la République, aussi Votre Excellence aura-t-elle remarqué dans ces derniers temps ma retenue sur cet article, mais dans un moment aussi pressant que celui-ci, Monsieur, peut-on être occupé d'autres choses que de l'intérêt commun et des coups dont il est menacé ? Voilà mon excuse. J'espère que Votre Excellence voudra bien l'agréer et être persuadé des sentiments sincères avec lesquels j'ai l'honneur d'être, etc.

(M. G. Vol. Corse 3.305).

Au camp de Casarsa, le 5 mars 1748. — Crussol à.....
— Monseigneur, N'étant pas à Sestry lors du départ de la dernière felouque, je n'ai pu avoir l'honneur de vous rendre compte de l'arrivée des troupes du Roy en

Corse, dont vous avez été instruit par M. de Richelieu ; nous n'avons pas eu depuis des nouvelles de M. de Varignon. Il paraît que l'arrivée de ces troupes n'a pas laissé de faire un assez grand effet dans le pays, et les Génois assurent qu'elle en a fait assez d'abord pour empêcher l'unanimité du concours de toutes les juridictions à San Fiorenzo où le commandant piémontais les avait appelés, la province de Balagne, qui est la plus considérable, n'ayant pas encore envoyé ses députés ; quoi qu'il en soit, il faut que les Piémontais aient eu quelque chose qui les ait retenus, puisqu'il y avait dix jours qu'ils étaient débarqués, et qu'ils n'avaient pas encore osé marcher à Bastia. Les gens de cette ville sont résolus à se défendre à cause d'une inimitié particulière avec les rebelles dont ils ont livré plusieurs chefs à la République. M. de Fontel nous confirme cette résolution de leur part, dont ils ont donné ici les plus fortes assurances, en demandant toujours des secours ; que la République s'est jointe à eux pour solliciter auprès de M. de Richelieu, mais le mauvais état de cette place et le peu de fonds à faire sur ces promesses vagues, l'a engagé à prendre un parti milieu en leur accordant un commandant qu'ils demandent, et en leur envoyant à cet effet M. de Pédemont, major du régiment de Nivernais, officier de mérite et qui connaît le pays, avec des secours d'argent pris sur les subsides et pouvoir de les employer à soudoyer des Corses aux officiers desquels il délivrera des patentes de M. de Richelieu, et de faire agir le nom du Roy pour former dans ce pays un parti opposé à celui des Piémontais ; si les habitants de cette ville ont pu se soutenir jusqu'à son arrivée, il ne sera peut-être pas impossible au moyen des anciens partisans de la France que l'intérêt qu'elle marque y prendre, peut réveiller (sic) de ces

Corses qu'elle a l'air de prendre à sa solde, de se former un parti assez puissant, joint au peuple de Bastia qui est nombreux, pour sauver cette ville, d'autant mieux que la division des peuples dans ces commencements ne peut que donner beaucoup de timidité aux Piémontais qui ne sont pas en état de se donner grand poids d'eux mêmes, puisque tout nous confirme qu'ils ne sont que 900. Quoi qu'il en résulte, ce n'est pas une chose où l'on risque beaucoup, et il paraît que c'est un hasard que l'on doit se ménager sans y faire de fondement solide. Le principal est que Calvi soit en sûreté, ce qui est pour le moment présent.

(M. G. Vol. Corse 3.305).

Mémoire sur le passage des troupes du Roy en Corse.

Au mois d'avril 1748, le gouvernement de Gênes ayant eu avis que l'on préparait un embarquement à Savone pour faire passer en Corse quelques bataillons autrichiens et piémontais, il délibéra de rendre M. le Duc de Richelieu le maître d'envoyer en Corse des détachements français et d'y faire tout ce qu'il jugerait à propos pour la défense du pays.

En conséquence ce duc y fit passer 450 hommes qui furent distribués dans les places de Calvi, Ajaccio et Bonifacio, et des munitions de toute espèce.

Les troupes autrichiennes et piémontaises débarquèrent le 3 mai à Saint Florent et formèrent aussitôt le siège de la Bastie. Sur les instances que la République fit à M. de Richelieu à cette occasion, il fit partir encore 400 hommes aux ordres de M. de Cursay, dont l'arrivée obligea les ennemis à se retirer à Saint Florent.

La paix ayant été signée, M. le Comte d'Argenson écrivit plusieurs fois à M. le maréchal de Belle-Isle, à M.

le Duc de Richelieu et à M. Guymond pendant le mois d'août et de septembre, que le Roy ne s'était point engagé envers les Génois à prolonger au-delà du temps de la guerre les secours qu'elle avait eu la générosité de leur accorder, pour empêcher qu'ils ne fussent dépouillés de la Corse.

Cependant sur les représentations qui furent faites à Sa Majesté que la Corse était perdue pour les Génois, si elle en retirait les troupes avant que les Corses leur fussent soumis, elle consentit à attendre le succès d'une négociation à laquelle la République se prêta, ses députés étant venus déclarer à M. Chauvelin que le Gouvernement ayant une entière confiance dans les bonnes intentions du Roy, il ne formait plus aucune difficulté à ce que M. de Cursay stipulât que les places occupées par les rebelles seraient remises aux seules françaises jusqu'à la conclusion de l'accommodement.

Ces places étaient le château de Corte, la tour de San Pellegrin, Saint Florent, la tour de la Mortella et Isola Rossa. Les Corses voulaient que l'on s'obligeât de les leur rendre, si les troupes du Roy sortaient de l'Ile avant la conclusion de l'accommodement, mais le maréchal de Belle-Isle manda à M. de Cursay qu'il fallait éluder cette proposition et se contenter de promettre, comme les Génois y avaient consenti, que les troupes du Roy ne sortiraient pas de Corse que l'accommodement fût fait.

Les chefs des Corses s'assemblèrent donc à Biguglia le 2 décembre et se remirent sous la protection du Roy demandant la convocation d'une assemblée générale à Corte. Ils remirent en même temps une lettre qu'ils écrivirent aux ministres du Roy en Sardaigne pour les prier de retirer les troupes piémontaises du château de Saint Florent, et un ordre pour faire recevoir les troupes françaises dans S. Pellegrin, ce qui fut exécuté le 23 du même mois. Les autres places furent remises quelque temps après.

Le 19 décembre il partit 1.100 hommes de Gênes pour aller relever en Corse les deux premiers détachements qui y avaient été envoyés et qui revinrent en France.

Le 3 janvier 1749, le Roy voulut bien agréer que pour faciliter le succès de la négociation, ses troupes restassent en Corse jusqu'à la fin de l'année.

Le 6 du même mois, les députés du gouvernement proposèrent à M. Chauvelin que ce terme fût prolongé jusqu'après l'accommodement conclu et que l'on envoyât 250 hommes d'augmentation.

L'assemblée générale se tint à Corte le 14 janvier. L'on y approuva ce qui avait été fait à Biguglia, et l'on convint de tenir des conférences à Saint Florent dans le mois d'avril pour rédiger les articles qui devraient servir de base au règlement de pacification.

Enfin le 17 du même mois, les députés du gouvernement donnèrent une réquisition en forme pour obtenir du Roy que les troupes fussent augmentées jusqu'à 2.000 hommes et que leur séjour fût prorogé jusqu'à ce que la République, étant convaincue que la pacification aurait été portée par les bontés de Sa Majesté à son point de perfection, le Roy et la République pussent convenir ensemble de l'inutilité de les y retenir plus longtemps, et cette réquisition fût approuvée et signée par le secrétaire d'Etat en vertu des décrets du Sénat.

Sa Majesté ayant répondu favorablement à cette demande, on fit passer en Corse au mois de mars un nouveau détachement qui donna occasion à un nouvel emplacement des troupes comme on le verra dans l'état ci-joint.

A l'égard des conférences de Saint Florent, les articles qui y ont été proposés, après avoir été examinés et discutés avec tout le soin possible par MM. de Chauvelin et de Cursay et avoir passé sous les yeux du Roy, ont été remis aux députés de la République qui sont restés jusqu'à présent dans le silence à cet égard.

(M. G. Vol. Corse 3,305).

Arrangement convenu avec les députés du gouvernement génois pour envoyer un corps de troupes en Corse pour la défense des places de Calvy, Ajaccio et Bonifacio. Du 3 avril 1748.

Art. I. — M. le Duc de Richelieu fera passer incessamment dans l'Ile de Corse, savoir à Calvy 240 Français, dans Ajaccio 160, et dans Bonifacio 80.

Art. II. — Les troupes porteront avec elles leur subsistance pour quatre mois, dont un mois en biscuit et viande salée.

Art. III. — Le gouvernement leur fera fournir toutes les demi-fournitures et emplacements pour les magasins, soit pour la manutention du pain, soit pour emmagasiner les autres subsistances.

Art. IV. — Les Commissaires de la République auront ordre de faire emplacer dans chaque place les bois de chauffage pour les troupes françaises, indépendamment de ce qu'il faut pour les leurs, pour six mois, dont l'estimation a été faite, pour Calvy 3.000 quintaux, pour Ajaccio 6.000, lequel bois les commissaires respectifs auront également ordre de le faire fournir aux troupes de France, sur le pied de 4 livres 1/2, poids de Gênes, pour chaque homme, cent livres par capitaine, et soixante par autres officiers, et cinq quintaux par chaque commandant.

Art. V. — L'huile pour les quartiers et corps de garde

sera également fournie par la République ainsi que le bois.

(En marge : Ces deux articles sont à la charge du Roy, en rapportant les pièces justificatives).

Art. VI. — La République entretiendra dans chacune de ces places, savoir : à Calvy 200 hommes de troupes réglées, avec une compagnie corse de l'Algajola ; à Ajaccio 150 hommes de troupes réglées et les Grecs ; à Bonifacio 170 hommes.

Art. VII. — Le gouvernement fera approvisionner dans les places ci-dessus la subsistance nécessaire en tout genre à ses troupes pour six mois, et en sus pour deux mois pour les Français, pour leur être distribué après la consommation de celles qu'on embarque avec elles, et dans la supposition qu'il ne fût pas possible de leur en faire passer d'autres, auquel cas le Roy rembourserait à la République le montant de cette subsistance, si elle est consommée.

Art. VIII. — Le gouvernement fera donner ordre à tous les habitants de se pourvoir pour six mois de vivres, et dans le cas de siège, on fera sortir des places ci-dessus tous ceux qui n'en ont pas rassemblé cette quantité, à moins qu'on y pût suppléer par les magasins publics ; ce sera un soin particulier qui regardera la République.

Art. IX. — Comme il y aura un chirurgien à la suite de chaque division, il sera fourni un emplacement pour l'hôpital avec le fourniment pour coucher les malades.

Art. X. — Le gouvernement dépêchera sans perdre de temps une felouque en Corse pour avoir un état détaillé et certifié de toutes les provisions qui se trouvent en tout genre dans les magasins de Calvy, Ajaccio, Bonifacio et Bastia, soit en farines, bois, poudre, balles, boulets, outils et effets d'artillerie, afin que l'on puisse juger des choses qui y manquent et les compter ; on fera en même temps vérifier et examiner tous les affûts, ceux qui y sont de rechange, ceux qu'il faudra réparer et construire.

Art. XI. — En attendant la réponse de cet examen, il sera envoyé avec le convoi 500 barils de poudre à Calvy et 500 outils de toute espèce, avec un officier d'artillerie et des ouvriers pour ordonner et recommencer les ouvrages qui peuvent être à faire ; cet officier ira ensuite à Bastia pour la même opération, et mettre la place en état de défense, et s'arrêtera en venant à la Capraja pour le même objet.

Art. XII. — Il sera envoyé également un officier d'artillerie avec le convoi des troupes à Ajaccio, et des ouvriers pour le même objet, et avec d'abord 300 barils de poudre, 200 outils et 100 sacs à terre et il sera porté en même temps des munitions et des outils pour Bonifacio, où l'officier d'artillerie se rendra, après avoir rempli son objet à Ajaccio.

Art. XIII. — Le gouvernement fera approvisionner les places ci-dessus en munitions de guerre, sur le pied de 500 coups par pièce, après la vérification de ce qui existe et sans aucun retardement.

Art. XIV. — Les troupes françaises portent avec elles des poudres et des balles pour les cartouches.

Art. XV. — Il sera envoyé par le gouvernement avec le convoy des troupes 25 canonniers à Calvy pour être joints à ceux qui y sont déjà, et dont le nombre doit toujours être de 40 pour cette place, autant pour Ajaccio, et 25 pour Bonifacio.

Art. XVI. — Les troupes françaises monteront la garde mêlées avec les troupes génoises sur lesquelles le commandant des troupes françaises aura le commandement sous l'autorité toujours entendue du commissaire.

Art. XVII. — Ledit commandant français ne se mêlera en aucune manière des choses civiles, mais le militaire roulera entièrement sur lui ; en conséquence de quoi les commissaires recevront ordre du gouvernement de faire exécuter tout ce qui leur sera demandé par le commandant français pour la défense et la sûreté de la ville, après s'être concerté ensemble sur les besoins et sur ce qu'il convient de faire pour cet objet.

Art. XVIII. — Le commissaire dans chaque place, en cas de siège, ne pourra faire aucune capitulation, disposition de troupes, ni opérations militaires, sans le consentement du commandant français, auxquelles elles sont totalement confiées et qui les regarde particulièrement.

Art. XIX. — Les commissaires dans chaque place auront tous les honneurs dûs à sa place, et la garde du commandant et donnera le mot (*sic* dans la transcription du registre).

Art. XX. — Les commissaires ne pourront détacher aucunes troupes de celles qui composent la garnison, hors des places, que de l'aveu avec le commandant français, lequel commandant ne pourra faire également aucun détachement sans le consentement des commissaires.

Art. XXI. — Le gouvernement enverra l'officier le plus entendu de ses troupes à Bastia pour commander la garnison et pour y faire la meilleure défense qui lui sera possible, en attendant que M. le Duc de Richelieu se soit décidé sur les renforts qu'il y croira susceptibles relativement au besoin et à la situation de la place.

Art. XXII. — Le gouvernement enverra ordre à Ajaccio pour faire entrer dans la citadelle les pièces de canon qui sont dans la ville, excepté celles d'un petit calibre, et si défectueuses qu'elles ne pourraient servir aux ennemis.

Art. XXIII. — Outre l'officier d'artillerie qui sera envoyé pour l'examen des magasins et effets d'artillerie, le gouvernement tiendra un autre officier dans chacune des places pour diriger les batteries, et faire construire celles que le commandant français pourra demander après s'être concerté avec le commissaire.

Fait à Gênes le 3 avril 1748.

Certifié par nous, Commissaire ordonnateur des guerres, faisant fonctions d'intendant à l'armée de Richelieu, la présente copie conforme à son original.

A Gênes le 20 mai 1748.

Signé à l'original : DE LA THUILLERIE

(M. G. Vol. Corse 3.305).

Mai 1748

Le 2 du courant (mai) il parut à la hauteur de Saint-Florent différents bâtiments portant pavillon blanc, qui occasionnèrent beaucoup de frayeur à ceux du château.

Le 3 au matin, le convoy entra dans le golphe ; il était composé de 13 bâtiments latins, un.... et un vaisseau anglais qui l'escortait. Après avoir salué le château, ils s'approchèrent de terre, et le Sig. De Cumiana, commandant, et le capitaine Sarri vinrent à terre. L'on apprit alors que le convoi était parti de Savone, qu'il apportait deux régiments autrichiens pour soutenir les rebelles et beaucoup de munitions. L'on marqua sur le champ le logement pour cette troupe, et le Sig. Matra ordonna à la province du Nebbio de fournir pour le lendemain 2 bœufs par village, du bois et de la paille. Il alla ensuite à bord du vaisseau anglais où il resta à dîner.

Le même jour le peuple de Bastia renouvela son serment de fidélité à la République et promit de se défendre avec toute la vigueur possible contre les rebelles.

Le 4, la troupe qui était arrivée par le convoy débarqua à Saint-Florent et posta des postes dans toutes les fortifications, excepté au château que Matra ne voulut pas leur permettre d'occuper jusques à l'arrivée des autres chefs. La troupe qui consiste à environ 1.200 hommes, la plupart milices et recrues, presque sans uniforme, est logée dans la cathédrale et dans le palais de l'évêque. Le même jour Matra envoya une lettre circulaire à tous les habitants des montagnes pour les assembler et fit avertir Gaffori et Giuliani de se rendre à Saint-Florent.

Le même jour, Matra donna à dîner à M. De Cumiana et à beaucoup d'autres officiers. L'on aperçut toute la journée, hors de la portée du canon, six barques qui semblaient faire une manœuvre qui les faisait prendre pour ennemies. Mais sur le soir elles gagnèrent le large.

Le 5, l'on apprit que les Autrichiens avaient débarqué à Saint-Florent différentes espèces de munitions et 4 pièces de canon de campagne et qu'ils avaient en vue le siège de cette place, ce qui engagea M. de Spinola, vice-gérant à Terra-Vecchia de faire les dispositions qu'exigeaient de lui et la prochaine attaque des ennemis et le peuple, qui témoigna la plus grande envie de faire la meilleure défense. Il entra le même jour dans le golphe un..... anglais, et l'on aperçut trois galères et quelques bâtiments partis de Gênes qui portaient des troupes françaises à Calvi.

Le 6, l'on continua les dispositions pour la défense de Terra-Vecchia et l'on démolit le fort *del Monte* que l'on abandonna, de même que le couvent des Capucins et la tour près Saint-Nicolas. L'on apprit de Saint-Florent que Matra avait convoqué le peuple pour faire accommoder les chemins, que les Autrichiens continuaient à débarquer leurs munitions et leurs farines, et qu'il était encore entré dans le golphe 3 barques latines.

Le 7, un détachement de rebelles prit prisonniers 3 hommes et plusieurs femmes qui étaient sortis de la ville ; et sur ce qu'ils continuaient à battre la campagne, l'on battit la générale à Terra-Vecchia et tous les bourgeois prirent les postes qui leur avaient été marqués. Encore que la ville soit bloquée, l'on sait que les Autrichiens sont tous à Saint-Florent, que Gaffori y est venu, qu'il s'y est rendu très peu de gens de la montagne, et que l'armée des Français à Calvi retient la Balagne, et enfin que toute la province du Nebbio a refusé de fournir la paille, le bois et les bœufs qui lui avaient été demandés, et que personne de cette province n'est venu aux chemins.

La nuit passée, les rebelles ont fait quelques retranchements au fort *del Monte* et ils s'y sont postés au nombre de 300. A midi, il est arrivé un détachement de grenadiers avec 5 officiers suivis de beaucoup de paysans au couvent des Capucins. Deux heures après il est arrivé 2 de ces Religieux qui sont allés chez le vice-gérant et lui ont dit venir de la part de Matra, pour le sommer de rendre Terre Neuve, et lui ont présenté à cet effet un papier qui lui était adressé et où Matra prenait le titre de général du Royaume de Corse, que le vice-gérant a refusé de recevoir, ne répondant autre chose si ce n'est que la demande était trop impertinente, surtout pour un rebelle de la Sérénissime République et de la France ; que si Matra envoyait quelque lettre de change pour payer ce qui était dû à la Chambre, il la recevrait, mais que pour ces billets de sa part il n'en voulait point recevoir.

L'on a su de ces Religieux qu'il était venu avec ce piquet pour reconnaître la situation, et ensuite retourner prendre la troupe à Saint-Florent, où elle était.

Sur le soir, Matra s'étant porté avec environ 130 personnes vers Saint-Nicolas, les postes que nous y avions, quoique en nombre inférieur, les ont obligés de se retirer.

Nous avons appris par une expédition arrivée de Calvi qu'il y était venu un nouveau commissaire avec six cents Français.

Bastia, le 14 mai. — Les rebelles qui assiègent cette ville, le 9, ont formé comme deux batteries, l'une à la montagne de Ricipello et l'autre dans l'emplacement du fort démoli *del Monte*. Le matin, l'on vit partir Matra avec un piquet d'Autrichiens et beaucoup de paysans, ce qui obligea les notres à sortir de Terravecchia, du côté de Saint-François, et ils repoussèrent les ennemis jusques à leurs travaux de la montagne de Ricipello, et s'en retournèrent ensuite sans perdre un homme. Après dîné, l'on fit une nouvelle sortie du côté de Saint Nicolas, et l'on chassa les ennemis des Cabannes avec quelques pertes. On se retira ensuite sans avoir rien perdu. M. de Spinola, pour encourager le peuple, assura que le commissaire général à Calvi et M. de Varignon, commandant des troupes de France, devaient secourir la place.

Le 10, nous fîmes une sortie du côté de St-François et l'on chassa encore les rebelles de la Torretta qui était déjà démolie, et l'on les poussa jusqu'aux Cabannes. L'on vit passer plusieurs bêtes de somme chargées de bagages que l'on apprit appartenir à quelques familles de bourgeois réfugiés à Brando, que les rebelles avaient faits prisonniers.

Un peu après midi, les troupes réglées, consistant en 2 bataillons, un du régiment de la Marine au service du Roy de Sardaigne, et un de Daun, au service de la reine de Hongrie, vinrent se poster au couvent des Capucins. Sur le soir, l'on entendit rappeler un tambour qui était accompagné de deux officiers. Le capitaine Cosso, sur la sommation que lui firent les officiers au nom de la Reine de Hongrie et du Roy de Sardaigne, de rendre la place, répondit que, quoiqu'elle ne fût pas aussi forte que Luxembourg, comme il y avait des bastions, il fallait attendre qu'ils les eussent rasés, auquel cas, le vice-gérant savait le parti qu'il avait à prendre. Et sur ce que ces officiers menacèrent, en cas de refus, de traiter les habitants avec la dernière rigueur, et de battre la place par terre et par mer, M. le colonel Grimaldi commandant à Terravecchia, [qui s'était avancé avec le capitaine Cosso, leur dit d'assurer M. Cumiana de la résolution des officiers, des soldats et des habitants de se défendre jusques à la dernière goutte de leur sang ; et alors le peuple qui était accouru cria : *Vive la République !* Et alors les deux officiers se retirèrent. L'on apprit le soir d'un déserteur du régiment de la Marine que le quartier général des troupes combinées était au couvent des Capucins, qu'il n'y avait pas plus de 1.000 hommes, qu'ils avaient laissé 150 soldats malades à la garde de St-Florent, dont le château était toujours au pouvoir des Corses ; que Giuliani, Gaffori et Matra étaient au quartier général, mais avec très peu de monde, que l'on faisait monter en tout à 400 hommes, et enfin que les troupes n'avaient avec elles que deux pétards, qu'ils attendaient que l'on débarquât de l'artillerie, laquelle consistait en 8 pièces de gros canon, 4 demi-canons et 4 mortiers. Deux des 1|2 canons avaient été d'abord débarqués à St-Florent, mais que sur l'impossibilité de conduire cette artillerie par terre, on l'avait rembarqué sur un pinque et 2 barques d'Ajaccio ; que l'on était parti sous l'escorte d'un vaisseau anglais, et que toutes les autres barques du convoi étaient restées au golphe de St-Florent par ordre de M. De Cumiana, ce qui nous obligea d'envoyer 3 felouques bien armées pour tâcher de s'emparer d'un de ces trois petits bâtiments, si par hasard ils s'éloignaient de leur conserve.

Le 11, l'on s'aperçut que les troupes combinées et les rebelles avaient posté des postes sur les hauteurs voisines de la place à la tour de Toga et à l'église de Saint-Nicolas ; et ils firent trois décharges avec 2 pétards, qu'ils avaient postés dans la maison de campagne de la Giustignana. Sur le midi, nous fîmes une sortie du poste de la Miséricorde et nous nous avançâmes du côté de la *villa de Varèze*, pour surprendre un poste avancé des troupes combinées ; mais les ayant trouvées sous les armes, nous nous contentâmes de faire une décharge qui leur tua deux soldats et nous nous retirâmes sans perte. Toute la journée, les ennemis travaillèrent à faire des fascines et sur le soir ils retranchèrent la tour des Jésuites où ils élevèrent le terrain, et à une heure de nuit, il firent une fausse attaque à Saint-François et une à la Miséricorde. Le feu fut vif de part et d'autre et dura depuis 1 heure de nuit jusqu'à 2. Le reste de la nuit se passa tranquillement.

Le 12, l'on s'aperçut que les ennemis avaient raccommodé la Torretta du côté de St-Nicolas, et à midi ils firent passer 4 piquets de troupes réglées du côté de l'église de ce nom, et l'on travailla à faire des fascines. Le reste de la journée se passa sans aucun mouvement de part ni d'autre, et l'on se contenta de se cannoner la nuit. Il arriva un autre déserteur du régiment de la marine.

Le 13 se passa fort tranquillement et les ennemis ne firent aucun mouvement. L'on s'aperçut seulement qu'il arrivait quelques centaines de paysans à leur camp. La nuit, nous eûmes deux fausses alertes, l'une du côté du collège des Jésuites, et l'autre du côté de Saint-Nicolas.

Aujourd'hui 14, l'on a aperçu 3 barques latines et un vaisseau qui cherchaient à s'approcher. L'on a jugé que c'était le convoy de l'artillerie des ennemis ; mais le vent les a empêchés d'aborder, et le vaisseau s'est contenté d'envoyer sa chaloupe à terre.

Bastia, du 23 mai. — Le 15, deux heures avant le jour, les ennemis attaquèrent le poste du couvent de St-François de 3 côtés, mais ils furent partout vigoureusement repoussés. Le matin, le vaisseau anglais et les trois bâtiments se trouvèrent près de terre, mais ils ne débarquèrent rien. Sur les 22 heures, la troupe quitta son camp des Capucins et fut camper à Toga ; l'on augmenta les retranchements à Terravecchia et l'on y construisit une batterie au poste des Missionnaires où l'on porta 2 pièces de canon.

Le 16, les ennemis débarquèrent l'artillerie et leur munition à la plage de Toga, et ils commencèrent un retranchement à la tour des Jésuites. A une heure de nuit, l'on entendit conduire le canon à la tranchée, et en formant différentes fausses attaques, ils investirent le poste de St-François ; mais après 1 heure 1[2 de feu, ils en furent repoussés. Pendant cet intervalle ceux qui s'étaient avancés près de l'oratoire de San-Gregorio, pour y travailler à la demi-portée de fusil, furent obligés par une décharge de canon à cartouche que l'on leur tira de la batterie des Missionnaires, d'abandonner leur ouvrage. Sur les 5 heures de nuit, ils commencèrent à tirer des bombes de la tour des Jésuites, où ils avaient établi leur batterie et l'on connut par une qui était tombée dans le port et qui fut trouvée, qu'elles étaient du poids de 227 livres.

Le 17, les ennemis élevèrent une batterie à la maison de campagne du marquis Imperiali, couverte des oliviers, et ils continuèrent pendant ces intervalles à tirer quelques bombes.

Le 18, ils continuèrent leur ouvrage à ladite maison et l'on dirigea les feux du château et ceux de la batterie des Missionnaires sur cet endroit. Les ennemis y répondirent par un feu de bombes continuel qui endommagèrent beaucoup le quartier de *la Punta* et les fabriques qui y sont. La nuit M. de Pédemont, major du régiment de Nivernais, envoyé par M. le duc de Richelieu, arriva sur une felouque avec 2 gondoles venant de Gênes avec quelques provisions.

Le 19, les ennemis découvrirent à la pointe du jour leurs ouvrages, en jetant à terre les obusiers et en démasquant leur batterie composée de 4 pièces de canon. Ils en dirigèrent les feux sur le couvent de St-François, et dans toute la journée, ils tirèrent plus de 500 coups de canon et beaucoup de bombes. Les boulets se sont trouvés être pour la plus grande partie de 24 et de 16. M. de Pédemont fut visiter tous les postes de Terravecchia et après avoir assemblé tous les chefs au couvent des Jésuites où il demeure, il y fit lire en leur présence la lettre circulaire adressée au peuple de Corse par M. le duc de Richelieu, par laquelle il assure les bourgeois combien il a été charmé de leur glorieuse résolution de se défendre, de la part qu'il y prend et qu'il leur envoyera un prompt secours.

Le 20, les ennemis continuèrent à battre le couvent de St-François et nous y construisîmes dans l'intérieur de nouveaux retranchements. Ils firent beaucoup de dommage ce jour-là avec leur bombe, et notre canon les incommoda beaucoup dans leurs tranchées, et l'on leur vit emporter beaucoup de morts et de blessés, sans que jusques à présent nous ayons perdu un seul homme. Le même jour, ils firent une redoute au couvent des Capucins et parce que nos bombes les incommodaient dans leur camp, ils en changèrent l'emplacement et le portèrent à Millelli. M. de Pédemont assembla dans la salle du vice-gérant les principaux bourgeois, les encouragea à se défendre, et fit distribuer la paye au peuple, après avoir assigné à chacun les postes qu'ils devaient occuper.

Le 21, les ennemis ne firent pas un grand feu de leur canon, mais ils tirèrent sur la ville quantité de bombes. L'on découvrit le soir qu'ils avaient élevé une nouvelle batterie dans la même maison du marquis Imperiali, plus du côté de la mer, du côté du poste de St-Roch. C'est pourquoi nous en commençâmes une autre la nuit près du dit poste et nous perfectionnâmes quelques-uns de nos travaux. A 4 heures de nuit, après quelques coups de canon, 2 compagnies de grenadiers, soutenues par un gros corps de paysans commandés par Matra, s'avancèrent pour investir les Français du côté de la *breccia*, mais leur entreprise ne réussit pas. Notre vigoureuse résistance et notre feu continuel les obligea de se retirer. Ils recommencèrent l'attaque 2 heures après avec 2 pétards et vinrent jusques à la palissade, mais ils furent obligés de se retirer et d'abandonner tous les outils qu'ils avaient apportés avec eux ; nous n'avons eu qu'un homme de tué.

Le 22, les deux batteries, composées de 8 pièces de canon et les mortiers, tirèrent sans discontinuer sur le couvent de St-François, le poste de St-Roch, et la batterie des Missionnaires. La nuit nous perfectionnâmes notre batterie à St-Roch, nous y plaçâmes 3 pièces de canon, et l'on raccommoda celle des Missionnaires, qui avait été endommagée, et l'on travailla à réparer la brèche du couvent de St-François.

Aujourd'hui 23, du point du jour jusques à midi, le feu a été continuel de part et d'autre. Ils nous ont démonté une pièce et nous nous sommes aperçus qu'il y a un des leurs dont ils ne tirent plus.

A midi, il s'est présenté un officier avec un tambour qu'est allé reconnaître le comte Galeazani, au milieu de l'esplanade St-Nicolas. Il a apporté une lettre au commandant de Bastia, de la part de M. De Cumiana, par laquelle il le somme de rendre sa place et surtout Terravecchia, le menace des derniers excès et lui donne 3 heures pour y penser. Mais sur la réponse négative qu'on lui a faite, et sur le refus d'accepter les trois heures pour délibérer, ils ont continué le feu de leur batterie, auquel nous avons répondu de même. Ils ont tiré pendant cet intervalle 316 bombes, qui toutes ont causé beaucoup de dommage.

Bastia, le 28 mai. Le peu de feu que firent les ennemis le 24 et quelques-uns de leurs mouvements nous tinrent à l'erte ; mais l'on sut qu'ils avaient employé ce jour à faire des fascines ; les nôtres sortirent alors du couvent de St-François et furent en faire de leur côté, ce qu'ils exécutèrent sans être inquiétés, et la nuit l'on raccommoda les batteries de St-Roch et des Missionnaires.

Le 25, les ennemis firent un feu violent, afin d'empêcher les nôtres de faire des fascines et l'on fut obligé, à midi, d'en abandonner le travail. Ils tirèrent ce jour-là indifféremment sur toute la Terravecchia, et de leurs canons et de leurs bombes, ce qui nous fit croire qu'ils faisaient leurs derniers efforts. Le feu de leur mortier continua jusques à 4 heures de nuit, et nous apprîmes d'un déserteur qu'ils avaient porté leur canon sur la plage pour le rembarquer.

En effet, le 26, au matin, nous aperçûmes la tranchée sans canon et l'on ne tira plus de bombes ; au contraire nous aperçumes qu'ils embarquaient leur artillerie et leur munition, malgré le mauvais temps. Nous passâmes le jour tranquillement et la nuit 2 déserteurs vinrent nous annoncer leur départ prochain, et qu'à cet effet ils avaient déjà plié les tentes.

Le 27, nous apprîmes d'un autre déserteur que le départ avait été différé jusques au soir, par rapport au mauvais temps qui avait empêché qu'on embarquât tout, mais que la troupe était prête à défiler du côté de St-Florent, que les paysans étaient déjà partis et qu'il n'était resté que 100 hommes avec Matra.

Après dîné deux des nôtres, sortis de Saint-François pour reconnaître, s'avancèrent jusqu'à la Torretta au-dessus de St-Nicolas où ils trouvèrent un officier avec 20 soldats et surpris de les voir. Ils leur crièrent de se rendre ; les ennemis coururent à leurs armes et nous fîmes sortir un détachement de 30 hommes de Saint-François, qui les chassèrent de la Torretta. Nous leur fîmes un prisonnier et nous leur tuâmes quelques soldats. La troupe s'étant ensuite augmentée, nous nous avançâmes à l'oratoire de St-Nicolas et ensuite jusqu'aux tranchées, où 4 piquets nous firent face ; et sur ce que l'on s'aperçut que Matra voulait nous couper, et les piquets s'avançant baïonnette au bout du fusil, quoique avec beaucoup de perte et surtout de 2 officiers, ils nous repoussèrent jusque dans le couvent de St-François, après nous avoir suivi jusque à demi-portée de fusil de ce couvent. Nous y perdîmes un capitaine et un soldat, un lieutenant blessé et trois autres soldats qui l'ont été légèrement. Le soir la troupe ennemie défila par le chemin des Capucins du côté de Saint Florent et les bâtiments prirent le large.

Enfin Bastia est délivré et les nôtres sont sortis pour chasser les paysans qui occupent encore les hauteurs. Nous en avons déjà fait un prisonnier.

(M. G. Vol. Corse 3.305).

3 Mai 1748

Giuramento di fedeltà della città di Bastia alla Serenissima Repubblica.

Mille settecento quaranta otto a tre maggio al dopo pranzo nell'oratorio della Santissima Concezione di Nostra Signora in questa città di Bastia,

Essendosi sull'instanze dell'infrascritto Illustrissimo Magistrato Superiore della presente città convocati ed uniti col di lui intervento, composto per egual parte di Signori Cittadini, principali e popolari che sono li seguenti :

De i Cittadini

Nobile Salvadore Galeazzini, signor magg^r Paolo Zerbi, magnifico Sig. Felice Cardi, spettabile Antonio Morelli, mag. Anton Giuseppe Mattei.

Dei popolari

Sarg^e Ignazio Ribizzo, Anton Giuseppe Aschero, sarg^e

Antonio Licciardi, Gioacchino Rogliano, Anton Giuseppe Torriglia.

Nanti del Prestantissimo Sig. Uditore Gasparo Costantini, commissionato dall'Illustrissimo Sig. Gio. Angelo Spinola, Vicegerente straordinario per la Serenissima Repubblica di Genova, ed alla presenza ancora del magn. Sig. Filippo Grimaldi, colonnello e comandante in Terravecchia, e del Sig. Capitan Francesco Maria Cosso, comandante in Terranova, me notario e cancelliere ed infrascritti testimonj:

I sossegnati cittadini, capi dell'arti e capi dei posti di questa città concorsi allap resente assemblea, e sono:

Di Cittadini

Nob. Goffredo Biguglia, sp. Giuseppe Morelli, nob. Giacinto Santini, magn. Pietro Varese, capo del posto di Sant'Orsola, nob. Giorgio Francesco Pasqualetti, sp. Alessandro Farino'a, nob. Ubaldo Papi, nob. Pietro Pasqualini, nob. Giacomo Ficarella, nob. Giuseppe Maria Colombani, nob. Pietro Angelo quondam Leopoldo, nob. Gio. Battista Angeli, nob. Saverio Bracco, nob Paolo Agostino Moro, nob. Francesco Saverio Biguglia, nob. Antonio Grimaldi, nob. Parisi Olmeta, nob. Don Pietro Angeli, nob. Pietro Poggi, nob. Cruciano Belgodere, nob. Carlo Giovanni Pellegrini, nob. Antonio Casanova, nob. Anton Filippo Bonelli, sp. Anton Pietro Perfetti, nob. Francesco Maria Stefanini, magn. Domenico Maria Morelli, sp. Anton Matteo Zerbi, nob. Gio Lucca Pellegrini, nob. Francesco Maria Corbara, sp. Alessandro Casanova, nob. Domenico Maria Lucciana, sp. Antonio Caraffa, nob. Giacomo Filippo Lombardi, nob. Pietro Benedetti, nob. Stefano Francischetti, nob. Antonio Carbuccia, nob. Antonio Tribuzii, sp. Luigi Perfetti, altro capo di S. Orsola, nob. Anton Domenico Licciardi, nob. Giuseppe Maria Guasco, nob. Anton

Bernardo Campodonico, nob. Teodoro Biadelli, nob. Gio. Battista Poggiolo, nob. Anton Maria Imbri, nob. Francesco Saverio Pellegrini, nob. Cesare Maria Quartini, nob. Giuseppe Maria Lombardi, nob. Gio. Battista Varese, nob. Giacinto Cristofari, nob. Giuseppe Cristofini, nob. Simone Costa, nob. Domenico Pietri, nob. Stefano Benedetti, nob. Anton Giuseppe Grimaldi, nob. Geromino Rossi, nob. Ottone de Franceschi.

Procuratori dell'arti di San Martino

Gio. Francesco Lota, Ambrogio Sisco, Gio. Battista Ersa.

Procuratori dei mercanti

Padron Simone Guerucci, Francesco Maria Nicolai, Andrea Drago.

Procuratori dei marinari

Padron Gio. Battista Raibaldi, Padron Pietro Manoritta.

Procuratori dei maestri di muro

Maestro Giovanni Aschero, Sebastiano Luo, Gio. Francesco Aschero.

Rompitori di pietre. — Maestro Ignazio Straforelli.

Dei molinari. — Andrea Durante.

Dei pescatori. — Giuseppe Camugli.

Dei ferrari. — Nicolò Degola, Giacomo Ponzevera.

Dei conciari. — Matteo Orbecchi.

Dei bancalari. — Maestro Leonardo Agostini.

Dei giardinari. — Stefano Carbuccia.

Capi dei posti

Posto Caosi. — Maestro Giuseppe Lota, Pasquale Pelle.

Di San Rocco. — Pietro Bertolacci.

Di Poggi. — Padron Simone Guerucci.

Del posto Giudicelli. — Domenico Carrone.

Dei missionarj. — Padron Simon Francesco Santelli.

Casa delle monache. — Giuseppe Guaitella.
Casile. — Gio. Domenico Rogliano.
Frangio Gesuiti. — Gio. Battista Bolognè.
Di Casa Casella. — Gio. Francesco Cristiani, Anton Giuseppe Romani.
Della Misericordia. — Angelo Marini.

   Capo di squadron volante
Anton Giuseppe Lota.

  Altri popolari
Padron Pietro Canavaggia, Francesco Pietri, padron Antonio Viale, maestro Andrea Bustoro, Giuseppe Cicconi, maestro Gio. Battista Gavi, Anton Giuseppe Meria, Domenico Rinesi, padron Anton Giuseppe Luri, Seraffino Prelà, sargente Bernardo Terrigo, Gio. Battista Sisco, Angelo Brizzj, Bartolomeo Tornatore, Carlo Domenico Lota, Giacinto Cicconi, Antonio Maria Orbecchi, Geronimo Franceschi, Antonio Saliceti.

Quali tutti rappresentano l'università e popolo di Bastia, città capitale del presente Regno di Corsica, dichiarando in primo loco haver inteso col più sensibile dispiacere che il Serenissimo Governo della Serenissima Repubblica di Genova, loro naturale e legittima sovrana possa essere entrato in qualche dubbio della loro inalterabile fedeltà ed ubbidienza verso la medesima; che non siano in conseguenza disposti e risoluti di difendere con tutto l'impegno e calore la sopradetta città da ogni attentato dei nemici e a cagione di supposte divisioni dei partiti, ed habbino perciò riuscire inutili ed intempestivi gli aiuti che le fossero trasmessi dalle Signorie loro Serenissime, e conoscendo a tutta evidenza essere tali esposizioni senza alcuna ragione nè fondamento e formate per mera cabala da chi non pensa che a fabricare la sua fortuna sull'altrui ruine.

 Quindi è che per togliere e dileguare ogni ombra che

potessero havere cagionata alla mente di loro Signorie Serenissime e di tutto il mondo nanti di cui intendono a costo ancora della propria vita di mantenere costante ed inteso il loro honore :

In virtù della presente pubblica scrittura hanno prestato e prestano, rinnovato e rinnovano nanti il prefato prestantissimo Sig. Auditore Cos'antini, come sopra commissionato, me notario e cancelliere, ed infrascritti testimonj, il più solenne ed inviolabile giuramento di fedeltà ad Sancta Dei Evangelia corporalmente toccati uno dopo l'altro da ogn'uno delli soprascritti congregati verso la prefata Serenissima Repubblica, in conseguenza di che promettono e protestano in ogni e più ampla e valida forma di difendersi con tutto il vigore e fermezza fino allo spargimento dell'ultimo sangue da qualunque intrapresa che si attentasse da nemici contro questa città e qualsivoglia diritto appartenente alla prefata Serenissima Repubblica.

Dichiarando espressamente in vigore del presente di essere tutti concordi in questi così giusti e doverosi sentimenti, malgrado qualunque contraria esposizione che possi per avventura essere stata fatta da qualunque malintenzionati o seguaci de' capi ribelli di questo Regno. E così il prenominato magistrato, cittadini, capi de' posti e dell'arti hanno uno dopo l'altro giurato, promesso, dichiarato e protestato come sopra in ogni miglior modo, e successivamente supplicano con tutto l'ossequio il prefato Illustrissimo Sig. Vicegerente a tramandare l'estratto autentico del presente pubblico atto a' Serenissimi Colleggi, affinchè siano intieramente certificati de i soprascritti loro sensi e risoluzioni, sperando di essere considerati per loro sudditi fedeli e fedeli s simi, e come tali di essere ancora assistiti con i più pronti aiuti, e delle quale cose ecc.

Copia. Me Giuseppe Maria BADANO, notaro publico collegiato della città di Genova e Cancelliere di S. E. il Sig. Commissario Generale in questo Regno di Corsica.

Fatto in tutto come sopra.

Essendovi presenti il magn. Gio. Battista Buttafoco e Sig. Matteo Cristofari, cittadini della Bastia, testimonj a quanto sopra chiamati.

Estratto dal suo originale in tutto come sopra in tutto ecc.

Giuseppe Maria BADANO, notario e cancelliere

Nota. — La presente copia fatta conforme al suddetto estratto esistente negli archivi del Sig. Barone Galeazzini, fogl. 20, dal sottoscritto.

L. LUCCIANA

A Bastia li 12 agosto 1863.

(Bibl. de Bastia. Man. M. pag. 15 et suiv.)

20 Mai 1748.

Instructions pour M. de Cursay

M. de Cursay aura sous ses ordres quatre cents hommes, savoir :

Capitaines	Lieutenants	Hommes	Régiments d'où ils sont détachés
3	3	120	Royal Bavière
1	1	40	Aunis
1	1	40	Royal Italien
1	1	40	Bergh
1	2	60	Royal Comtois
1	1	50	Tournesis
1	1	50	(Manque)

Sa destination et celle de ce détachement sont de se porter à Bastia et de défendre cette place conjointement avec la garnison des troupes de la République qui y est, lorsqu'elle sera à ses ordres.

A cet effet, lorsque les deux galères de la République seront arrivées à Sextri du Levant, où M. de Cursay se rendra d'avance, chargées de trois cents hommes du détachement ci-dessus et des approvisionnements de guerre et de bouche pour quatre mois pour les 400, dont l'état sera remis à M. de Cursay, il y fera embarquer les autres cent, en vertu de l'ordre cy-joint. Il prendra aussi la galiotte *Saint Louis*, en vertu d'un autre ordre aussi ci-joint, et avec son convoi composé de deux galères et de la galiotte, il fera voile à Porto Venere, où il trouvera la *Rondinella*, la *Néréide* qu'il joindra à son convoi en vertu de l'ordre cy-joint, ainsi que les autres felouques et petits bâtiments qui pourraient être sous les ordres du S* Rapouillet, capitaine de la *Néréide*. Après avoir rassemblé le tout avec le plus de diligence qu'il lui sera possible, il fera voile vers l'isle de Capraja, se faisant précéder d'une ou deux felouques qui iront à Bastia, et qui viendront le retrouver à Capraja pour lui faire leur rapport.

Les patrons de ces felouques auront ordre de s'informer de la situation actuelle de Bastia, et prendre à cet égard, sans perdre de temps, toutes les connaissances possibles.

Si Bastia se défend et s'il est possible d'y entrer, M. de Cursay entrera dans le port avec son convoy et dans la place avec son détachement. Il renverra alors à Gênes les galères, la galiotte et les autres bâtiments, après avoir fait détacher tous les approvisionnements dont ils seront chargés.

Si au contraire Bastia est rendu, M. de Cursay cherchera à prendre terre dans quelque lieu de l'isle, dans le voisinage de Bastia, où pouvant mettre en sûreté ses approvisionnements, il puisse, suivant ses vues et ses lumières, faire la guerre de campagne, inquiéter l'ennemi, rassembler les Corses fidèles, et maintenir dans la fidélité tout ce qui ne se sera pas déclaré pour la révolte.

S'il ne pouvait pas exécuter ce débarquement dans le voisinage de Bastia, M. de Cursay se portera à Calvi, d'où se concertant avec M. de Varignon qui y commande, et avec les commandants des forteresses d'Ajaccio et de Bonifacio, et particulièrement M. de Fontette, qui sont tous à ses ordres, en vertu de celui ci-joint, il prendra les mesures de sagesse et de vigueur qui lui paraîtront les plus propres à la conservation des places dont on est en possession, au recouvrement de celles qui seront perdues, et en général à animer le parti fidèle et à intimider et faire rentrer dans le devoir les révoltés, sans jamais parler de les soumettre à la République, mais toujours au nom de la France, et comme médiateur, et leur promettant de leur faire rendre justice sur les plaintes qui pourraient être fondées.

Si au contraire, comme il est beaucoup plus vraisemblable, M. de Cursay entre dans Bastia avec son détachement, ce qui est le principal objet qu'il ait à remplir, et dont il doit suivre l'exécution par tous les moyens possibles, il fortifiera la résolution où sont les habitants de se défendre jusqu'à la dernière extrémité, et se trouvant des troupes à peu près équivalentes au nombre de troupes réglées qui l'assiègent, il en fera usage avec la plus grande vigueur par de fréquentes sorties, et par des attaques vives sur les postes que les ennemis ont occupés, tel que la tour de Toga et celle des Jésuites, d'où il serait très avantageux de débuter par les déloger.

Il est inutile de rien prescrire à M. de Cursay sur la

nécessité de conserver Bastia, dont le salut paraît être assuré aussitôt que son détachement y sera arrivé, puisque, quelque défectueuse qu'on suppose cette place, et quand ce ne serait qu'un village, 700 hommes de troupes réglées, soutenues des habitants du pays qui sont dans la meilleure disposition, doivent la défendre contre un corps qui, lors de son débarquement, montait tout au plus à 900 hommes.

Quant aux moyens, on ne peut rien prescrire à M. de Cursay ; ils seront tous décidés par les circonstances et on s'en rapporte pour le choix à sa capacité et à son expérience.

Il recevra à Sextri de MM. de Crussol et d'Agenois toutes les connaissances et les lumières qui n'ont pu être insérées dans cette instruction, et MM. Farconnet et Luret, en vertu de l'ordre cy-joint, lui communiqueront tous les différents papiers qui y sont relatifs.

L'objet est de pacifier la Corse et de tâcher de faire un traité entre les habitants et la République, dont le Roy soit le médiateur et le garant, et qui puisse maintenir pour jamais la tranquillité dans cette isle, où le nom Génois est si odieux, que, si les Corses pouvaient se figurer qu'on voulût les subjuguer pour les soumettre à la République, il n'y a point d'extrémité où ils ne se portassent plutôt que de le souffrir. Ainsi M. de Cursay doit avoir grand soin de ne parler jamais que de la protection du Roy pour les Corses, l'envie de lui assurer une tranquillité permanente, regardant seulement comme ennemis ceux qui sous prétexte de la liberté du pays, ont introduit et veulent maintenir le parti autrichien et piédemontois, qu'il poursuivra avec la plus grande vigueur, au lieu qu'il accordera protection à ceux qui s'en remettront avec confiance à lui.

Fait à Gênes, le 20 may 1748.

Signé : Le Duc de Richelieu

(M. G. Vol. Corse 3.305).

Bastia, le 31 mai 1748. — De Cursay à..... — Monseigneur, Je suis arrivé avant hier à Bastia avec un convoi de quatre cents hommes, des vivres, des munitions, et généralement tout ce qui pouvait être nécessaire aux habitants. J'ai trouvé le siège levé ; les ennemis ont montré autant de faiblesse que les habitants ont fait paraître de valeur. M. De Cumiana, brigadier des armées du Roy de Sardaigne, avait à ses ordres deux régiments qu'on dit qui composaient douze cents hommes, et environ 4 à 5 mille rebelles dans le commencement, et fort peu sur la fin ; il a formé deux attaques, l'une sur les Franciscains, l'autre sur les Missionnaires. Il avait à celle des Franciscains 4 pièces de 24 et 2 mortiers. Il a battu le couvent pendant huit jours, à la vérité, de fort loin ; mais cependant il y avait fait brèche, et quoiqu'il n'y eût que 24 hommes dans le premier jour, et 200 dans la suite, il n'a jamais osé l'attaquer. Il s'est présenté une seule fois à la portée du fusil. Vous savez que Terravecchia est ouvert de toutes parts ; il n'y a jamais eu dans cette ville que 800 hommes en état de porter les armes. M. de Pédemont, officier major du régiment Nivernais, avec commission de colonel, s'était jeté dans la ville, et par son exemple et ses conseils, a déterminé les habitants à se défendre. Au reste le siège n'a pas été meurtrier pour eux ; quoique les ennemis ayent tiré 500 bombes et 1.500 coups de canon, les habitants n'ont perdu que 2 ou 3 hommes.

Le côté des Missionnaires où il y avait également 4 pièces de canon de 24 a encore été attaqué avec plus de mollesse ; et si les Génois voulaient tenir leurs places en état, ils n'auraient rien à craindre des rebelles. Figurez-vous que dans une place où il y a quarante pièces de canon, il n'y a que 700 boulets, point de vivres, et que le quatrième jour du siège les habitants ont reçu des châtaignes pour de l'argent. Enfin nulle espèce d'aucunes provisions. Cependant c'est la place la mieux en état et la plus exposée. J'ai l'honneur, etc.

(M. G. Vol. Corse 3.305)

Calvi, le 10 juin 1748. — M. de Varignon à... — Monseigneur, J'ai été envoyé ici commandant en chef les troupes françaises destinées pour les garnisons de Calvi, Ajaccio, Bonifacio et Caprara, au nombre de 520 hommes, et en particulier de la défense de Calvi. J'ai été flatté d'abord de cette commission, mais quand j'ai été arrivé, j'ai trouvé la place dans un état affreux, dépourvue de toutes choses, les troupes génoises dans un délabrement total pour le nombre, l'espèce et la façon dont ils servent et sont entretenues.

Je me suis donné tous les mouvements imaginables pour réparer ce qui était possible, mais la lenteur des Génois, le manque d'argent de leur commissaire, ainsi que son peu de connaissance sur la nécessité des approvisionnements de toute espèce, son peu de crédit et la mauvaise volonté des habitants ont fait traîner le tout en longueur ; en sorte que je m'estime très heureux de n'avoir pas eu de siège à soutenir, ce que je désirais quand je suis parti de Gênes.

Les ennemis sont retranchés à San Fiorenzo, où je crois qu'ils attendent réponse du Roy de Sardaigne au sujet de leur belle expédition. Ils sont sept à huit cents **hommes**, dont moitié Hongrois et fort peu de paysans, dont on assure que deux chefs sont allés à Turin pour demander un secours plus considérable. Je suis etc.

(M. G. Vol. Corse 3.305)

Bastia, 12 juin 1748. — M. De Cursay au maréchal de Belle-Isle. – Monseigneur, J'attendais pour vous rendre un compte bien détaillé de ce que je voulais faire et ce qu'il était convenable que je fisse, que M. le duc de Richelieu se fût déterminé sur mon compte à cet égard.

Vous avez été informé que le siège de Bastia qui a été formé par M. De Cumiana avec les régiments de Daun et la marine, faisant 1.200 hommes et environ 6.000 rebelles, sans entrer dans le détail de l'attaque, qui a fait tout l'honneur de la défense (sic).

Les ennemis, dès qu'ils ont appris qu'il arrivait un secours, se sont retirés à San Fiorenzo, et ils s'y retranchent journellement ; ils font de nouvelles fortifications à la ville dont je vous envoie le plan. Ils ont élevé des batteries qui sont marquées en mottes ; ils se sont emparés du château, en ont chassé les Corses ; il ne leur reste plus qu'une compagnie franche d'environ 150 hommes, dont ils se servent pour interrompre la communication.

Le parti des Corses rebelles vis à vis des Génois est fort considérable. On peut même dire que l'île est entièrement révoltée contre eux ; mais ils craignent la France, n'oseraient porter les armes contre elle, et les pièves les plus déclarées contre la République seraient prêtes à se joindre à nous en les assurant de la protection du Roy.

Je ne suis point embarrassé, lorsque je serai en état de marcher, de la soumission du peuple à mon égard ;

le parti qui me suivra sera très suffisant pour opposer au petit nombre de bandits qui suivent quelques chefs déclarés contre la République.

Vous savez la force des troupes réglées des ennemis, je vais vous faire le détail des miennes.

Je suis arrivé ici avec 400 de piquets ; j'en fais tirer de Calvi 160, d'Ajaccio 80, de Capraia 40, ce qui me fera en tout nombre de 680. Cela n'est pas suffisant pour le siège de San Fiorenzo, qui serait capital dans le moment présent, puisque c'est la seule ressource de la rebellion.

M. le duc de Richelieu me manda très fermement qu'il n'est point en état de m'envoyer personne davantage ; que M. de Broüm qui marche à lui, doit ôter toute espérance sur l'envie de ce qu'il aurait de faire en ma faveur.

Je vous en écris dans les mêmes termes ; j'ai toujours eu lieu de compter sur vos bontés ; aussi dans ce moment icy, si vous vouliez m'en donner une marque essentielle, ce serait de m'accorder de votre armée suffisamment de piquets pour me mettre en état de faire le siège de San Fiorenzo, et de finir décisivement une entreprise qui traîne depuis si longtemps. Ne croyez point que le désir de ma fortune m'aveugle sur la facilité des moyens ; ils sont sûrs dès que je serai égal aux Piedmontois, parce que la partie des paysans qui veut bien se déclarer en ma faveur, m'assurera contre toutes les entreprises du dehors. Il ne me resterait donc plus que la ville de San Fiorenzo elle-même, qu'il serait aisé de faire tomber par les moyens que je vas vous expliquer.

Quoique les Anglais n'aient point au moment présent cessé leurs hostilités dans cette partie, il est cependant à croire que l'expiration du traité va me débarrasser d'eux.

J'ai à mes ordres deux galères et une galiotte, j'attends encore de Gênes deux autres galères, avec lesquelles je serai supérieur à toute la marine du Roy de Sardaigne ; ainsi je suis sûr que du côté de la mer les Piedmontois ne tireront aucune ressource et que je détruirai même leurs bâtiments. Du côté de la terre, ils en auront encore moins, puisque les peuples circonvoisins qui se déclareront pour moi ne leur laisseront passer aucunes vivres. Mais ils ne prendront ce parti que lorsque je marcherai avec des forces raisonnables afin de n'être point sacrifiés comme ils l'ont été dans la dernière expédition.

J'ai encore un éclaircissement à vous demander sur un point. Il paraît par toutes les manœuvres des Piedmontois qu'ils ont résolu de soutenir San Fiorenzo. S'il arrivait par la suite que vous ou M. de Richelieu me missiez en état de marcher à eux, et que le Roy de Sardaigne eût accédé au traité, toutes choses demeurantes en état jusqu'à l'entière décision, San Fiorenzo serait-il dans ce cas ? Ce n'est point une conquête, et ils le tiennent seulement du peuple rebelle avec lequel je n'entrerais dans aucun traité et comme je ne les recevrais tout au plus qu'à la clémence du Roy, ce n'est point une alliance, on n'en peut contracter avec un peuple qui n'a aucun titre, et comme je ne puis regarder comme ennemis légitimes les anciens possesseurs de San Fiorenzo, je ne dois pas regarder non plus comme possesseurs légitimes ceux qui n'ont vis à vis de moi que leur alliance.

Je fais continuellement tous les préparatifs nécessaires pour ce siège ; je n'ai dans cette île aucune des ressources suffisantes ; quoique envahie depuis 20 ans par les rebelles, elle n'en est pas mieux munie pour cela. Je tire les pièces de canon d'ici, les affûts d'Ajaccio, les boulets de Calvi, la poudre de S. Bonifacio. Il y a quantité de pièces ici qui n'ont pas plus de 40 coups à tirer. Le reste est à peu près dans le même état.

Le château de Bastia qui est peut-être ce qu'il y a de plus important dans l'isle, quoique la plus mauvaise place du monde, n'a que 300 hommes de garnison. Il y faudrait au moins deux bataillons.

La ville vieille qui a fait cette si belle défense, n'a que ses seuls habitants dont 800 seulement portaient les armes pendant le siège.

M. de Pédémont, major du Nivernais, qui y avait été envoyé, avait pris à la solde du Roy 500 de ces bourgeois, dont j'ai renvoyé 200 à mon arrivée. Il m'en reste encore 300 que je vais licencier dans huit jours, M. de Richelieu m'ayant signifié que le Roy ne consentait pas à cette milice et que la République ne voulait ni ne pouvait s'en charger. Il me reste seulement une compagnie franche de 200 hommes dont je me sers pour faire des courses en avant jusqu'auprès de San Fiorenzo. J'ai l'honneur etc.

(M. G. Vol. Corse 3.305).

Bastia, le 1ᵉʳ juillet 1748. — M. de Cursay à... — Monseigneur, Il ne s'est malheureusement rien passé depuis la dernière lettre que j'ai eu l'honneur de vous écrire. J'ai tenté une entreprise sur la terre de Padouvelle, qui n'a point eu de succès. Tous mes arrangements ont réussi ; la tour a été surprise, mais celui qui en était chargé prétend que les troupes lui ont fait manquer son entreprise par le peu de fermeté qu'elles ont apporté. Le seul fruit que j'en aye tiré, c'est que les pièves voisines se sont assemblées et m'ont promis de me remettre la Padouvelle et S. Pellegrin dans l'espace de huit jours. On ne m'a demandé d'autres conditions que de vouloir bien y mettre garnison française jusqu'à la fin des troubles. Je suis très convaincu que les officiers particuliers vous ont rendu un compte sincère de la Corse. Si vous n'en étiez informé que par les Génois, vous devriez peu y compter.

La Corse est plus rebelle et plus armée que lorsque M. de Boissieux est arrivé. Les ministres de la République ont eux-mêmes vendu à très haut prix les armes que M. de Maillebois avait fait ôter au peuple. Sa haine enracinée contre les Génois les rendra éternellement rebelles. Gafforio passe pour avoir supérieurement d'esprit, cependant son parti est faible parce que ses inimitiés particulières lui ont acquis beaucoup d'ennemis. Matra est estimé pour sa grande valeur, mais comme il a fort peu de gens, il n'est point en état de former et d'entretenir un parti considérable. Les autres chefs n'embrassent pas l'objet en entier; connus et suivis dans leurs pièves, leur crédit ne passe pas leur district; chaque province a un esprit différent, parce que divers intérêts les réunissent en un seul point, leur haine contre les Génois, fondée sur la tyrannie et la mauvaise foi, leur mépris pour la République dont la faiblesse n'est que trop connue. Il est à présent su de tous les peuples qu'il n'y a dans l'isle ni munitions, ni troupes que celles qui existent, en portent le nom, et que la réalité s'en trouve dans la poche des différents particuliers qui touchent la paye d'un ou de plusieurs soldats, selon leur grade.

Si les Piedmontois se retirent, nous prendrons San Fiorenzo sans beaucoup de difficultés, c'est-à-dire en gagnant le Nebbio dont plusieurs villages craignent la

France. Je me flatte même que l'on m'en fera dépositaire jusqu'à la fin des troubles, pourvu que je n'y mette que garnison française.

Le nom français est ici plus respecté et plus craint qu'il ne l'est dans aucun pays; beaucoup de pays sont disposés à recevoir la protection du Roy; et si le ministre daignait les assurer qu'on est résolu de la leur accorder, le peuple se rangerait aux volontés du Roy.

Tant que les Français paraîtront dans une force raisonnable, ils seront les maîtres absolus; dès qu'ils sortiront de l'isle, elle sera plus révoltée que jamais. Ce n'est point un ouvrage difficile; cinquante hommes autour de chaque place, on tient les garnisons enchaînées; ils sont sûrs d'être favorisés sous main par ce qui paraît le plus affectionné à la République.

San Fiorenzo pris, il reste une très grande opération, c'est le désarmement de l'isle. Le nombre des fusils existants peut monter de dix-huit à vingt mille. Ce n'est pas ce qui sera le plus difficile, les peuples s'y attendent, et ceux qui ont du bien ou du crédit le désirent. La piève de Muriani qui est une des plus considérables par sa haine contre la République et son crédit dans la rebellion, m'a fait demander si je voulais lui accorder la médiation, qu'elle ne me demandait pour toute grâce que d'être désarmée la dernière. Il va y avoir incessamment une Consulte générale où je sais qu'il sera question de recourir humblement à la protection du Roy, de lui demander pour toute grâce sa médiation et de nommer un commissaire perpétuel pour faire observer à la République les conventions et les promesses que la bonté du Roy leur avait fait accorder; il sera même proposé d'entretenir aux dépens des peuples la quantité de troupes que l'on jugera à propos pour la défense de l'isle, pourvu qu'elles soient françaises ou à la solde de France.

J'ai écrit à M. le duc de Richelieu pour savoir comment je dois me conduire; en attendant je les remettrai à sa décision, et n'ayant nulle autorité ni nulle instruction suffisante, je me bornerai à la confiance des peuples, et à fomenter celle qu'ils peuvent prendre en moi.

Je n'ai encore reçu aucune instruction sur l'armistice; j'ai envoyé un tambour à M. De Cumiana, je vous en rendrai compte à son retour. M. De Cumiana n'a pas voulu permettre à l'officier d'aller à San Fiorenzo, ainsi il a rapporté ma lettre. Il voudrait que les Corses rebelles fussent compris dans l'armistice et M. le maréchal de Belle-Isle mande formellement que je dois continuer à leur faire la guerre. C'est d'autant plus juste que si je ne prenais le parti de les tenir loin d'ici par les détachements que je fais, personne n'oserait sortir de la ville. J'ai l'honneur etc.

(M. G. Vol. Corse 3.305).

Bastia, le 2 juillet 1748. — M. de Cursay au maréchal de Belle-Isle. — Monseigneur,.... Si les Piedmontois partent et qu'ils abandonnent la ville et château de St-Florent, il faudra en faire le siège. Je n'aurai pas plus de mille hommes contre moi, parce que sûrement les pièves éloignées, quoique rebelles, n'y viendront pas. Je compte y mener deux mille paysans de mon parti, tant pour garder les défilés que pour tirer le canon et laisser au corps que j'ai la facilité de faire le siège.

Tout ce qui est nécessaire pour le siège est prêt, et ce n'est pas peu que de trouver quelque chose dans les places de la République.

J'aurai l'honneur de vous rendre un compte exact de tout ce qui se passera ici. Je suis étonné que l'article de la Corse n'ait pas été expliqué dans la suspension arrêtée ; les Piedmontois veulent y faire entrer les Corses rebelles, et vous me marquez positivement le contraire que je suis à la lettre.

J'éprouve qu'il est fort malheureux que M. De Cumiana se soit retiré un jour trop tôt. Cependant vos recommandations peuvent infiniment. Je me trouve en Corse en chef ; c'est un prétexte, si l'on veut faire quelque chose pour moi et une raison très bonne. Si vous le demandez... Si vous voulez en écrire un peu vivement à M. d'Argenson, je suis persuadé qu'il sera très aise de dire qu'il est juste de vous accorder les grades que vous demanderez pour votre armée.

(M. G. vol. Corse 3,305).

Bastia, le 4 Juillet 1748. — Lettre de Marc-Antonio Cardi au Magistrat de Corse à Gênes, pour l'inviter à prendre des mesures aussi rigoureuses que possible contre les Corses rebelles à la République. Cette lettre contient 4 pages. Cardi s'y montre beaucoup plus Génois et plus impitoyable dans la vengeance que les Génois eux-mêmes.

(M. G. vol. Corse, 3.305).

Bastia, 7 Juillet 1748. — M. de Cursay, à... — Monseigneur, J'ai envoyé un officier à M. De Cumiana qui n'a pas voulu le recevoir à San-Fiorenzo et il a depuis envoyé un tambour ici et m'a fait dire que les circonstances présentes l'empêchaient de traiter, et qu'étant absorbé par les rebelles, il ne pouvait leur donner de l'ombrage. Je l'avais fait prévenir d'avance que j'entrerais avec lui en conférence pour l'arrangement de l'armistice qui avait été publié à votre armée et à celle de Sardaigne en Italie. Il aurait fort voulu que j'y eusse compris les rebelles, ce qui est totalement contraire à votre lettre, où vous m'ordonnez de leur faire la guerre.

Outre que c'est contraire à vos intentions, c'est que cela deviendrait d'une conséquence infinie pour la situation présente; une partie des pièces les plus révoltées commencent à recourir à la protection du Roy, et les chefs sont prêts d'accepter le pardon général, sous la promesse toutefois de la médiation vis à vis la République, qui est plus en exécration que jamais. J'ai tout lieu de croire qu'avec le parti que je vais me former et les troupes que je recevrai, je serai en état d'anéantir celui qui doit toujours persister dans la rebellion, n'ayant d'autre parti à prendre que de rester armé. Une grande partie n'a rien et le reste a commis tant de désordres que leur sûreté les engage à être rebelles. Si j'accordais une suspension d'armes, ils en profiteraient pour faire de nouveaux ravages. M. De Cumiana a encore une prétention que je ne saurais admettre; il a formé une vingtaine de compagnies franches, de trente hommes chacune, à la tête desquelles il a mis les plus fameux rebelles et donné des commissions au nom de son Roy. Ces gens-là ne peuvent être regardés comme troupes réelles de sa nation. Si sa prétention avait lieu, il n'y aurait qu'à, en arrivant dans un pays rebelle, donner des commissions à tout le peuple : il n'en serait pas davantage sous la protection du prince, et à l'abri d'être jugé comme rebelle par les souverains légitimes.

Nous avons après le départ des Piedmontois une opération importante qui ne sera pas la plus difficile. C'est le désarmement général, sans quoi l'on ne doit jamais compter sur une pacification totale. Le dénombrement actuel se monte à 20.000 fusils. Je compte qu'on peut encore m'en cacher 4.000. Les gens sensés le désirent et le gros du peuple, fatigué des ravages continuels, s'y portera en gros, les pièves s'y attendent ; mais il faut pour y parvenir la réduction de San-Fiorenzo, parce que le Nebbio et la Balagne sont les pièves les plus révoltées.

Nous réussirons sur tous les points difficiles avec le nom de la France ; car pour celui de la République, il est en horreur surtout, sur la bonne foi, les engagements les plus solennels.

N'imaginez pas que la République avec toutes ses forces puisse soumettre l'isle ; les Corses en ont conçu un si grand mépris que 50 hommes déferaient un bataillon. Au reste, elle n'a dans l'isle ni troupes ni munitions ni argent. Les soldats ne sont point payés, il est dû treize mois aux officiers. Dans les endroits où la République paie 200 hommes, il y en a 40 au plus effectifs ; le reste se divise aux principaux officiers. C'est au point que dans ce moment-ci où le danger était imminent, la fille du chancelier, qui est un des principaux, est employée dans le rôle sous trois noms différents. On m'a répondu : c'est de tout temps l'usage. Vous sentez à merveille qu'à une République qui se conduit ainsi, si l'on laisse aux Corses le moindre moyen de se révolter, ils finiront par se rendre maîtres de quelques forteresses et il faudra employer des moyens qui deviendront fort chers et fort onéreux à la France, ou bien qu'en profitant de la circonstance présente, on peut en tirer parti.

Au reste il va y avoir une assemblée générale de la nation au-delà des monts. Je crois qu'il y sera question de proposer à la France d'entretenir un corps de troupes françaises payées par les Corses, et un commissaire français dans l'isle pour faire exécuter à la République les engagements solennels dont la France a été garante. — J'ai l'honneur etc.,

(M. G. vol, Corse 3.305).

Bastia, le 10 Juillet 1748. — M. de Cursay à..... — Monseigneur, Ayant eu la nouvelle que Janninetto, fameux chef des rebelles, était à Barbaggio, village à deux lieues et demie d'ici et à trois quarts de lieue de St-Florent, avec soixante hommes, je fis le projet de l'enlever. Je comptai avec raison que mon opération pouvait être faite avant que les Piedmontois vinssent au secours et que tout dépendait du secret. Mon entreprise a été exécutée très heureusement en partie. Les rebelles ont été surpris, l'escadron volant dissipé. Cependant Janninetto s'est sauvé par dessus les toits et M. de St-Victor, capitaine du régiment de Bresse, suivi de trois soldats, s'étant laissé emporter à la poursuite des fuyards malgré la défense, a été tué. Nous y avons eu de plus quatre soldats blessés, mais légèrement. Les Piedmontois n'en ont été informés que très tard ; ils y sont marchés, mais nous étions déjà de retour ici. Nous y avons ramené deux hommes de Barbaggio, parmi lesquels se trouve le chef principal du pays. On m'a fait offrir de me rendre généralement tous les prisonniers que Matra a faits sur les sujets attachés à la République mais en vain, parce que je suis sûr, moyennant cela, de tout le pays qui me sert de communication avec San-Fiorenzo. Vous voyez que notre paix n'est point du tout faite avec M. De Cumiana qui ne cesse d'assurer les Corses de la protection de Sardaigne.

J'ai enfin terminé une affaire qui m'inquiétait depuis longtemps ; il s'agissait de gagner les pièves d'Orezza, d'Ampugnani et d'Alesani, qui étaient toutes fort attachées à la rebellion et qui ont mis jusques à présent 2.000 hommes sous les armes. Les conditions ont été arrêtées cette nuit dernière ; voici quelles elles sont : de me remettre les tours de la Padulella et de St-Pellegrin, pourvu que j'y mette garnison française jusqu'à la pacification, de recourir à la protection de la France, de lui demander sa médiation, de me suivre toutes les fois que je leur ordonnerai de prendre les armes. Ils doivent me livrer Paolo Santucci et Ciavaldini, les deux lieutenants-généraux Gafforio et de Matra ; j'ai fait partir un bâtiment avec les députés pour aller chercher les quatre chefs pour ratifier toutes les choses dont nous sommes convenus. Ils me donneront pour otages leurs frères ou leurs enfants. Le nom de la République leur est plus en horreur que jamais. Je leur ai fait entrevoir que le Roy prendrait des arrangements pour leur faire obtenir un pardon général, et pour assurer d'une manière stable les traités faits du temps de M. de Maillebois convenus avec la République, et auquel elle a manqué huit jours après le départ des troupes. La déclaration des chefs les plus accrédités entraînera vraisemblablement celle des autres, et si M. de Richelieu m'envoie quelques troupes, je ferai sans nulle difficulté le siège de San Fiorenzo.

L'article du désarmement général deviendra l'objet le plus important ; les peuples s'y attendent et ceux-ci me pressent de leur promettre qu'ils seront les derniers à l'être ; mais je n'ai pris avec eux aucun engagement et les ai seulement assurés que de leur conduite dépendraient mes bienfaits.

J'oserai donc vous représenter que vous n'avez jusques à présent nulle idée de la Corse. San Fiorenzo vous a paru une tour à mettre 50 hommes et la ville

200. Cela est vrai, mais songez qu'il est situé dans le Nebbio, puis inabordable, quand il est défendu, et que quand même il ne le serait pas, l'isle entière est révoltée, qu'il y a présentement plus de 20.000 hommes armés, que tout entre en fureur au seul nom génois ; que l'armée entière de la République n'est pas capable de la moindre entreprise. Le nom français y est respecté ; quoique notre bonne foi n'ait pas été admirable dans les divers temps, tous les peuples veulent bien y croire encore. Les mêmes chefs qui ont fait tant de mal, viennent ici sur ma parole. J'espère dans ce mois-ci faire déclarer un très grand parti et assiéger San Fiorenzo quand il me plaira. Je vous rendrai un compte fidèle et j'espère que vous voudrez bien m'honorer de vos conseils et de vos ordres. — J'ai l'honneur etc.

Bastia, le 15 Juillet 1748. — M. de Cursay à. ... — Monseigneur, (la première partie de la lettre reproduit ce qui a été dit dans la lettre précédente au sujet de l'attaque de Barbaggio)..... Les Piedmontois ont été si malcontents de Jannettino qu'ils l'ont cassé, ne pouvant se persuader qu'il ne fût d'intelligence avec moi, ce qui n'était pas vrai.

Deux jours après, j'ai été informé que les Piedmontois et les Autrichiens manquant de farine, faisaient moudre des grains aux environ d'Olmeto avec d'autant plus de confiance qu'ils sont près de San Fiorenzo, qu'ils avaient formé leurs magasins sur le bord de la mer, que le transport s'en faisait sur les lances du navire anglais qui est à l'ancre, que l'endroit étant au milieu du golfe à vingt lieues de moi par mer et à quatre par terre, il ne leur paraissait pas vraisemblable que l'on pût rien entreprendre. Comme tout m'avait été rendu exactement par un homme que j'entretenais dans l'endroit même, j'ai fait partir d'ici une gondole parfaitement bien armée pour pouvoir arriver à minuit précis dans le lieu, et j'ai détaché des troupes par terre pour pouvoir à la même heure attaquer en même temps les trois moulins et le magasin, et charger le tout sur la gondole. Le projet a réussi sans perdre un seul homme ; nous avons enlevé les moulins et tout ce qui était dans le magasin, chargé la gondole et pris un bâtiment des rebelles, mais l'on a manqué la lance anglaise qui devait arriver au magasin. Tout est rentré dans Bastia.

Voyant que les alliés ne voulaient pas absolument se retirer, je me suis emparé du poste de Nonza. C'est une espèce de petit port de mer dans le golfe de San Fiorenzo, qui couvre entièrement le Cap-Corse, où les rebelles avaient imposé des contributions très grosses, en argent pour eux, en fournitures de toute espèce pour les alliés. J'y ai mis cent trente hommes de compagnies franches, Corses, avec deux hommes par village des plus considérables de tout le Cap-Corse, pour me servir d'otages, et les forcer par là à prendre les armes pour secourir Nonza s'il pouvait être attaqué.

J'ai formé un projet, j'ignore si vous l'approuverez ; c'est l'union des pièves les plus considérables du delà des monts, comme Ampugnani, Campoloro, Casinca, Cazacconi, Alesani, Orezza, Rustino et Tavagna. Elles doivent au jour indiqué attaquer à l'improviste, chacune dans leur piève, le parti rebelle et le forcer de donner des otages les plus considérables pour sûreté de leur parole ou les détruire entièrement. La piève d'Alesani a signé tout entier l'arrangement, celles d'Orezza, de Rustino et d'Ampugnani en partie.

Les conventions sont en douze articles, de reconnaître la protection de la France, de s'y abandonner sans réserve, de prendre les armes le même jour que je leur indiquerai et d'attaquer tous à la fois le parti contraire, de ne point les quitter que je n'y consente, de me donner pour otages leurs fils ou leurs frères à ma volonté; de me suivre au siège de San-Fiorenzo, s'il a lieu, et de ne se retirer qu'après la fin de l'entreprise. Voilà ce que les peuples ont signé par députés séparément, sans que chacun ait connaissance du traité.

Ils ont formé par un article séparé une demande sur laquelle je n'ai pas voulu répondre, n'étant pas suffisamment autorisé, mais je me suis chargé de l'envoyer à M. de Richelieu : c'est de former à solde, respectivement à la force de chaque piève, une, deux ou trois compagnies de 50 hommes chacune, commandée par des gens du pays. Il sera mis un officier français pour ne payer que les effectifs, les passer en revue et en disposer despotiquement sous l'autorité du commandant général, pour la sûreté duquel ils donneront tel nombre d'otages et de quelque qualité que l'on exige. Ils prétendent que dès qu'on verra dans chaque piève des troupes à la solde de la France, tout se rangera à l'obéissance. Ceci ne nous serait pas fort onéreux, d'autant mieux que naturellement la République devrait être chargée de cette dépense. J'envoie à M. le Duc de Richelieu le traité et la demande.

Les principaux chefs de quelques autres pièves entrent en négociation ; j'ai envoyé dans le Fiumorbo à vingt lieues d'ici pour traiter avec eux.

Tout ceci se passe de concert avec le ministre de la République qui n'y paraît en rien ; la fureur des peuples est la même et s'ils croyaient que la République en eût la moindre connaissance, il n'y a pas un seul qui voulût traiter ; au reste mon crédit est très bien établi dans l'isle. — J'ai l'honneur etc.

(M. G. Vol. Corse 3.305).

Copie des articles de la capitulation convenue entre M. Bada, commandant les troupes de S. M. le Roy de Sardaigne, et M. le chevalier de Brons, commandant la garnison française de Nonza, le 24 juillet 1748, à 4 heures après-midi.

Toute la garnison sera prisonnière de guerre.

Elle rendra les armes et munitions de guerre, excepté celles des officiers, de quelque grade qu'ils soient, qui les conserveront et qui pourtant ne les porteront point en sortant et lesquelles doivent leur être rendues au couvent de St-François de Nonza.

Tous les équipages et bagages des officiers et soldats doivent leur être conservés. M. Bada promet de faire escorter cette garnison par les troupes sardo-autrichiennes, qui devront les défendre de toutes leurs forces des insultes qui pourraient leur être faites.

Il promet aussi de faire fournir le transport des blessés dans l'hôpital le plus voisin, où ils soient à l'abri de toutes insultes. Tous ceux qui se trouvent avec les troupes françaises subiront le même sort, chacun selon leur grade.

Il sera fourni des barques ou chevaux pour le transport des effets des officiers.

Les effets du Roy seront remis tels qu'ils se trouvent dans le magasin entre les mains d'un homme commis à cet effet.

Si ces présents articles souffraient quelques interprétations, elles seront faites en faveur des officiers assiégés.

Fait à Nonza, le 24 juillet 1748.

Signé : Bada, chevalier De Brons.

(M. G. Vol. Corse 3,305).

Etat des prisonniers de guerre faits à Nonza le 24 juillet 1748, et conduits à San Fiorenzo.

Capitaines et lieutenants : — Nivernais, capitaine commandant, le chevalier de Brons. — Brie, capitaine M. Audin ; lieutenant M. d'Antoine. — Bresse, lieutenants M. de Vignol, de Calvi, le Sr Flach, faisant charge d'aide-major.

Sous-officiers et *soldats*. — Nivernais : sergent Demolin, caporal Deffignan ; anspezades, La Jeunesse, Saint Jean, Condé; soldats, Lutin, Marecani, La Coste, Beauchamp, St-Hilaire, La Fleur, Prêt à boire, St-Sauveur, Després, St-François, La Rose, St-Louis, St-Jean.

Brie : caporaux La Liberté, Vadeboncœur ; soldats Tranchemontagne, l'Espérance, Prêt à boire, Belle-Humeur, St-Paul, Lafeuillade, Beausoleil, La Saône, Jolicœur, Guérey, Pierreferme, Comtois, Sauzelais, La Violette, Lachèze, Lafontaine, Belle-Humeur, Dujardin, Lachose ; tambours, St-Fériol, St-Louis.

Bresse : sergent Laroche, caporal Dupré ; anspezades, La Veillée, La Tulipe ; tambour Sedan ; soldats, Lafeuillade, St-Martin, Carcassonne, Cadet, La Grandeur, St-Denis, St-Germain, Duchêne, la Giroflée, Lavigne, Prêt-à-boire, De Laurier, St-Antoine.

(M. G. vol. Gênes 3:305).

Bastia, le 25 juillet 1748. — M. de Cursay à . . . . . — Monseigneur, Depuis la lettre que j'ai eu l'honneur de vous écrire, j'avais cru de la dernière importance d'occuper Nonza qui est la clef du Cap-Corse, sur lequel les rebelles avaient imposé des contributions et dont par ce moyen je trouvais le moyen de les priver. Averti enfin à n'en pouvoir douter que les Piedmontois se disposaient à s'en emparer, je les ai prévenus, et après l'avoir visité, je l'ai imaginé imprenable au coup de main, ne pouvant point y porter de canon, et celui de mer ne pouvant rien faire. Je l'ai muni pour un mois ; j'y ai mis un piquet de Nivernais et de Brie, et deux compagnies franches levées par M. de Pédemont, aux ordres de M. de Brons. Le 23 de ce mois, les Piedmontois sont sortis au nombre de 500 hommes, ayant à leur tête 400 rebelles de la Balagne, et sont venus attaquer le poste qui a capitulé hier. On dit que les compagnies franches se sont sauvées. Il faut bien qu'il y ait un accident que personne ne pouvait prévoir. Je ne sais encore rien de la capitulation, ni du fait, parce que les troupes ont été conduites à San-Fiorenzo. Le vaisseau anglais a tiré toute la journée du 23 sans aucun succès.

Voici la raison pour laquelle j'ai occupé ce poste. Je l'ai jugé admirable. Il ôtait aux ennemis les contributions qu'ils pouvaient exiger, et les procureurs du pays étaient venus me trouver m'offrant de faire les fonds pour deux compagnies franches et deux bâtiments pour défendre leur côte. J'ai cru que dans l'épuisement où est la République et dans la nécessité de ménager nos fonds, tout ce qui pouvait donner occasion de faire la guerre sans rien débourser devait être avantageux. Les ennemis en ont si fort senti l'importance qu'ils ont intimé une marche générale. Les seuls habitants de la Balagne ont obéi ; toutes les autres pièves ont refusé.

Je me suis emparé le même jour d'une tour fort considérable, appelée la Padouvelle, qui met en sûreté les pièves de Muriani et de Casinca. Presque toutes ont signé et vous verrez par le mémoire ci-joint leurs prétentions et leurs demandes. Je les ai envoyées à M. de Richelieu.

Deux gentilshommes de Sardaigne sont passés ici ; un de leurs camarades nommé Don Pietro Mizorno, de

Templio, avait signé une traite avec M. Domarchi au nom de tous les révoltés ou mécontents du gouvernement. Prévoyant que l'affaire allait manquer, il a été trouvé le vice-roy de Cagliari, lui a porté copie des accords et les noms de tous ceux qui ont signé, parmi lesquels il y en a plusieurs que l'on croyait affectionnés au Roy de Sardaigne. Le vice-roy les a cités de comparaître ; ils s'en sont excusés et après la seconde citation ils ont jugé à propos de se jeter dans la montagne. Le six de ce mois, le vice-roy envoya des détachements pour les forcer ; 36 dragons attaquèrent un détachement peu considérables de bandits. Mais Don Geronimo de Letala de Nulvi (?), nouvellement réfugié dans la montagne, s'y porta avec sa troupe. Les dragons se retirèrent ; il les poursuivit, en tua deux et fit quelques prisonniers. Don Antonio, père de Don Geronimo, passe à Gênes pour tâcher d'obtenir sa grâce.

Dès que les troupes piedmontoises seront parties, j'espère que vous aurez lieu d'être content.

Le nom génois est toujours fort en horreur ici ; vous allez en avoir un exemple. J'avais traité avec les peuples et nommément avec ceux qui occupaient la Padouvelle à condition de n'y mettre que des troupes françaises jusqu'à la pacification. Ils devaient arborer le pavillon à cette heure, et une barque avec le pavillon français devait y arriver. Il y avait par hasard un officier génois du même pays qui allait pour ses affaires. Tous les peuples ont pris les armes et ont refusé, prétendant que je manquais à ma parole. L'officier français s'est montré et leur a expliqué l'erreur. Tout est resté tranquille et l'on m'a remis la tour sans difficulté. J'attends celle de St-Pellegrin et j'espère pouvoir ces jours-ci faire prendre Corte par le parti contraire, et faire une guerre entre eux pour les obliger à recourir à la protection de la France. — J'ai l'honneur etc.

P. S. — Je vous envoie ci-joint le mémoire des peuples ; il est en mauvais français, mais je vous le fais passer tel que je l'ai reçu.

Mémoire des Corses.

La Corse reconnaît pour son chef la Sérénissime République de Gênes et se reconnaît pour une partie de cette dernière ; il est bien juste et raisonnable que la République reçoive de la Corse les revenus et les droits, outre la juridiction dessus les peuples et l'obéissance.

La Corse pense qu'il est besoin et nécessaire pour établir une parfaite et durable paix, que le Sérénissime Collège oublie entièrement ce qui s'est passé jusques à présent, tant en commun qu'en particulier, sous les conditions qui seront jugées plus à propos à l'avenir ; qu'il faut établir un commerce sûr et durable, duquel la Corse puisse pourvoir en vin, huile, blé, légumes, châtaignes, viandes et autres qui lui sont de reste pour leur entretien.

Il faut diviser les cinq évêchés en six pour le bien des peuples, comme ils étaient auparavant, savoir : quatre en deçà des monts, et deux en delà, à Bonifacio et Ajaccio, lesquels seront donnés tous les six perpétuellement aux nationaux Corses, avec la bulle pontificale qui a été promise dans le dernier règlement, en comprenant les bénéfices simples, ce qu'on n'a pas encore vu ; comme aussi on doive donner aux mêmes nationaux corses les six lieutenances et les dix chancelleries.

Qu'il faut établir un magistrat de dix-huit sujets du Royaume, savoir douze qui sont en deçà des monts et six au-delà, lesquels doivent faire leur résidence à Corte, qui veilleront sur les homicides et les vols, la police et le bon gouvernement du royaume et que pendant leur charge, ils ne dépendent que du Sérénissime Collège, et cette charge sera de deux ans. Ils pourront aussi élire leurs successeurs, à condition qu'ils seront des plus qualifiés, des meilleurs et des plus honnêtes gens du royaume, qui auront une pension de 2.500 livres chacun par an, à prendre sur les revenus du royaume, duquel on fera le compte des revenus de l'entrée et de la sortie, par la main des ministres qui seront munis à cet effet d'un plein pouvoir.

Il sera nécessaire qu'il reste pendant quelques années un commissaire français, avec deux bataillons français, afin de dissiper par ce moyen-là les esprits de révolte ; il sera nécessaire de trouver un moyen pour pouvoir fournir à la paie de deux bataillons et du Commissaire.

Le nouveau règlement ne doit porter aucun préjudice à tous ceux qui ont été faits, lesquels seront revus, et desquels l'on ne prendra que tout ce qui peut être utile au royaume, et le réduire en un seul règlement, afin d'ôter tout équivoque.

La Corse se réserve un moyen pour établir la justice tant civile que criminelle, et la force nécessaire pour la faire exécuter quand il y aura un ministre de la Sérénissime République, muni du plein pouvoir, auprès duquel on accommodera quelques autres petites affaires qui ne méritent pas d'être nommées dans ce règlement et encore on parlera du désarmement en son temps et avis politique. (sic).

On veut que la France soit garante de ce qui est établi, et de ce qui est à établir.

(M. G. vol. Corse 3.305).

San Remo, 2 août 1748. — Le baron de Leutrum à....
— Monseigneur, J'ai reçu le 21 de juillet la lettre que Votre Excellence m'a fait l'honneur de m'écrire le 30e; j'attendais en conséquence qu'elle eût la bonté de m'informer des arrangements qu'elle comptait de prendre au sujet de l'armistice de Corse, lorsque j'ai appris par le gouverneur de Savone que les hostilités avaient recommencé dans cette isle avec plus de vivacité de la part des troupes françaises. J'ai reçu ce matin par un courrier de la Cour une relation exacte de ce qui s'est passé à l'occasion de ces nouvelles hostilités, que j'ai l'honneur d'envoyer à Votre Excellence et par lequel elle verra que les troupes alliées y étaient fort tranquilles à San Fiorenzo et deux de leurs postes, lorsque les Corses adhérents au parti de la République, soutenus par les troupes françaises, les ont attaquées.

Comme ces incidents pourraient être suivis par d'autres de même nature et que je sais d'ailleurs parfaitement que Votre Excellence est très portée à éviter une inutile effusion de sang, je renvoie auprès d'elle le comte de Viansin pour lui faire des nouvelles représentations à ce sujet, le munissant en même temps des pleins pouvoirs nécessaires pour convenir de tout ce qui sera juste et équitable.

Il ne m'a pas réussi jusqu'à présent d'avoir des nouvelles des deux hommes dont Votre Excellence m'a envoyé le signalement. J'ai l'honneur d'être etc.

(M. G. Vol. Corse 3.305).

A bord du Boyne, ce 2 août 1748. — L'amiral Byng au maréchal duc de Belle-Isle. — Monseigneur, Je m'étais flatté que l'armistice qui se publia dernièrement entre les troupes de S. M. T. C. et celle de S. M. S. et de l'Impératrice Reine se serait étendue et y aurait compris l'isle de Corse, mais je ne puis m'empêcher de témoigner à V. E. ma surprise, lorsque j'appris par l'un de nos vaisseaux de guerre ce qui s'était passé il y a peu de jours du côté de San Fiorenzo à Nonza, et même ayant à son bord 2 capitaines français, 4 subalternes, 56 soldats français et 33 Corses, qui avaient été faits prisonniers de guerre dans cet incident, dont je ne doute point que V. E. est totalement informée; et comme une pacification générale est si proche d'être établie, et pour prévenir que la guerre soit portée dans l'isle de Corse, et pour éviter de répandre davantage de sang, je prie V. E. de me permettre de lui proposer d'établir l'armistice en Corse commune et générale tant entre les troupes réglées qu'entre les Génois, et les Corses des deux partis, comme il a été réglé entre les armées des puissances respectives, ou bien que V. E. fasse rappeler de l'isle les troupes de S. M. T. C. qui y sont, et auquel cas ait autorité le Roy de Sardaigne de faire embarquer toutes les troupes de S. M. S. et celle de S. M. I. l'Impératrice Reine, et me retirerais avec les vaisseaux de guerre de S. M. afin d'écarter par ce moyen toute occasion d'incidents ultérieurs qui ne conviennent aucunement dans un temps où l'on doit être empressé de part et d'autre de donner la main à tout ce qui peut opérer une parfaite et entière réconciliation. Mais si l'une ny l'autre de ces deux propositions que j'ai l'honneur de faire à V. E. ne peuvent avoir lieu pour établir une tranquillité publique, V. E. ne saurait être surprise que je n'abandonne pas les alliés du Roy mon maître, mais que je donne toute l'assistance possible avec les vaisseaux de guerre de S. M. B. sous mes ordres dans la Méditerranée, de saisir et intercepter tout secours de troupes, munitions et provisions qui pourraient être envoyées en Corse; mais je me flatte par la juste et raisonnable demande que je fais à V. E. qu'elle procurera une armistice générale en Corse, pour prévenir les conséquences que je lui ai mentionnées ci-dessus. Je prie V. E. d'être bien persuadé etc.

(M. G. Vol. Corse 3.305)

2 août 1748. — *Lettre du même au maréchal de Richelieu.* — La teneur est absolument la même que celle de la lettre précédente.

(M. G. Vol. Corse 3.305)

Gênes, le 3 août 1748. — *Le duc de Richelieu à l'amiral Byng.* — Monsieur, Dans le temps que j'ai reçu la lettre dont V. E. m'a honoré hier, j'étais occupé à dépêcher un courrier pour rendre compte au Roy mon maître de ce qui s'est passé à l'affaire de Nonza en Corse, et je travaillais aussi à porter mes plaintes à V. E. du vaisseau anglais qui avait canonné nos troupes, quoique tout acte d'hostilité dût être cessé ce jour-là entre nous. Je crois donc que V. E. doit comprendre la juste surprise où je suis de la lettre qu'elle me fait l'honneur de m'écrire; les préliminaires exigeaient que les parties belligérantes restent *in statu quo* dans les endroits où elles se trouvent, et quoique l'objet dans lequel les troupes autrichiennes et piémontoises sont allées en Corse puisse les faire regarder dans une exception à cette loy, le grand amour que le Roy mon maître et ses alliés ont pour la paix et la religieuse observation pour ses engagements même au-delà des termes où l'on pourrait les étendre, l'a déterminé à observer l'exécution des préliminaires avec les troupes autrichiennes et piémontoises qui sont en Corse, comme partout ailleurs. Mais M. le chevalier De Cumiane qui les commande n'a pas voulu y adhérer, et a répondu que l'objet sur lequel il avait été envoyé en Corse subsistait malgré les préliminaires. Nonobstant cela, le commandant de nos troupes avait ordre d'éviter toute rencontre avec les Autrichiens et les Piémontois, lesquels auraient dû se tenir sous San Fiorenzo, s'ils avaient été aussi religieux à observer l'exécution des préliminaires que nous. Mais alors qu'on s'y attendait le moins, les rebelles, soutenus des Piémontois et des Autrichiens, sont venus investir le village de Nonza, et ce qui me surprend le plus, un vaisseau anglais est venu foudroyer avec son canon le village où étaient les soldats du Roy mon maître, et tous également, contre le droit des gens et l'exécution des préliminaires, ont fait ces troupes prisonnières de guerre que je réclame et redemande à V. E. comme faits contre toute espèce d'équité et de bonne foy.

Je ne sais pas si les Piémontois, par des vues ultérieures, pourraient vouloir essayer de faire regarder les peuples rebelles de Corse comme des alliés compris dans les préliminaires, mais cela serait si fort contraire à toute espèce de raison qu'il n'y a pas d'apparence que l'Angleterre voulût par de faibles moyens attaquer le grand ouvrage de la paix qu'elle vient d'établir de concert avec nous, et qu'elle veuille en même temps établir que des peuples rebelles peuvent être regardés comme de véritables alliés des puissances étrangères. Je supplie Votre Excellence de vouloir bien me donner une réponse catégorique sur tous ces points qui sont si importants, et me faire l'honneur de me marquer si elle a des instructions particulières qui puissent autoriser la lettre qu'elle m'a fait l'honneur de m'écrire, parce que sans cela, j'ai lieu d'espérer de sa sagesse et de ses lumières qu'après les réflexions que j'ai l'honneur de lui faire faire, elle verra que sa complaisance pour l'injuste prétention qu'on voudrait peut-être essayer de lui faire protéger, ne pourra jamais aller jusqu'à lui faire recommencer des hostilités qui ont été proscrites par les accords signés à Aix la Chapelle, et si religieusement observés de notre part, puisque j'assure V.E. que si les Autrichiens et les Piémontois veulent rester sous Saint Florent dans l'état où ils étaient le jour de la signature des préliminaires, nous observerons de notre part l'armistice le plus religieusement. J'ai l'honneur etc.

M. G. Vol. Corse 3.305)

Nice, 4 août 1748. — Le maréchal de Belle-Isle à M. D'Argenson. — Depuis la lettre que j'ai eu l'honneur de vous écrire hier, M. le Comte de Viansin, qui est le même officier piedmontois qui est déjà venu ici plusieurs fois, est arrivé ici et m'a remis une lettre de M. de Leutrum dont je joins ici copie. Ledit Comte de Viansin m'a tout de suite tiré de sa poche la relation annoncée avec copie de la capitulation; je joins ici l'une et l'autre. Vous y remarquerez, je crois, comme moi, beaucoup d'art ; l'on cherche de coudre notre entreprise de la Bastia avec tout ce qui vient de se passer, quoiqu'il y ait eu un grand intervalle, et l'on y qualifie d'hostilité et d'entreprise de notre part l'occupation de quelque village corse où il n'y avait que des rebelles et point de troupes réglées autrichiennes ni piédemontoises. L'on y impute à M. de Cursay d'avoir fait enlever des farines qui appartenaient aux Piémontois. Mais outre que M. de Cursay pouvait n'en être pas informé, M. le chevalier de Cumiana pouvait les faire réclamer. Le poste de Nonza, de 20 hommes, établi en premier lieu par M. de Cursay, n'a été attaqué que par des rebelles. M. de Cursay a détaché 100 hommes pour secourir son poste, ne s'agissant toujours que des rebelles, et cependant M. de Cumiana envoie 200 hommes, moitié autrichiens moitié piémontois, pour seconder les rebelles contre les troupes du Roy. Sur cet exposé, qui est tel que l'aide-major du Lyonnais me l'a fait, ayant causé plus longuement avec lui, l'on peut dire que c'est M. le chevalier de Cumiana qui est l'agresseur, et je pense que ce que la République ou ses auxiliaires font en Corse contre les rebelles qui ne sont point joints aux troupes réglées des alliés, ne doit pas être qualifié d'hostilité. Mais que dire de la conduite du vaisseau anglais, qui après l'expiration du délai fixé au 23, a tiré avec beaucoup de vivacité et de succès contre nos troupes attaquées dans le village de Nonza ?

Après vous avoir dit ce qui se présente naturellement pour défendre la cause de M. de Cursay, je vous dirai de même que je voudrais qu'il n'eût rien fait de tout cela, et qu'il se fût tenu tranquille à Bastia jusqu'à ce que tout eût été réglé. Pourquoi établir un poste à 18 ou 20 milles de lui, et en l'établissant comment ne pas le mettre plus nombreux et dans un lieu plus susceptible de défense, et enfin voulant le secourir, pourquoi le faire avec aussi peu de forces ? Et s'il n'en avait pas les moyens, il valait mieux abandonner les 20 hommes que de risquer d'en perdre davantage, comme il est arrivé. Je voudrais que l'on eût plus de monde à Bastia, cela se pouvait dans les premiers moments, au lieu que je sens fort bien qu'à présent des détachements que l'on y ferait passer pourraient bien plutôt tirer à conséquence, nonobstant la thèse contraire que j'ai posée ; mais ce qui me fâche encore plus que tout cela, c'est la déraison et la lenteur de la République dont M. de Richelieu ni moi ne pouvons pas tirer une réponse depuis un mois ; et je pense de plus que ce que j'avais proposé à M. de Leutrum était suffisant, et que le peu de différence qu'il y a dans ce que dit la lettre du Roy de Sardaigne est facile à concilier surtout dans le principe où je suis que nous ne devons point nous mêler des affaires intérieures de Corse entre les peuples de cette isle et le gouvernement génois qui est trop dur, trop injuste et trop prévenu pour pouvoir jamais établir la tranquillité dans cette isle, tant qu'ils ne changeront point de principe, et tout ce que l'on pourrait établir par la force avec les troupes du Roy, sera détruit dès qu'elles seront sorties. J'ai l'honneur etc.

(M. G. Vol. Corse 3.305)

Nice, le 5 août 1748. — Le maréchal de Belle-Isle au duc de Richelieu. — J'ai lu, Monsieur, avec la plus grande attention le mémoire que ce gouvernement vous a remis pour m'être envoyé au sujet de l'armistice qui doit être réglé et publié dans l'isle de Corse. J'y vois qu'en même temps que ce gouvernement approuve la teneur de la lettre que j'ai écrite à ce sujet à M. le baron de Leutrum le 11 juillet, il demande une exception totalement contradictoire, car il y est dit que « je connaîtrai facilement qu'on ne doit point en aucune manière comprendre ni directement ni indirectement dans le traité d'armistice les Corses rebelles, ni en général ni en particulier, cela étant tout à fait étranger et incompatible avec les préliminaires établis entre les puissances belligérantes qui ne doivent en aucune façon faire mention des sujets rebelles contre leurs souverains. »

Je conviens avec le gouvernement que les rebelles de Corse ne doivent point être regardés comme une partie contractante, et personne n'est plus porté que moi à entrer dans la juste indignation du gouvernement contre les rebelles Corses qui ne peuvent ni ne doivent jamais être admis à aucune espèce de traité vis à vis de leurs souverains dont ils doivent uniquement requérir le pardon et la clémence; mais il n'en est pas de même de la République vis à vis les puissances avec qui elle est en guerre, qui ont pris sous leur protection ces mêmes rebelles; il est tout naturel qu'en attendant la conclusion définitive de la paix, les généraux autrichiens et piedmontois qui ont fait passer des troupes dans l'isle de Corse, stipulent dans la suspension d'armes qu'il s'agit d'établir ce que l'on fera ou que l'on ne fera point contre les peuples qui sont sous leur protection. Il n'y a rien là qui puisse blesser la dignité ni la souveraineté de la République. L'on n'a jamais fait de traité de paix où il ne soit dit que l'on mettra en oubli tout ce qui peut avoir été fait pendant le cours de la guerre, et qu'il y aura une amnistie générale de part et d'autre etc., et l'article 27 des préliminaires en fait expressément mention. Ainsi le gouvernement n'a sans doute pas entendu que dans la convention que je dois faire avec M. le baron de Leutrum, il n'y soit point fait mention des rebelles, puisqu'il est impossible que cela soit autrement, et en effet il est dit dans le mémoire que le gouvernement a approuvé le contenu dans ma lettre du 11 juillet.

Toute la difficulté me paraît présentement rouler sur l'occupation des postes que nous jugerions à propos d'établir de plus ou de moins dans l'isle de Corse. Il parait par la réponse de M. de Leutrum qu'il est d'accord que les bataillons autrichiens et piedmontois qui sont à San Fiorenzo s'y tiendront dans les limites du dit lieu dont on conviendra encore plus expressément. Il convient qu'il soit fait également injonction de la part de l'Impératrice et du Roy de Sardaigne à tous les rebelles de se tenir tranquilles chez eux.

Ils demandent que les Corses fidèles de la République soient obligés d'en user de même, et que dans le cas contraire ils ne soient pas assistés ; sur ce principe, si avec l'intimation qui leur aura été faite, quelques-uns d'entre eux viennent à commettre des hostilités contre les troupes françaises et génoises ou les adhérents de la République, ces derniers pourront agir contre eux, et les Autrichiens et les Piedmontois ne leur donneront en ce cas ni secours ni assistance, et que même s'ils poussaient les choses loin, l'Impératrice et le Roy de Sardaigne les abandonneraient entièrement, mais que tandis que ces rebelles se conformeront à cet arrangement et resteront en repos dans leurs départements, ils ne doivent être troublés, et que les généraux autrichiens et piedmontois ne sauraient en être spectateurs sans y prendre part.

La Cour de Turin expose que c'est là ce qui a été convenu et ce que l'équité demande comme une juste réciprocité, jusqu'à ce que, dans les conférences d'Aix la Chapelle, les hauts contractants prissent des arrangements plus solides et qui assurent le bien de la paix.

Le point de la difficulté ne roule donc pas, comme je crois l'avoir démontré cy-dessus, sur aucune atteinte donnée ni à la dignité ni à la souveraineté de la République, mais sur la continuation de protection que les Autrichiens et les Piedmontois veulent donner aux rebelles.

Pouvons-nous vraisemblablement empêcher que les parties belligérantes veuillent maintenir les peuples dont ils ont excité et appuyé la rebellion, jusqu'à ce que la paix soit entièrement consommée? Il y a tout lieu de croire qu'elle ne tardera pas de l'être et que toutes les parties contractantes sont de très bonne foi, mais enfin jusqu'à ce que tout soit consommé, les Autrichiens et les Piedmontois ne sont-ils pas fondés à comprendre dans le *statu quo* les rebelles de Corse et de prétendre qu'ils remplissent tout ce que l'on peut exiger avec justice, en leur faisant l'injonction de se tenir tranquilles chacun dans les lieux qu'ils occupaient au jour des préliminaires, et les menaçant de ne les point défendre s'ils y contreviennent, même de les abandonner entièrement s'ils poussaient les choses trop loin?

Comme il n'avait point été fait mention jusqu'à présent des compagnies franches de nation Corse, dont je n'avais point de connaissance, je demanderai que celles qui se trouvent à la solde des Autrichiens et des Piedmontois, et qui ont été formées avant les préliminaires, restent unies aux deux bataillons autrichiens et piedmontois dans les confins de San Fiorenzo, et que les autres compagnies franches formées soit avant soit depuis les préliminaires qui se trouveront dispersées et postées dans les différentes parties de la Corse, hors les véritables limites de San Fiorenzo, seront tenues ou de se séparer pour que chacun retourne chez soi tranquillement ou de se retirer dans les limites de San Fiorenzo avec les autres. Je ne proposerai même point cette seconde alternative et ne ferai mention que de la première, à moins qu'il ne me soit fait sur cela des instances. Je ne crois pas que cette différence doive empêcher la convention de l'armistice, parce qu'il est fort indifférent pour la République qu'il y ait quelque compagnie franche de plus ou de moins à San Fiorenzo. Il en est de même pour les nouvelles compagnies levées depuis les préliminaires, qui pourraient s'y trouver actuellement, et au contraire il me semble qu'il vaut mieux que les rebelles qui sont les plus disciplinés et les plus aguerris soient plutôt réunis à San Fiorenzo que dispersés dans l'isle dont la tranquillité sera plus solide.

Je pense comme le gouvernement qu'il convient lors de l'exécution finale de la paix, lorsque les Autrichiens et les Piedmontois évacueront la Corse, qu'ils remettent la forteresse de San Fiorenzo entre les mains de la République, et que les troupes autrichiennes et piedmontoises soient immédiatement relevées par celles de la République; cela souffre d'autant moins de difficulté que l'article 6 des préliminaires le porte expressément.

Voilà, Monsieur, ce que je pense et que n'exécuterai pourtant point que vous n'ayez communiqué cette lettre au gouvernement ; je me flatte qu'il est bien persuadé de toute l'affection que je porte aux intérêts de la République. Je crois lui en avoir donné des preuves bien effectives depuis 18 mois. Les ministres qui ont été témoins de ma conduite doivent l'avoir informé qu'en exécutant les ordres du Roy, j'y ai joint tout le zèle et toute la vivacité dont je puis être capable.

Vous sentez, Monsieur, de quelle conséquence il est que je reçoive une prompte réponse, tout ce qui vient de se passer en Corse exigeant qu'on y pourvoie sans délai.

(M. G. Vol. Corse 3.305)

Nice, le 5 août 1748. — Lettre du maréchal de Belle-Isle au baron de Leutrum. — (Il ne fait que développer ce qui a été dit dans la lettre du duc de Richelieu à l'amiral Byng, du 3 août).

(M. G. Vol. Corse 3.305)

Nice, le 5 août 1748. — Lettre du maréchal de Belle-Isle à l'amiral Byng. — (Même contenu que celui de la lettre précédente).

(M. G. Vol. Corse 3.305)

Premiers jours d'août 1748, (après le 5)

Memoria da presentarsi al Signor Duca di Richelieu, acciò si compiaccia di farla passare a Sua Eccellenza il Signor Maresciallo de Belle-Isle.

Quanto più si è dal Governo Serenissimo maturamente esaminato il contenuto della lettera di Sua Eccellenza il Signor Maresciallo de Belle-Isle in data dei 5 corrente, che Sua Eccellenza il Signor Duca di Richelieu ha rimessa ieri ai deputati, tanto più ha dovuto confermarsi nell'indispensabile sentimento di insistere, come per mezzo di questa memoria nuovamente insiste, acciò nell'armistizio che venisse concluso in Corsica, non siano assolutamente compresi i ribelli di quell'Isola nè in particolare, nè in generale, nè in nessuna maniera nè diretta nè indiretta.

Il Signor Maresciallo comprenderà facilmente che i ribelli suddetti non possono ammettersi a godere di un tale armistizio che è l'effetto dei Preliminari di Aix la Chapelle, senza adottare il principio il più nuovo e il più ingiusto del mondo, cioè che il frutto dei mentovati Preliminari possa estendersi sopra i ribelli, i quali, come è notorio, devono per ogni diritto essere esclusi da qualunque trattato e rimettersi unicamente all'arbitrio e alla clemenza del legittimo loro Sovrano.

Di più in vigore di questo armistizio verrebbe impedito alla Repubblica l'esercitare alcuno dei diritti della sua sovranità nelle pievi o luoghi ribelli, mentre qualunque atto di giurisdizione che volesse praticarvisi, si riguarderebbe come contrario all'armistizio medesimo, e ne risulterebbe in questo modo il colpo più sensibile che possa portarsi alla stessa sovranità, di cui verrebbe impedito e sospeso l'esercizio in virtù di un volontario contratto.

Non meno strana ed irregolare sarebbe la circostanza che i Piemontesi e gli Austriaci, per mezzo di una convenzione in cui fossero compresi i ribelli, verrebbero ad ampliare di fatto la loro posizione in un modo del tutto singolare ed incomprensibile, mentre prolongherebbero il limiti dell'*in statu quo* in qualonque parte del Regno, dove si estende la ribellione. E da questo assordo ne nascerebbe un altro del pari intollerabile, cioè l'obbligo di verificare e individuare tutti i paesi ribelli per formarne rispettivamente dei limiti dentro dei quali si osservasse la regola dello *statu quo*, e dove non potessero inoltrarsi le truppe, nè esercitarvisi la giurisdizione della Repubblica, contro ogni sorte di decenza e di diritto più riconosciuto.

Deve inoltre riguardarsi non già come alcuna specie di vantaggio, ma al contrario come un gravissimo inconveniente quanto si offerisce dagli Austrosardi circa l'intimare ai Corsi loro aderenti di non agire nel tempo dell'armistizio contro i bene affetti alla Repubblica, e contro le truppe francesi e genovesi, mentre salta agli occhi che si darebbe loro in questo modo l'ingiusto titolo di estendersi con una specie di ingerenza, di protezione o di comando, anche sopra tutte quelle parti della Corsica, dove di fatto non si trovano le loro truppe.

Quanto poi all'articolo 21 de' Preliminari d'Aix la Chapelle, il Governo è troppo convinto della generosa benevolenza con cui Sua Maestà ha riguardati gli interessi della Repubblica, per non dover nemmeno dubitare un momento che l'articolo suddetto possa in verun modo, anche più remoto ed indiretto, estendersi mai ai ribelli di Corsica contro le ragioni più sagre e più notorie di quella Sovranità che appartiene alla Repubblica; e tanto meno è immaginabile un tale pensiero, quanto che la ribellione di quel Regno è cominciata molto prima della guerra presente, e nulla ha di commune coi Preliminari suddetti.

Non vi è dubbio che i Piemontesi metteranno ogni studio per ottenere in qualche modo che l'armistizio di cui si tratta venga esteso a comprendere i ribelli di Corsica, per pigliarne motivo di attaccare le prerogative più gelose del principato, per portare i più gravi disturbi al Governo Serenissimo, e per vantarsi con loro di una protezione in cui siano anche concorse amiche della Repubblica. Ma quanto più maliziosi sono questi disegni, tanto più il senato si persuade che la fermezza e la penetrazione del Signor Maresciallo non vi si lascieranno in alcun modo ingannare.

Del resto poi non sembre credibile che i Piemontesi e gli Austriaci, con due scarsi battaglioni che hanno in Corsica, possano parlare in aria di chi vuole dettare dei nuovi regolamenti, quando la giustizia della caosa, la gloria del Re, e gli interessi più premurosi della Repubblica ci impegnano e ci giustificano a non consentirvi, e dove sono essi molto più in stato di ricevere che di dare la legge.

Per questi riflessi e per tutti gli altri che facilmente potranno presentarsi alla superiore comprensiva del Signor Maresciallo, il Governo reiteramente domanda che quando si voglia concludere in Corsica un armistizio, venga questo ristretto alle sole truppe regolate piemontesi o austriache che si trovano in San Fiorenzo, e in nessun modo vi sian compresi direttamente o indirettamente i ribelli. Ma se questo giustissimo per altro e indispensabile articolo viene ricusato da' Piemontesi, la Repubblica desidera piuttosto e richiede che non si concluda in Corsica veruna specie di armistizio, ma si lascino le cose nello stato in cui si trovano presentemente.

Il Governo tanto più si persuade che verranno adottati questi suoi invariabili sentimenti, quanto più gli sono note le prove di affezione e d'interessamento che il Signor Maresciallo ha date finora in tanti riscontri nei vantaggi della Repubblica, e per le quali si farà essa sempre una premura di attestargliene la più sincera riconoscenza.

(M. G. Vol. Corse 3.305)

Bastia, le 6 août 1748. — M. de Cursay à M. de Fumeron (commis de la guerre). — Monseigneur, J'ai eu l'honneur de vous mander la prise de la Padouvelle; les rebelles au nombre de 500 sont venus l'assiéger avant que j'y eusse pu faire les arrangements nécessaires. Matra a marché de son côté avec 500 hommes soutenus de troupes réglées. J'ai cru qu'il était important de les prévenir. Il y avait dans la tour un sergent de mon régiment dont je pouvais répondre et dix hommes. Ils l'ont fait sommer et lui ont promis une commission de capitaine, s'il voulait se rendre. M. de Pédemont, lieutenant-colonel dans le régiment de Nivernais, avait été envoyé de ma part pour traiter avec des piéves voisines. J'ai cru qu'il était important de ne pas donner le temps aux rebelles de se fortifier davantage. Je lui ai envoyé quatre piquets, une compagnie de volontaires et 30 paysans, avec ordre d'attaquer sans balancer. Le chef a réussi comme je le désirais. Les paysans, après avoir fait un feu considérable, se sont enfuis ; les tranchées ont été comblées ; on a fait sauter une maison et une église qui nous étaient contraires et couper tous les arbres qui nous nuisaient. Enfin la tour est en parfaite sûreté, elle est munie pour deux mois. J'y vais faire mettre du canon. Matra et les Piedmontois sont arrivés deux heures avant notre rembarquement, et n'ont pas osé descendre dans la plaine. Nous y avons eu trois soldats tués et deux mariniers, dix de blessés et huit matelots. Les rebelles y ont beaucoup perdu et leur perte aurait été plus grande, si les soldats en se jetant dans l'eau n'avaient mouillé leurs munitions. Le chef de la piève a été tué. M. de Pédemont a montré beaucoup de vigueur ; les troupes s'y sont distinguées, entre autres un piquet de Royal Bavière. Elles ont été repoussées d'abord par la faute des mariniers qui n'ont pas abordé avec assez de vivacité. Une felouque seule dans laquelle il n'y a eu qu'un homme de tué, a toujours soutenu et est revenue hors de service. M. de Pédemont est si content de la conduite du sergent qui s'est ménagé avec sagesse et intelligence et qui a tué beaucoup de monde sans avoir perdu qu'un seul homme, encore était-ce un paysan, que j'ai envoyé un mémoire pour le faire sous-lieutenant. J'espère que toutes choses iront bien; si l'on envoyait un peu plus de troupes, le reste des pièves se déclareraient. Je me flatte de vous rendre compte avant peu d'entreprises assez importantes, vu ma situation. J'ai l'honneur etc.

(M. G. Vol. Corse 3.305)

A bord du Boyne, le 6 août 1748. — L'amiral Byng au duc de Richelieu. — J'ai reçu l'honneur de la lettre de V. E. du 3 courant, concernant les affaires de Corse, et dans laquelle elle désire que je lui donne là-dessus une réponse catégorique, ce que je ferai avec plaisir en assurant V. E. que si les troupes de S. M. T. C. avaient observé aussi religieusement l'armistice que nous, l'exécution des préliminaires qui exigent que les parties belligérantes restent *in statu quo* dans les endroits où elles se trouveront, l'affaire de Nonza ne serait pas arrivée, pouvant fortement prendre sur moi de dire que, si les troupes de France s'étaient tenues sous Bastia, ceux de S. M. Sarde et de S. M. l'Impératrice Reine auraient resté sous S. Fiorenzo.

Et suis charmé d'observer à V. E. qu'il est bien connu à tout le monde que le Roy mon maître a toujours été un exemple à tous les princes de l'Europe de sa religieuse observation dans l'exécution de tous ses engagements.

M. le général De Cumiane ne se trouvant ici, ne puis entreprendre de répondre à V. E. des raisons qu'il peut avoir eues de n'avoir pas voulu adhérer aux propositions qui lui ont été faites en Corse.

V. E. réclamant et demandant de moi les prisonniers de guerre qui ont été faits à Nonza, me fait croire qu'elle n'a pas été bien informée des articles et du contenu de leur capitulation, par laquelle elle verra que cela ne me regarde aucunement, les troupes s'étant rendues à M. le général Cumiane, et à son instance ont été mises à bord d'un de nos vaisseaux de guerre pour être envoyées à San Fiorenzo, pour y être embarquées par les ordres de M. De Cumiane, dans un transport qui les a conduites ici et ont été livrées au Roy de Sardaigne.

A l'égard des instructions particulières que je puis avoir, lesquelles V. E. souhaite de savoir, aurais l'honneur de lui marquer que sont tels qu'ils me justifieront si je n'abandonne les alliés du Roy mon maître, mais de les secourir et les défendre autant qu'il sera en mon pouvoir lorsqu'ils seront attaqués.....

(M. G. Vol. Corse 3.305)

Nice, le 6 août 1748. — Le maréchal de Belle-Isle au duc de Richelieu. — ... Quoique je soutienne comme je le dois vis-à-vis des Piedmontois et des Anglais tout ce que fait M. de Cursay, je n'en suis pas moins fâché qu'il se soit compromis en établissant à l'aventure un détachement d'une aussi médiocre consistance dans un poste aussi éloigné qu'il n'était pas en état de soutenir. Il m'a écrit là-dessus une lettre qui fait sa condamnation suivant son propre exposé ; mais comme je l'aime et lui veux toute sorte de bien, il faut couler là-dessus et aller au remède, il n'y a que celui de la force ou celui de la prudence.

Quant au premier, il faudrait faire passer en Corse 3 ou 4 mille hommes et toutes les munitions de guerre proportionnées, et vous voyez que les choses se sont enfournées de manière que ce serait allumer la guerre, d'autant plus difficile à soutenir que les Anglais y prendraient part. Ainsi autant j'inclinais, comme je vous l'ai mandé dans mes précédentes, à faire passer des renforts en Corse, autant je crois à présent qu'il y aurait de l'imprudence de le faire, et c'est encore un des motifs qui me porte à insister pour que vous fassiez entendre raison au gouvernement pour la fantaisie de ce que le Roy n'ira pas se jeter dans de nouveaux embarras. Toutes les réflexions que vous faites dans une de vos lettres à M. Puysieulx sur les affaires de Corse sont également vraies et judicieuses ; mais ce n'est pas le moment. Ce sera au Roy à voir, lorsque la paix sera faite, jusqu'où il voudra porter les efforts et la dépense qu'il devra faire pour soumettre la Corse, ce que je ne crois pas qu'il faille faire en pure perte, comme il nous est déjà arrivé une fois ; vous êtes plus en état que moi et que qui que ce soit à présent, de donner là-dessus des lumières et des décisions.....

(M. G. Vol. Corse 3.305).

Tralonca, 6 août 1748. — Le S. Joseph Antoniotti au marquis de Cursay. — Monsieur, Pour satisfaire en quelque façon aux obligations que je vous ai, je vous écrit ce petit billet pour que le porteur puisse le cacher plus aisément, et parce qu'il courrait beaucoup de danger, si on le lui trouvait, ce qui pourrait aussi me causer beaucoup de peine.

Le voyage que j'ai fait à Fiumorbo et ensuite à Bastia a fait beaucoup de bruit à Corte ; on disait que j'y étais allé pour prendre et conduire un détachement de troupes françaises pour brûler les maisons Gaffori, Arrighi, et Rossi, qui sont ceux qui soutiennent la grande machine, et qui tâchent de mettre tout en mouvement par le moyen de beaucoup de lettres envoyées à Matra, Giuliani et aux chefs des pièves et des pays. J'apprends effectivement qu'il y a beaucoup de gens en campagne pour se transporter ici dans le dessein de brûler, détruire et raser tout ce qui s'y trouvera, outre les otages qu'ils tâcheront d'avoir. Il est certain que je ferai tous mes efforts pour m'opposer à leurs mauvaises intentions, et ensuite ceux qui resteront en vie rendront compte de ce qui se sera passé. Je ne manquerai pas de courage, pourvu que la force puisse le seconder. Ceux qui me sont opposés ont tant parlé contre moi qu'ils me font passer pour tout autre, et qu'ils m'ont presque entièrement décrédité. Cependant si vous voulez me faire assister par quelque petit nombre de ceux qui sont déclarés pour le parti de la France (pourvu que cela se fasse secrètement), j'espère faire quelque coup d'éclat et de vigueur. Je souhaiterais bien d'apprendre quelques nouvelles particulières de Gênes, et si le traité de paix est signé, si on doit espérer les secours désirés, et enfin si les réponses que l'on attendait sont favorables.

(M. G. Vol. Corse 3.305).

Bastia, le 6 août 1748. — M. de Castio, aide-major de Tournaisis, à M. de Regnauldin. — J'ai l'honneur, Monsieur, de vous informer que les rebelles s'étant retranchés dans les environs de la Padouvelle dont M. de Cursay s'était rendu maître par intelligence secrète, il a été obligé pour empêcher qu'elle ne retombât entre leurs mains d'y envoyer le 2 de ce mois la compagnie des volontaires avec 34 soldats bourgeois ; mais cette troupe n'étant pas assez forte, vu le nombre des ennemis qui augmentait continuellement et les empêchaient de débarquer, il y envoya le 3 quatre autres piquets aux ordres de M. de Pédemont avec 2 pièces de canon. Le débarquement de toutes ces troupes se fit sous le feu de 300 rebelles qui ne purent résister à la vue des baïonnettes et de la vivacité du soldat à se jeter dans la mer pour aller à eux. Ils prirent tous la fuite et nos troupes les suivirent autant qu'il était nécessaire pour couvrir des gens proposés pour la démolition d'une maison et d'une église, l'une et l'autre voisine de la tour. L'on y a aussi coupé tout le bois qui couvrait le terrain de cet endroit. Les ennemis ont perdu peu par leur fuite précipitée. Je joins ici l'état des malheureux de notre côté.

Cette action qui a été vigoureuse a consterné tout le pays où elle s'est passée, de manière que nous ne doutons point que dans peu, soit par crainte ou bonne volonté, nous les ayons sous l'obéissance du Roy.

(M. G. Vol. Corse 3.305).

Bastia, le 10 août 1748. — M. de Cursay à M. de Fumeron. — Monseigneur, J'ai eu l'honneur de vous mander par le dernier ordinaire l'aventure de la Padouvelle qui a fait parmi les peuples un effet incroyable. Matra, soutenu de piquets de Piedmontois, a marché, il est arrivé à la tour le jour que nous nous sommes rembarqués, la croyant prise. Parce qu'il n'entendait plus [rien], il s'est avancé et en a essuyé le feu, qui, joint à quelques paysans armés qui ont paru sur les montagnes, a mis l'épouvante parmi les Piedmontois qui se sont enfuis, se croyant trahis et ont été du temps à se rallier ; ils ne l'étaient pas encore à deux lieues de là, sous un fort dont Matra est maître. Après y avoir séjourné, il a intimé la marche et s'est porté à la piève de Muriani. J'ai eu l'honneur de vous rendre compte que j'avais fait un traité avec quelques pièves, pour ne prendre les armes que quand je le jugerais à propos, et que les forces que je recevrais me mettraient à propos de donner la loi. Dès que la piève d'Ampugnani a su mon avantage, une assez grande partie a mené leurs femmes, enfants et effets dans la montagne, a pris les armes et a déclaré qu'elle voulait mourir pour la France et combattre pour ses amis qui venaient de remporter la victoire. L'éclat fait, j'y ai envoyé un capitaine de compagnie franche qui m'avait suivi, afin du moins de la conduire en ordre. La piève d'Alesani entière, une partie d'Orezza sûrement, et, j'espère, le reste de la montagne, doit se réunir aujourd'hui et marcher à Matra pour lui donner bataille ou le mettre en fuite. Je compte que nous aurons de six à sept cents hommes. Si j'avais eu des troupes ici, et que j'eusse pu seulement porter un bataillon sous la Padouvelle, la rebellion était finie, parce que les trois pièves voisines qui sont chancelantes, se déclaraient, il était enfermé dans la montagne, où il aurait été pris ou tué ; mais je n'ai que 430 hommes effectifs. J'ai fait partir un piquet qui doit se tenir en mer prêt à débarquer. Peut-être que la vue des Français engagera ceux qui sont par force avec lui à l'abandonner. Si cela est, il débarque, et je regarde l'affaire sûre, sinon ce sera un combat entre les Corses dont le succès ne peut que m'être avantageux. La manie (?) et l'opinion conduit seule mon parti ; il en coûte très peu au Roy jusqu'à présent, et si je réussis, ce sera sans troupe et sans argent. Vous voyez que les Piedmontois ne se regardent pas en paix, puisqu'ils fournissent sans cesse des troupes aux rebelles. Si votre intention est de finir la guerre de la rebellion, il y faut des drapeaux ; je réponds sur ma tête que tous les peuples auront accepté la protection de la France avant deux mois. Les peuples demandaient 4 à 5 bataillons. Si j'avais pu en disposer d'un hier, Matra serait peut-être ici. — J'ai rendu compte de tout ceci à M. de Richelieu. J'ai l'honneur etc.

(M. G. Vol. Corse 3.305).

Turin, le 10 août 1748. — Extrait de la lettre du Roy de Sardaigne au baron de Leutrum. — Le raisonnement que fait le maréchal de Belle-Isle sur la liberté des Génois, comme souverains, d'occuper des postes dans la Corse etc., ne saurait avoir lieu ; de telles réflexions peuvent bien convenir pour un pays qui est tranquille, mais nullement dans un pays où les peuples sont divisés et où il se trouve des troupes auxiliaires pour la défense des parties respectives ou pour une diversion d'armes entre les puissances en guerre, de manière que ni les troupes ni les adhérents du propre souverain, ni celles qui sont à leur secours, ne sauraient agir d'aucune façon contre les habitants du parti opposé ni contre les troupes qui les protègent, sans enfreindre l'armistice convenu.

Vous chargerez le comte de Viansin d'ajouter au maréchal qu'au cas que la République continue à se faire de la délicatesse à coucher par écrit la convention de l'armistice en Corse, on s'en tiendra à la parole respective et il suffira que M. le maréchal donne la sienne, que les troupes françaises, génoises et espagnoles, aussi bien que les Corses, soit miliciens soit compagnies franches à leur solde, ne commettront aucune hostilité contre nos troupes ni celles de l'Impératrice, non plus que contre les Corses, tant milices, en tant qu'elles se trouveront avec les troupes Austro-Sardes dans les limites de San Fiorenzo, que compagnies franches opposées aux Génois, puisqu'en ce cas, les ordres seront donnés pour que ces derniers en usent de même vis-à-vis des premiers ; et au surplus, il sera également ordonné aux Régnicoles de l'un et de l'autre parti, de rester également tranquilles et de ne plus s'insulter entre eux jusqu'à la conclusion de la paix.

(M. G. Vol. Corse 3.305).

Gênes, le 10 août 1748. — Le duc de Richelieu à M. de Puysieulx. — M. de Cumiana a soutenu en Corse, Monsieur, la même conduite qu'il avait adoptée d'abord ainsi que je vous en ai rendu compte par mon dernier courrier. Il vient de marcher à la Padouvelle qui est un poste de la dernière conséquence. Ils avaient commencé à ouvrir une tranchée devant la tour. M. de Cursay a marché à eux et les a battus à plat de couture.

Cette conduite indécente des Piedmontois n'a pour objet que d'en venir à un accommodement qu'ils ont déjà proposé de plusieurs façons toutes également captieuses, afin d'avoir un petit avantage dans la négociation dans laquelle ils comptent sur notre indifférence, et se flattent de pouvoir établir une espèce de protection sur les rebelles qu'ils feraient valoir un jour; mais comme toutes les faussetés qu'ils ont employées pour justifier la conduite de M. de Cumiane ont été éclaircies et qu'il n'y a jamais rien eu de plus clair que l'indécence de leur conduite, j'espère qu'ils n'en tireront aucun avantage, et nous pouvons d'autant mieux soutenir cette conduite que nous n'avons rien à craindre, sur quoi je m'étends plus en détail avec MM. d'Argenson et de Belle-Isle.

(M. G. Vol. Corse 3.305).

Gênes, le 10 août 1748. — Le duc de Richelieu au maréchal de Belle-Isle. — Je viens de recevoir, Monsieur, la lettre dont vous m'avez honoré du 6 août, n° 20, avec la copie qui l'accompagnait de ce que vous avez écrit à l'amiral Byng et de ce que M. de Leutrum vous avait écrit.

Vous verrez par mes lettres à MM. d'Argenson et de Puysieulx ce qui s'est passé en Corse depuis les dernières nouvelles que je vous ai envoyées et vous verrez aussi par là comme je pense à cet égard. J'espère aussi pouvoir joindre la réponse de la République, mais si elle me fait essuyer ses lenteurs ordinaires sur cela, je ferai toujours partir ce courrier d'autant plus que je puis assurer d'avance que rien dans le monde ne lui fera admettre aucune condition du Roy de Sardaigne avec les rebelles, et je vous avoue que si elle y avait le moindre penchant, je l'en détournerais, parce que je crois que dans les circonstances présentes, ce serait pour nous une chose honteuse, et même très désavantageuse. Elle me paraîtrait honteuse en ce qu'il n'y a jamais eu rien de plus manifestement contraire aux préliminaires et de plus indécent vis-à-vis de nous que la conduite de M. De Cumiane, et que le tissu de faussetés qu'on vous a envoyé dans la relation que vous m'avez communiquée pour soutenir sa conduite. Par conséquent tout tempérament à l'exécution du *statu quo* établi par les préliminaires ferait recevoir la loi du Roy de Sardaigne, et, nous ne sommes point en situation d'aucune façon assurément de la recevoir...

(M. G. Vol. Corse 3.305).

Bastia, le 11 août 1748. — M. de Cursay au maréchal de Belle-Isle. — Monseigneur, Je viens de recevoir les deux lettres que vous m'avez fait l'honneur de m'écrire le 12 juillet et le 2 août.

Je réponds à la première. La persuasion où vous paraissez être de la pacification de la Corse au départ des Piedmontois est bien différente de l'état actuel. Les Génois y sont fort peu considérés et n'influent guère que sur quelques pièves indifférentes. Les peuples sont plus révoltés que jamais au seul nom de Génois et plus disposés à la protection de la France. Je vous réponds avec certitude que les Génois avec 30 bataillons ne soumettront pas l'isle en 10 ans, et que moi avec 3, je ferai signer le traité pourvu que la France en soit garante, et consentir les peuples au désarmement général. Je n'avance rien dont je ne sois sûr. Vous avez eu le mémoire d'Antoniotti qui a été le président élu dans la dernière rebellion et le principal moteur. J'ai son parti et l'engagement de toute la montagne dont je sais les intentions. Ce ne sont point les vues d'avancement qui me font travailler ; ma gloire y est intéressée, et quoique la République soupçonne peut-être nos intentions, jamais personne n'a travaillé aussi efficacement pour elle.

Vous me faites réponse dans la même à ma lettre du 7 et vous me mandez être en négociation avec M. Leutrum pour la Corse. Je doute qu'il puisse accepter la proposition de régler les limites de ne point sortir hors de Saint-Florent, et de faire publier une injonction aux rebelles de poser les armes en les avertissant qu'ils ne seront plus protégés et qu'au contraire les troupes du Roy pourront prendre tel poste qu'ils jugeront a propos.

Outre qu'ils ne seraient point obéis, il serait très dangereux pour eux de donner pareil ordre ; peut-être les deux bataillons seraient-ils anéantis le lendemain. Je suis sûr au moins qu'il faudrait qu'ils recourussent à ma protection pour se mettre en sûreté. Les Piedmontois sont sous la tyrannie des rebelles ; ils viennent d'en faire marcher d'autorité, pour aller, contre tous les usages établis entre les nations policées, brûler les maisons et détruire les vignes, les arbres, les bois de quelques particuliers qui m'étaient attachés. Je doute que les piquets rentrent à San-Fiorenzo, quand je vous aurai rendu compte de l'état des choses.

Par la seconde que vous me faites l'honneur de m'écrire, vous me rendez compte de l'affaire de Nonza. Vous aurez vu par mes lettres mes raisons. J'aurai de plus répondu du poste sur ma tête avec 100 hommes et il y en avait 200. Je soutiens le poste imprenable. Il était nécessaire; je l'avais pourvu ; ce n'est pas ma faute s'il s'est rendu. Tout ce que j'en sais, c'est que nous y avons eu un homme de tué, que les ennemis n'en ont pas perdu davantage. Je me flattais qu'ayant appris sous vos ordres à prendre toutes les précautions dont on doit user à la guerre pour ne pas faire de fausses démarches, vous auriez bien voulu ne pas me condamner aussi vivement sans m'entendre.

L'aventure de la Padouvelle, que je vous ai mandée, a fait un effet surprenant. Vous étiez prévenu de mon traité avec les peuples, avec lesquels j'étais convenu qu'ils ne se déclareraient que quand je l'exigerais. Une partie de la piève d'Ampugnani a tout d'un coup arboré l'étendard disant quelle voulait partager la gloire de ses amis qui venaient de remporter une victoire et qu'ils allaient marcher à Matra. Ils ont retiré femmes, enfants effets dans la montagne, se sont mis sous les armes, et m'ont fait avertir. Les voyant découverts, j'ai envoyé un capitaine de compagnie franche pour les encourager. La piève entière d'Alesani en a fait de même, partie de celle d'Orezza. Ils devaient s'unir hier et marcher à Matra qui se trouve à trois lieuës de là. J'ai envoyé un piquet en mer vis-à-vis de la Padouvelle pour les encourager et leur faire voir des troupes françaises qui n'ont ordre de débarquer qu'au cas que nous soyons bien supérieurs. Si j'avais eu un bataillon à 7....., la guerre était finie, parce que tout se serait déclaré et que Matra était pris ou tué ; peut-être le sera-t-il. Voilà où j'en suis. J'ai ici 450 hommes et si les Corses n'étaient pas pour moi, vous jugez bien que je ne serais pas tranquille. Si Matra a attendu, j'espère qu'il aura été battu ; mais il est à croire qu'il aura pris la fuite avec ses troupes réglées. — J'ai l'honneur etc.

(M. G. Vol. Corse 3.305).

Compiègne, le 12 août 1748. — M. Puysieulx au maréchal de Belle-Isle. — J'ai reçu, Monsieur, avec la lettre dont vous m'avez honoré le 5 de ce mois toutes les pièces que vous y avez jointes et dont je vous rends bien des grâces. J'ai lu avec très grand plaisir tout ce que vous avez écrit soit à l'amiral Byng, soit à M. de Leutrum, et l'on ne peut rien ajouter à la modération et à la solidité dont vous avez accompagné les représentations que vous leur avez faites.

M. de Cursay a trouvé le secret, ainsi que vous le remarquez très bien, de faire quatre fautes tout à la fois sur le même objet. Il aurait beaucoup mieux fait de se tenir en repos, et je crois que ce sont les seules instructions et les seuls ordres qu'il y ait à lui donner. Je me suis toujours attendu que l'aventure de Nonza dégénérerait en un procès par écrit, et j'ai déjà eu l'honneur de vous écrire dans cet esprit par ma lettre du 9 de ce mois. Je pense que le mieux est de laisser tomber cette affaire et de travailler seulement à nous faire rendre nos prisonniers.

M. l'amiral Byng aurait pu et dû se dispenser de participer autant qu'il l'a fait aux hostilités qui se sont commises au village de Nonza ; mais encore une fois, Monsieur, nous ne voulons pas faire de cet incident un procès par écrit. Au reste je ne puis m'empêcher de vous répéter encore que la lettre du Roy de Sardaigne à M. de Leutrum que ce général vous a communiquée, me paraît fondée sur des principes de raison, de sagesse et d'équité, et qu'elle peut servir de base aux arrangements que vous jugerez à propos de stipuler relativement à la Corse. Les Génois en seront peut-être scandalisés, mais il faut les laisser murmurer et se plaindre; on ne finirait jamais rien, si l'on voulait se prêter à toutes leurs chimères ; chaque prétention qu'ils mettent en avant en annonce toujours une nouvelle. Le Roy a donné à la République des preuves éclatantes de ses bontés et de sa générosité, et il y a longtemps qu'elle n'existerait plus sans la protection de Sa Majesté. Le Roy veut bien avoir la patience d'entendre les représentations des Génois, quand elles seront justes et raisonnables, et qu'elles ne s'écarteront point de la lettre et de l'esprit des préliminaires ; mais ils doivent aussi avoir de leur côté la discrétion de ne point abuser de la bienveillance de Sa Majesté.

C'est porter trop loin l'exactitude, Monsieur, que de demander, comme vous le faites, des instructions par rapport à la Corse. On peut bien s'en rapporter à vos lumières et à votre zèle pour terminer, ainsi que vous le jugerez à propos, les affaires qui regardent cette isle. Tout ce que vous règlerez sera toujours approuvé, dès qu'il aura pour objet et pour motif le prompt et parfait rétablissement de la tranquillité publique.

La déraison et l'injustice des Génois à l'égard des Corses est un vieux mal dont on ne guérira point la République ; elle demande que lors des évacuations on lui remette San Fiorenzo. Cette prétention est juste et on y aura égard ; elle souhaite aussi que les Corses ne soient point expressément nommés dans le traité définitif ; c'est un point sur lequel il sera encore aisé de la satisfaire ; enfin elle voudrait que ces insulaires fussent exceptés de l'armistice général et de la clause qui établit une armistice et un entier oubli de tout le passé ; mais c'est ce qui ne saurait être par les raisons que vous faites valoir vous-même si judicieusement dans toutes vos lettres. On pourrait bien accepter la proposition que l'amiral Byng vous a faite relativement à la Corse, si ce n'était sortir d'un embarras pour retomber dans la suite dans un autre inconvénient ; car comment les Génois retireront-ils San Fiorenzo des mains des rebelles, au lieu que tant qu'il est aux mains des Cours de Vienne et de Turin, il doit être rendu à la République conformément aux préliminaires, à moins qu'elles ne prissent le parti de le remettre d'elles-mêmes aux rebelles alléguant que ce n'était qu'un dépôt que les rebelles leur avaient confié. Au reste, si la République était d'accord, je n'y trouverais pas de difficulté.

(M. G. Vol. Corse 3.305).

San Remo, le 12 août 1748. — M. de Leutrum au maréchal de Belle-Isle. — Monseigneur, J'ai reçu par le retour du comte de Viansin la lettre que Votre Excellence m'a fait l'honneur de m'écrire le 5 de ce mois.

Votre Excellence verra par un supplément de relation sur les dernières affaires de Corse que ledit Comte aura l'honneur de lui remettre, qu'il n'a pas dépendu de M. le Chevalier De Cumiane que la suspension d'armes n'ait eu lieu dans cette isle, et qu'il a donné pour cela de son côté toutes les facilités qu'on pouvait en attendre. Le comte de Viansin pourra bien lui expliquer plus au long bien des circonstances touchant cette affaire.

Je pense comme V. E. que notre objet principal doit être maintenant d'aller au remède et d'empêcher que de pareils incidents n'arrivent à l'avenir. Je me flatte qu'elle ne tardera pas à recevoir les derniers éclaircissements qu'elle attend de Gênes, et que l'on pourra ensuite convenir définitivement des conditions de l'armistice ; si cependant le Sénat de Gênes continue à être difficile sur ces conditions, nous prendrons alors les mesures que V. E. jugera convenables et le Comte de Viansin est même chargé de lui faire quelques ouvertures là-dessus.

C'est toujours avec bien de la satisfaction, etc.

(M. G. Vol. Gênes 3,305).

Nice, le 12 août 1748. — Le maréchal de Belle-Isle à M. D'Argenson. — Je n'aurai pas grand chose à ajouter, Monsieur, à ce que vous mande M. le marquis de Richelieu par sa lettre du 10, et toutes les copies qu'il y a jointes. Je crois volontiers comme lui que ce peut très bien être le roi de Sardaigne qui ait empêché M. de Brons de terminer la négociation entamée pour retirer le baron autrichien de Corse, et comme toutes les difficultés qui sont survenues pour parvenir à une convention d'armistice dans cette isle sont principalement du ressort de la politique, je joins ici copie de la lettre que j'écris à ce sujet à M. le marquis de Puysieulx, avec qui j'ai cru devoir entrer plus en détail. Vous y verrez que je ne prends pas toutefois cette affaire aussi sérieusement que le fait M. de Richelieu, mais comme je puis me tromper, je soumets le tout aux lumières et aux réflexions du conseil du Roy, et j'attendrai avant d'aller en avant les ordres et instructions que vous et M. de Puysieulx jugerez à propos de m'envoyer. M. de Richelieu m'annonce sans délai la réponse du gouvernement sur les observations que je lui ai faites. Il y a lieu de croire qu'il tiendra ferme, ce qui exigera d'autant plus une décision de la part du Roy. Dès que je l'aurai reçue, je vous la ferai passer sur le champ.

En attendant toutes ces décisions, j'aurais voulu que

l'on se fût tenu tranquille en Corse ; je ne suis cependant pas fâché que nous ayons eu un petit avantage à la Paludella ; il était humiliant d'avoir fini par l'échec de Nonza.

Comme j'ai mandé à Cursay de se tenir en repos, j'ai lieu de croire qu'il le fera. Il ne pouvait pas avoir reçu ma seconde lettre, lorsque cette seconde affaire à la Paludella est arrivée ; d'ailleurs comme il est fort faible en troupes, il ne peut ni ne doit s'exposer à faire occuper des postes trop éloignés, et il ne paraîtrait pas prudent, après tout ce qui vient de se passer, d'envoyer un plus grand détachement en Corse.

Je n'ai point encore eu de réponse de l'amiral Byng, Comme Gênes est beaucoup plus près de Vado, celle de M. de Richelieu lui est parvenue plus facilement ; je ne dois naturellement pas tarder ; mais je crois qu'il sera un peu plus embarrassé dans celle qu'il aura à me faire, dont je vous ferai également part.

(M. G. Vol. Corse 3,305).

Alesani, le 13 août 1748. — Traduction de la lettre écrite par le P. Jean Vincent Garelli. — Monsieur, Je commencerai la présente par vous assurer de mes très humbles devoirs etc. A peine Matra fut-il sorti pour donner le pillage et intimider ceux du parti de la France, que l'on fit courir des lettres d'union, avec défense générale de marcher à sa réquisition, et on envoya aussi en campagne pour voir s'il avait causé du dommage à quelqu'un, mais il n'avait rien fait, n'ayant pas assez de monde avec lui, et on n'a fait que démolir seulement à Moriani une cassine qui y était, et fait quelque dommage à la maison d'Antoine Pieno, sous prétexte qu'il avait été à la reddition de la tour de la

Paludella. Matra étant arrivé à Campoloro, il a cherché à se faire des partisans, ayant compris les sentiments de la plupart de cette piève qui s'étaient mis en marche pour prouver leurs forces de façon qu'il suivit le dessein où il était d'aller à Alesani pour inquiéter mes maisons, mes enfants et parents ; mais ayant su que tout était abandonné et que nous étions en campagne, il s'en est retourné chez lui, accompagné du peu de troupes savoyardes et des autres qui le suivaient, tous très mécontents. Les gens qui étaient dans la Paludella lui firent beaucoup de peur, parce que j'ai dit publiquement que ceux qui sont du parti de la France sont déterminés à mourir plutôt que de se rendre. Le parti de la France tient toujours bon et celui de Matra commence à s'abattre, et je pense que moyennant l'assistance de Dieu et l'impression que peuvent faire les armées du Roy, on viendra à bout de réduire les rebelles. En attendant nous sommes toujours attentifs à tout ce qui peut arriver jusqu'à ce que nous ayons reçu de nouveaux ordres et votre assistance, sans craindre les efforts de Matra et de ses adhérents. J'ai l'honneur etc.

P. S. — Souvenez-vous des R. P. Pierre et Baldazard, qui sont des âmes damnées du parti des rebelles, et prêchent.

(M. G. Vol. Corse, 3.305).

Traduction de la lettre écrite par le Sr Jean Baptiste Viterbi de Quercitello le 15 août 1748. — La présente servira premièrement à vous assurer de mes respects, etc.

Le 10 du courant j'ai été dans une maison de campagne qui sera, je crois, assez avantageuse pour nos desseins, parce qu'ayant appris que Matra était parti de Saint Florent pour venir de ce côté-ci, je fis d'abord enlever tout ce qui était dans ma maison et celle de mes camarades; ensuite je me suis mis en campagne avec quelques-uns d'eux pour marcher plus secrètement, et enfin je me portai dans la plaine de Tavagna dans le temps que Matra était à Casinca, dans le pays de la Penta de Frediani, et je parlai avec Marsilio et autres chefs à qui je recommandai de ne point marcher lorsque Matra les appellerait, mais de rester seulement sur la défensive et que cela s'exécutât sur le champ par un ordre envoyé dans tous les pays de ladite piève, afin qu'ils fussent tous dans le même sentiment et qu'en effet personne ne marchât, comme ils ont déjà fait.

Je me transportai ensuite pendant la nuit et secrètement à Mozinani (?), pendant que Matra était dans ladite piève, pour empêcher que plusieurs de ceux qui le suivaient ne continuassent à le suivre, ce à quoi j'ai réussi au sujet du nommé Pietrino de Casacconi qui le suivait par crainte, et qui s'en retourna sur le champ chez lui, ce que fis pareillement faire à beaucoup d'autres de la piève d'Ampugnani; pendant que Matra partit pour Campoloro, j'examinai quelle route il voulait tenir, parce que je craignais qu'il ne voulût passer à Alesani où aller à Ampugnani, et voyant qu'il prenait le chemin de Campoloro, alors je me retirai dans la maison où je reste avec le capitaine Luciesi, qui est un parfait honnête homme et fidèle, et nous tâchons l'un et l'autre d'attirer du monde dans notre parti, comme nous y en avons déjà beaucoup engagé. On ne dort ici ni nuit ni jour ; nous envoyons souvent des courriers à Alesani et au Sr Antoniotti, pour lui mander de nous avertir, au cas qu'il veuille attaquer Matra, et que nous serons toujours prêts à nous rendre au lieu qu'il nous indiquera; mais s'il ne fait aucun mouvement nous ne sommes pas suffisants pour entreprendre, à moins que ce ne fût dans la dernière extrémité. J'ai l'honneur etc.

(M. G. Vol. Corse 3.305)

Compiègne, le 16 août 1748. — M. le Comte D'Argenson à M. le duc de Richelieu. — .. Je commence par répondre à ce qui concerne les affaires qui sont arrivées en Corse. Vous avez vu par ma dernière que l'intention de Sa Majesté était que M. de Cursay évitât tout ce qui pouvait lui en attirer de nouvelles, et elle vous recommande de lui renouveler les ordres les plus positifs de se tenir tranquille à Bastia et de faire en sorte de n'avoir aucun démêlé directement ni indirectement avec les Austrosardes, et les compagnies franches dont ils se servent pour occuper les postes avancés, ni même avec quelque parti que ce puisse être de rebelles; bien entendu que ceux-ci ne feront aucun mouvement de leur côté, comme le roi de Sardaigne a offert de les y engager dans la lettre qui a été remise à M. le maréchal de Belle-Isle par M. de Leutrum. Je mande donc à M. de Belle-Isle de convenir avec M. le maréchal piedmontois d'un armistice général en Corse, qui, sans faire aucune mention des rebelles, oblige leurs alliés à les abandonner dans le cas où ils ne s'y conformeraient pas. La délicatesse des Génois dans le moment présent ne peut être regardée que comme très déplacée. Le Roy ne s'est point engagé avec eux à réduire les rebelles de l'isle de Corse, et s'ils s'obstinent à ne vouloir pas qu'ils soient compris dans l'amnistie, il ne faut pas que le désir qu'ils ont de les réduire nous engage dans des discussions qui pourraient faire perdre le fruit de nos négociations, et il est à présumer qu'ils ne penseront pas à continuer les hostilités contre eux, quand ils ne pourront plus se flatter d'être soutenus par les troupes du Roy.

A l'égard de ce qui s'est passé, comme ce serait un procès à soutenir pour savoir quel a été le véritable agresseur, Sa Majesté ne veut entrer en aucune façon dans cette discussion, et elle laissera M. le maréchal de Belle-Isle à la terminer comme il le jugera à propos en le chargeant seulement de continuer à demander que les prisonniers qui nous ont été faits soient restitués sans rançon.

(M. G. Vol. Corse 3.305)

Compiègne, le 16 août 1748. — M. D'Argenson au maréchal de Belle-Isle. — Le courrier que vous m'avez dépêché, Monsieur, le 5 de ce mois est arrivé le 10, en même temps que celui que M. de Richelieu avait expédié le 3 à M. de Puysieulx etc.

Vous verrez par les lettres de M. de Puysieulx que la conduite de M. de Cursay n'a pas été approuvée, que le Roy ne veut entrer dans aucune discussion sur les événements auxquels elle a donné lieu, qui ne peuvent ni ne doivent troubler en rien l'ouvrage de la paix, et que S. M. s'en rapporte à vous de terminer cette querelle comme vous le jugerez convenable, mais que pour prévenir de nouveaux incidents, son intention est que vous renouveliez les ordres que je vous ai déjà mandés de donner à M. de Cursay l'ordre de se tenir tranquille à Bastia, sans rien entreprendre ni contre les Autrichiens et les Piedmontois qui sont à San Fiorenzo et les compagnies franches corses qu'ils ont prises à leur solde avant ou après l'armistice et qui tiennent leurs postes avancés, ni contre les rebelles mêmes, lorsque ceux-ci observeront également la suspension d'armes dont leurs alliés sont convenus. Enfin Sa Majesté a adopté tout ce qui a été proposé par les lettres du Roy de Sardaigne que M. de Leutrum vous a communiquées à ce sujet, et elle désire que vous vous arrangiez avec lui en conséquence, sans avoir d'autre égard aux difficultés que forme la République de Gênes que celui de vous abstenir de faire une mention expresse des rebelles dans la convention que vous ferez avec ce général. M. de Puysieulx s'en est expliqué avec M. Pallavicini, et comme nous ne nous sommes point engagés avec les Génois à soumettre les rebelles de Corse, le désir qu'ils ont d'y parvenir ne doit point nous faire risquer de perdre pour un si petit objet tout le fruit de nos négociations.

La proposition que l'amiral Byng vous a faites de retirer toutes les troupes qui sont en Corse paraît avantageuse du premier coup d'œil, mais en y réfléchissant il semble que le meilleur parti à prendre est de laisser les choses comme elles sont jusqu'à la paix, dès que les Piedmontois et les Autrichiens promettent que les Corses ne remueront pas, et qu'ils s'engagent même à les abandonner dans le cas contraire. Premièrement il y a apparence que l'amiral Byng s'est avancé légèrement en se faisant fort du consentement des cours de Vienne et de Turin, qui le désavoueraient quand on en viendrait à l'effet. Mais la conduite des Génois deviendrait-elle meilleure, lorsque les rebelles n'étant plus à la vérité secourus ouvertement, n'auraient plus aussi à redouter de grands efforts de la part de la République pour les soumettre, et que rien ne les obligerait plus à garder des ménagements avec elle. D'ailleurs comme vous l'observez fort bien, Monsieur, la remise de la tour de San Fiorenzo ferait un objet de contestation dans lequel nous ne devons pas entrer. Les Austro-Sardes, la tenant des rebelles, ne voudraient pas sans doute la remettre en d'autres mains. Vous avez donc très bien fait, Monsieur, de renvoyer cette évacuation à la conclusion de la paix, et vous devez continuer d'en user de même, à moins que l'empressement que l'Angleterre aurait de retirer sa flotte de la Méditerranée ne l'engageât à obtenir de ses alliés qu'ils offrissent d'eux-mêmes la remise actuelle de San Fiorenzo aux Génois, auquel cas l'intérêt réciproque serait de n'avoir plus de troupes dans l'isle ni de part ni d'autre.

Sa Majesté compte que la première chose dont vous conviendrez avec M. de Leutrum sera la restitution sans rançon des prisonniers qui ont été faits dans cette isle depuis l'armistice. Je ne sais pourquoi vous vous êtes adressé à l'amiral Byng plutôt qu'à lui pour les réclamer, puisqu'ils n'ont resté en son pouvoir que pour les transférer à Savone. Je vous prie de me mander ce que vous aurez obtenu à cet égard. Je suis etc.

(M. G. Vol. Corse 3.305)

A bord du Boyne, le 19 août 1748. — L'amiral Byng au maréchal de Belle-Isle. — Monsieur, La lettre du 5 de ce mois dont V. E. m'a honoré, m'a été rendue en son temps par M. Hughes ; elle m'a mis dans le cas de chercher à me procurer des lumières plus précises sur ce qui s'est passé en dernier lieu en Corse. Toutes les relations qui me sont venues de part et d'autre me paraissent opposées. J'ose à présent assurer V. E. que toutes celles que l'on m'a données ne font que me confirmer dans l'idée que j'ai toujours eue, que nous [devons et qu'il convient, à quelque prix que ce soit, aux circonstances dans lesquelles se trouvent nos cours respectives, d'établir au plus tôt un armistice dans cette isle, qui mette fin aux discussions sur le passé et à toutes voyes de fait de part et d'autre pour l'avenir, d'autant qu'il pourrait en naître des conséquences très fâcheuses et contraires sans doute aux sentiments et aux vues de conciliation des Rois nos maîtres. Les délicatesses de la République de Gênes sur l'article de la souveraineté ne doivent point nous arrêter, d'autant qu'elles ne tendent qu'à susciter de nouveaux embarras et à différer un ouvrage aussi salutaire. Cette souveraineté n'est nullement disputée et jamais l'on n'a prétendu à la révoquer en doute, mais dans un temps de troubles comme ceux qui ont agité l'Europe, l'on a pu chercher à profiter des factions qui déchiraient la Corse pour faire une diversion, et à présent que l'on travaille à convenir d'une pacification générale et une suspension de toutes voies de fait quelconque, l'on peut établir un *statu quo* dans cette isle jusques à la consommation de l'ouvrage, sans déroger à la souveraineté de la République. Le Roy de Sardaigne a fait en dernier lieu proposer pour cela à V. E. un expédient qui selon moi paraît devoir lever toutes les difficultés et les scrupules de Messieurs les Génois, puisque la parole respective de V. E. et de M. de Leutrum avec des ordres en conséquence aux commandants des troupes des deux partis, suffiront pour établir une parfaite tranquillité et pour contenir les troupes génoises et les milices de part et d'autre en Corse, qui n'oseraient rien entreprendre quand elles ne se trouveraient pas soutenues par les troupes régulières.

L'accusation portée contre M. le chevalier de Cumiane et contre le capitaine commandant les vaisseaux du Roy mon maître en Corse, comme ayant été l'agresseur dans l'affaire de Nonza, et ayant contrevenu par là aux préliminaires, me paraît grave et me causerait une peine infinie, si après les recherches les plus exactes, il ne me paraissait toujours plus aisé de justifier la conduite de ces deux officiers. Bien loin que M. le chevalier de Cumiane se soit montré éloigné de convenir d'une suspension, il s'y est porté avec tout l'empressement possible. Il ne pourrait avoir des raisons de ne pas admettre à San Fiorenzo l'officier que lui avait dépêché M. de Cursay, mais dès qu'il le sut arrivé à ses avant-postes, il y envoya un officier des troupes sous ses ordres, pour convenir d'une entrevue, et se rendit lui-même le 2 juillet au rendez-vous qui avait été concerté. La lettre de M. le chevalier de Brons à M. le capitaine de Saint Oyen, dont la Cour de Turin a l'original entre les mains, ne permettait pas de rien espérer de ces entrevues, quand même on en aurait ménagé d'autres, puisqu'elle s'explique bien clairement sur les intentions de M. de Cursay, à savoir qu'il n'y eût aucune suspension d'établie. Une déclaration si formelle devait préparer M. de Cumiane à ce qui est arrivé, et l'occupation des postes d'Olmeto et de Nonza, de même de Negro et des moulins qui y travaillaient pour les troupes impériales et piedmontoises, ne pouvait que l'alarmer infiniment et lui faire prendre sans perte de temps toutes les voies de se libérer des funestes conséquences qui ne pouvaient manquer d'en résulter et qui le menaçaient. Ces conséquences étaient si évidentes que le commandant des vaisseaux anglais pouvait aussi peu se dispenser de lui porter le secours dont il avait besoin pour éloigner ce danger. L'on ne saurait alléguer avec fondement que les postes n'étaient pas occupés, puisqu'il s'y trouvait des détachements des milices corses que l'Impératrice Reine et le Roy de Sardaigne avaient levés en entrant dans l'isle et qui y ont toujours été entretenus à leur solde.

C'est avec regret, que j'entre de nouveau avec V. E. dans tout ce détail. Je souhaiterais pouvoir plutôt éloigner les discussions de ce genre, mais en même temps que ces circonstances lui feront voir que nous avons agi sur les principes incontestables de notre propre sûreté et de la défense de nos alliés, je me flatte qu'elle lui feront sentir la nécessité de prévenir par les moyens les plus efficaces qu'il n'arrive les mêmes incidents à l'avenir ; et je suis si persuadé que les intentions de V. E. tendent au même but, que j'ose me promettre que sans s'arrêter à des discussions de droit, elle s'appliquera uniquement à chercher le remède qui, selon moi, ne peut se trouver que dans l'établissement d'un parfait *statu quo* dans l'isle de Corse, sur le pied où les affaires s'y trouvaient lors de la publication de l'armistice sur le continent.

Comme les ordres du Roy mon maître sont précis sur mon retour en Angleterre avec la plus grande partie de la flotte actuellement sous mes ordres, et que je ne saurais différer de les mettre en exécution, je profite de cette occasion pour prendre congé de V. E. étant très mortifié que le vent ne me permette pas de le faire personnellement, comme je me l'étais proposé depuis longtemps, mais le vent était si fort etc.

Je ne saurais terminer cette lettre sans représenter à V. E., en réponse à la demande qu'elle me fait des prisonniers pris en Corse, que ces prisonniers, par la capitulation qui a été faite avec eux, se sont rendus à M. le chevalier de Cumiane, et qu'ils n'ont été mis sur le vaisseau du Roy que comme un dépôt et pour les soustraire aux insultes qu'ils auraient eu à craindre de la part des mal contents de Corse. En effet le capitaine du vaisseau, en arrivant à San Fiorenzo, les a réunis à bord d'un vaisseau du Roy de Sardaigne, qui les a transportés à Savone, à la disposition de ce prince. J'ai l'honneur etc.

M. G. Vol. Corse 3.305)

Génes, le 21 août 1748. — Le duc de Richelieu au comte d'Argenson. — Les choses sont toujours à peu près dans le même état en Corse. MM. les Piedmontois voudraient nous y faire du mal, mais ils n'en ont ni la force ni les moyens ; tels qu'ils les ont cependant, ils les emploient.

La dernière affaire de la Padouvelle a donné le plus grand courage à tous ceux qui avaient envie de se mettre sous la protection de la France, et les a fait aller jusqu'à combattre même ceux de leurs confrères qui ne voudraient pas faire de même. Plusieurs pièves se sont déclarées et beaucoup d'autres sont prêtes à en faire autant. Je vous envoie la traduction de plusieurs lettres des chefs rebelles écrites à M. de Cursay, qui vous feront voir quelles seront leurs intentions, et avec quelle raison on peut se flatter de parvenir à établir une sorte de règle dans ce gouvernement, où le plus grand obstacle que l'on trouve viendra de la part des Génois, dont plusieurs craignent la suite de notre protection pour les rebelles et conservent même pour le présent des inquiétudes de notre autorité trop grande dans la Corse, en voyant avec la plus grande affliction que le premier point de tous les arrangements est de ne pas se soumettre à la République qui est abhorrée plus que jamais en Corse, mais seulement sous la protection de la France, et comme cependant on ne les reçoit qu'en regardant toujours la République comme souveraine du Royaume et qu'il n'est question que de mettre des tempéraments à l'exercice de cette souveraineté, et qu'aucun moyen ne pourra jamais y apporter la tranquillité que sous cette condition, la République n'étant sans cela dans la situation ni dans les principes où il conviendrait que fût son gouvernement pour venir à bout des rebelles, elle devrait être fort contente qu'on lui assurât une possession qu'elle sera toujours prête à perdre à moins de cela ; mais c'est ce qu'il est impossible de faire entendre à tant de gens qui composent le conseil, et dont la plupart sont si défiants et si mal instruits. Cependant à force de peines, de soins et quelquefois de colère, je suis parvenu à écarter une grande partie des difficultés que l'on me faisait et il ne me reste plus d'inquiétude que sur la façon dont vous penserez sur cela. J'ai peur que vous ne consultiez peut-être trop ce qui s'est passé auparavant et n'examiniez pas assez la différence des circonstances et le temps qu'il y a que les Corses, avec l'esprit qu'ils ont, se voient les victimes de leurs rebellions sans parvenir à un objet qu'ils ne peuvent attendre que de la France, dont ils sentent qu'ils ont tout à craindre et qu'ils en dépendent toujours de façon ou d'autre. J'ai peur aussi que l'on ne regarde pas la fin de ces troubles comme aussi importante que cela me le paraît, en ce qu'il faudra bien à la fin que les Génois perdent la Corse, si l'on n'y prend un arrangement solide et qui est selon moi de la plus grande conséquence du monde, qu'ils la gardent toujours et qu'aucune puissance étrangère ne puisse s'en emparer. Mais comme je viens de dire qu'ils ne peuvent la garder, si on les laisse faire, et que nécessairement le Roy de Sardaigne, les Anglais ou l'Empereur s'en empareraient, la seule façon de leur en ôter les moyens est d'y rétablir la paix et nous y conserver une considération exclusive qui nous donne de même une facilité de la rétablir encore, si les troubles venaient à y recommencer en empêchant les autres de s'en pouvoir mêler. Il me semble que jamais nous ne trouverons une conjoncture aussi favorable, et il est impossible en prévoyant l'avenir de ne pas penser à l'importance de cette situation, d'autant plus que je vous ai déjà marqué, Monsieur, qu'il n'est pas question d'y envoyer, comme on a déjà fait inutilement, 14 bataillons, mais seulement de quoi appuyer le parti de ceux qui se mettent sous la protection de la France dont le nombre s'accroît tous les jours, et s'accroîtra bien davantage quand les Piedmontois seront retirés à la paix, et enfin pouvoir prendre un arrangement que je crois qui sera facile pour y établir une paix sur quelque fondement juste et raisonnable, pour ainsi dire malgré les Génois. Les plus grandes traverses viendront des esprits de travers de ce gouvernement ; mais il faudra les traiter comme des enfants, et faire leur bien, malgré eux, d'autant plus que je suis persuadé que quand il sera fait, et qu'ils auront tous bien reconnu la pureté des intentions du Roy, et qu'ils seront tranquilles en Corse, ils reconnaîtront alors toute l'importance et l'étendue des obligations qu'ils lui auront.

(M. G. Vol. Corse 3.305).

Versailles, le 22 août 1748. — M. de Puysieulx au maréchal de Belle-Isle. — Le Roy m'a ordonné de vous mander, Monsieur, que de quelque manière que vous terminiez la discussion que M. de Cursay a excitée par étourderie ou mauvaise volonté, Sa Majesté trouvera bon ce que vous jugerez à propos de faire pourvu que vous finissiez cette affaire et que vous préveniez tout incident semblable par la suite.

Le Roy approuve entièrement l'addition que vous vous proposez de faire à l'engagement que le Roy de Sardaigne voudrait que vous prissiez verbalement et sur votre parole d'honneur par rapport à la Corse.

On a déjà proposé plus d'une fois à M. de S. Séverin de nommer les Corses dans le traité définitif, à la rédaction duquel on travaille, mais il a constamment rejeté cette proposition, et de manière à nous faire espérer qu'elle ne sera plus désormais mise sur le tapis. Le Roy, ainsi que je le mande à M. de Richelieu, ne prétend nullement se charger de réduire ces Insulaires sous l'obéissance des Génois, à moins qu'on ne puisse y parvenir par les voies de douceur et de persuasion. — Je suis etc.

(M. G. Vol. Corse 3.305).

Nice, le 24 août 1748. — Le maréchal de Belle-Isle à M. de Cursay. — J'ai reçu, Monsieur, votre lettre du 11 par laquelle je vois que par vos soins et votre industrie vous êtes parvenu à décréditer entièrement le parti piedmontois et qu'avec des renforts médiocres, vous compteriez soumettre facilement le plus grand nombre de rebelles sous l'autorité et la protection du Roy. Tout cela eût été très bon avant l'accession des puissances belligérantes aux préliminaires ; mais depuis la publication de l'armistice dans l'état de terre ferme de la République, il n'est plus question de songer à faire des progrès en Corse ; le Roy veut absolument qu'on y cesse toute espèce d'hostilité non seulement contre les Autrichiens et les Piedmontois, mais aussi contre les Corses rebelles, dès qu'ils se tiendront en repos et qu'ils ne troubleront point la tranquillité publique. Je voudrais fort que sur la première lettre que je vous ai écrite, de cesser toute hostilité, vous vous en fussiez tenu là, et que l'affaire de Nonza ne fût pas arrivée non plus que celle d'Olmeto et de Barbaggio ; et il eût été plus simple qu'au lieu d'envoyer M. de Brons, capitaine du Nivernais, porter votre lettre à M. de Cumiane, vous la lui eussiez fait passer tout naturellement par tambour, car ce M. de Brons a écrit une lettre à M. de Saint-Oyen qui embrouille toute cette affaire et donne lieu à la Cour de Turin de dire que vous avez été l'agresseur. Je suis d'ailleurs très indisposé contre ledit sieur de Brons de s'être rendu comme il l'a fait, prisonnier de guerre au bout de deux jours dans un poste que vous me confirmiez encore être imprenable et que vous aviez pourvu de tout pour un mois ; et comme je ne doute pas un moment de tout ce que vous me dites là-dessus, par toute l'estime et la confiance que j'ai en vous, j'en conclus qu'il faut faire le procès à M. de Brons et j'en ai écrit sur ce pied à M. le duc de Richelieu.

Mais pour partir d'où nous sommes, le résultat est que le Roy veut que tout soit tranquille en Corse, et je vous réitère les ordres que je vous ai déjà donnés de cesser absolument toute espèce d'hostilité également contre les Corses rebelles, à moins qu'ils ne fussent les premiers à vous attaquer, à quoi il n'y a aucune apparence. Je vais, à ce que j'espère, incessamment convenir avec M. de Leutrum des conditions de l'armistice général qui sera établi en Corse ; je l'adresserai à M. le duc de Richelieu qui vous le fera passer, et il n'y aura qu'à s'y conformer.

(M. G. Vol. Corse 3.305).

Nice, le 24 août 1748. — Le maréchal de Belle-Isle au duc de Richelieu. — Dans l'esprit où vous avez vu qu'est notre ministère, l'on fera peu de cas de toutes les lettres de Corse dont vous envoyez des copies à M. d'Argenson, car vous voyez comme l'on me répond sur cette matière ; l'on trouve la lettre du Roy de Sardaigne pleine de raison et d'équité, et les difficultés de la République injuste. Je les trouvais bien un peu outrées, ainsi que je vous l'ai marqué, mais je n'allais pas à beaucoup près aussi loin que le conseil du Roy. Je mande donc en deux mots que je vais suivre la négociation sur parole avec les restrictions que j'ai marquées sur la dernière lettre du Roy de Sardaigne, qu'en attendant je réitère à M. de Cursay ce que vous et moi nous lui avons déjà mandé, pour se tenir en repos et cesser absolument toute espèce d'hostilité, mais qu'en déférant, comme nous le devons, aux ordres du Roy, je ne puis m'empêcher d'appuyer comme vous faites, sur la nécessité d'anéantir en Corse le crédit du Roy de Sardaigne, d'y établir l'autorité de Sa Majesté et d'augmenter le désir qu'ont ces peuples d'être sous sa protection et de cimenter leur confiance, que personne ne peut procurer tous ces bons effets mieux que vous qui avez pris là dessus toutes les connaissances nécessaires, que vous êtes en état d'en fournir tous les moyens, qu'il faut profiter de cette circonstance qui ne se retrouvera jamais. Je souhaite que ses ministres fassent sur cela toute l'attention qu'ils doivent et que la chose exige.

(M. G. Vol. Corse 3.305).

San-Remo, 25 août 1748. — M. de Leutrum au maréchal de Belle-Isle. — Monseigneur, J'ai reçu la semaine passée, par le retour du comte de Viansin, la lettre que V. E. m'a fait l'honneur de m'écrire le 14 de ce mois, et les pièces qui y étaint jointes.

Quoique l'on n'eût à notre cour aucun lieu de douter

de la vérité de tout ce qui a été exposé par M. de Cumiana au sujet des affaires de Corse, l'on a voulu cependant communiquer à M. le chevalier de Brons, capitaine dans le régiment de Nivernais, les relations qui en ont été envoyées de notre part à V. E., et on l'a prié de dire naturellement s'il trouvait ces relations conformes à la vérité. Cet officier, après les avoir bien examinées, n'y a trouvé autre chose à redire que ce qui est spécifié dans le mémoire que le comte de Viansin aura l'honneur de remettre à V. E. et que M. le chevalier de Brons a dicté lui-même.

V. E. verra par le témoignage non suspect de cet officier, qui naturellement doit être très au fait de cette affaire, que la vérité de ce qu'on a eu l'honneur de lui mander est assez bien constatée, à quelques articles près, de peu de conséquence, et dont la plus grande partie pouvait passer pour indifférente.

L'on a permis, avec grand plaisir, à M. le chevalier de Brons de se rendre à Gênes pour y donner à M. le duc de Richelieu tous les éclaircissements qu'il pourra souhaiter sur ce qui s'est passé en Corse, et il ne tiendra ensuite qu'à cet officier de se rendre à Nice pour informer V. E. de toutes les circonstances de cette affaire.

V. E. aura sans doute observé par les différentes pièces que l'on a eu l'honneur de lui remettre, qu'il ne convenait pas au chevalier de Cumiana de demander des éclaircissements à M. le marquis de Cursay sur les hostilités commises en Corse, après la déclaration formelle qu'on venait de lui faire de la part de celui-ci, qu'il entendait qu'il n'y eût pour le présent aucune espèce de suspension d'armes dans cette isle, surtout voyant que mon dit sieur le marquis de Cursay agissait conséquemment à cette déclaration. C'est sur le même principe que l'on ne croit pas que M. le duc de Richelieu soit fondé à réclamer la restitution des prisonniers qui ont été faits dans cette affaire.

Je pense que les courriers que V. E. a dépêchés à sa cour pourront être de retour d'un moment à l'autre ; c'est ce qui m'engage à renvoyer auprès d'elle le comte de Viansin, que j'ai autorisé, en suite de la permission que j'en ai reçue du Roy mon maître, à se prêter à tout ce qui sera juste et raisonnable pour établir la tranquillité en l'isle de Corse. Cet officier aura l'honneur en même temps de lui faire quelques observations sur cette affaire, auxquelles je me rapporte. — J'ai l'honneur etc,

(M. G. Vol. Corse 3.305).

Nice, le 27 août 1748. — Le maréchal de Belle-Isle à M. de Richelieu. — La lettre que j'eus l'honneur de vous écrire hier était prête à partir, Monsieur, lorsque M. le Comte de Viansin arriva ici de la part de M. de Leutrum et me remit la lettre dont je joins ici copie avec les observations qu'avait dictées lui-même M. de Brons, capitaine au régiment de Nivernais, dont il me remit aussi une lettre que j'ai pareillement fait copier. Je crois que vous serez aussi étonné et aussi en colère que moi, en voyant que cet officier qui nous a déjà jetés dans tout cet embarras en se laissant prendre aussi honteusement qu'il l'a fait à Nonza, s'avise encore d'approuver la relation piedmontoise, tandis que nous la contredisons, et fournit avec sa première lettre écrite à M. de Saint-Oyen un prétexte plausible à la Cour de Turin de soutenir que nous avons été les premiers agresseurs. Il est en effet assez difficile de défendre la conduite de M. de Cursay, lorsque son propre envoyé déclare par écrit à l'officier détaché par M. de Cumiana que son supérieur n'entend point qu'il y ait suspension d'armes.

J'ai cependant tâché de mettre du moins une sorte d'égalité dans l'incertitude sur celui qui est agresseur et de soutenir toujours la bonne foi de M. de Cursay dans tout ce qu'il a fait ici, et je pars de là pour accepter la restitution de nos prisonniers français sur un simple reçu, laissant indécis si l'on en paiera dans la suite rançon ou non.

A l'égard des prisonniers Corses, on demande que la République donne en échange un pareil nombre de ceux qu'elle a à Bastia ou ailleurs et de même grade. Il ne paraîtra point d'acte d'échange par écrit ; il suffira seulement que la République fasse remettre à M. de Cursay le nombre des Corses rebelles qui sont prisonniers, suffisant pour retirer ceux qui ont été pris à Nonza ; M. de Cursay les renverra purement et simplement à M. de Cumiana qui lui en donnera un reçu sans faire mention de la République, et M. de Leutrum me rendra de même ceux qui ont été pris à Nonza que je vous ferai repasser tout de suite...

(M. G. Vol. Corse 3.305)

Gênes, le 28 août 1748. — M. le duc de Richelieu à M. le comte d'Argenson. — Je m'étends un peu plus au long, Monsieur, avec M. de Puysieulx sur l'article de l'armistice de Corse qui tient à la politique, et cette lettre qui vous reviendra vous fera connaître que je dis très naturellement mon sentiment sur cet événement dont je vois les circonstances différemment de ce que le conseil les a envisagées. Nous ne trouverons peut-être jamais de conjoncture aussi favorable pour réduire la Corse au point que nous la devons désirer, et il est si important pour nous qu'aucune puissance ne puisse s'emparer de cette Isle que j'ai peur par la suite que nous regrettions ce que nous laisserons peut-être échapper, si M. le maréchal de Belle-Isle qui est plus en état que personne d'apporter les tempéraments possibles aux ordres que vous lui avez donnés, ne prévient les inconvénients que j'ose dire qu'ils sont à craindre dans cette négociation.

(M. G. Vol. Corse 3.306)

Derniers Jours d'Août 1748.

Convention de l'armistice à établir en Corse, dont les généraux respectifs donnent leur parole.

Les circonstances qui ont empêché de convenir jusqu'à présent d'un armistice dans l'isle de Corse étant cessées, M. le maréchal de Belle-Isle est convenu avec M. le baron de Leutrum qu'il y aura une cessation générale d'hostilité dans l'isle de Corse, qu'en conséquence il sera nommé par M. de Cursay, commandant les troupes du Roy dans ladite isle d'une part, et de l'autre par M. le chevalier de Cumiana, brigadier commandant les troupes autrichiennes et piémontoises à S. Fiorenzo, des commissaires pour régler et convenir des limites que les dites troupes autrichiennes et piémontoises devront occuper près San Fiorenzo, au delà desquelles limites il ne sera point permis aux dites troupes ni aux compagnies corses qui sont à leur solde de passer en deçà sans avoir préalablement obtenu un passeport de M. de Cursay.

Il sera également établi des postes vis-à-vis ceux des troupes autrichiennes et piémontoises, dans la distance qui sera réglée, au-delà desquels il ne sera point permis non plus aux troupes du Roy ni à celles de la République de passer sans avoir obtenu un passeport de M. de Cumiana, et du surplus les compagnies franches ou milices corses à la solde de la République resteront dans les mêmes postes qu'elles occupent actuellement avec les troupes réglées pour observer exactement le *statu quo* porté par les préliminaires.

Il sera enjoint en même temps à tous les habitants de l'isle de Corse de se tenir en repos ; à cet effet les compagnies franches ou milices du parti rebelle à la République qui ne voudront pas rester en dedans des limites convenues pour les troupes autrichiennes et piémontoises, seront tenues de se séparer, de poser les armes et de se tenir chacun chez soi en les avertissant que le premier qui troublera la tranquillité publique ne sera protégé par qui que ce soit, non plus que les autres.

Pareille défense sera également faite à tous les habitants de l'isle fidèles à la République, et s'il arrive que quelqu'un y contrevienne, il sera sévèrement châtié.

Ledit armistice sera publié le 5 de septembre au plus tôt, si faire se peut, pour raison de quoi M. le maréchal de Belle-Isle va envoyer ses ordres à M. de Cursay, et M. le baron de Leutrum enverra pareillement les siens à M. de Cumiane. S'il se passait quelque chose au préjudice de ce qui vient d'être dit cy-dessus, les deux généraux se promettent respectivement d'y apporter sur le champ le remède le plus prompt et le plus efficace.

(M. G. Vol. Corse 3.306)

Bastia, le 2 septembre 1748. — **M. de Cursay au maréchal de Belle-Isle.** — Monseigneur, J'ai reçu par M. le duc de Richelieu un extrait du journal de Corse de Monsieur de Cumiana, auquel vous m'ordonnez de répondre. Je n'aurais jamais imaginé que M. de Cumiana pût altérer les faits. J'espère que vous me justifierez sur la plus exacte vérité. J'y joindrai à la fin une lettre de lui fort postérieure pour vous convaincre que loin de rompre l'armistice, j'ai suivi vos ordres mot à mot. J'aurai l'honneur de vous faire ici une réflexion. Les limites de Saint-Florent que vous assigniez pour bornes aux troupes réglées, ainsi qu'aux mal intentionnés, ne peuvent avoir lieu pour les derniers ; les Piedmontois ont trop d'attention pour leur propre sûreté pour y en souffrir aucun, et le mécontentement du peuple à leur égard leur fait prendre des précautions extrêmes. Les rebelles sont répandus dans toute l'île ; leurs chefs ont leurs adhérents répandus dans l'île, d'où ils font des courses, détruisent et ruinent les biens de ceux qui sont affectionnés à la République, arrêtent tout ce qui entre à Bastia et dans les villes où nous avons des troupes, établissent des contributions sur les pays qui jugent à propos de les payer ou qui sont les plus faibles. Les ordres de M. de Cumiana ne sont point observés et ses officiers sont attaqués à la chasse, et à cent pas de St-Florent, s'ils osaient sortir. Les troupes piedmontoises sont arrivées ici aux ordres de Matra ; elles y étaient encore le 5 du mois passé, puisque Matra en personne suivi de trois cents paysans et d'un piquet piedmontois, avait marché dans la pièvre de Muriani, à vingt lieues de St-Florent, pour y brûler la maison et couper les arbres de deux capitaines au service de la République. J'ai fait la guerre aux rebelles uniquement pour ma sûreté et pour ma défense. A présent qu'une grande partie des pièves a pris mon parti, s'est déclarée en ma faveur et fait la guerre uniquement par zèle, j'espère que l'on ne me soupçonnera pas de rompre l'armistice. Ce ne sont point des troupes à la solde de la France, ni à celle de la République ; ils combattent pour leurs intérêts particuliers dans lesquels la différence de parti y entre pour beaucoup. Il est certain que la rébellion aurait été étouffée avec trois bataillons, et les conventions faites et signées avec toutes les pièves ou en plus grande partie et dont M. le duc de Richelieu est instruit, en sont la preuve ; j'espère que vous me donnerez des ordres clairs et précis sur l'espèce d'armistice que vous voulez que j'observe. Ne comptez pas dans ces arrangements plus sur les ordres de M. De Cumiana que sur l'obéissance des Corses à son égard. Il y a grande apparence qu'il aura incessamment à se défendre ; le principe qui lui a fait rompre si manifestement l'armistice est sa sûreté. Je ne suis point inquiet de la Corse, et quand vous voudrez j'y serai supérieur ; les peuples dont je vous ai envoyé le mémoire ont demandé l'exécution des promesses que l'on leur a faites si souvent et éludées autant de fois. M. le duc de Richelieu vous aura envoyé la réponse au mémoire et les réflexions faites par le Sénat. Je crois avoir répondu à l'une et à l'autre, pour l'éclaircissement seul de M. le duc de Richelieu, d'une façon solide. Ce qu'il y a de sûr, c'est que la République n'y parle que des concessions de 1744 et qu'elle dissimule à M. de Richelieu celles du 27 mars 1747, revêtues des formes les plus authentiques, mais qui, à la vérité, n'ont point été publiées. Les députés du peuple sont partis de Gênes avec l'ordre positif au commissaire général de les publier. Il est vrai qu'il avait un ordre secret de n'en rien faire. Si la Corse avait un objet assez important pour que vous eussiez voulu entrer dans les causes de la rébellion et dans celles qui la font subsister, vous seriez convaincu qu'elle finira le jour que la France avec trois ou quatre bataillons seulement voudra bien leur dicter ses volontés et leur promettre la garantie. Les Génois désirent quarante bataillons ; si c'est pour faire la conquête des peuples, il en faut quarante ; il y a actuellement vingt-deux mille hommes armés, et tout ce qui paraîtra pour la République y sera en horreur. J'ai l'honneur etc.

(M. G. Vol. Corse 3.306).

San-Remo, le 3 septembre 1748. — M. de Leutrum au maréchal de Belle-Isle. — Monseigneur, J'ai reçu, le 28 du mois passé par le retour du comte de Viansin, la lettre dont Votre Excellence m'a honoré du 27 et du projet qu'elle a bien voulu dresser touchant la publication de l'armistice en Corse.

J'ai eu l'honneur de faire passer immédiatement ce projet à notre Cour qui en a entièrement approuvé le contenu et auquel elle souhaite seulement que l'on change quelques expressions et que l'on ajoute quelques annotations, comme V. E. le verra par le mémoire que le comte de Viansin est chargé de lui présenter.

L'on fera passer incessamment à Gênes les bas officiers et soldats français qui ont été faits prisonniers dans les dernières affaires de Corse, pour y rentrer dans leurs corps respectifs, ainsi que V. E. l'a souhaité.

Je m'en rapporte au reste à ce que M. le comte de Viansin aura l'honneur de lui dire touchant les nouvelles difficultés qui pourraient survenir en Corse, entre MM. de Cumiana et de Cursay. — Je saisis avec plaisir cette occasion etc.

(M. G. Vol. Corse 3,306).

Versailles, le 3 septembre 1748. — M. D'Argenson au maréchal de Belle-Isle. — J'ai reçu, Monsieur, les lettres que vous m'avez fait l'honneur de m'écrire les 19, 21 et 24 du mois dernier, et celles de M. de Richelieu qu'elles accompagnaient. Je vois par la dernière que nonobstant tout ce que nous lui avons mandé jusqu'à présent, il s'entretient toujours dans le projet de réunir la Corse sous la protection du Roy, même contre le gré des Génois, sous prétexte d'empêcher le roi de Sardaigne et toute autre puissance de se former un parti dans cette isle, et je lui répète, pour détruire entièrement chez lui ces idées, que le Roy n'est nullement dans l'intention de les suivre, ni de mettre des entraves aux négociations de la paix générale pour des intérêts particuliers qui l'affectent d'autant moins dans le moment présent que S. M. n'a pris aucun engagement avec les Génois pour la réduction des Corses rebelles. J'espère qu'à la fin il entrera dans nos vues, et que les ordres que vous aurez donnés à M. de Cursay, joints aux lettres que je lui ai écrites, l'auront dissuadé de continuer à fomenter la mésintelligence entre les Corses et à chercher à nuire au parti opposé à la République.

(M. G. Vol. Corse 3.306).

Nice, le 4 septembre 1748. — Le maréchal de Belle-Isle à M. de Cursay. — Je vous écris cette lettre, Monsieur, pour vous informer que je suis convenu avec M. de Leutrum des conditions principales qui doivent être observées pour faire cesser toutes les hostilités en Corse, et y rétablir la tranquillité générale dans toute l'isle, de manière que les Corses rebelles soient tenus de poser les armes, et de se tenir chacun chez eux, de même que ceux qui sont restés fidèles à la République. M. le duc de Richelieu vous fera passer avec ma lettre une copie de cette convention qui, comme je vous l'ai dit cy-dessus, n'a été signée de personne ; mais nous nous sommes donné, M. de Leutrum et moi, notre parole réciproque que tout ce qui est porté serait ponctuellement exécuté de part et d'autre ; c'est pourquoi elle est conçue dans les termes les plus généraux et les plus précis ; et comme l'objet principal est de rétablir le calme dans l'isle jusqu'à la consommation de la paix, notre principale attention doit être d'agir dans cet esprit et d'y maintenir les autres, sans que cela empêche que vous ne tiriez de cette situation tous les avantages que nous devons en attendre par les suites pour le service du Roy.

Je compte que vous pourrez recevoir cette lettre le 8 ou le 9, et que M. de Cumiana recevra pareillement les ordres de M. de Leutrum ; ainsi dès que vous aurez reçu celle-ci, vous en ferez avertir mon dit sieur de Cumiana pour convenir du jour de la publication de l'armistice, et vous nommerez de part et d'autre des officiers ou commissaires pour régler les limites. Sur tout le surplus je m'en rapporte aux plus amples informations que vous donnera le duc de Richelieu ; j'attendrai sur tout cela de vos nouvelles avec impatience, et serai fort aise d'apprendre que tout soit consommé et tranquille.

(M. G. Vol. Corse 3,306).

6 Septembre 1748

Instruction envoyée à M. de Cursay

M. de Cursay verra par la convention verbale qui vient d'être faite entre M. le maréchal de Belle-Isle et M. le baron de Leutrum, les principes sur lesquels il doit régler sa conduite.

Il verra en même temps que cette convention n'a point été signée pour éviter toutes les conséquences qui pourraient être tirées par la suite d'un acte signé en forme de traité, ce que l'on a évité pour que le Roy de Sardaigne ne pût jamais s'autoriser à la protection des rebelles de Corse, et que l'on ne pût jamais alléguer à la République qu'elle ait reconnu directement ou indirectement l'influence que ce prince pouvait y avoir ; mais M. de Cursay doit savoir que les paroles d'honneur de gens comme M. le maréchal de Belle-Isle doivent être plus religieusement observées, s'il est possible, que les écrits, et qu'il ne faut pas seulement pouvoir être soupçonné d'y avoir manqué. Il ne saurait donc prendre trop de précautions pour les mesures qui pourront tendre à prévenir tout ce qui pourrait troubler cet accord.

Il conviendra qu'aussitôt qu'il aura reçu cette dépêche, il en fasse part à M. Balbi, et s'il n'est plus à Bastia qu'il lui écrive et lise la convention au vice-régent qui sera à Bastia, qu'il écrive ensuite une lettre à M. de Cumiane pour lui faire part des ordres qu'il a reçus ; il n'y aurait aucun inconvénient qu'ils eussent une entrevue ensemble, sinon il conviendra de s'envoyer de part ou d'autre quelque officier entendu pour convenir de tous les moyens d'exécuter lesdites conventions.

L'article des limites entre Saint-Florent et Bastia doit être choisi dans l'espace de terrain qui sera le moins sujet à disputes ; car d'ailleurs il est assez indifférent qu'il soit un peu plus ou moins éloigné et M. de Cursay ne peut trop marquer de facilité et de bonnes manières sur tous ces détails, ce qui ne pourra servir qu'à établir plus facilement la tranquillité que le Roy veut absolument qui soit établie, afin de n'être plus importuné des inconvénients que la continuation des troubles pourrait causer dans la discussion des affaires générales dont la fin paraît fort prochaine, et comme son premier effet sera de faire retirer les troupes piémontaises et autrichiennes, les rebelles seront alors sans protection, et n'auront plus de ressources que celles du Roy.

Voilà ce que M. de Cursay doit faire envisager adroitement à tous les Corses, dont la convention ne lui exclut point de ménager les esprits, et de tâcher d'augmenter le nombre de ceux qui s'attachent à lui, dans les principes dont il a déjà été instruit qu'il fallait ménager les Corses ; il faut qu'il ait attention seulement qu'aucun des moyens dont il pourra se servir, n'ait besoin d'y employer la force.

M. de Cursay a fait part de plusieurs projets qu'il avait pour que le parti qui lui est attaché s'emparât de Corte et de San Pellegrino ; il serait à désirer que les choses pussent se tourner de façon que l'on pût attendre le moment de la paix générale et de la retraite des Autrichiens et des Piémontais ; il paraît que ces événements arrivés tout à la fois seraient plus capables d'abattre les esprits des rebelles et de les décourager, et en même temps de donner plus de confiance à ceux qui suivraient notre parti. Il est d'ailleurs bien difficile que cela pût se faire, sans que des gens à la solde de l'un ou l'autre parti n'y eussent quelque part, et par conséquent cela n'ouvrît la porte à toutes les discussions qui s'ensuivraient et les reproches qu'il faut éviter. Ainsi M. de Cursay doit faire tous ses efforts de bonne foi, pour que toute hostilité soit suspendue jusqu'à la fin totale de la paix qui paraît très prochaine. Je crois même qu'il n'y a qu'à gagner, mais s'il était impossible, ce qui n'est que trop à craindre, d'empêcher les Corses de se battre entre eux, et que par une suite de cette animosité impossible à éviter, les deux partis continuassent toujours leurs hostilités réciproques dans l'intérieur du pays, il serait sans doute utile et même nécessaire alors de tâcher que notre parti se maintînt toujours dans la supériorité où il paraît être et eût encore tous les avantages qu'il serait possible, et que M. de Cursay pourrait tâcher de lui procurer, en se ménageant d'une façon à se mettre à l'abri de tout soupçon et de tout reproche d'avoir manqué à la convention sur laquelle on ne peut entrer dans un plus grand détail, et l'on ne peut que s'en remettre à sa prudence pour faire l'application de tout ce qui lui est marqué selon les circonstances et la situation du pays où il se trouve.

(M. G. Vol. Corse 3.306)

Bastia, le 7 septembre 1748. — M. de Cursay à M. de Fumeron. — Monseigneur, J'ai reçu la lettre que vous m'avez fait l'honneur de m'écrire du 15 du mois dernier. Il ne s'est passé aucune hostilité de ma part depuis l'aventure de la Padouvelle quoique les rebelles en aient commis beaucoup dans les pièves éloignées de moi ; les Piémontais y avaient même un piquet qu'ils ont retiré depuis, apparemment sur l'ordre de leur Cour.

L'éloignement et les difficultés d'arriver en Corse fait que vos intentions ne sont pas suivies dans l'instant. L'armistice proposé n'a point été publié parce que les ordres définitifs n'ont point été reçus. M. de Cumiane avec lequel je suis en relation journalière a donné parole de ne laisser sortir aucune troupe réglée, jusqu'à ce que nous ayons reçu l'un et l'autre la forme que vous voulez donner à cet armistice. On aurait lieu de douter de sa bonne foi, s'il n'avouait pas lui-même que son crédit est limité sur les Corses ; ce qui me persuade pourtant qu'ils tiendront dorénavant les conventions, c'est que leur parti est considérablement diminué, et leurs ordres seraient totalement refusés s'ils ne les soutenaient par cent hommes condamnés pour différents crimes qu'ils entretiennent à leur solde. Ils se servent pour cela des biens des ecclésiastiques qu'ils ont confisqués. Lorsque la Cour le voudra bien décisivement elle finira les affaires de Corse plus par la négociation que par la rigueur. Je sais que ce n'est pas le système des Génois, mais les moyens en deviendraient bien chers, si l'on se prêtait à leurs vues. — J'ai l'honneur d'être etc.

(M. G. Vol. Corse 3.306)

Bastia, le 7 septembre 1748. — M. de Cursay au maréchal de Belle-Isle. — Monseigneur, J'ai reçu les deux lettres que vous m'avez fait l'honneur de m'écrire le 13 et le 24 août dernier ; par la première vous m'accusez la réception de celle où je vous rendais compte de l'aventure de la Padouvelle.

La seconde répond à celle où je vous informais de la situation de la Corse. Vous savez sans doute que le nom des Génois y est en horreur, qu'elle est révoltée contre eux et qu'elle le sera à jamais tant qu'il restera un seul homme armé dans l'isle. Il ne reste que deux moyens uniques : celui de la réduire par la force ou par la négociation, lorsque l'on annoncera ouvertement que c'est pour la soumettre sans conditions sous la domination génoise. Celui de la force est difficile, et il y faudra au moins 40 bataillons, un train considérable de vivres, chaque pays étant une forteresse, et les habitants qui se nourrissent de châtaignes trouvant des secours que nous ne trouvons pas nous-mêmes. M. le duc de Richelieu avait fait publier une espèce de lettre qui invitait les peuples à avoir recours à la protection du Roy. Cette lettre imprimée devait être distribuée dans l'isle du consentement de la République. Je suis parti dans le temps où toute l'isle sans exception avait participé au siège de Bastia. Je suis arrivé dans les mêmes principes que M. le duc de Richelieu m'avait ordonné de suivre et dont la République était convenue ; j'ai détaché quelques pièves qui suivaient M. De Cumiana, j'ai fait un traité avec eux, j'en ai attiré quelques-uns en entier et je me suis formé des partis dans toutes celles importantes depuis la Balagne jusques au Fiumorbo ; j'en ai les originaux entre les mains. La base était de reconnaître la protection du Roy, de ne jamais porter les armes contre nous, de représenter humblement leurs griefs, et de se conformer à ce qui était dit dans les conventions de 1738, par lesquelles ils devaient préalablement avoir recours à la France qui voulait bien garantir le tout. Comme il était dangereux pour les peuples de se découvrir avant d'être supérieurs, il fut convenu que dans chaque piève il serait formé des compagnies selon la force respective, qu'elles prendraient toutes les armes le même jour pour attaquer chacune dans leur piève le parti contraire, la forcer de donner des otages en nombre et en qualité, et me remettre eux-mêmes ceux que je nommerais, qui ne pourraient jamais être moins que les parents ou les enfants des principaux chefs ; que les différentes compagnies seraient payées, mais que leur paye, quelque chose qui arrivât, n'aurait lieu que du jour que les otages ennemis seraient entre mes mains, qu'alors toutes les différentes pièves se réuniraient pour, d'un consentement général, remettre leurs mémoires. Il m'était libre au reste de licencier les compagnies dès que je le voudrais; j'avais seulement promis à fort peu de chefs de leur donner leur paye personnelle en forme de gratification. Le mémoire dressé, j'ai pris un temps limité pour le présenter à M. le duc de Richelieu pour qu'il voulût y répondre. J'y ai joint la demande des peuples qui n'était que l'exécution de ce que la République avait accordé ; les deux mémoires ont été communiqués à la République, qui, après les avoir gardés six semaines, a fini par répondre qu'elle ne voulait entendre parler d'aucune espèce de traité avec les Corses.

J'avais imaginé que la chose était avantageuse en elle-même; il n'était question que de la garantie de 1738 antérieure à tous les traités des Corses ; ceci n'était point une infraction à l'armistice, puisque les seuls Corses se battaient entre eux, et enfin l'objet de la dépense, qui est ce que la République craint le plus, ne pouvait jamais être mal employé, puisqu'elle n'était faite que relativement aux opérations avantageuses.

Lorsque j'ai traité avec les chefs subalternes, j'ai parlé de la seule protection du Roy ; c'eût été tout perdre que de prononcer le nom de la République. Lorsque j'ai traité avec les chefs capitaux, et en état de m'entendre, j'ai mis pour base de rentrer sous l'obéissance de la République ; le mémoire envoyé en fait foi.

Je reçois votre ordre positif de ne rien entreprendre contre les rebelles et j'y obéirai ponctuellement, puisque sûrement aucun Français ne sortira des villes où ils sont en garnison ; mais vous ajoutez une condition qui est impossible, « de cesser absolument toute hostilité également contre les Corses rebelles, à moins qu'ils ne fussent les premiers à vous attaquer, à quoi il n'y a aucune apparence. »

Certainement les Corses ne m'attaqueront pas et excepté 100 hommes bannis ou condamnés pour crimes à la suite de Matra, je pourrais envoyer tel Français que je voudrais dans l'isle, et il y serait en sûreté. Mais Matra a établi des postes à deux lieues autour de Bastia, fait enlever tous les grains et autres denrées qui y arrivent, fait brûler tous les biens des Corses au service de la République, vient brûler les maisons de campagne et couper les arbres des habitants de Bastia, et enfin bannit de l'isle les sujets qui me sont affectionnés. Je vous envoie copie d'un de ses ordres. J'ai écrit à M. De Cumiana sur tous ces faits et entre autres sur les bestiaux d'un villlage qui avait été pris ; il me répond qu'il emploiera son crédit auprès des chefs et qu'en tout cas je dois être instruit que son pouvoir est fort limité auprès d'eux. Dans tout ce qui s'est passé il m'a paru à leurs ordres et sur tous les points d'aussi mauvaise foi qu'eux. Je ne donnerai pas la moindre atteinte à l'armistice, et je me renfermerai bien exactement dans toutes les instructions que vous me ferez passer. J'ai l'honneur etc.

(M. G. Vol. Corse 3.306)

San Fiorenzo, le 8 septembre 1748. — M. De Cumiana à M. de Cursay. — Monsieur, J'ay l'honneur de répondre à deux de vos lettres datées du 8 du courant. La première m'a été rendue par le retour de M. de St Oyen, la deuxième par l'arrivée de votre tambour ici sur les 9 heures du soir, et par cette dernière je vois, Monsieur, que vous avez reçu les ordres soit de M. le duc de Richelieu que de M. le duc de Belle-Isle concernant ce pays, et copie de ceux que M. le général baron Leutrum doit suivant votre lettre m'envoyer, et qui ne me sont pas jusqu'ici parvenus. Je vous dirai que par une dépêche arrivée la nuit passée, j'ai reçu un billet du

Roy mon maître du 2 septembre, qui daigne me faire savoir que la trattation entre M. le maréchal de Belle-Isle et le général Leutrum touchant cette isle était à sa fin, et qu'au premier jour il m'en manderait le résultat avec des ordres à cette fin. Or, Monsieur, ayez la bonté de me laisser mettre à même que vous êtes avant que de parvenir à l'entrevue que vous me demandez. Dès que je les aurai reçus, avec le plus grand empressement j'aurai l'honneur de vous la proposer moi-même, et je ne doute point que nous ne terminions bientôt affaire. Je me fais un plaisir par avance à cette occasion pouvoir vous rendre mes devoirs et faire connaissance avec vous et avec tous ces Messieurs qui auront l'honneur de vous suivre.

L'on est après à porter ceux de Farinole à rendre les bestiaux pris sur ceux de Lota. J'y emploie tous mes soins ; il ne tiendra pas à moi que cela ne se termine à votre satisfaction.

L'on m'a renvoyé le sieur Nicolò Maria Astima, employé des vivres, pris à Nonza, pour l'échange du Piedmontois que vous avez eu la bonté de me relâcher. Comme il est mal en jambes, il prend le parti de se rendre par le Cap Corse par mer à Bastia, et je le munirai d'un de mes passeports. J'ai l'honneur etc.

(M. G. Vol. Corse 3.306).

Bastia, le 9 septembre 1748. — **M.** de Cursay au maréchal de Belle-Isle. — J'ai reçu hier à quatre heures du soir la lettre que vous m'avez fait l'honneur de m'écrire du 4 de ce mois. Je dépêchai tout de suite un tambour à M. De Cumiana pour lui faire part de vos ordres et de la copie de la lettre de M. le baron de Leutrum. Je lui demandais en même temps un rendez-vous à Barbaggio qui est à peu près la moitié du chemin. Je le crois nécessaire pour prévenir bien des difficultés, surtout par rapport à Saint Florent, dont les limites, quoique marquées par la constitution de l'isle, ne laissent pas de faire des difficultés. Nous étions convenus d'avance avec M. De Cumiana qu'il n'y aurait aucune hostilité entre les troupes réglées, et que s'il se passait quelque chose qui pût donner matière à explication, nous tâcherions d'y mettre ordre réciproquement, avant que cela passât à nos supérieurs. Vous jugerez par la copie de sa réponse que je joins ici, qu'il n'a point encore reçu d'ordre de sa cour; ainsi je ne puis faire publier l'armistice le dix, au plus tard, comme vous me l'ordonnez. J'attendrai avec impatience ses dernières résolutions et j'aurai l'honneur de vous en rendre compte.

Les Corses ne se soumettront point aux ordres que leur donnera M. De Cumiana. Quant à moi, rien n'est plus avantageux que ce que vous avez fait. Les peuples dont la plus grande partie vient de reconnaître la protection de la France, n'avaient besoin que d'être désabusés de ce fantôme de la protection du Roy de Sardaigne, dont on les leurrait. Je voudrais qu'il fût aussi aisé de les porter à l'obéissance de la République qu'il l'est de les convaincre de leurs devoirs envers la France. Ce n'est pas le travail d'un moment et le seul nom du Roy peut les y réduire. Il faudra préalablement un désarmement que personne de nous ne peut exécuter. Vous jugerez vous-même des moyens que vous croirez les plus utiles. La bonne foi en est la première base, et si la République avait toujours tenu ses concessions, l'isle ne serait pas révoltée ; il s'agit du remède et vous seul pouvez y parvenir. J'ai l'honneur etc.

(M. G. Vol. Corse 3.306).

12 Septembre 1748

Convention préalable sur laquelle on doit publier l'armistice entre les troupes et alliés de Sa Majesté Très Chrétienne et celles du Roy de Sardaigne et ses alliés, en conséquence des conventions prises entre MM. le maréchal de Belle-Isle et le général baron de Leutrum.

L'armistice sera publié le 15 de septembre à Bastia et San Fiorenzo, et dans les autres endroits de l'isle, le plus tôt que faire se pourra.

Il sera enjoint à tous les Corses généralement, de quelque parti qu'ils soient, de ne plus causer aucun trouble sous quelque prétexte que ce puisse être, même sous celui d'inimitié, se promettant de part et d'autre de se remettre également les coupables qui pourraient enfreindre à tous les articles convenus ; et en cas qu'il se présentât quelque difficulté en fait d'asile, on se promet de bonne foi de part et d'autre de s'aider réciproquement pour l'arrêt des coupables.

Les limites entre Bastia et San Fiorenzo d'une part iront pour les troupes de Sa Majesté Très Chrétienne et ses alliés, de Bastia au Tighime, et celles du Roy de Sardaigne et ses alliés de San Fiorenzo au Tighime ; mais comme les autres limites n'ont pu être convenues par les difficultés dont MM. les commandants respectifs rendront compte, l'armistice sera toujours publié, les choses restant de la part des troupes réglées *in statu quo*, sans que les habitants de l'isle, de quelque parti qu'ils soient, puissent s'en prévaloir pour troubler la tranquillité dans quelque partie que ce soit, les commandants respectifs se donnant leur parole d'honneur de n'envoyer aucun détachement au dehors.

Fait et arrêté entre nous à Patrimonio le 12 septembre 1748.

Signé : De Cursay et De Cumiana

(M. G. Vol. Corse 3.306).

12 Septembre 1748

Journal de ce qui s'est passé à la conférence du 12 septembre 1748, entre M. de Cursay, commandant des troupes françaises en Corse, et M. le chevalier De Cumiane.

Il fut proposé par M. de Cursay à M. le chevalier De Cumiane de publier l'armistice tel qu'il a été arrêté entre M. le maréchal duc de Belle-Isle et M. le baron de Leutrum le 4 septembre de la même année ;

De nommer des commissaires respectifs pour convenir des limites, tel qu'il est expressément dit à l'article, où l'on explique qu'il y en aura de marquées entre San Fiorenzo et Bastia, ce qui en emporte nécessairement dans toutes les autres parties, le présent article pouvant être éludé si les troupes autrichiennes et piedmontoises ou milices corses pouvaient s'étendre par la droite dans toute la montagne, et derrière eux par la Balagne jusqu'à l'extrémité de l'isle.

M. le chevalier De Cumiane répondit qu'il était prêt de faire publier l'armistice dès que les limites auraient été décidées.

Le territoire de Saint Florent devait être naturellement le point décisif ; cependant M. le chevalier De Cumiane ayant fait toutes sortes de difficultés, M. de Cursay, pour le bien de la paix, voulut bien se prêter encore à étendre les limites jusques au Tighime qui est le pendant de Barbaggio.

Il fut proposé de pourvoir aux autres parties. M. le chevalier De Cumiane prétendit qu'elles devaient être indéfinies, qu'il lui était libre de répandre ses milices dans toute la Balagne, et par conséquent les prétendus chefs des Corses s'en serviraient pour lever des contributions arbitraires. M. de Cursay persuadé de tout le désir que la République a de la paix, mais ne pouvant pas consentir à des articles qui lui seraient désavantageux, imagina tous les moyens qui pouvaient porter à une pacification, et les proposa. Après avoir été cinq heures à essuyer des difficultés sur tous les articles, il proposa en attendant la décision de ses chefs supérieurs les conventions telles qu'on les insère ici, dans lesquelles il n'est point parlé de la République, parce que M. De Cumiane voulut toujours insérer l'Impératrice Reine, les Anglais et peuples, et pour éviter de ne point finir, on s'est servi du *mezzo termine* d'alliés. Les conventions furent enfin signées de part et d'autre, et comme il était nécessaire qu'elles fussent publiées en français et en italien, M. De Cumiane pria M. de Cursay de trouver bon qu'il lui envoyât le lendemain la traduction qu'il ferait faire conforme à l'original français signé double entre eux. Le lendemain le tambour arriva, apporta la copie de M. De Cumiane dans laquelle les termes principaux faisant le point important de la convention étaient changés; M. de Cursay la lui renvoya, voulant s'en tenir à ceux authentiquement signés de part et d'autre.

Les limites ont été envoyées à M. De Cumiane telles qu'elles seront insérées dans le papier ci-joint.

Il était d'une importance extrême d'y pourvoir, parce que si M. De Cumiane parvenait à les avoir indéfinies du côté du Nebbio et de la Balagne, les paysans adhérents au parti contraire à la République se répandraient inopinément dans toute l'isle, exigeant des contributions ou cherchant à détruire le parti favorable, exposant que toutes les parties sont sujettes à leur obéissance. L'article des conventions de M. le maréchal de Belle-Isle et de M. de Leutrum paraît formel : lorsque l'on est le maître d'une ville par droit de conquête ou autrement, le *statu quo* vous restreint toujours dans ces limites à la suspension d'armes. Si la conséquence de M. De Cumiane avait lieu, la seule ville de Bastia serait libre ; il pourrait sur son principe s'étendre jusqu'à la porte des autres villes.

N'ayant pu éviter toutes les difficultés que M. De Cumiane a fait naître, on a du moins remédié à ce qui pouvait être désavantageux à la République, en disant que l'armistice serait publié entre les troupes réglées, que des difficultés étant survenues entre les commandants touchant les limites, il en serait décidé par les supérieurs, mais que les habitants ne pourraient s'en prévaloir pour troubler la tranquillité dans aucune de ses parties ; si l'on n'a pu décider sur un point, l'on a du moins obtenu l'essentiel.

M. le chevalier De Cumiane a renvoyé le même tambour le 14 en convenant par sa lettre qu'il y avait eu une erreur dans la traduction ; tout ayant été rétabli conforme à l'original, l'armistice sera publié le 15 septembre.

Limites proposées à M. le chevalier De Cumiane que les troupes autrichiennes, piedmontoises et les milices corses doivent occuper conformément à l'article des conventions arrêtées entre M. le maréchal de Belle-Isle et M. le baron de Leutrum où il est dit qu'il sera nommé des commissaires pour régler les limites dans les environs de San Fiorenzo.

Les circonférences des limites devant s'étendre d'une mer à l'autre, en commençant de la partie qui va au Cap Corse jusqu'à celle qui entre en Balagne :

Il a été proposé des points principaux passés lesquels les troupes respectives ne pourront entrer ni sortir sans être munies des passeports des commandants respectifs ; tous les points différents ont été pris dans l'espace de trois, quatre et cinq milles de San Fiorenzo relativement à la connaissance du pays.

La partie entre San Fiorenzo et Bastia aura pour limite la Scala di Farinoletto, le village de Patrimonio, la croix de Tighime et le couvent d'Oletta.

La partie droite de San Fiorenzo qui peut conduire aux montagnes, sera bornée par San Nicolò, piano de Sorcone, et à l'égard de ce qui est derrière San Fiorenzo et qui conduit en Balagne, elles auront pour borne Casta et Ceppo, sans que les troupes piémontaises, autrichiennes et milices corses puissent passer au-delà de ce cordon.

A l'égard de la mer, les dites troupes ne pourront occuper aucun poste par delà les limites marquées sous prétexte d'embarquement, d'élargissement, et quelque autre que ce soit, excepté la tour de la Mortella, qui pourrait être retirée par terre ou par mer à la volonté du commandant, selon la force de la garnison qui y est actuellement (?)

Publication de l'armistice par les chefs du peuple.

Ignazio Venturini, presidente ; Alerio Francesco Matra, Gian Tomaso Giuliani, Generali e Protettori del Regno.

Essendosi col favore del Signor conchiuso in questa Isola tra il Signor Cavaliere di Cumiana e Brigadiere di S. M. il Re di Sardegna per una parte, e il Signor Marchese di Cursay, colonnello di S. M. Cristianissima per l'altra, e loro rispettivi alleati, ad effetto che da tutti possano godersi i frutti del medesimo armistizio, e prestarci la inviolabile osservanza che lo stesso debba quanto prima pubblicarsi in ogni parocchia al nostro governo soggetta dopo un suono di campana per radunare il popolo al solito stile, e precisamente ingiongiamo sotto le medeme pene ai rispettivi Padri del Comune e Podestà delle mentovate parocchie di sollecitare simili pubblicazioni coll'attestato di proprio loro pugno, e far fare di mano di pubblico notaro al loro nome e poi subito spedirla qui.

Confidati dopo Dio nella protezione delle potenze alleate, alle quali ci siamo appoggiati prima d'ora, come da documenti registrati nell'archivio di Torino.

Il Congresso di Aquisgrana deciderà fra brieve la nostra sorte.

Il Sig. generale Gaffori, che si aspetta qui a momenti, con sue lettere ci fa sperare de' vantaggi. Attendiamoli, ma con costanza.

Cancelliere : Don Luigi Spinola,

(M. G. Vol. Corse 3.306).

San Fiorenzo, 13 settembre. — Lettre de Matra et Giuliani au Sr Peretti, commandant sous eux dans la piève de Zicavo.

Illustrissimo Signore e Padrone Colendissimo,

Il Signor generale Gaffori con sua lettera del sette andante dice che fra quattro giorni dovea partir da Torino per poi prestamente portarsi qui; quindi lo attendiamo a momenti; egli ci ha dato sempre ottime speranze, e dice che la nostra causa deve esser decisa dal Congreso dei plenipotenziarj già da molto tempo avanti radunati nella città di Aquisgrana, dove da molte parti li nostri di Terra ferma hanno avanzate le ragioni della Corsica, particolarmente gli ufficiali del Reggimento Real Corso, che hanno fatto un lungo scritto in francese. Il Re di Sardegna ci fà dire da questo Signor Brigadiere, che proteggerà al possibile il nostro affare nel suddetto Congresso, d'onde abbiamo molto a sperare, se ci sapremo tenire uniti, e ci rideremo dei spavoracchi della parte contraria.

Il signor generale Belle-Isle che è in Nizza e il signor generale Leutron, che è in San Remo, hanno fra loro convenuto un armistizio per qui, in seguito di che jeri si portarono in Patrimonio il signor Brigadiere ed il signor Comandante francese, dove sono convenuti, come vedrà nel foglio qui compiegato. Non si sono accordati sopra la dichiarazione dei limiti, donde scrivono tutti in terra ferma per aver da colà regola. Fra tanto si manda a pubblicare il qui acchiuso armistizio da per tutto il di quà de' monti. Se V. E. vede che si possa far pubblicare in codesta parte, e che sia accettato, potrà farlo girare, se non da per tutto, almeno nei luoghi principali, e far fare ai piedi di esso l'attestati della pubblicazione dai Padri del Comune e Podestà, e poi prestamente mandare qui per un uomo a posta, al quale sarà puntualmente pagato il suo viaggio. Il signor Brigadiere cordialmente la reverisce, e dice che se l'armistizio è ricevuto volontieri, bene anderà, ma che non s'usi alcuna minima forza nè disturbo per chi non lo riceve di buona volontà.

È da avvertire che se si prende l'armistizio, e che qualcheduno lo rompa, bisogna castigo. Noi che siamo lontani non possiamo castigare alcuno costì, d'onde loro Signori, se vogliono prenderlo, bisogna che pensino se hanno forza di farlo rispettare, perchè noi non vogliamo prenderci un tale impegno. Se poi stima meglio di non farlo pubblicare, potrà servirsi secondo la sua prudenza.

Se mai li Genovesi o Francesi mandassero essi a pubblicare il medesimo armistizio, potrebbono codesti paesi ricusare che si pubblicasse, come quelli che non hanno fatto guerra ; se poi lo lasciano pubblicare, nell' attestato della pubblicazione potrebbono i Padri del Comune e Podestà aggiungere queste parole, cioè : « che si protestano di voler stare per l'avvenire a quello stesso destino, al quale starà il di là da' monti, cioè noi ». Facendo in questa maniera, li nostri nemici non potranno prevalersi delle sottoscrizioni contro di noi. Non occorrerà che vi mandi nella giuridizione di Vico, della Cinarca, nè del fiuminale di Celao, perchè vi mandiamo noi un altro espresso. Vostra Eccellenza vede che noi confidiamo in lei. Se l'armistizio non li serve, celo mandi chiuso in una lettera, perchè il signor Brigadiere lo vuole o in un verso o nell'altro, e se mai le cose di costì andassero male per noi, che Dio non voglia, ci rimandi anche questa stessa lettera ; e qui cordialmente ecc.,

M. G. Vol. Corse 3.306)

Versailles, le 14 septembre 1748. — M. de Puysieulx au maréchal de Belle-Isle. — ... Nous verrons lorsque la paix générale sera parfaitement rétablie, quelles mesures il nous conviendra de prendre par rapport à la Corse. M. le duc de Richelieu, me paraît avoir formé sur ce pays-là un système qui mérite la plus grande attention, mais qui dans le moment présent serait peut-être susceptible d'inconvénients encore plus considérables que les avantages que nous pourrions en espérer ; mais quoi qu'il en soit, il faudra nécessairement que les troupes du Roy, ainsi que les autrichiennes et les piémontaises sortent de l'île dans le temps qui sera stipulé par le traité définitif, pour les évacuations respectives des pays qui doivent être cédés ou restitués ; ce sera aux Génois à se conduire alors vis-à-vis de ces insulaires avec plus de sagesse et de modération que par le passé, et la République ne pourra s'en prendre qu'à elle-même si de nouvelles rigueurs exercées par ses ordres contre les Corses rallument plus vivement que jamais dans leur isle le feu de la sédition ou de la discorde ; mais si la République, après avoir épuisé les voies de la douceur et les moyens de conciliation, avait besoin dans la suite que le Roy lui accordât protection et secours pour réduire l'opiniâtreté des rebelles, Sa Majesté verrait alors quel parti il lui conviendrait de prendre ; ce qui ne serait dans une pareille circonstance qu'un acte de générosité et de justice, pourrait être attribué aujourd'hui à des motifs d'intérêt et d'ambition personnelle, et il ne faut pas que l'Europe puisse soupçonner que tandis que le Roy rend à ses ennemis toutes les conquêtes qu'il a faites sur eux, il ait intention de donner la moindre atteinte aux droits de ses alliés. D'ailleurs, Monsieur, je ne conçois pas à quel titre ou sous quel prétexte nous pourrions laisser des troupes en Corse, après la signature du traité définitif, et exiger en même temps que les Cours de Vienne et de Turin en retirassent les bataillons qu'elles y ont fait passer, il est même hors de doute qu'à supposer que ces deux Cours nous laissassent toute liberté à cet égard, les Génois verraient avec une répugnance extrême la prolongation de notre séjour dans cette isle, dont-ils nous ont déjà soupçonné de vouloir nous rendre les maîtres. Je suis etc.

(M. G. Vol. Corse 3.306)

Versailles, le 14 septembre. — Lettre de M. de Puysieulx au duc de Richelieu écrite dans le même sens.

(M. G. Vol. Corse 3.306).

Bastia, le 15 septembre 1748. — M. de Cursay à M. de Fumeron. — Monseigneur, Conformément aux conventions arrêtées le 4 septembre entre M. le maréchal de Belle-Isle et M. le baron de Leutrum dont la copie vous a été envoyées, l'armistice a été publié aujourd'hui. J'ai eu une entrevue avec M. de Cumiana conformément au désir de M. le maréchal de Belle-Isle pour tâcher de régler quelques choses sur les limites. Quoique la convention ne laissât pas matière à explication, cependant M. le chevalier de Cumiana n'a pas voulu convenir prétextant qu'elles devaient être indéfinies dans toutes les autres parties, excepté dans l'entredeux de Bastia à St-Florent. Je n'ai pu admettre une proposition aussi extraordinaire qui éluderait le principe, parce que si les Piémontais pouvaient s'étendre par leurs derrières et par leur droite, les limites de Bastia tomberaient d'elles mêmes. J'en ai rendu compte à M. le duc de Richelieu en lui en envoyant le plan ; je lui ai expliqué les limites que j'avais proposées, et les conventions préalables que nous avons signées, en vertu desquelles les troupes réglées resteront *in statu quo* dans les villes où elles sont. Il sera fait défense aux habitants indistinctement de troubler la tranquillité en aucune partie de l'isle, et les coupables seront remis de part et d'autre. — J'ai l'honneur etc.

(M. G. Vol. Corse, 3.306).

ICapi Corsi ai loro Compatriotti.

San Fiorenzo, il 1° ottobre. — Ignazio Venturini, presidente; Gio. Pietro Gaffori, Alerio Francesco Matra, Gio. Tommaso Giuliani, Protettori del Regno e Generali.

La vostra costanza, amatissimi compatriotti, la fedeltà e l'amore che avete finora dimostrato con tanto coraggio e valore per la comune afflittissima padria, ha meritato certamente la stima di tutta l'Europa, e la compassione di ogniuno che conservava in petto sentimenti di pietà e di religione. Ecco il tempo ormai desiderato per dar rispetto alle onorate vostre fatiche, perchè restino in voi sempre costanti le determinazioni di quelle eroiche virtù, che per lo spazio di tanti anni vi han fatto dispreggiare come leggieri li più funesti pericoli, e sopportare con tanta moderazione i più gravi travagli.

Noi, a' quali più d'ogni altro conviene non prender riposo fino a che non sii condotta in porto di sicurezza la combattuta nave di nostra padria, abbiamo risoluto di congregare una generale assemblea per il giorno de' 20 di questo mese al Convento della Venzolasca di Casinca, per comunicare a voi tutte le più importanti premure che concernono la comune salvezza, e per ricevere da voi consentimento e consiglio in quanto da noi verrà proposto e troverete convenevole ai vantaggi della padria.

Noi vediamo pur troppo che i nemici tentano la vostra costanza per mezzo della speranza e del timore, cercando di suscitare fra voi la disunione e la discordia, per poterne poi trionfare a lor talento. Ma viva Dio che non permetterà che giongano al fine di un disegno cotanto reo ed abominevole, e Noi siamo ben persuasi che non siate cotanto semplici a lasciarvi condurre da voi medesimi al precipizio, quande siete più vicini che mai ad uscirne e respirare ; tanto più quando avremo il piacere di rendervi informati di quanto sia intesa da tutti li grandi Sovrani per ingiusta la nostra oppressione, e quali siano le premure che essi si degnano di fare per il nostro sollievo.

È pur degna di rossore e di compassione la cecità di alcuni pochi, che portati non già dall'amore che essi abbino per li nostri nemici, ma condotti pazzamente dallo spirito di vendetta e di emulazione, o da un vergognoso vile interesse, tentano ingratamente cingere a' piedi della lor padria l'obbrobriosa catena che a loro medesimi ed a posteri loro dovrebbe sembrare cotanto ingiuriosa e pesante. Ma quando essi per loro fatal disgrazia volessero restare in una si cieca risoluzione, noi ci troviamo obbligati di far loro sapere che nè pietà nè convenienza ci sarà più di trattenimento come per il passato, per far loro provare una rigorosa giustizia che si avvicini alla crudeltà, così richiedendo il loro delitto e la circostanza presente, essendo sicuri che saranno per trovarsi fra breve dopo esterminati nelle sostanze, disingannati e confusi.

In quanto all'armistizio concluso, ancor noi comprendiamo come voi medesimi ci dimostrate nelle vostre doglianze, non esser molto per voi nè convenevole nè sicuro, perchè senza limiti, accordato solamente per far comprendere al mondo tutto quanto siamo facili ad osservare quanto ci viene imposto, sebbene con qualche nostro pericolo. Noi siccome ne abbiamo avanzate le nostre dimostranze alle Corti, acciò venghi meglio stabilito, perciò incarichiamo ancora a contenervi nei termini e limiti di moderazione e di quiete, non facendovi mai aggressori, invigilando ed uccidendo ancora impunemente i seduttori che venissero alle vostre terre per spargere scritti sediziosi o volessero far maneggi contro la comune unione.

Restano per tanto incaricati i Padri e Podestà del Comune ad intervenire sotto pena di lire 50 e di un distaccamento di grosso numero di fucilieri per castigarli; ed in oltre invitati gli ufficiali di guerra, comandanti delle pievi e de' luoghi, consultori e tutti gli altri buoni patriotti di buon senno, per il giorno e luogo sopra segnato, dovendo ognuno venire proviggionato per tre giorni almeno, a motivo di togliere la gravezza e l'incomodo a' luoghi della radunanza.

Preghiamo finalmente gli Ecclesiastici, tanto secolari che regolari, in quei giorni della radunanza a fare l'esposizione del venerabile sacramento e pregare Iddio, acciò si degni inspirare a Noi e a popoli tutti di scegliere e risolvere il meglio per la di lui gloria e sollievo della combattuta nostra padria.

Ai Podestà e Padri del Comune de' luoghi, si ordina sotto gravissime pene, senza scusa di negligenza, che avrassi per espressa malizia, gionte che le saranno le copie della presente nelle mani, di congregare il popolo col suon della campana e pubblicare al medesimo il presente editto; altrimenti ecc. — Dato in San Fiorenzo il 1º ottobre 1748.

D. Luiggi Spinola, Cancelliere.

(M. G. Vol. Corse 3.306).

2 octobre 1748. — M. de Cursay au duc de Richelieu. — J'avais prévu que l'article des limites pouvait être très important. Matra fait publier continuellement des ordres pour qu'on lui remette entre les mains les dîmes et les revenus des différents particuliers au service de la République. Outre que rien n'est si contraire à la convention de M. le maréchal, puisqu'il y est dit formellement qu'il sera enjoint à tous les habitants de ne plus troubler la tranquillité, cela nous est personnellement nuisible, puisqu'il se sert de ces différents revenus pour entretenir des compagnies franches qui occasionnent tout ce désordre. J'ai pris toutes les précautions imaginables ; j'en ai écrit à M. De Cumiane, et vous verrez par la réponse que je joins ici que bien loin de s'y opposer, il trouve des raisons pour l'approuver.

J'évite toutes les occasions de rupture et je renvoie à M. De Cumiane, avant de vous en rompre la tête, toutes les choses auxquelles il devrait lui-même apporter ordre; mais soit qu'il ait des instructions secrètes, soit qu'il n'en ait pas la force, il trouve toujours les moyens d'éluder les représentations que je lui fais.

(M. G. Vol. Corse 3.306)

Gênes, le 3 octobre 1748. — Le duc de Richelieu à M. de Puysieulx. — J'ai reçu, Monsieur, les deux lettres dont vous m'avez honoré du 14 et 17 septembre. Toutes les réflexions que vous me faites l'honneur de me demander par rapport à la Corse partent du principe qu'il ne convient point au Roy d'être maître de cette isle, mais qu'il lui convient bien moins encore qu'un autre prince puisse s'en emparer, parce que parmi les grandes puissances, celui qui en sera souverain sera maître du commerce de la Méditerranée. Si ce principe est vrai, il est certain qu'il nous est très important que les Génois en demeurent possesseurs, et s'il est d'un aussi grand intérêt pour nous qu'effectivement ils en restent les maîtres, nous n'en devons pas négliger les moyens, et ces moyens qui ne peuvent par conséquent être violents, doivent être ménagés de loin, puisque nous n'avons à combattre que leurs préventions et les défauts de leur gouvernement qui sont l'objet d'une négociation importante et remplie d'épines et de difficultés, mais dont je suis bien éloigné de croire qu'il soit impossible de venir à bout. Nous avons d'ailleurs des droits réels pour nous mêler des affaires de Corse, parce que nous avons été garants de quelque convention entre la République et les peuples, cela suffirait, à ce qu'il me semble, vis à vis d'eux et vis à vis de l'Europe, pour justifier les moyens que nous voudrions prendre, d'établir une paix solide dans cette isle, et comme le principe serait fondé sur l'équité et sur l'intérêt des Génois même, dans le fond, il ne devrait pas être difficile de persuader de la droiture de nos intentions, malgré les inquiétudes que cela pourrait donner aux autres puissances, et la jalousie que j'avoue que la République nous fera essayer continuellement. Mais ces embarras me paraissent si peu comparables à ceux que nous causerait par la suite la crainte d'en voir les Anglais ou les Espagnols en possession, que mon avis a toujours été comme vous l'avez vu, de ne pas quitter la Corse sans y établir une sorte d'arrangement entre la République et les peuples de cette isle qui cherchent avec empressement à se mettre sous la protection du Roy, hors deux ou trois chefs qui ne s'en défendent que par intérêt personnel et avec l'appui des Piémontais; mais dès que les troupes autrichiennes et piémontaises seront retirées, je crois qu'ils seront forcés comme les autres de recourir à la protection du Roy, au lieu que si dans ces circonstances, nos troupes se retiraient et que nous en partions sans prendre aucunes mesures vis à vis des peuples et vis à vis de la République, la confusion sera plus grande qu'elle ne l'a jamais été, puisqu'il est de toute impossibilité que les Génois puissent en imposer par la moindre apparence de force, et que leur nom est plus odieux que jamais dans toute l'isle. Il s'ensuivra donc nécessairement qu'il faudra qu'ils la perdent en faveur de quelqu'un qu'il est difficile de prévoir encore précisément, et les peuples qui sont disposés dans le moment présent à avoir recours à nous, regarderont comme une trahison l'abandon que nous en ferons, puisque les troupes que j'ai envoyées et qui étaient en trop petit nombre pour pouvoir en imposer absolument par la force, y sont arrivées avec les assurances de la protection du Roy, et de soutenir les garanties qu'il a faites, et de leur faire rendre justice sur les griefs dont ils auront à se plaindre et sur lesquels le Roy trouverait qu'ils auront raison. Ainsi ils nous accuseront de légèreté dans nos principes et de les avoir abusés, et le parti qui aime le trouble ou qui veut avoir d'autre protection que la nôtre, fera valoir avec raison d'aussi justes motifs, et les peuples passeront de l'affection la plus grande peut-être à l'éloignement le plus grand. Je crois donc, Monsieur, que ceux que nous avons en Corse doivent continuer à assurer les peuples de la protection du Roy et de la détermination où il est d'être pour ainsi dire le médiateur entre la République et eux et travailler effectivement aux moyens d'y établir une règle telle qu'elle puisse être, afin d'y pouvoir rester toujours en possession privativement de cette médiation.

Il y a ici le sieur Antonietti, un des plus fameux chefs des rebelles avec lequel j'ai déjà eu plusieurs conversations de concert avec la République. Il paraît que les rebelles ne demandent que l'exécution de ce qui leur a été promis, et j'ai déjà prié les députés du gouvernement de me répondre positivement s'il voulait manquer aux engagements qu'il avait pris ou négocier sur quelques-uns des articles. J'attends cette réponse, et ce serait de là, je crois, qu'il faudrait partir pour continuer une négociation et faire ce qui serait possible pour la faire parvenir à une heureuse fin, et ne pas se rebuter de toutes les mauvaises difficultés et mauvais procédés même qu'y apporterait la République. Je crois qu'on pourrait en venir à bout, mais il est certain que la protection que les peuples verraient que le Roy leur accorderait toujours, les empêcherait de recourir à d'autres, et que nous nous maintiendrions toujours par là en état de prendre le parti que les circonstances plus ou moins pressantes pourraient exiger. Je conviens, Monsieur, que si vous regardez nos troupes en Corse de la même façon que les Autrichiens et les Piedmontois, et qu'elles soient obligées d'en sortir en même temps, notre négociation, dénuée de l'appui de la force en aura beaucoup moins de crédit, mais je ne crois pas que cela doive encore nous rebuter cependant, ni nous faire changer de principe. Il restera à savoir si dans les expressions de l'évacuation de la Corse, il ne serait pas possible de faire retarder le départ de nos troupes assez de jours pour mettre en meilleur train notre négociation. C'est sur quoi vous aurez la bonté de m'instruire, ou celui qui sera chargé de la suivre, si vous l'approuvez.

Voilà, Monsieur, en général, toutes mes idées sur la Corse, et j'aurais à peu près les mêmes réflexions à faire en plus grand sur la République de Gênes. Si elle vous faisait adopter les mêmes principes, vous verriez peut-être dans l'examen du détail que les moyens n'en sont pas aussi effrayants ni aussi coûteux qu'il me semble que vous paraissez le croire, et je ne puis m'empêcher de me récrier sur tous les sacrifices que le Roy a faits pour le maintien de cette République, qui sont trop considérables pour la négliger, après la découverte, pour ainsi dire, de toute l'utilité dont elle pourrait nous être, et des importants secours que nous en pourrions tirer dans les guerres d'Italie, qu'il est assez vraisemblable de croire qui ne seront pas fort éloignées.

(M. G. Vol. Corse 3.306).

Premiers jours d'octobre

L'Eccellentissimo Supremo Magistrato del Regno

A voi capitan Basilio Renucci di Pero di Tavagna.
Se vi ordina e commanda che dobbiate consegnare il Forte di San Pelegrino nelle mani della truppa francese dalla quale vi sarà consegnato il presente ordine, ed in appresso vi portarete subito da noi per farci l'intiera relazione di quanto da noi è stato ordinato; che cosi ecc.

Ignazio VENTURINI — GAFFORIO — Alessandro VINCIGUERRA — Angelo FILIPPI — Enrico CASABIANCA — Simon Pietro FREDIANI.

6 Octobre 1748.

Lettre de S. M. le Roy de Sardaigne à M. le baron de Leutrum.

De la Vénerie, le 6 octobre 1748.

Le Roy de Sardaigne, de Chipre et de Jérusalem,

Baron de Leutrum, Nous avons vu les représentations que M. le maréchal de Belle-Isle fait dans sa lettre du 1ᵉʳ de ce mois, que vous nous avez communiquées par la vôtre du 2 touchant les limites qui restent à régler en Corse, en conséquence de ce qui a été convenu pour la publication de l'armistice dans cette isle, et qui ont aussi fait le sujet de notre dépêche de la même date du 1ᵉʳ que nous vous avons expédiée par courrier.

Dans tout ce que nous avons fait et proposé pour regard de la Corse, depuis la signature des préliminaires de paix, nous n'avons eu d'autre intention que de procurer le rétablissement de la tranquillité dans ladite Isle en y laissant, comme partout ailleurs, les choses *in statu quo*. Après la protection promise aux Corses, la justice, les exemples cités et la décence des armes alliées ne nous permettent pas d'agir autrement.

Ledit maréchal s'étant trouvé dans les mêmes dispositions équitables de concourir, ainsi qu'il a fait, à un ouvrage si salutaire, nous espérions que l'extension des articles convenus avec lui et vous le 4 septembre, n'aurait rencontré aucune difficulté en Corse, puisqu'il ne s'agissait que de la publication de l'armistice, de l'établissement des limites pour les troupes entre San Fiorenzo et Bastia, et enfin de prendre des mesures pour assurer la tranquillité et l'observation du *statu quo* porté par les dits préliminaires.

Cependant nous avons vu qu'après que les deux commandants ont été d'accord sur les deux premiers points, le marquis de Cursay n'a pas donné la main au tempérament que le chevalier de Cumiana lui a proposé comme l'unique moyen qui pouvait procurer l'autre, ainsi que vous l'avez observé dans la relation que nous vous avons envoyée par notre dernière dépêche en date du 1ᵉʳ de ce mois qui en démontre l'équité, les convenances et même la nécessité.

On ne conteste pas aux Génois la souveraineté de

l'Isle, mais ils ne peuvent pas non plus disconvenir qu'au temps de la signature des préliminaires et encore aujourd'hui ils ne l'exercent que dans les districts bien restreints autour de Bastia, Calvi et Algajola, quoiqu'ils tiennent ces places avec quelques tours et que les Corses de leur parti contraire, quand même ils n'ayent d'autre forteresse que San Fiorenzo, occupent tout le reste de l'Isle, si l'on en excepte quelques terres qui gardent la neutralité et la partie d'au-delà des monts qui tiennent à peu près le système de ces derniers.

On sait aussi qu'à la paix, ils doivent rentrer dans la possession de l'isle entière, mais il faut qu'ils attendent ce temps-là et suivent le même ton des autres puissances en guerre, auxquels on occupe des Etats, puisque les restitutions doivent marcher par égal, et toutes choses rester en attendant dans l'état où elles se trouvent.

La susdite convention porte, comme vous savez, que les troupes respectives ne pourront pas outrepasser les limites qui seraient réglées entre Bastia et San Fiorenzo, que les compagnies franches ou milices adhérentes aux alliés s'y tiendront aussi en dedans ou se sépareront, et que celles du parti de la République resteront dans les mêmes postes qu'ils occupent actuellement avec les troupes réglées pour observer exactement le *statu quo*, et enfin que les autres habitants de l'un et de l'autre parti demeureront en repos chacun chez soi et ne troubleront point la tranquillité publique.

Après cette disposition qui assure si expressément le *statu quo*, notre intention n'est certainement pas que les troupes autrichiennes et piedmontoises, ni les milices à solde, ni les Corses du parti qu'ils protègent sortent de l'étendue du terrain que ces derniers ont occupé jusqu'à présent, mais il nous paraît aussi juste que les troupes, milices et habitants du parti génois ne sortent pas de leur district, qu'ils cessent de séduire, comme ils font, et par menaces et par promesses leurs adversaires, pour se les attirer, et ne viennent plus commettre des désordres chez eux, ainsi qu'il est encore arrivé dans la piève d'Ampugnani, la veille de la publication de l'armistice, sans quoi le feu de la guerre ne ferait que se rallumer de plus en plus parmi des peuples ainsi en émotion, comme nous voyons que M. le maréchal le sent fort bien aussi lui-même.

Les moyens proposés par M. le chevalier de Cumiana au marquis de Cursay nous paraissent assez propres pour éviter ces inconvénients. Cependant comme nous observons que M. le maréchal ne les trouve pas tels, quoique nous le voyions avec satisfaction entrer dans la justice de nos sentiments, et toujours dans de parfaites dispositions de concourir avec nous au rétablissement de la tranquillité dans l'isle, nous voulons que vous lui communiquiez par le canal du comte de Viansin, les refléxions que nous faisons par le présent, et qu'au cas qu'il les trouve susceptibles de quelque exception, vous lui fassiez faire instance de vous suggérer les autres expédients qui lui paraîtront plus convenables pour un tel objet, en l'assurant que nous nous porterons à tout ce que la décence de nos armes nous permettra, au point même que par la confiance que nous avons en sa parole et en la droiture de ses intentions, nous nous disposerons de ne laisser qu'un détachement de 100 ou 50 hommes au château de San Fiorenzo et de faire repasser en terre ferme le reste de nos troupes et de celles de l'Impératrice Reyne, toutes fois qu'il vous promette que le *statu quo* et la sûreté convenus entre vous deux seront exactement gardés, et que les Corses du parti opposé à la République de Gé-

nes, ne seront par conséquent aucunement molestés
ni troublés jusqu'à la paix, dans la partie de l'Isle
qu'ils tiennent actuellement, en lui ajoutant cependant
que dans ce cas il sera bon qu'il prenne encore en
considération, soit les désordres qui viennent de se
commettre dans l'Ampugnani, que les voyes sourdes
que les Génois pratiquent, ainsi que nous vous avons
déjà dit, afin de proposer en même temps les mesures
qu'il avisera pour y remédier.

Pour que vous puissiez au plus tôt l'informer de
nos sentiments et répondre à sa lettre, nous vous faisons expédier la présente par courrier, que vous retien-
drez jusqu'au retour du Comte de Viansin, pour nous
faire parvenir la réponse qu'il vous apportera du dit
maréchal, ne souhaitant rien mieux que de finir cette
affaire. Et sur ce nous prions Dieu qu'il vous ait en sa
sainte garde. — De la Vénerie, le 6 octobre.

(M. G. Vol. Corse An. 1748)

7 octobre 1748. — M. de Cursay à M. de Richelieu. —
J'ai toujours prévu que les chefs des peuples, turbu-
lents comme ils le sont, sous l'autorité d'un homme
faible et qui a peut-être des instructions secrètes de favoriser leurs entreprises, feraient toutes les démarches
qui pourraient conduire à une rupture. Vos ordres et
vos intentions étaient trop formels pour que je fisse
rien qui pût y donner lieu de ma part. Il n'est pas arrivé
un seul événement duquel je n'aie fait part à M. de Cumiana ; l'armistice a été publié le 15 et dès le 21 on a
donné matière à une infraction.

Quoiqu'il soit dit formellement par la convention
de M. le maréchal que tous les peuples indistinctement
de quelque parti qu'ils soient, resteront tranquilles,

cependant Maïra a envoyé des ordres à la piève de Muriani pour y saisir les revenus de l'évêque, et ceux du colonel Grimaldi dans celles de Tavagna et de Nebbio, et généralement tous ceux des personnes attachées à la République. Je fis une défense aux fermiers d'obéir, et l'on exécuta en partie mes ordres. J'en portai mes plaintes à M. de Cumiana, dont la réponse était toujours qu'il parlerait aux chefs et qu'il les engagerait à rester tranquilles, ou se servait de défaites qui n'avaient presque point de rapport avec l'état de l'affaire et que je détruisis aisément par mes réponses. Tout cela n'était pas poussé au point de le regarder comme rupture, me renfermant toujours dans l'esprit des conventions qui renvoient réciproquement aux deux commandants la réparation des torts dont ils auraient lieu de se plaindre.

Enfin les chefs des peuples, depuis l'arrivée de Gafforio, se sont avisés de faire des impositions avec menaces de faire marcher des soldats en cas d'inexécution. J'en joins ici l'original. Vous y verrez par la date qu'elle est du 29 septembre, mais elle n'est arrivée que le 2 octobre dans les différents endroits. Je l'ai reçue le 3 au soir. J'en ai écrit le 4 à M. de Cumiane qui m'a mandé qu'il ne pouvait me faire réponse le même jour. J'en ai eu la réponse le 5. Je joins ici toutes les pièces, vous verrez qu'il n'avoue ni ne désavoue l'entreprise des chefs ; qu'il prétend ne leur commander en rien, que les peuples sont les rois absolus de toute l'isle hors quelques places, et qu'enfin les conventions arrêtées par M. le maréchal ne pouvaient jamais avoir lieu, non plus que les conventions signées par lui, puisqu'il avait des ordres et des instructions toutes différentes. Vous verrez ma réponse à côté, à laquelle il n'y avait nulle réplique ; aussi me mande-t-il qu'il persiste dans les mêmes sentiments, qu'il en écrit à sa Cour et que je puis en écrire à M. le maréchal.

Il ne faut pas regarder cette affaire comme peu considérable. L'imposition actuelle irait à près de 20.000 livres pour la province du Cap-Corse, et donnerait matière, si elle était tolérée, à de plus grands maux puisque tous les biens des évêques et du clergé et des personnes attachées à la République seraient saisis dès le moment que personne ne se soucie de les défendre, qu'il n'y a que moi seul qui puisse y veiller et qu'enfin cette ressource leur sert pour entretenir les milices qui donnent tant de frayeur aux peuples.

Matra a donné un ordre qui enjoint d'arrêter ceux qui viendront de ma part ou de celle de la République et de les conduire à St-Florent.

Gafforio vient d'écrire une lettre circulaire pour ordonner qu'on se tînt sous les armes et annoncer une Consulte pour le 20 au couvent de Casinca.

Il est arrivé une affaire qui aurait pu avoir des suites, si je n'étais aussi lié avec le capitaine anglais, que j'accable de politesses et qui y répond par mille attentions. Je vous envoie sa lettre et la déposition de l'officier ; vous y verrez que le capitaine de vaisseau est très fâché ; mais cette lettre est faite pour vous et pour le public ; il m'en a écrit d'amitié, et m'a envoyé un de ses officiers pour me dire qu'il se contenterait que le commandant de l'Algajola lui fît des excuses et lui dît qu'il était fâché de son erreur et qu'il n'avait pas cru que ce fût pavillon anglais ; il me promet et me donne sa parole d'honneur qu'il n'en rendra point compte à ses supérieurs. Je lui envoie un capitaine du régiment Royal Italien pour lui faire compliment lui assurant toute l'envie que j'ai d'entretenir la bonne harmonie; que la République, par ses ordres circulaires aux commandants de ses places, leur a enjoint d'avoir toutes sortes d'attention pour le pavillon anglais, et que si les commandants y ont manqué, ils ont été directement contre ses instructions, que les miennes émanées de vous sont formelles sur cet article. Comme il n'y avait point de troupes françaises à l'Algajola, je n'y ai point d'autorité et tout ce que je puis faire est d'y mettre ordre par une attention jusqu'à ce que la République ait décidé.

(M. G. Vol. Corse 3.306).

Extrait des lettres de M. de Cursay des 9, 10 et 14 octobre 1748. — M. de Cumiane ne se conduit pas avec les chefs des peuples comme avec gens dont on a profité pour une diversion. Il pousse ses ménagements comme quelqu'un qui a des vues ultérieures. Et comme lui personnellement n'est pas capable de réflexions si fines, il faut qu'il ait des ordres précis de sa Cour. Je ne vois pas non plus à quoi aboutit le séjour des vaisseaux anglais dans cette isle, s'il n'y avait sur cela des raisons particulières d'intérêt. Comme la Corse n'est pas un état indifférent et qu'on peut en tirer un parti considérable, il est de notre intérêt de conserver l'isle aux Génois et par conséquent d'empêcher que les autres peuples ne s'attirent l'ascendant que nous y avons parce qu'ils n'en feraient pas le même usage.

Si l'on veut réduire l'isle par la force, il n'est pas douteux qu'il ne faille de 15 à 20.000 hommes ; si l'on veut y parvenir par accommodement, 4 ou 5 bataillons suffiront lorsque les Piémontais seront partis parce qu'alors les peuples sentiront que l'on ne veut faire usage que d'une négociation raisonnable, au lieu que plus de troupes leur ferait craindre qu'on voulût y joindre la force, et ils connaîtraient peut-être qu'ils sont en état de se défendre.

Il reste à mettre devant les yeux ce qui va arriver à la publication de la paix. On remettra St-Florent aux Génois ; il faut 200 hommes pour le garder en temps de troubles. Si les troupes respectives sortent de l'isle sans avoir opéré et consolidé la tranquillité par un désarmement général, il faut que la République se résolve à envoyer dans l'isle près de 4.000 hommes pour les simples garnisons ; elle a peine à payer actuellement le peu de troupes ou de milices qui y existent.

Le capitaine de Royal Italien que j'avais envoyé au capitaine anglais, m'a dit en secret de sa part qu'il était continuellement tyrannisé par Cumiane pour rompre l'armistice, et que s'il faisait quelque reprise, il était bien sûr d'être avoué par sa nation, mais qu'il s'en était abstenu en considération des politesses que j'avais eues pour lui. Il m'écrit en même temps qu'il demande pour toute satisfaction que le commandant d'Algajola vienne à son bord et lui dise qu'il n'a pas prétendu tirer sur le pavillon anglais et ne l'a pas reconnu ; c'est sur quoi l'on attend la décision de la République.

Gaffiorio a toujours indiqué la Consulte pour le 21 J'espère qu'il y aura peu de monde.

(M. G. Vol. Corse 3.306)

Nice, 14 octobre 1748. — Le maréchal de Belle-Isle à M. le baron de Leutrum. — Monsieur, Un petit voyage que j'ai été obligé d'aller faire à Toulon est cause que je ne me suis point trouvé ici lorsque M. le Comte de Viansin y est arrivé. Il m'a remis la lettre dont V. E. m'a honoré de San Remo du 8 en réponse aux mémoires du 23 du mois passé et du premier de celui-ci. Il m'a fait part des observations qui vous ont été envoyées de Turin au sujet de la difficulté qu'il y a en Corse pour le règlement des limites, sur quoy je dirai très naturellement que si je voulais répondre en détail à toutes les dites observations, je serais indispensablement obligé de renvoyer le tout en communication à Gênes, parce qu'il y est fait mention d'une infinité de lieux dont je n'ai pas la première connaissance et ce serait rentrer dans une discussion et dans des longueurs que V. E. et moi avons également cherché à éviter ; la bonne foi a été la base de notre conduite réciproque pour faire cesser sans retour toutes hostilités entre les troupes du Roy votre maître, celles de l'Impératrice avec celles du Roy et de la République qui sont en Corse et rétablir autant qu'il dépend de nous la tranquillité parmi les peuples, de quelque parti qu'ils puissent être.

Pour cet objet il a été convenu que toutes les troupes belligérantes resteraient *in statu quo* et que s'il subsistait des compagnies franches ou des milices à la solde des Autrichiens et des Piémontois, elles seraient resserrées en dedans des limites qui seraient réglées entre la Bastia et San Fiorenzo, pour être toujours contenues et couvertes par les troupes autrichiennes et piémontaises. Il s'ensuit de là que je n'ai jamais entendu ni pu entendre que les Autrichiens et les Piémontais prétendissent être maîtres d'aucun autre port de la Corse que de San Fiorenzo et du district plus ou moins étendu qui en est à portée, et c'est là l'esprit et le sens de ce qui est prescrit par les préliminaires ; c'en est même la lettre précise, chacune des parties belligérantes est authorisée à demeurer *in statu quo* de ce qu'elles possédaient le jour que la signature desdits préliminaires a été connue et que les parties contractantes y ont accédé ; or est-il que les troupes autrichiennes et piémontaises n'occupaient que San Fiorenzo, donc leurs troupes ne doivent occuper que le même lieu de San Fiorenzo et l'étendue du terrain qui y sera jointe pour servir de limite. Si les Autrichiens et Piémontais avaient été en possession de quelques autres postes ou places importantes nous en aurions fait mention de même qu'on l'a fait de San Fiorenzo, et on serait pareillement convenu d'y régler des limites ; et il est bien entendu et l'on ne le peut pas contester, que toute l'isle de Corse appartient aux Génois, ce n'est que ce qui était effectivement occupé par les troupes alors ennemies qui doit être excepté et réservé en leur possession *in statu quo*, et c'est pour ces lieux qu'il doit être réglé des limites, et non pour tout le reste qui est entre les mains du légitime souverain ou des troupes de ses alliés.

La protection que l'Impératrice et le Roy de Sardaigne continuent d'accorder aux Corses rebelles n'a rien de commun avec la possession actuelle des places ou postes où se trouvent leurs troupes au jour de l'accession aux préliminaires ; le *statu quo* est pour garder ce que l'on possède, mais non pas pour ce que l'on protège, car suivant l'exposé des observations que m'a communiquées M. de Viansin, il y a des Corses rebelles ennemis de la République dans toute l'isle ; il s'ensuivrait donc que l'Impératrice et le Roy de Sardaigne, suivant ces observations, seraient en droit de porter leurs troupes dans toutes parties de ce Royaume, et on le montre assez en y proposant de régler des limites autour de Calvi, Ajaccio etc. Je ne pense pas que V. E. puisse adopter une pareille idée sur laquelle je ne m'étendrai pas davantage. Ses lumières, sa pénétration et sa sagesse lui feront apercevoir toutes les conséquences qui résulteront d'une pareille prétention, car si le *statu quo* devait s'étendre sur ceux que les puissances belligérantes protégeaient pendant la guerre, il s'ensuivrait que les religionnaires des Cévennes et du Dauphiné seraient aussi dans le même cas.

Pour ramener les choses dans leur véritable point de vue, nous conformer aux préliminaires et remplir l'objet que V. E. et moi avons eu, qui a été de faire cesser toutes les hostilités contre les troupes des parties belligérantes et rétablir la tranquillité parmi les habitants de la Corse, je pense qu'il convient de régler les limites entre San Fiorenzo et Bastia pour les troupes réglées, comme il a été convenu, ainsi que je l'ai montré à M. le comte Viansin sur ce plan, dans lequel district les compagnies corses à la solde de l'Impératrice et du Roy de Sardaigne seront restreintes, de même que celles qui sont à la solde de la République resteront dans les places et postes où sont les troupes réglées de ladite République et de ses alliés, et tout le reste des Corses, sans exception, de quelque parti qu'ils soient, doivent poser les armes et rester tranquilles chez eux, et nous devons nous réunir s'il est besoin pour punir le premier Corse qui contreviendra à la défense ; de cette manière tout est rempli, les troupes des puissances qui étaient en guerre sont en armistice, et les peuples libres et tranquilles chez eux. Ils n'ont pas besoin de limites et il doit être libre aux uns et aux autres d'aller et de venir et de commercer ensemble sans passeport, ainsi qu'il se pratique actuellement dans le Comté de Nice, en Savoie et en Dauphiné, les passeports n'ayant été réservés que pour les militaires.

J'ai dit de plus à M. de Viansin que quoique la République soit la maîtresse selon les préliminaires de mettre des troupes où il lui plairait en Corse, que cependant il ne serait fait aucune espèce d'innovation, et que tout resterait *in statu quo* à cet égard, et cela par le seul motif du caractère des habitants de la Corse et pour ôter toute espèce d'occasion ou de prétexte de querelle ou de discussion, et si, comme M. le comte de Viansin me l'a dit, vous vouliez bien faire sortir de Corse les troupes autrichiennes et piémontaises en ne laissant que 100 ou 50 hommes à San Fiorenzo, je suis persuadé que cela ferait un très bon effet, et fera cesser les écrits insolents que répandent dans la Corse Matra et Venturini, dans lesquels ils disent qu'ils agissent de concert avec M. de Cumiane, et je répète encore de nouveau à V. E. que les troupes du Roy et celles de la République resteront comme elles sont, et que l'on châtiera de concert le premier qui troublera le repos public. J'ai l'honneur etc.

(M. G. Vol. Corse 3.306)

Nice, le 18 octobre 1748. — Le maréchal de Belle-Isle à M. de Fumeron. — J'ai eu l'honneur de vous mander, Monsieur, que M. le Comte de Viansin m'avait apporté la réponse de M. de Leutrum sur les observations que je lui avais faites contre les prétentions de M. De Cumiane pour le règlement des limites entre Bastia et San Fiorenzo. M. de Leutrum qui sent parfaitement l'injustice de ces prétentions, en a usé comme il a fait dans toute cette affaire de Corse, qui est de renvoyer tout au Roy son maître. Le Comte de Viansin m'a communiqué les deux lettres que ce prince a écrites à ce sujet à son général avec un mémoire très long d'observations. J'ai fait sur tout cela une réponse à M. de Leutrum, qui coupe court à des détails qui ne finiraient point, en acceptant la proposition de retirer de Corse les deux bataillons autrichiens et piémontais, ne laissant au plus que 100 hommes dans San Fiorenzo; nous verrons ce qui en sera, mais en attendant l'armistice s'exécute ponctuellement entre les troupes réglées, et en faisant part de tout cela à M. de Richelieu et à M. de Cursay, je recommande d'éviter plus que jamais aucun motif de plaintes.

Le commandant génois d'Algajola, petite place de l'isle de Corse, a tiré fort imprudemment du canon sur un vaisseau anglais qu'il a failli couler à fond. Le capitaine anglais qui paraît fort sage, demande une réparation authentique. M. de Richelieu était après le gouvernement génois pour l'engager à y satisfaire, et il en attendait la décision pour vous en rendre compte et à M. de Puysieulx. Il sent comme moi qu'il faut assoupir cette affaire dès son principe, le capitaine anglais promettant de n'en point écrire à ses supérieurs que dans le cas de refus de satisfaction.

Je vous ferai part de la réponse définitive que me fera M. de Leutrum. Je joins ici copie de sa dernière lettre, de celles du Roy de Sardaigne et de ma réponse. J'ai l'honneur etc.

(M. G. Vol. Corse An. 1748).

Nice, le 18 octobre 1748. — M. de Belle-Isle à M. de Richelieu. — J'ai reçu, Monsieur, la lettre dont vous m'avez honoré du 15 où vous avez joint tous les détails que Cursay vous a envoyés de tout ce qui s'est passé en Corse avant, pendant et depuis la publication de l'armistice. Comme j'ai tout aussi à cœur que vous les affaires de cette isle, dont je sens toutes les conséquences, et que je me trouve de plus dans la nécessité de les disputer avec la Cour de Turin, j'ai pris la peine de lire moi-même le tout. J'entends assez l'italien pour cela ; j'ai été au moment de prendre la plume pour écrire là-dessus à M. de Leutrum, mais réflexion faite, je me suis contenu pour attendre la réponse qu'il me fera à la dernière lettre que je lui ai écrite, dont je vous ai envoyé copie, parce que si l'on rappelle les deux bataillons qui sont en Corse, et qu'ils ne laissent que 100 hommes dans la tour de Saint-Florent, comme le comte de Viansin me l'a offert, cela couperait court à toute discussion avec les Piémontais, et les Corses se retrouveront à peu près comme ils seront après la paix. Cela nous ramène à ce que nous avons déjà dit l'un et l'autre, que c'est à notre ministère seul à pourvoir à un mal qui peut avoir les suites les plus fâcheuses. Je suis tout aussi affligé du peu d'attention que nous donnons à l'avenir ; vous ferez ce que vous pourrez pour ménager des pierres d'attente en Corse, en cas que l'envie prenne de s'en servir ; mais vous convenez que vous resterez trop peu à Gênes, pour y pouvoir faire grand' chose. C'est ce qui est très fâcheux ; les instructions que vous pourrez laisser sur cela à Chauvelin et à Guymont ne pourront jamais suppléer.

(M. G. Vol. Corse 3.306)

19 octobre 1748. — Lettre écrite par M. de Cumiane aux chefs Corses, le président Venturini et les généraux Giuliani et Gafforio au couvent de la Venzolasca. — Intendo che il signor generale Matra per qualche infermità sovragiuntali non possa trasferirsi costì per intervenire nella consulta de' popoli, e sebbene io sia persuaso che l'E. E. VV. sieno nelle migliori disposizioni per mantenerli nella costante osservanza di quanto si è prescritto nell'armistizio, non meno che nella loro rassegnazione alle clementi intenzioni delle potenze protettrici tutte tendenti alla quiete ed inazione, mi credo tuttavia in dovere di rinnovare loro le mie premure prevenendoli come già ebbi l'onore spiegarmi in voce che ogni atto o provvidenza tendente all'alterazione della tranquillità, non produrrà altro effetto che quello di frapporre maggiori ostacoli a quelle convenienze che dalle prefate alte potenze si stanno procurando a questa afflitta nazione. Prego l'EE. VV. di far comune questa mia alli capi delle pievi costì congregati, e di essere tutti persuasi della rispettosa divozione con cui ho l'onore di essere ecc.

(M. G. Vol. Corse 3.306).

Gênes, le 19 octobre 1748. — Le duc de Richelieu au marquis de Puysieulx. — J'ai l'honneur de vous envoyer, Monsieur, la réponse que le gouvernement m'a faite au sujet des affaires de Corse et de recrues du Régiment de cette nation qui est à notre service. Cette réponse n'est pas précise, et elle doit être regardée plutôt comme des préliminaires d'une négociation dans lesquels vous trouverez, je crois, les principes que vous pouvez souhaiter.

L'objet du Régiment Corse est peu important en soi, et ce que nous demandons à cet égard à la République doit être regardé plutôt comme une suite des égards qu'elle doit au Roy que comme un objet essentiel. Il faut convenir aussi que c'est toujours pour quelque puissance que ce soit, un objet qui mérite grande attention que celui de donner à un autre souverain un pouvoir indéfini de recruter chez soi ; il y a même des circonstances particulières de crainte que ce gouvernement peut avoir de voir arriver, dans un pays sujet à tant de troubles, des officiers indistinctement de cette nation, et souvent parents et alliés de ceux qui sont à la tête des révoltés, et cependant avec un uniforme qui est pour eux une sauvegarde respectable dont ils pourraient abuser. Mais la raison la plus importante est la nécessité où ils sont d'avoir des troupes, l'impossibilité réelle de recruter dans leur pays par l'aisance où tous leurs paysans sont, et accoutumés nouvellement à une paye plus forte sans proportion que celle que la République peut donner à un soldat, et qui les éloigne par conséquent d'en pouvoir faire dans la Rivière du Levant et du Ponent, et la diminution de leurs finances les ayant obligés de congédier leurs Suisses, qu'ils sont absolument hors d'état de pouvoir soutenir, il faut donc avouer que toutes ces raisons sont de justes motifs de former une négociation dans laquelle ils puissent trouver grâces dans les bontés du Roy, pour ne rien exiger que de compatible avec leurs moyens qui ont été exposés dans les conversations que j'ai ici avec les députés. Mais comme le principe de fournir au Roy les moyens de recruter ce Régiment est reconnu, et qu'il n'est plus question que de trouver ce qui sera le plus compatible avec le bien de la République et celui de ce Régiment, il me semble que les principes de cette négociation sons tels que vous le pouvez désirer, et que rien ne presse assez à cet égard pour ne pas en approuver les tempéraments qui peuvent conduire à une heureuse fin même avec quelque longueur. Les députés m'ont fait entendre qu'ils pourraient désirer que le choix des officiers que l'on envoyerait en recrues leur serait communiqué à l'avance, et qu'ils aimeraient mieux peut-être encore s'obliger à fournir un certain nombre de recrues par an, tous moyens qui vont également à la même fin ; et quand les principes sont une fois convenus et l'embarquement pris dans une négociation, il me semble en général qu'elle doit toujours finir à l'avantage du prince le plus puissant, et aux dépens de celui qui a le plus de besoin et à attendre de l'autre.

Je crois aussi que vous trouverez dans l'article qui regarde les peuples de Corse tout ce que vous pourrez désirer pour l'engagement qu'ils prennent de tenir effectivement tout ce qu'ils ont promis aux Corses, illusoirement jusqu'ici.

Mais comme ils reconnaissent en même temps la garantie de la France et l'admettent de nouveau dans ce qui pourrait être fait, nous acquérons un droit éternel de nous mêler des affaires de Corse et de les conduire où nous voudrons ; ainsi je crois que cette réponse renferme ce que nous pouvons attendre et est telle que nous le pouvions désirer dans la circonstance présente. Je suis persuadé que les Corses, une fois abandonnés des troupes autrichiennes et piedmontoises, la plus grande partie des peuples se jetteront entre les bras du Roy, surtout avec des promesses telles que tous les bons patriotes peuvent désirer et qu'ils sont persuadés qu'ils ne peuvent obtenir que par notre moyen, et qu'à l'exception d'une petite quantité de fanatiques faciles à réduire, tout se soumettra à la protection du Roy et à sa garantie. Il y a ici un nommé Antonietti, un des plus fameux chefs, qui me l'assure fort et qui est homme de beaucoup d'esprit ; mais comme je vous avoue que je n'ai pas encore assez démêlé quels sont les principes que vous voudrez suivre à cet égard, j'évite d'embarquer la négociation plus avant jusques à votre réponse que Guymont pourra recevoir et je laisserai les choses en l'état qu'elles puissent se tourner de la façon que vous le désirez, et jusque-là, il y aura des raisons de reste pour tirer en longueur sans que personne puisse se plaindre.

Le gouvernement m'a prié aussi, Monsieur, de vous

envoyer cette pancarte imprimée sur laquelle il me semble qu'il n'y a d'autres réflexions à faire que de motifs de commisération. Il est certain que cette République est dans un état plus dangereux peut-être que celui où elle était quand les Allemands étaient à leurs portes. Vous en trouverez les raisons dans les différents détails que j'en ai répandus dans mes lettres ; mais tout cela ne peut mériter de réflexion que selon les idées plus ou moins étendues que vous aurez des secours et de l'utilité que vous en pourrez tirer, et c'est ce qui mérite trop de discussion et ne presse pas assez pour ne pas remettre tout ce que j'aurai à dire à un temps où j'aurai l'honneur de vous voir que j'espère qui n'est pas éloigné.

La République m'a inscrit dans le livre d'or de sa noblesse et en a usé de même pour M. d'Agenois, mon fils et même M. d'Aiguillon et tout ce qui m'appartient ; elle a ajouté un honneur insigne auquel je n'aurais jamais osé prétendre et auquel je ne m'attendais même pas, qui est celui de me faire dresser une statue pour être placée dans la même salle qu'André Doria, et le hasard a fait que les délibérations du Grand Conseil ont été prises et m'ont été annoncées le même jour qu'est arrivé le courrier qui m'apprenait la bonté que le Roy a eue de me faire maréchal de France. Des honneurs aussi distingués de la part de ce gouvernement doivent passer au scrutin du Grand Conseil où tous les nobles sont admis, dont le nombre est infini, et c'est par scrutin que l'on va aux voix secrètement, et il n'y a eu que trois balles noires, ce qui rend encore cet honneur plus flatteur pour moi. J'espère que le Roy approuvera que j'accepte ces honneurs. — J'ai l'honneur etc.

(M. G. Vol. Corse 3.306)

Nice, le 19 octobre 1748. — Le maréchal de Belle-Isle à M. d'Argenson. — .... Le commandant Génois d'Algajola, petite place de l'isle de Corse, a tiré fort imprudemment du canon sur un vaisseau anglais qu'il a failli couler à fond. Le capitaine anglais, qui paraît fort sage, demande une réparation authentique. M. de Richelieu était après le gouvernement génois pour y satisfaire, et il attendait la décision pour vous en rendre compte et à M. de Puysieulx. Il sent comme moi qu'il faut assoupir cette affaire dès son principe, le capitaine anglais promettant de n'en point écrire à ses supérieurs que dans le cas du refus de satisfaction.

(M. G. Vol. Corse 3.306).

Gênes, le 20 octobre 1748. — Le duc de Richelieu au maréchal de Belle-Isle. — Je ne vous répéterai point les détails que vous trouverez dans ma lettre à M. de Puysieulx sur les honneurs que je viens de recevoir ici ni sur la réponse que le gouvernement m'a données au sujet de la Corse ; j'y ajouterai seulement l'extrait d'une lettre que je viens de recevoir encore de Cursay, et une réflexion sur le parti que vous me marquez que les Piedmontais doivent prendre de se retirer avec les Autrichiens avant la conclusion totale des affaires d'Aix-la-Chapelle, et je regarde cette démarche comme le superfin de la fourberie des Piedmontois, parce que je pense qu'en ne laissant que cinquante ou cent hommes à San Fiorenzo, il y restera un plus grand nombre encore de rebelles, moyennant quoi, quand il sera question de remettre San Fiorenzo à la République, à qui naturellement ils doivent la remettre, ils vous diront qu'ils ne sont pas les plus forts et finiront par la laisser entre les mains de Matra et ses adhérents. Si cette démarche se fait de concert avec nous, et que nous la tolérions sous main, c'est une grande faiblesse de notre part et fort indécente, et elle sera encore plus grande si elle se fait malgré nous et que nous le souffrions ; mais il me semble en attendant que tout ce que fait Gafforio et toutes les démarches de M. de Cumiana sont également opposés à l'esprit des préliminaires et même à la lettre de l'accord que vous avez fait, et que tout respire également la fourberie de la part des Piedmontois. Les détails en sont même poussés extrêmement loin : par exemple, il n'a jamais voulu souffrir qu'on pêchât des huîtres pour moi auprès de St-Florent où sont les meilleures. Il a défendu à tous ses officiers de venir à Bastia et ne donne aucun passeport pour cela, et mille autres détails de cette espèce, qui assortis avec le fond de sa conduite, font voir le cas que les Piedmontois font de l'isle de Corse, et l'envie qu'ils ont d'y conserver du crédit ; et comme l'affection que nos ennemis portent à un objet est une mesure où l'on ne se trompe guère de l'importance où est ce même objet, cela seul me semblerait suffire pour nous indiquer l'attention que nous devons avoir à la Corse ; mais comme je ne suis rien moins que sûr que notre Cour pense comme moi, je crains de m'embarquer trop avant, comme vous voyez que je marque à M. de Puysieulx, et je crois avoir rempli vos vues et ce que vous m'avez prescrit en établissant les principes d'une négociation que nous pourrons étendre ou restreindre comme nous voudrons. Guymont est instruit de tout et suivra les ordres qu'on lui donnera. Je vois même que votre Congrès de Nice vous tiendra assez longtemps pour que vous soyez encore en état de donner le branle à cette négociation et la mettre sur le ton que vous trouverez à propos ; mais je vous exhorte toujours à vous défier de tout ce qui viendra des Piedmontois, qui sont en possession depuis longtemps de tromper l'univers et particulièrement les Français. La Cour de Turin prodigue les attentions et les politesses excessives pour tous les gens de notre Cour avec lesquels elle est dans le moindre rapport. Je me souviens de la façon dont le feu Roy Victor me reçut il y a 20 ans, de tous les termes de respect qu'il prodiguait pour le Roy et de la tournure de ses phrases à cet égard, qui m'étonnèrent infiniment. Quant à moi, il n'y a point de flagorneries qu'il ne me fît, et il en est de même pour tous ceux qui sont dans quelque position à notre Cour. Mais tout cela n'est que pour mieux nous attraper et arriver à leurs fins.

M. G. Vol. Corse 3.306)

21 et 22 octobre 1748

Ignazio Venturini, presidente, e Gio : Pietro Gafforj, generale del Regno.

Proposizioni state accordate dai popoli alla Consulta del Convento di Casinca tenuta ne' giorni 21 e 22 ottobre 1748.

L'unico oggetto delle nostre massime essendo quello d'impiegarci con ogni sforzo e con tutto il potere in sollievo della nostra quanto abattuta, altrettanto costante patria, ci siamo perciò disposti, sì per il comune vantaggio, come anche per la quiete a tutti necessaria, e da tutti in conseguenza desiderata, di venire allo stabilimento d'una nuova Consulta, che in effetto si è stabilita, *favente deo,* in questo Convento della Venzolasca di Casinca, in questi due consecutivi giorni, nella quale si sono compiacciuti intervenire a nome di tutti li popoli i Padri del Comune, ed esposteli le seguenti urgenze, d'unanime sentimento, a viva voce, sono concorsi ad accordare le qui espresse deliberazioni.

E prima d'ogni cosa, avuto il dovuto riguardo al culto della Cristianissima Religione, senza della quale ci renderessimo indegni della sovrana protezione dell' Eterno Fattore, abbiamo proposto che miglior mezzo non può mai trovarsi per piacere a Dio e alle Corone che così benignamente hanno accondesceso ad assicurarci della loro poderosa assistenza di quello di mettere un buon sistema alli continui incessanti omicidj che giornalmente succedono. Onde per ovviare un tale inconveniente, si è consultato come segue :

1º Si debba fare un campo volante, composto almeno di cento cinquanta uomini, il quale stia in continuo moto ad accorrere là dove succederanno delitti ed altri inconvenienti, e servirsi delle istruzioni che dall'Eccellentissimo Magistrato di guerra gli verranno prescritte, essendo comune sentimento di tutti li congregati, non solo di non allentare il freno ai delinquenti, ma ancora di non perdonare chi che sia che abbia per il passato commesso o consigliato qualunque omicidio.

2º Che si debba erigere un Magistrato di guerra, composto de' migliori soggetti del Regno, a cui incomba particolarmente il metter rimedio ad ogni inconveniente.

3º Che quei soggetti che fossero deputati per comporre il detto Magistrato e si mostrassero renitenti in non intervenire, siano obbligati pagare lire 60 per ogni volta rispettivamente.

4º Che in mano di due soggetti idonei di questo Magistrato, a' quali si concede la facoltà, si fidino que' proventi delle tenute che possano avere i Bastiesi ed altri nostri nemici in quelle parti, che facilmente si possono rendere in nostro potere, con facoltà ancora ad essi due soggetti d'astringere gli affittuarj delle decime a dare o tutto o almeno parte de' frutti a nome di prestito, con darli anche giuramento di palesare quanto essi abbino in mano pertinente al decimato, e di questo montante pagarne il campo volante, ed il di più tenerlo in buona custodia.

5° Si concede parimente la facoltà ad suddetto Magistrato di poter chiamare ed escludere quei ribelli che sono in Bastia ed altri presidj, e quelli che saranno ammessi al ritorno alle loro case, abbino solamente il tempo di giorni quindeci, e non ritornando fra il detto termine, siano abbruggiate le loro case, ed omninamente demolite le loro sostanze.

6° Che a quelli ribelli che resteranno contumaci, se li possa impunemente tirare, sotto pena di devastazione di beni anche a tutti quelli che l'allogiassero, mantenessero o accompagnassero.

7° Che li Podestà e Padri del Comune delle rispettive pievi e parrocchie siano solamente franchi delle marcie particolari e non dalle generali; e nelle particolari siano obbligati dare a quei fucilieri che non ne avessero le loro armi per la marcia.

8° Ma perchè alcuni fucilieri tengono poco conto delle armi, particolarmente che non sono sue, si è perciò stabilito di comune consenso, che chi romperà o creperà schioppi d'altri, siano obbligati pagarli, quando però non rompessero o crepassero in pubblico serviggio ed in bene della patria; che rompendo in tal caso, sia obbligata quella parrocchia di cui fosse il malfattore, a pagar detto schioppo o schioppi rotti.

9° Trovandosi discrepanza ne' fucilieri che sono comandati in comune beneficio, in non voler ubbidire, sia posta la pena di pagar lire... per ogn'uno, e si possa per il doppio valore prendere i pegni, ed in mancanza di pegni, se li debba tagliare tanti castagni, ulive et altri alberi fruttiferi e devastarli tanta casa per il doppio della pena impostali.

10° E perchè molti si dimostrano lenti nel comune affare, in cui si dovrebbe ogn'uno impegnare con tanto fervore, e non si provvedono di schioppi, di comune sentimento si stabilisce che quelli a cui tocca la marcia e non hanno fucili debbano farseli prestare da qualche loro parenti, a cui non tocchi però di marciare, e non trovandone di questi, siano obbligati pagare a quelli che li prestano due soldi il giorno, finchè tengono il detto schioppo, ed in caso che il padrone dello schioppo ricusasse detto pagamento, siano non ostante tenuti pagarlo in mano del Podestà del luogo, il quale danaro sia dispensato a' poveri.

11° Che si debba elegger un procurator per ogni pieve in caso di Consulta per alleviar l'incommodo a' Podestà e Padri del Comune delle rispettive pievi e parrocchie, con facoltà di poter fare tutto ciò che possa ridondare in comune vantaggio.

12° Che in ordine d'abbrugiamenti stati fatti dai ribelli, et in ordine a quelli che potessero far in l'avvenire, si debba compensare il danno sopra i beni di chi avrà fatto o farà il male, ed in mancanza si possa anche compensare il danno sopra de' beni de' parenti del malfattore, quando però veridicamente consti che quelli parenti siano stati in qualche modo complici e consentiente al male.

13° Che a quelle parocchie e paesi che venisse intimata la marcia per il pubblico bene e trascurassero, se li debba mandare un grosso distaccamento di fucilieri a discrezione, con obbligarli a pagare lire tre per ogni fuoco.

14º Avendo i popoli considerato di quanto grave dispendio sia riuscito all'Eccellentissimo Signor Generale Gafforj il viaggio di Turino, stato fatto a prò e sollievo della patria, si è perciò stabilito di dar la cura a' prefati due soggetti del Magistrato accennati, che avranno l'amministrazione de' proventi mentovati di sopra, acciò debba esser la prefata Eccellenza compensata se non in tutto almeno in parte.

15º Questo ultimo capitolo che non si è potuto avere nelle precise parole per non averne avuto il tempo chi ha copiati gli altri, altro non porta che l'ordine alla Balagna di eleggere sei procuratori per l'effetto di cui si parla nel capitolo 4.

(M. G. Vol. Corse 3,306).

Nice, le 22 octobre 1748. — Le maréchal de Belle-Isle à M. de Leutrum. — Monsieur, M. le Comte de Viansin vient de me remettre la lettre que S. E. m'a fait l'honneur de m'écrire du 21. Il m'a fait part en même temps des intentions du Roy votre maître pour couper court à toutes les difficultés qui se sont trouvées pour la fixation des limites en retirant de l'isle de Corse les deux bataillons autrichiens et piémontais, et ne laissant dans San Fiorenzo qu'une garnison de 50 à 100 hommes qui fournira un poste à la tour de la Mortella.

Pour remplir parfaitement l'objet que Votre Excellence et moi avons toujours eu, de procurer autant qu'il dépend de nous la tranquillité dans un pays habité par des peuples aussi remuants, il convient que le détachement qui doit rester pour la garde de San Fiorenzo y soit seul le maître de cette place et qu'il n'y demeure aucune des compagnies franches Corses à la solde de l'Impératrice et du Roy de Sardaigne; j'ai expliqué au

Comte de Viansin tous les motifs qui me portent à faire cette demande, et je me flatte que V. E., pensant comme elle fait, approuvera que j'y insiste. De mon côté je lui réponds que tout ce que j'ai promis sera exécuté de la part des troupes du Roy et de celles de la République qui resteront *in statu quo* ; car pour ce qui est des Corses, je ne sens que trop qu'il est impossible de les contenir à un certain point. J'aurais une infinité de griefs à apporter contre la conduite des chefs Corses rebelles depuis la publication de l'armistice ; j'en conçois l'inutilité, mais c'est pour prévenir de plus grands embarras que je pense de plus en plus qu'il ne convient point qu'il demeure aucun Corse rebelle armé des compagnies franches dans Saint Florent. J'ose même dire que V. E. doit le désirer autant que moi.

(M. G. Vol. Corse 3.306)

Nice, le 23 octobre 1748. — Le maréchal de Belle-Isle à M. de Fumeron. — Je profite, Monsieur, du courrier que M. le maréchal de Richelieu vous renvoye pour vous informer que M. le Comte de Viansin est revenu hier avec la réponse de la Cour de Turin à M. de Leutrum, qui porte que le Roy de Sardaigne a donné ordre à M. De Cumiane de faire embarquer les deux bataillons autrichien et piémontais qui sont en Corse, et de ne laisser dans San Fiorenzo que de 50 à 100 hommes (ce sont les propres termes), desquels il y aura un petit détachement pour occuper la tour de la Mortella. J'ai demandé au Comte Viansin et j'en ai écrit de même à M. de Leutrum, pour qu'il ne restât plus dans San Fiorenzo de compagnies franches Corses rebelles, tant parce qu'elles y étaient inutiles, que par l'embarras que ces brigands pourraient donner au commandant pié-

montais lui-même qui ne sera pas le plus fort pour
les empêcher de courir et qui sera peut-être encore
moins le maître de remettre la place aux troupes de la
République, lorsque le moment en sera venu; que je ne
pouvais pas imaginer que le Roy son maître ne fût de
très bonne foi et que c'était sur ce principe que j'insis-
tais. Dès que ce prince lui-même faisait venir les deux
bataillons, il est bien naturel de licencier ces compagnies franches, dont il ne pourrait pas être aussi bien
le maître que de ses propres troupes et de celles de
l'Impératrice. J'ai ajouté à cela une foule de raisons
plus fortes les unes que les autres, qu'une conversation
tête à tête permet de dire et que l'on ne mettrait pas
par écrit. Le Comte de Viansin, tout dissimulé qu'il est,
n'a eu aucunes bonnes raisons à me donner pour se
défendre de ma demande, et j'ai vu manifestement par
son discours embarrassé que la conservation de ces
compagnies franches ne partait pas d'un bon principe,
d'autant que la conduite que montrent les chefs des rebelles depuis la publication de l'armistice montre clairement la connivence de M. De Cumiane et l'attention
de la Cour de Turin pour maintenir l'esprit de révolte
contre la République et s'y ménager des créatures. Or,
comme il faut user des mêmes armes avec des gens
pleins de subtilités et d'artifices, j'ai mandé à M. de
Richelieu et à M. de Cursay que, quoi qu'il arrive, il
faut absolument que les troupes du Roy et celles de la
République restent *in statu quo* dans les mêmes lieux
et postes qu'elles occupaient le jour de la publication
de l'armistice et s'abstiennent absolument des voies de
fait, selon la parole que j'en ai donnée, mais qu'en même
temps on doit faire entendre par des émissaires adroits
à tous les gens raisonnables parmi les Corses rebelles
qu'ils voyent bien par la retraite des deux bataillons

que l'Impératrice et le Roy de Sardaigne se sont moqués d'eux, qu'ils vont au premier jour remettre Saint Florent aux troupes de la République, qu'ils seront totalement abandonnés de leurs prétendus protecteurs, qu'il ne leur reste plus de ressource que dans la clémence de la République, sur laquelle ils ne peuvent compter que par la protection du Roy et avec sa garantie.

M. de Richelieu a déjà si amplement traité les affaires de Corse dans plusieurs de ses dépêches à M. de Puysieulx que je ne m'étendrai pas davantage là-dessus. Je pense absolument comme lui sur tous les principes; je n'ai pas été d'accord dans les commencements des moyens ; je ne crois pas qu'il convienne au Roy de faire la guerre contre les Corses pour la République, mais l'on peut, je crois, remplir les objets essentiels sans beaucoup de troupes, ni beaucoup de dépenses ; mais je coupe court ici sur cette matière que sera traitée tout de suite par M. de Richelieu. Je vous informerai de ce qu'auront opéré ma conversation d'hier avec M. de Viansin et ma lettre à M de Leutrum sur le licenciement de leurs compagnies franches. J'ai l'honneur etc.

(M. G. Vol. Corse 1748).

San Fiorenzo, 24 octobre 1748. M. De Cumiane à M. de Cursay. — Monsieur, La nuit passée sur les onze heures de France, j'ai reçu la lettre du 23 de ce mois que vous m'avez fait l'honneur de m'écrire, en réponse à laquelle j'ai celui de vous dire, Monsieur, à l'égard des articles qu'on suppose arrêtés au congrès des peuples à la Venzolasca, dans la piève de Casinca, le 21 et 22 de ce même mois, que je désavoue positivement les articles qui regardent la levée de 150 hommes, l'intimation aux particuliers réfugiés à la Bastia, et les dévastations et saisies des biens tant ecclésiastiques que laïcs, et que bien loin d'y donner la main, je m'y opposerai. J'ai commencé par en parler à M. Matra, en présence de M. le capitaine anglais et le major du régiment de Daun; il m'a répondu qu'il n'en avait pas encore reçu le résultat; ce qu'il m'a fait voir par la lettre du 22 de ce mois que ses collègues lui écrivent, où on lui mande que les articles dudit congrès ne sont pas encore très au net, mais que dans deux jours on les lui fera parvenir, comme vous reconnaîtrez par le ci-joint article de la même lettre signée par ledit M. Matra. Il m'a ajouté, sur les instances que je lui ai faites de se déclarer là-dessus que, si les peuples avaient rétabli les articles tels qu'ils sont dans la copie que vous m'avez envoyée, il les désavouerait également que moi et qu'on ne les aurait pas exécutés.

J'écris demain à MM. Venturini et Gafforio que je suis surpris desdits articles; qu'ils sont contraires à l'armistice et aux intentions du Roy mon maître et de ses alliés, et que par conséquent ils doivent absolument s'abstenir de les exécuter. Je me flatte qu'ils n'oseront rien entamer là-dessus, autrement ils auront lieu de s'en repentir.

(M. G. Vol. Corse 3.306)

Extrait des lettres de M. de Cursay des 19, 23 et 25 octobre 1748 de Bastia. — La Consulte générale s'est tenue le 22; les peuples devaient se révolter; mais Gafforio, en ayant été averti, leur a fait un discours où il a exposé qu'il savait que la plupart avaient eu recours à la protection de la France, qu'il n'ignorait pas les sentiments d'une partie de l'assemblée qui aurait souscrit et pris des engagements avec le commandant français, qu'il ne les condamnerait pas, mais qu'il en condamnerait la forme ; qu'il ne fallait pas se séparer pour cette soumission, et que la France étant une puissance supérieure, il fallait se réunir et choisir quelqu'un pour porter tous les sentiments de la nation.

Il se flattait vraisemblablement d'être chargé de cette commission. Quoi qu'il en soit, les peuples n'ont rien voulu signer et c'est la raison pour laquelle il y a un capitulaire exprès pour élire deux procureurs dans chaque piève. A la sortie de la Consulte, les plus considérables sont venus ici et ont conclu à élire un procureur dans chaque piève pour se rendre à Bastia et écouter les volontés que vous voudrez leur dicter. Les têtes étaient échauffées de l'assemblée, et malgré la volonté unanime de suivre vos ordres, la haine contre les Génois n'en est pas moins forte et tous criaient généralement : *Point de République !*

Je leur ai fait sentir que voulant avoir la protection de la France, il fallait la mériter en suivant ses volontés, que comme il était de son intérêt que la Corse restât aux Génois, les peuples devaient y souscrire, et que d'ailleurs elle travaillait suffisamment pour eux en établissant des règles pour arrêter tous les désordres et les injustices dont ils se plaignaient, et promettant de les faire observer.

Ils m'ont tous paru se rendre à mes raisons et m'ont promis de nommer les plus honnêtes gens de l'isle pour être chargés de la procuration des pièves et de ne faire aucune autre demande que l'exécution de ce que la France voudra bien décider.

Deux heures après est arrivé un prêtre dépêché par Gaflorio qui demande à traiter pour sa personne ; il désirait d'abord que la négociation passât par l'archiprêtre Orto, et un des plus considérables voudrait que cela fût par lè capitaine Limperani au service de la République. Il faudrait à présent que je susse ce que je puis promettre pour la personne seulement.

La seule opposition qu'il y ait eu à l'assemblée est venue par des gens attachés à la République qui ont fait courir le bruit que les Français partaient et que ce serait une sottise que d'avoir recours à gens qui les abandonneraient aussi promptement ; ils n'ont pas été écoutés.

Le fruit que je me propose à la première conférence avec Gafforio est de faire remettre pour otage gardé par les Français jusqu'à la conclusion, Corte, la tour de San Pelegrin et l'Isola Rossa ; je crois qu'il serait à propos que la restitution de Saint Florent se fît de même entre les mains des Français, sans quoi les peuples que nous avons gagnés, s'éloigneront dans le moment qu'ils en verront les Génois en possession.

(M. G. Vol. Corse 1748).

26 octobre 1748. — Lettre écrite de la piève d'Aregno (sans signature ni adresse). — Illustrissimo Signore Signore e Padrone Colendissimo, — Non posso fare a V. E. Illustrissima un distinto dettaglio, come vorrei, della Consulta tenutasi al convento de' Minori Osservanti Riformati della Venzolasca in Casinca, perchè dal silenzio molto malinconico che religiosamente si osserva dalli capi consultori e presidente della provincia, ne viene imposto un più rigoroso a chi nel fondo del cuore è stato del partito contrario ; sicchè non mi è possibile, senza rischio, di farmi conoscere nemico della patria, e perciò essere barbaramente maltrattato, di questionare sopra il numero della gente che vi si è trovata, di quale provincia e paese, e sopra le fazioni diverse, affin di rendere un conto esatto a V. E. Illustrissima, cui solamente per ora posso rapportare con qualche accertezza quanto in appresso.

Arringò lungamente e con erudizione il Gaflorj, diede ragione delle presentanze fatte a S. M. di Sardegna a favore della patria, di cui esposto avea con enfasi li tanti gravami e torti ricevuti per li quali si erano indotti li Corsi a fare la guerra.

Assicurò gli astanti che quel Sovrano l'avea benignamente ascoltato e promesso in seguito a tutta la Nazione la di lui assistenza e patrocinio ; onde nell'aspettativa dei sicuri accertatissimi effetti dell'uno e dell'altro conveniva ad ognuno di vivere con perfetta unione e tranquillità per meritarseli ed ottenerli più presto ; bisognava inoltre sopprimere la connaturale inclinazione alla vendetta, e per castigare senz'alcuno ritardo li colpevoli, era necessario ripromulgare la prima legge stabilita dal Governo Corso, cioè che chi amazza sia amazzato ; e per l'osservanza della medesima, propose la formazione di uno squadron volante di cento cinquanta uomini da pagarsi dalli popoli interessati a favore della patria.

Che cento di detti uomini debbano sempre guardare il generale, affinchè prontamente possa punire i perturbatori della pubblica tranquillità e gli amanti della vendetta.

Gli altri cinquanta uomini debbano scorrere in quei luoghi, dove possa apprendersi che per caso di nemicizia possa seguire alcun male, affin d'impedirlo opportunamente.

Non so di certo se li congregati abbeno accordata la forma di tirar dalle rispettive comunità il soldo da pagare il mensuale appuntamento allo squadrone volante, anzi temo che vi s'incontreranno sempre delle tante difficoltà.

Quel che ho appreso si è che cose maggiori e risoluzioni più forti si aspettavano in questa generale assemblea ; onde vi sono in Balagna degli animi molto scontenti, e solamente si pensa a giustificarsi di non aver fatto cosa disgustevole alla Francia da che ha mandato per la seconda volta delle sue truppe in Corsica, e so che il Gafforj va in oggi mendicando nella montagna degli attestati per li quali intende di far conoscere a quella Corte non facile ad ingannarsi, l'aver egli avuto del sommo rispetto e riguardo per la medesima, ciò che credo non potrà fare agiatamente il Giuliani, perchè le sue temerarie ordinanze ed attentati in Nonza ed altrove proveranno sempre il contrario. — Sono ecc.

(M. G. Vol. Corse 3.306).

Gênes, le 29 octobre 1748. — M. le maréchal de Richelieu au marquis de Puysieulx.— J'ai reçu, Monsieur, la lettre dont vous m'avez honoré le 15 ; vous aurez dû recevoir par la mienne du 19 la réponse que j'avais obtenue du gouvernement avec mes réflexions sur cette réponse, ce qui levait une des plus grandes difficultés que je trouvais dans les affaires de Corse. Mais je vous avoue que l'indifférence ou je craignais que nous fussions à cet égard, me paraissait le plus grand obstacle, d'autant plus que j'avais lieu de penser, par ce que vous m'avez écrit ci-devant, que nous nous engagerions à Aix la Chapelle à sortir en même temps que les Autrichiens et les Piémontais, ce qui ne laissait nulle espérance de pouvoir prendre aucun arrangement ; mais comme il me paraît aujourd'hui que vous sentez toute l'importance que j'avais cru voir dans la suite des affaires de Corse, et que d'une autre part le voyage qu'a fait M. Balbi dans cette isle, et les connaissances qu'il en a données au gouvernement ont secondé mes vues et lui ont inspiré les sentiments que je cherchais à lui faire prendre, j'ose vous dire qu'il n'y aura pas à beaucoup près autant de difficultés que vous le pensez à arranger les affaires de cette isle d'une façon convenable, et la meilleure négociation que nous puissions y employer est la nécessité réciproque.

La plupart des peuples ne laissent pas de sentir que ces bonnes conditions dans un accommodement vaudraient mieux pour eux qu'une guerre qui n'est utile qu'à quelques-uns de leurs chefs ; plusieurs de ces mêmes chefs sont brouillés entre eux, et pourvu qu'il ne soit point question de les soumettre à la discrétion des Génois qu'ils ont toujours en horreur, et qu'ils aient l'air d'être sous la protection du Roy pour lequel ils ont un grand respect et une grande crainte, il sera fort aisé d'établir un arrangement qui sera suffisant pour nous mettre hors de l'inquiétude d'ici à quelque temps, de voir une révolution comme je l'appréhendais dans ce pays-là.

Je n'ai jamais cru, Monsieur, que l'Angleterre, le Roy d'Espagne ou le Roy de Sardaigne même pensassent à s'emparer de la Corse le lendemain d'une paix générale qui viendrait d'être signée. Mais comme il est démontré qu'il est impossible aux Génois de garder eux seuls l'isle de Corse dans ces moments-ci, qu'ils n'y ont pas suffisamment de troupes pour garder seulement les portes des places, que ce qu'ils y avaient de meilleur et de plus sûr étaient des Grecs dont ils avaient établi une colonie auprès d'Ajaccio, qui leur fournissaient une petite quantité de troupes braves et ennemies des Corses, et que ces mêmes Grecs se sont révoltés, faute de paiement, et se seraient emparés d'Ajaccio malgré même peut-être le peu de Français qui y sont, sans l'intelligence et les soins d'un nommé Fontette, capitaine dans le Régiment de Quercy, qui y commande, et un peu d'argent qui y est arrivé en même temps heureusement que j'avais forcé les Génois, avant même de savoir ce qui s'y passait ; si dans ce moment de crise et avant que la République eût eu le temps de se reconnaître et de prendre quelques bons ou médiocres arrangements, nous fussions sortis de Corse, dans la situation où sont les esprits, il n'est pas douteux que toutes les places eussent suivi le sort d'Ajaccio, et vous jugerez aisément que si ces places avaient été une fois entre les mains des rebelles, il était de toute impossibilité que les Génois pussent s'en mettre en possession sans les plus grands secours de quelque grande puissance ; cela nous conduisait ou à marcher en Corse avec tout l'appareil d'un embarquement et la suite nécessaire telle qu'il la faut pour faire des sièges, et tous les inconvénients de l'inquiétude que les autres puissances en auraient pu prendre, ou à laisser les rebelles maîtres de cette isle, ce que vous sentez, Monsieur, qui ne pourrait pas subsister, et qu'il était par conséquent vraisemblable que quelque autre puissance s'en serait emparée, sous le nom d'un fantôme qu'on aurait protégé sous main, et que le Roy de Sardaigne pour être lié plus intimement encore avec l'Angleterre, aurait été vraisemblablement cette puissance qui aurait agi dans la suite, ce qui nous aurait forcé nécessairement à prendre un parti embarrassant, mais qui sera prévenue, ainsi que je l'espère, par les sages mesures que vous m'avez chargé de prendre, dans lesquelles j'entrevois que vous croyez plus d'embarras et de difficultés que je ne pense en trouver.

Je vous ai marqué, Monsieur, que la République avait nommé des commissaires nouveaux et très bien intentionnés pour traiter sur l'exécution et les conséquences de la réponse qu'elle m'avait donnée, et l'application des principes qu'elle renfermait, mais que je tirerais en longueur cette négociation jusqu'à ce que je susse vos intentions. Je viens de mander à MM. Jacomin et Regnere Grimaldi, qui sont les deux commissaires, que j'étais près d'avoir une conférence avec eux à cet égard ; M. Guymont qui y sera présent vous rendra compte des résolutions qui y seront prises et des conseils que je lui aurai donnés pour la suite, si mon départ ne me donne pas le loisir de vous en instruire moi-même. Mon sentiment est de ne rien dire et de ne rien faire jusqu'au départ total des Piémontais et des Autrichiens, d'annoncer en même temps dans le public que nos troupes partiront en même temps, pour vous éviter, comme vous le craignez, je crois, justement, des représentations de la part des autres puissances sur le séjour de troupes, quoique nous eussions de bonnes réponses à faire dès que les Génois seront de concert avec nous. Mais il est encore plus convenable de montrer que nous avons impatience au contraire de les en faire sortir, mais que des principes d'arrangement et d'économie diffèrent seulement ce départ remis d'un jour à l'autre, ainsi que des nouvelles garnisons dont les Génois veulent renforcer ces places dans le moment que nous les quitterons. Voilà ce que nous pouvons dire vis-à-vis des autres puissances et tenir un autre langage vis-à-vis des peuples (dans la situation où sont les esprits présentement) ; je crois que tout s'arrangera de la meilleure façon et aisément. Je vous assure, Monsieur, que les talents que vous croyez nécessaires dans la négociation a qui sera chargé de cela seront surabondants, et comme je ne veux pas farder la marchandise, je vous dirai naturellement que je crois que cela ira tout seul ; je vous avoue même je ne pense pas qu'aucune augmentation de troupes y soit nécessaire ; mon idée serait d'y envoyer simplement le sieur Guysard, commis de guerre, dont il faut naturellement un pour les arrangements nécessaires à la retraite définitive de nos troupes ; il connaît les pays et les Génois encore mieux ; c'est, je crois, tout ce qu'il faut.

(M. G. Vol. Corse 3.306)

Gênes, le 29 octobre. — Le maréchal de Richelieu à M. d'Argenson. — Vous verrez, Monsieur, dans ma dépêche à M. de Puysieulx où je réponds aujourd'hui à tous les raisonnements politiques que nous avons fait de part et d'autre sur la Corse, que je pense que les affaires s'arrangeront plus aisément que l'on ne pense. Je vous confie que M. le maréchal de Belle-Isle me mande qu'il faudrait y envoyer M. de Grussol, et je crois que cela serait fort convenable, si l'on y envoyait une augmentation de troupes considérables que je crois fort inutile autant que je le puis prévoir, et je pense qu'en laissant les choses comme elles sont et suivant mon système tout ira bien.

Les affaires de Corse méritaient moins d'indifférence que l'on semblait y avoir et ne méritaient pas l'importance que l'on semble y croire aujourd'hui, par des difficultés beaucoup plus aisés à surmonter que l'on ne croit. Voilà ce que je pense et en conséquence de quoi j'agirai et laisserai des instructions à mon départ que je compte toujours qui sera très prochain après les nouvelles que j'aurais de votre part sur le traité définitif signé le 18 dont un courrier de la République vient d'apporter la nouvelle. Je suis etc.

(M. G. Vol. Corse 1748).

29 octobre 1748

Extrait des articles du billet du Roy à M. De Cumiane, du 29 octobre, touchant ses troupes et celles de Sa Majesté I. la reine de Hongrie.

Il lui mande au commencement le traité qu'il y avait entre M. le maréchal de Belle-Isle et Baron de Leutrum pour le rétablissement des limites à l'égard des peuples, dont on a pu convenir; qu'en même temps la nouvelle de la paix signée entre la France, la Hollande et l'Angleterre survint, et comme M. de Belle-Isle s'est déclaré avec M. de Leutrum que les troupes du Roy T. C. et de la République resteraient dans leurs postes sans s'en écarter pour conserver le *statu quo* porté par l'armistice, quand S. M. de Sardaigne aurait tiré de cette isle ses troupes et celles de la Reine en ne laissant qu'un détachement à Saint Florent, ses dites troupes se rendaient inutiles ici aux peuples et aurait suffi ledit détachement, d'autant plus qu'elles manquaient de fournitures nécessaires. Sa dite Majesté s'est déterminée à rappeler ses dites troupes en faisant passer la marine en Sardaigne et le baron d'Aux en terre ferme, en ne laissant dans ladite place qu'un détachement de 50 à 100 hommes, et c'est notamment en vue de la parole donnée par M. de Belle-Isle que les troupes de France et de Gênes auraient l'inaction vis à vis des peuples, si de leur part ils se tenaient dans la tranquillité qui leur est enjointe.

A ces fins, il lui ordonne d'inspirer de plus en plus des sentiments de pacification et de tranquillité aux dits peuples, notamment au chef qui les fera assembler pour leur communiquer ses intentions, en leur déclarant que s'ils veulent s'aventurer une autre fois les armes à la main contre la République, il ferait tout de suite retirer toutes les troupes sans laisser aucun détachement;

Il lui mande en même temps d'informer M. le marquis de Cursay de sa dite détermination soit qu'il y reste un détachement, soit qu'il n'y reste pas, ainsi que des motifs qui le porteront à retirer toutes les troupes;

D'ajouter au même M. de Cursay que S. M. est persuadée qu'il aura reçu ou recevra tantôt des ordres de M. de Belle-Isle conformes à ceux-ci à l'égard de nos troupes et des peuples et qu'elle ne doute nullement qu'il voudra se tenir toujours exactement à l'armistice soit que toute notre troupe se retire soit qu'on y laisse un détachement;

De tâcher que dans l'un et l'autre cas M. de Cursay se prête aux arrangements qui peuvent aboutir à la tranquillité du pays jusqu'à la paix et la maintenir, ce qui doit être l'objet des respectives puissances belligérantes en cette isle, et lui envoyer à cet effet un officier, ou s'aboucher avec lui pour parvenir aux arrangements.

Je certifie que cet extrait a été traduit d'une lettre en italien que le Roy de Sardaigne a écrite à M. De Cumiane et que j'ai vu en original entre les mains de M. Blanchat, commissaire de ses troupes, de laquelle il n'a pas voulu se désemparer, mais il l'a lui-même traduite, l'original de la traduction étant écrit de sa main.

A Bastia le 15 novembre 1768.

L. Cursay

Bastia, le 29 octobre 1748. — M. de Cursay à M. de Belle-Isle. — Monseigneur, Rien n'était plus propre à décréditer les Piémontais dans cette isle que l'esprit dans lequel vous avez arrêté les conventions avec M. le baron de Leutrum ; elles ont fait perdre à M. de Cumiana la considération qu'il avait ici et que par lui-même il est peu capable de soutenir ; s'il s'y était conformé exactement, nous aurions tiré de vos arrangements les plus grands avantages, mais je ne puis douter qu'il ait des instructions secrètes ; on ne peut manquer aussi continuellement et aussi ouvertement à sa parole sans y être secrètement autorisé : j'en ai envoyé les preuves journalières à M. de Richelieu ; comme il m'a mandé qu'il vous les faisait passer exactement, je n'ai point multiplié les écrits.

Aucune puissance n'a autant de crédit dans l'Isle que la France ; les peuples sont prêts de suivre ses volontés dès qu'on les assurera d'une façon irrévocable que la parole qu'on leur donnera sera tenue ; nous n'avons pas besoin de forces pour les réduire, mais notre crédit y est nécessaire pour leur faire supporter le joug de la République; plutôt que de s'y soumettre sans garantie, ils s'adresseront à toute autre puissance, même aux Anglais, qui sont les peuples qu'ils détestent le plus. Pour les Génois ils ne les soumettront jamais, parce qu'il faudrait auparavant changer le respect, et leur persuader de tenir ce qu'ils promettent solennellement.

(M. G. Vol. Corse 3.306).

San Remo, le 30 octobre 1748. — M. de Leutrum au maréchal de Belle-Isle. — Monseigneur, Ayant reçu les ordres de ma Cour au sujet des affaires de Corse, je réponds à la lettre dont Votre Excellence m'a honoré du 22 de ce mois.

Comme il a été convenu, ainsi que V. E. ne l'ignore pas et que l'on a même fait notifier aux Corses mécontents que les compagnies franches à la solde des puissances alliées et les autres milices du parti opposé à la République qui voudraient rester sous les armes, se tiendraient dans les limites déterminées pour les troupes réglées, il était arbitraire au Roy mon maître de licencier les susdites compagnies, ainsi qu'on l'a fait depuis environ un mois ; mais il n'est pas en sa disposition d'empêcher que les autres Corses qui voudront rester dans San Fiorenzo ne puissent le faire.

Cette place était au pouvoir des peuples du parti anti-génois, quand les troupes qui sont allées pour les soutenir ont abordé dans l'Isle ; c'est eux qui leur ont offert le château et qui les y ont introduits pour le garder, comme on l'a toujours fait conjointement avec leurs milices ; il y aurait de l'injustice à les expulser, et l'on ne croit pas qu'aucune puissance puisse penser différemment, puisqu'il s'ensuivrait qu'au lieu d'agir en leur faveur, on agirait contre eux ; si ces peuples ne viennent pas à ressentir tous les effets qu'ils se promettaient de la protection des puissances alliées, elle ne doit pas au moins leur devenir nuisible, ainsi qu'elle le serait, en les privant de l'asile le plus assuré qu'ils eussent, et qui leur reste jusqu'à la consommation de la paix.

Le chevalier de Cumiana receva ordre d'intimer de nouveau aux chefs du parti opposé à la République, de se tenir exactement aux arrangements pris pour l'établissement et le maintien de la tranquillité dans l'Isle, et de n'y faire absolument aucune innovation, et qu'au cas qu'ils refusent de s'y prêter, il ait à se retirer avec toute la troupe dont il a le commandement, en donnant avis en même temps à M. le marquis de Cursay, et le prévenant des motifs qui lui auront fait prendre cette résolution.

Dans la supposition que M. le chevalier de Cumiana se trouvât dans des circonstances à prendre la détermination de s'embarquer avec toute sa troupe, le Roy mon maître ne saurait douter que M. le marquis de Cursay, quelques motifs que puissent lui en donner les Corses, contiendra les troupes tant de France que de Gênes dans leurs postes, puisqu'étant en armistice avec celles des puissances alliées, celles-là ne peuvent faire aucun mouvement, tant qu'il en restera à terre quelque partie des dernières, et avant qu'elles ne soient éloignées de l'Isle.

(M. G. Vol. Corse 3.306)

Nice, le 1er novembre 1748. — Le maréchal de Belle-Isle au duc de Richelieu. — J'ai enfin reçu, Monsieur, la réponse de M. de Leutrum à la dernière lettre que je lui ai écrite, dont je vous ai envoyé copie. Vous verrez la fourberie et la subtilité de la Cour de Turin dans toute son étendue, elle ne nous déguise plus le projet qu'elle a sans doute toujours eu, de remettre Saint-Florent aux rebelles, et elle n'a cherché qu'à gagner du temps pour nous empêcher de faire les préparatifs nécessaires pour nous rendre maître de cette place par la force, quand la République sera libre d'agir.

Je conviens que dans le droit étroit, les rebelles étant maîtres de San Fiorenzo quand ils ont appelé les ennemis en Corse, ce peut être à eux que le général des Austro-Hongrois rendra la place où ils n'ont été que les protecteurs et en quelque manière les auxiliaires ;

mais ayant cette détermination, des gens de bonne foi se seraient expliqués différemment dans le cours de la négociation qu'il y a eu pour l'armistice en Corse.

Peut-être est-ce un bien que le Roy de Sardaigne remette Saint Florent aux rebelles, car dans l'impossibilité où je crois la République de reprendre cette place de vive force, ce peut être un motif capable de la déterminer à demander au Roy le secours que nous voulons vous et moi, et à faire rester en Corse un détachement qui, dans ce dernier cas, devra être plus fort que je ne l'avais pensé. Je crois donc que vous devez communiquer cette réponse de M. de Leutrum à MM. du gouvernement, et tirer de là toutes les conséquences que vous mettrez bien mieux dans tout leur jour que je ne pourrais l'exprimer ici ; cet incident nous donnera aussi, à ce que j'espère, plus de force pour engager notre ministère à consentir à ce qu'il demeure en Corse un détachement que je ne crois pas devoir être moindre de 2.000 hommes.

(M. G. Vol. Corse, 3.306).

Nice, le 2 novembre 1748. — Le maréchal de Belle-Isle à M. de Puysieulx. — J'ai eu l'honneur de vous mander, Monsieur, par ma lettre du 23 que j'attendais la réponse que me ferait M. de Richelieu sur les affaires de Corse pour vous faire part des raisons qui me font penser comme lui ; mais comme il traite la première partie si discrètement que je ne pourrais que tomber dans les répétitions de tout ce que nous avons déjà mandé, je m'arrêterai uniquement aux moyens, persuadé, comme je le suis, que nous vous en avons assez dit pour que vous sentiez la nécessité que le Roy conserve la première influence et un crédit dominant en Corse.

Vous apprendrez que je vois avec grand plaisir que les défiances de la République ont cessé du moins pour le présent, et il ne faut pas manquer d'en profiter ; rien de plus simple en donnant les ordres que je vais rendre publics pour le retour de toutes les troupes du Roy des Etats de Gênes, de laisser celles qui sont en Corse les dernières. Il est à observer que nous n'y avons que des détachements qui dans la circonstance de la réforme qui va se faire, n'apporteront que peu ou point de diminution à la force du corps dont ils ont été tirés... La difficulté, très souvent réelle, de passer la mer, fera un nouveau motif pour différer, et insensiblement tous les délais qui peuvent prolonger la consommation des articles du traité définitif se trouveront écoulés, et dès que l'on est d'accord avec la République et que ce sera à sa réquisition que le Roy laissera quelques détachements en Corse, il ne me paraît pas que qui ce soit en puisse prendre ombrage, et soit encore moins en droit d'y trouver à redire.

M. de Richelieu ignorait, lorsqu'il vous a écrit, la réponse que vient de me faire M. de Leutrum à la lettre que je lui ai écrite du 19 dont je vous ai envoyé copie.

Après tout ce qui s'est passé dans le cours de cette négociation, et l'air de franchise et de facilité que la Cour de Turin a affecté de montrer, on ne devait naturellement pas s'attendre à ce qu'elle vient de me faire écrire par son général ; mais la demande précise que je lui ai faite de chasser les rebelles de la forteresse de San Fiorenzo a forcé le ministre piémontais de se démasquer, et nous ne pouvons plus guère douter que le Roy de Sardaigne ne soit déterminé à faire retirer à l'improviste le petit nombre de soldats qui y restent et à laisser la place entre les mains des chefs des rebelles au lieu de nous la remettre, comme le comte de Viansin me l'a toujours fait entendre dans toutes les conférences que j'ai eues avec lui, dans lesquelles il en a été question plusieurs fois. Ignorant encore quel serait le succès de la négociation de M. de Richelieu avec la République, je me suis dépêché de lui faire part de cette réponse de M. de Leutrum, pour qu'il la communiquât aux commissaires du gouvernement, ne doutant point que cela ne les déterminât à nous demander du secours dans l'impuissance où est actuellement la République de retirer cette place des mains des rebelles. Mais je vois que ce motif de plus n'aura pas été nécessaire à M. de Richelieu; il servira du moins à confirmer le gouvernement génois dans le soin indispensable qu'ils ont de la protection du Roy.

Cet événement dont je ne suis pas fâché, me fait penser que les détachements que nous avons en Corse pourront bien n'être pas suffisants pour reprendre Saint Florent de vive force, et ce sera peut-être un bien que les affaires aient pris cette tournure, parce qu'à très peu de frais et sans rien déranger, on pourrait en reprenant cette place devenir maître des chefs de la rébellion et établir plus solidement la tranquillité dans cette isle, dont le Roy seul aurait tout le mérite. Je viens de faire part à M. de Richelieu de toutes mes idées là-dessus et comme il doit être ici dans peu de jours, je remets à ce temps à entrer dans un plus grand détail. J'aurai dans cet intervalle le loisir de recevoir les ordres du Roy que vous nous avez annoncés après que vous auriez reçu nos réponses.

Je pense tout comme vous, Monsieur,

1º Que tout doit se faire de concert avec la République et même à sa réquisition.

2º Que l'on doit observer le secret le plus inviolable.

3° Qu'il faut employer en Corse un homme intelligent et tel que vous le dépeignez.

4° Et enfin ne rien exécuter de tout cela qu'après la consommation de tout ce qui a rapport à la paix et toujours sans éclat et sans dépense.

Le premier article se trouve déjà rempli.

Le second le sera certainement de notre part; il serait difficile de répondre de même du secret de la République.

Quant au troisième, s'il n'eût pas été question de la réduction de Saint Florent, je crois que le sujet que projette M. de Richelieu aurait pu suffire ; mais il ne peut plus convenir, s'il faut attaquer cette place ; il sera facile d'y suppléer.

Et à l'égard du dernier, nous ne changerons rien à la conduite dont je vous ai parlé au commencement de ma lettre, nous maintiendrons les détachements d'augmentation tout prêts. Ils seront commandés pour faire l'arrière-garde de toutes les troupes et ramasser les traîneurs ces détachements se trouveront commandés par ceux que nous croirons les plus propres pour l'expédition dont il s'agit et ils ignoreront eux-mêmes jusqu'au dernier moment leur destination. Cette augmentation à mon sens sera fort médiocre et ne montera pas à 50 hommes par bataillon ; il en sera de même de la dépense ; il ne faut que trois ou quatre pièces de canon et deux mortiers pour prendre Saint Florent ; la République a tout cela sur ses galères ; ses pinques et ses felouques sont aussi plus que suffisants ; les frais d'un tel siège sont pour ainsi dire nuls.

Toute réflexion faite, je me suis déterminé de ne faire aucune réponse à M. de Leutrum ; je conviens que dans le droit étroit, les rebelles étant maîtres de San Fiorenzo quand ils ont appelé les ennemis de la République en Corse, l'on peut dire que c'est à eux que le général des troupes Austro-Sardes doit rendre la place, où ils n'ont été que leurs protecteurs, et en quelque manière leurs auxiliaires; mais si la Cour de Turin a eu cette détermination, elle eût du s'expliquer différemment dans le cours de la négociation qu'il y a eu pour l'armistice en Corse.

Quoiqu'il en soit, il m'a paru également dangereux de prendre l'affirmative avec hauteur ou d'acquiescer ou même de prendre aucun parti mitoyen. L'on ne peut rien mettre par écrit en pareil cas; quelque attention que j'eusse eue à choisir les termes et les expressions, elles pourraient toujours être sujettes à interprétation ou critique, et comme selon toute apparence, nous ne pourrons tarder d'avoir des conférences où je crois que sera M. de Leutrum, il m'a paru à tous égards plus sage de remettre à dire de bouche tout ce dont la matière est susceptible.

J'espère, Monsieur, que vous approuvez le parti que j'ai pris, d'autant que j'aurai le loisir, avant que nos conférences commencent, de recevoir votre réponse et les instructions que vous jugerez à propos, de me donner là-dessus. Vous sentez aisément que le plus tôt sera le mieux.

(M. G. Vol. Corse 3.307).

Nice, le 2 novembre 1748. — Le maréchal de Belle-Isle au Comte d'Argenson. — Il y a environ huit jours, Monsieur, que je reçus une lettre de M. de Puysieulx qui en m'en adressant une pour M. de Richelieu sur les affaires de Corse, me priait de lui mander les motifs et les moyens que je pensais qui pourraient engager le roi à y entrer. Je lui mandai que j'attendais la réponse de

M. de Richelieu pour lui faire la mienne en même temps. Je viens de la recevoir, et en la lui faisant passer je lui écris la lettre dont je joins ici copie. Elle vous mettra au fait de ma façon de penser que j'ai traitée fort au long dans différentes occasions. Je ne doute pas que M. de Puysieulx ne fasse lecture de la dépêche de M. de Richelieu au Conseil, et que si votre santé ne vous permet pas encore d'y assister, il ne vous la communique.

Dès que la République connaissant mieux le danger de la situation en Corse, et le besoin qu'elle a de la protection du Roy est la première à lui demander du secours, je ne pense pas que l'on puisse balancer un instant à le lui accorder, et l'on ne peut jamais le faire avec moins d'embarras que nous le proposons. Nous avons en Corse 7 ou 800 hommes de détachement ; ils auraient suffi si le Roy de Sardaigne eût remis San Fiorenzo entre les mains de la République. Vous verrez par la copie de la réponse que vient de me faire M. de Leutrum que nous ne devons plus nous y attendre et qu'il faudra par conséquent que la République reprenne cette place sur les rebelles ; ce ne peut être que par la force ou par négociation. Mon sentiment est d'embrasser le premier parti et de rejeter absolument le second ; vous en sentez aisément les raisons, sans que je les dise. Je regarde même comme un bonheur à tous égards que cette affaire ait pris cette tournure. Je compte que deux mille hommes suffisent et qu'en prenant 100 hommes par bataillons des Suisses et des Allemands, et 50 du Royal Italien avec le bataillon de piquets de la marine, que nous aurons notre nombre, observant même de retirer de Corse les piquets des régiments français que vous destinez en Bourgogne ou en

Dauphiné, et n'en prenant que de ceux qui doivent hiverner en Provence.

Un détachement de cette espèce ne dérange rien à vos projets de réforme, et n'affaiblira point trop les corps dont ils seront tirés ; j'aurai grande attention, si cela a lieu, au choix des officiers, car il n'est point question de suivre l'ordre du tableau; le bataillon de la marine formera la tête de ce petit corps et en fera la principale consistance. Il ne s'agit point dans le fond de faire la guerre en Corse, mais uniquement de reprendre Saint Florent qui, par les connaissances qu'on m'en a données, ne saurait se défendre huit jours. Nous sommes maîtres de toutes les autres places ; nous avons le plus grand nombre des habitants et des chefs des pièves pour nous, tout se fait par négociation et à l'amiable, et si l'on se rendait une fois maître des chefs des rebelles qui sont enfermés dans San Fiorenzo, et qu'on en fît l'exemple le plus sévère, tout sera terminé par l'intervention du Roy qui sera le maître des conventions qu'il y aura à régler entre le gouvernement génois et les Corses, dont S. M. sera garante et protectrice de ces peuples, avec d'autant plus d'effet que nous pourrons laisser encore pendant quelque temps une partie des détachements dans les places principales. Mon idée est de confier cette commission, si elle doit avoir lieu, à M. de Crussol. Il joint à toutes les qualités requises, une connaissance particulière de la Corse, où il a déjà servi sous M. de Maillebois ; je ne saurais assez vous en dire du bien; il connait à présent tous les principaux membres de la République ; il est également aimé et estimé et le nom qu'il porte avec cela le met en état d'en imposer en même temps aux députés du gouvernement et aux chefs les plus accrédités des Corses.

L'on pourrait laisser avec lui Cursay, qui est présentement plus au fait que tout autre de la situation actuelle; ce serait une occasion pour que vous puissiez l'avancer, quand même on y mettrait un brigadier. Nous ne déciderons rien sur cette seconde partie, M. de Richelieu ni moi, que je n'aye eu votre réponse.

Je prie M. de Puysieulx de ne pas me faire attendre la sienne. Vous sentez qu'il est bon que je sois instruit avant que nos conférences s'entament. Ce n'est même ni par vous ni par lui que je sais qu'il doit y en avoir, et je n'ai encore aucune instruction de quelque nature que ce puisse être sur ce que je dois faire ou ne pas faire, ce qui fait que je prends le parti du silence et fait dire à M. de La Mina, ainsi que je vous l'ai mandé, que je fais le mystérieux, car il a déjà reçu d'amples instructions de Madrid, ainsi que de M. de Sottomayor et de M. le duc de Huesca, par trois courriers consécutifs depuis huit jours. J'ai l'honneur etc.

(M. G. Vol. Corse 1748)

Fontainebleau, le 3 novembre 1748. — M. de Puysieulx au maréchal de Belle-Isle. — J'ai reçu, Monsieur, la lettre que vous m'avez fait l'honneur de m'écrire le 23 du mois dernier. Sur le compte que j'ai rendu au Roy de ce qu'elle contenait et des idées de M. le maréchal de Richelieu par rapport à la Corse, Sa Majesté m'a ordonné de vous marquer que vous pouviez entamer cette négociation. Il paraît par le dernier mémoire que la République a remis à M. de Richelieu, qu'elle désirerait mettre fin aux troubles de cette isle, et qu'elle reprendrait volontiers pour cet effet l'ancien traité qu'elle avait fait avec les rebelles, par la médiation du Roy. Ce mémoire est la seule pièce qui ait développé jusqu'à présent, quoique assez obscurément, les intentions des Génois à cet égard. M. de Pallavicini a constamment éludé, et même assez récemment, de traiter cette matière avec moi, ce qui nous a toujours empêché de prendre des résolutions fixes et précises. Mais puisque la République s'est enfin expliquée, j'envoie des ordres à M. Guymont d'exécuter tout ce que vous lui prescrirez, Sa Majesté s'en remettant entièrement à votre prudence et à vos lumières. Je souhaite que vous trouviez dans M. Guymont toute l'intelligence qui serait nécessaire en cette occasion.

Rien ne sera plus facile que de conduire cette affaire à bien, si la République de Gênes veut y concourir en recevant comme une nouvelle grâce du Roy la bonté que Sa Majesté veut bien avoir encore de s'en mêler. Il ne s'agit pour y parvenir que de reprendre le dernier accommodement qui a été fait entre la République et la Corse, et d'y ajouter et retrancher ce qui paraîtra nécessaire ou convenable suivant les circonstances et la disposition des esprits. Je ne doute pas que vous ne sentiez combien un homme sage et intelligent vous serait utile en Corse pour faire entendre raison aux rebelles, pendant que vous travailleriez à faire sentir à la République l'importance dont il est pour elle de couper racine aux révolutions de cette isle, en traitant ses habitants comme des hommes et non comme des esclaves.

Je ne sais si je me trompe, mais je crains qu'à mesure que vous avancerez dans cette négociation, vous ne rencontriez des obstacles de la part des Génois et des Corses qui nous forceront peut-être à les abandonner à leur destinée. Il n'y a nul inconvénient de les prévenir les uns et les autres en les avertissant aussi que si Sa Majesté prend part à la conciliation, elle exigera absolument que les engagements qui seront réciproquement contractés soient fidèlement exécutés dans la suite de part et d'autre. Si cet accommodement a lieu, il faudra profiter de cette circonstance pour faire avec la République un règlement qui nous donne d'une manière invariable la facilité de recruter le Régiment Royal-Corse.

(M. G. Vol. Corse 3.307).

Gênes, le 4 novembre 1748. — M. de Guymont à M. d'Argenson. — Monseigneur, on s'assembla avant hier chez M. le maréchal de Richelieu par rapport aux affaires de Corse ; il nous fit part des nouvelless qu'il en avait reçues par lesquelles on lui marquait tous les mouvements que Gafforio, un des chefs des révoltés, avait faits à son retour de Piédmont pour engager ces peuples à persister dans leur révolte, mais que n'ayant pu y parvenir, il avait pris le parti d'entrer dans leurs vues et d'approuver qu'ils s'accordassent par la médiation de la France, pour qu'ils y trouvent leur avantage, ce qui demandait du temps et beaucoup de réflexions.

On lut ensuite plusieurs articles qui ont été accordés prudemment aux Corses et on résolut de s'en tenir à trois principaux : les revenus et l'économie de cet Etat, la nomination aux évêchés et bénéfices de cette Isle et le choix de quatre lieutenants que la République nommait sur leur présentation. On doit envoyer incessamment dans cette isle un homme de confiance auquel on donnera les instructions nécessaires. Malgré cela la République sera toujours embarrassée pour s'y maintenir, parce que, pour y parvenir, il faut qu'elle entretienne au moins 1.500 hommes et que par le calcul qu'on a fait, les revenus qu'on en tire suffisent à peine pour payer 450 soldats et les officiers de justice. D'ailleurs il y a beaucoup d'endroits où il serait nécessaire de rétablir les fortifications ou d'en faire de nouvelles, ainsi que des chemins de communication d'une place à l'autre, et la République n'est point en état de subvenir à toutes ces dépenses, ni même de trouver les fonds qui seraient nécessaires pour en faire un partie.

On a tenu ce matin un grand conseil dans lequel on a délibéré d'inscrire M. d'Ahumada au livre d'or.

M. le maréchal de Richelieu compte partir cette semaine et se rendre au plus tard le 20 à Montpellier pour y tenir les Etats. — J'ai l'honneur etc.

(M. G. Vol. Corse An. 1748).

Gênes, le 4 novembre 1748. — Le duc de Richelieu à M. de Puysieulx. — ... Je compte envoyer en Corse le sieur Guisard avec des instructions dont je joindrai ici la copie, si je puis, ou je vous la ferai passer par le premier courrier. Les affaires dans ce pays me paraissent prendre de plus en plus la tournure que je vous avais annoncée que je croyais qu'elles auraient dès que vous voudriez bien y prendre part.

Gafforio, à son arrivée de Turin, comme je vous l'ai marqué, avait indiqué avec confiance une Consulte générale dans laquelle il avait imaginé toutes les choses les plus séduisantes pour entraîner les peuples à son avis. Mais les émissaires que M. de Cursay avait su introduire, et le nombre de gens attachés à la France qui y étaient réunis, ont trompé l'attente de Gafforio et ont tous parus si portés pour se remettre à la discrétion du Roy, que Gafforio, voyant qu'il lui était impossible de les amener à son avis, s'est tout d'un coup retourné et est lui-même convenu qu'il n'y avait rien de plus avantageux pour eux que de se mettre sous la protection de la France, pourvu qu'elle voulût bien les y recevoir, et s'engager à leur faire tenir les promesses que leur avait faites la République, mais qu'il doutait fort qu'elle voulût prendre ce parti-là, et qu'en tout cas, le moyen de l'obtenir n'était pas de le précipiter, comme ils voulaient faire, et qu'il fallait traiter cette affaire avec plus de ménagement, et pour cela que chaque piève élût un député qui allât trouver M. de Cursay pour le prier de me faire passer ici leurs demandes et leur soumission, et lui, Gafforio, pendant ce temps-là, a envoyé secrètement à M. de Cursay pour traiter directement pour sa personne et je crois que son principal objet est de faire son traité particulier au cas qu'il ne trouve pas lieu d'exciter de nouveaux troubles parmi les pièves dans la nouvelle élection qu'il a proposée, et enfin de suivre le parti qui lui paraîtra le plus avantageux, car il me paraît mériter la réputation qu'il a d'être l'homme de Corse le plus adroit et qui a le plus d'esprit.

Pendant ce temps-là j'ai eu, j'ai des conférences encore avec les députés de la République qui consentent au renouvellement de tous les articles des cessions qu'ils ont faites aux Corses et que nous soyons garants de l'exécution, de sorte qu'on ne peut être plus content que je le suis de leur façon de penser à cet égard, et de celle où cette affaire se trouve en Corse ; je sens cependant toujours la difficulté qu'il y aura dans la parfaite exécution de toutes les conventions qui seront faites de part et d'autre ; mais c'est une difficulté qui a toujours dû être prévue et qui vient du fond de la chose dont on ne connaîtra même le plus ou le moins d'étendue que quand on sera à même de la besogne, et en attendant tout ce qui pouvait être fait, l'est effectivement.

(M. G. Vol. Corse 3.307).

Fontainebleau, le 6 novembre 1748. — M. d'Argenson au maréchal de Belle-Isle. — J'ai reçu, Monsieur, les lettres que vous m'avez fait l'honneur de m'écrire les 18 et 23 du mois dernier sur l'offre que le Roy de Sardaigne vous avait fait faire par M. de Leutrum de retirer les deux bataillons autrichien et piémontais de St-Florent en n'y laissant qu'un détachement de 50 à 100 hommes jusqu'à l'évacuation de la Corse, et les ordres que ce prince a donnés à cet égard après avoir reçu votre consentement. Les réflexions que vous faites sur les vues particulières que les Piémontais pourraient avoir eues en rappelant ce bataillon et laissant subsister les compagnies des Corses rebelles, sont très sages, et l'on ne peut qu'approuver votre prévoyance dans la demande que vous avez faite que ces compagnies soient licenciées, afin que quand il sera question de remettre aux Génois la tour de St-Florent, le commandant du détachement piémontais ne puisse pas s'en dispenser, sous prétexte qu'il ne seront pas assez en forces pour en expulser les Corses. Ce serait cependant faire injure au Roy de Sardaigne que de témoigner ouvertement qu'on se défiât de ses intentions à cet égard, après ce qu'il a mandé formellement à M. de Leutrum dans sa lettre du 6, que les Génois devaient rentrer à la paix dans la possession de l'isle entière, et le Roy ne doute point que les Commissaires qui seront envoyés à Nice ne soient autorisés par leur cour à se prêter à tous les arrangements que vous pouvez leur proposer pour assurer cette restitution à la République dans le temps dont vous conviendrez ensemble.

Quant à ce que vous avez mandé à M. de Cursay, de répandre des émissaires adroits parmi les Corses pour les disposer à recourir à la clémence de la République, sous la protection et la garantie du Roy, comme cette matière intéresse principalement la politique, je m'en rapporte entièrement à ce que M. de Puysieulx vous mandera à ce sujet, et je me contenterai de vous prier de continuer à recommander à M. de Cursay d'éviter avec la plus grande attention tout ce qui pourrait donner occasion à de nouveaux troubles dans cette isle. — J'ai l'honneur etc.

(M. G. Vol. Corse 3.307)

Nice, le 7 novembre 1748. — Le maréchal de Belle-Isle à M. d'Argenson. — .... Je joins ici copie de la réponse que je fais à M. de Puysieulx, à laquelle j'ai fort peu de choses à ajouter pour aujourd'hui. J'apprends seulement par une lettre de M. de Richelieu que Gafforio, l'un des principaux chefs de rebelles, a fait faire des propositions d'accommodement, ce qui pourrait éviter la nécessité de reprendre Saint-Florent de vive force. Comme j'attends M. de Richelieu aujourd'hui ou demain, si la mer ne s'y oppose pas, je traiterai de nouveau cette affaire et vous en rendrai compte. Je crois en général que la République est plus disposée qu'elle ne l'a été à s'en rapporter à la médiation du Roy dans ce qu'il y a à régler avec la Corse et à se soumettre à sa garantie. — J'ai l'honneur etc.

(M. G. Vol. Corse 1748).

9 novembre 1748

Pouvoirs donnés à M. Guisard par le duc de Richelieu

Louis Armand Duplessis, duc de Richelieu et de Fronsac, pair et maréchal de France, chevalier des Ordres du Roy, premier gentilhomme de la chambre de Sa Majesté, son lieutenant-général et commandant en chef les provinces du Languedoc, commandant en chef des troupes de France et d'Espagne au secours de la République de Gênes :

Nous donnons pouvoir à M. Guisard, commissaire des guerres, de traiter avec les peuples de Corse et d'arrêter, suivant les instructions que nous lui en avons données, les conditions sous lesquelles le Roy leur accordera sa protection et assurera l'exécution de ce qui leur sera promis, en quoi nous l'autorisons par le présent plein pouvoir.

Fait à Gênes le 9 novembre mil sept cent quarante huit.

Le duc de Richelieu

Instructions pour M. Guisard envoyé en Corse

Les troubles qui ont agité la Corse ont eu des circonstances bien différentes depuis leur commencement.

M. Guisard est mieux informé qu'un autre de ce qui s'est passé à cet égard.

Les peuples de cette isle semblent être ennuyés d'une rebellion ruineuse pour le pays, et qui ne peut-être que profitable à quelques chefs qui voudraient toujours pouvoir abuser de l'illusion pour conserver leur crédit et leur autorité ; mais le peuple de ce pays, qui a de l'esprit, commence à être éclairé par l'expérience sur ses véritables intérêts et à vouloir les concilier avec la haine qu'il a contre les Génois, et il pense avec raison que le seul moyen serait d'obtenir de la France sa protection avec la garantie des promesses qu'il a extorquées de la faiblesse du gouvernement génois qui n'a jamais eu intention de les tenir, et qui ne peuvent avoir d'exécution, jusqu'à ce qu'une grande puissance ait, par sa médiation vis à vis de la République et vis à vis des peuples, interposé son autorité pour établir une règle qui puisse faire jouir ce pauvre pays d'autant de repos que sa situation et le génie de ses peuples peuvent le comporter, et qu'ils reconnaissent avec raison que cette puissance ne peut être que la France, à laquelle ils sont par cette raison attachés comme au seul recours qu'ils peuvent avoir pour leur libération.

Les circonstances d'ailleurs où la République se trouve avec la France doivent augmenter la facilité où sa puissance pourrait la mettre, d'établir cette règle que l'on avait eu l'air de chercher à établir en 1738, dont personne alors n'avait songé à chercher les moyens ; aujourd'hui tout semble y concourir, et la retraite des Piémontais, et toutes les places dont nous sommes les maîtres achèvent de persuader aux peuples que nous pouvons les sauver ou les détruire.

Les circonstances ne sont pas moins favorables du côté de la République, qui voit par son état, que M. Guisard connaît, qu'il lui serait impossible d'être maîtresse de cette isle, et que la révolution à laquelle elle n'était pas en état de mettre la moindre opposition, lui enlèverait la Corse à jamais. C'est ce qui a déterminé le gouvernement à se livrer absolument à la France, dont les secours lui ont avec tant de raison inspiré tant de confiance et lui ont fait écarter toutes les défiances qu'ils avaient eues à cet égard autrefois. Ils ont nommé M. Regner et Jacomin Grimaldi pour traiter avec moi spécialement sur les moyens à employer pour établir des lois dans la Corse, et prévenir, s'il est possible des révolutions qui pourraient conduire à priver la République d'une possession que la France a tant d'intérêt de lui conserver, puisqu'elle ne pourrait elle-même en être maîtresse sans exciter une jalousie des autres puissances qu'elle ne veut et ne doit point exciter, et qu'elle souffrirait aussi un très grand préjudice, si une autre puissance que les Génois en fût en possession. Les députés sont convenus de tous les principes, et marquant toute la confiance qu'elle doit dans les bontés du Roy, et dans ses bonnes intentions pour la République qui doit animer tous les ministres, ils en ont passé sans peine par toutes les choses que je leur ai proposées.

Ils consentent à confirmer tous les articles qu'ils ont accordés aux Corses depuis 1738, et que la France les garantisse.

Il y a trois articles seulement sur lesquels ils ont fait des justes observations.

Le premier regarde l'érection de certaines lieutenances pour lesquelles les peuples doivent proposer deux sujets dont la République doit choisir un, et le gouvernement demanderait que le nombre fût de six ou de quatre, pour que le choix ne parût pas aussi restreint. Le sieur Antonietti m'a dit que cela ne ferait pas la moindre difficulté.

Le second regarde les évêchés que la République avait promis qui ne seraient conférés qu'à des naturels Corses, ce qui fait, avec justice, une grande peine à ce gouvernement. Mais comme la nomination de tous les bénéfices appartient au pape, ce serait limiter son pouvoir que de rien statuer à cet égard, et la France, en faisant l'office de médiateur, doit prendre bien garde de rien stipuler qui puisse blesser la cour de Rome, qui le devrait être justement. C'est sur quoi le sieur Guisard aura le plus de peine, je crois, vis à vis des peuples et sur quoi il doit tenir ferme. Il peut seulement faire des promesses vagues d'offices de conciliation vis à vis du Pape, mais faire sentir au peuple que lorsque la faiblesse de la République leur a fait faire cette promesse, elle n'a jamais eu l'intention de la tenir, ce qu'elle sentait elle-même qu'elle ne pouvait faire, mais que le Roy ne permettant rien qu'elle ne veuille tenir et que sa puissance ne puisse faire exécuter, il ne veut rien promettre que de juste et de convenable.

Le troisième article regarde les subsides à lever dans la Corse que le sieur Guisard verra dans les différents articles de conventions faites par la République, qui se réduisent à sept mille pistoles, et la République avec raison se récrie sur ce petit subside, par rapport à ce que le pays pourrait fournir et aux dépenses qu'il exige pour son entretien, telles que les garnisons, entretien des places, gages du gouverneur et officiers de justice et militaires. Mais comme il faut finir de façon ou d'autre, je n'ai d'autre règle à donner au sieur Guisard que celle de tâcher de porter ces subsides le plus haut qu'il lui sera possible.

Le sieur Antonietti est un des chefs des rebelles les plus accrédités et qui a le plus d'esprit, mais il y en a bien d'autres qui ne lui sont pas soumis ; ainsi on ne peut tirer que des inductions de ce qu'il dit, et il faudra que le sieur Guisard traite avec tous les chefs toujours de concert et même subordonnément à ce que lui marquera M. de Cursay qui a conduit les choses au point de recevoir de tous les chefs leur soumission de se remettre aux volontés du Roy ; ce qu'il y aura de plus difficile sera la manière d'exécuter tout ce qui aura été convenu de part et d'autre, et il faudra pour ainsi dire faire une constitution nouvelle dans les lois, et traiter tout cela avec des gens qui ont tant d'intérêts différents et si peu d'autorité réelle et aucune de légitime. C'est où il faudra plus d'adresse et de soin de la part du sieur Guisard, et où les menaces de l'autorité du Roy pourront faire grand effet. Il est impossible de prévenir à cet égard aucune difficulté, dont M. Guisard rendra compte à mesure qu'elles se présenteront et des moyens qu'il se propose pour les lever, et l'on ne peut s'en remettre en attendant qu'à ce que sa prudence lui suggérera et à ce que M. de Cursay lui donnera d'éclaircissement à cet égard.

M. Guisard rendra compte de tout à M. Chauvelin tant qu'il sera ici, et à M. de Guimont, mais surtout à M. le maréchal de Belle-Isle, de qui il recevra les ordres, et pour abréger, il pourra envoyer à M. de Guimont et à M. Chauvelin les lettres ouvertes qu'il écrira à M. le maréchal de Belle-Isle, et s'il est possible d'amener les Corses au point de commencer par faire une avance sur le subside qu'ils devront, il faut tâcher de les y déterminer pour donner une preuve de leur fidélité et surtout de la façon dont les impositions se percevront à l'avenir, l'exécution des détails étant la seule chose qui peut faire connaître ce que l'on peut espérer de l'application.

Il n'est pas possible d'ailleurs de rien prévenir sur les difficultés qui peuvent se rencontrer, qui ne viendront qu'à mesure que l'ouvrage s'avancera, et sur lesquelles il y aura des ordres suivant le compte que M. Guisard en rendra, et l'on ne peut que s'en rapporter à sa prudence pour conduire les choses selon ce qu'il voit dans ladite instruction, et le principe de rendre la condition des Génois la meilleure qu'il se pourra, et d'y observer toute la décence qu'un souverain peut désirer en traitant avec ses sujets.

(M. G. Vol. Corse 3.307)

Gênes, le 10 novembre 1748. — M. Chauvelin à M. d'Argenson. — Monseigneur, M. le maréchal de Richelieu s'embarqua hier sur une galère de la République pour retourner en France et son départ m'a laissé le commandement des troupes du Roy qui sont employés dans les Etats de la République de Gênes. Je vous ai déjà marqué plusieurs fois combien je suis sensible à cette distinction que vous m'avez procurée. Permettez-moi de vous en renouveler mes remerciements et de vous assurer que je tâcherai de me rendre digne de cette faveur par toute l'exactitude, tout le zèle et toute l'application dont je suis capable.

M. le maréchal de Belle-Isle et M. le maréchal de Richelieu vous ont sans doute informé de la disposition que les peuples de Corse laissent entrevoir à rentrer sous l'obéissance de la République à de certaines conditions dont ils demandent la garantie au Roy. M. le maréchal de Richelieu, avant de partir de Gênes, a chargé le sieur Guisard, commissaire des guerres, de se transporter en Corse avec une instruction et des pouvoirs pour sonder les intentions des chefs et des communautés, et pour pouvoir diriger en conséquence les mesures propres à assurer l'exécution du règlement qui sera fait entre les Génois et les Corses. Il m'a chargé en même temps de suivre de concert avec M. de Guymont envoyé de France, les progrès de cette affaire dont la conclusion est à beaucoup d'égards intéressante pour la couronne de France. J'attends à ce sujet des instructions de M. le maréchal de Belle-Isle et lorsque je les aurai reçus, je vous rendrai compte de l'usage que je serai à partie d'en faire et du succès que j'en pourrai tirer. Je suis etc.

(M. G. Vol. Corse 1748)

Bastia, le 10 novembre 1748. — M. de Cursay à M.

d'Argenson. — Monseigneur, M. de Cumiane reçut le 8 au soir ses ordres pour faire passer en terre ferme le régiment de Daun et celui de la marine en Sardaigne, ce qui doit être exécuté incessamment. Il est arrivé à cet effet un vaisseau anglais pour escorter un bataillon et celui qui était à Saint Florent escortera l'autre. On dit qu'il restera cent hommes pour garder le château. Matra m'a mandé sur le champ. Vous aurez su par M. de Richelieu que j'étais depuis quelque temps en connaissance que le Roy de Sardaigne lui donnait le régiment qu'avait Rivarola et qu'il s'embarquait avec le convoi pour passer en Piémont. Il m'a recommandé le secret, je ne sais trop pourquoi. Les chefs ont été convoqués apparemment pour prendre les derniers arrangements. Je ne sais point encore les miens. En conséquence je n'ai point eu de lettres de M. de Richelieu depuis le 16 de l'autre mois. Il a fait continuellement un temps affreux, et il s'est perdu un bâtiment à huit heures d'ici qui pouvait très bien m'apporter des ordres. Le peuple est dans une consternation sans égale ; ils meurent de peur de notre départ, et la ville sent bien que si nous partons avant l'arrangement fait, qu'elle tombera aussitôt entre les mains des rebelles. Le vice-*régent* (gérant) en écrit très fortement à sa République, les places étant aussi dépourvues de vivres que d'argent. J'ai l'honneur etc.

(M. G. Vol. Corse 1748).

Bastia, le 10 novembre 1748. — M. de Cursay à M. de Belle-Isle. — Monseigneur, Les ordres arrivèrent le huit au soir à M. de Cumiane pour renvoyer en terre ferme le régiment de Daun et faire passer en Sardaigne celui de la marine escortés l'un et l'autre par un bâtiment anglais. Ils laissent à ce que l'on dit cent hommes dans le château de Saint-Florent. J'ai imaginé que c'était un arrangement fait entre vous et M. le baron de Leutrum et que le mauvais temps qu'il fait depuis trois semaines m'a empêché d'en être informé par M. le duc de Richelieu. Matra avec qui M. le duc de Richelieu vous aura mandé que je suis en traité depuis quelque temps, m'a envoyé dire sur le champ que le Roy de Sardaigne lui avait donné le régiment qu'avait Rivarola et qu'il partait pour passer en Piémont. Il m'a recommandé le secret, j'en ignore la raison. Ils ont envoyé chercher Gafforio et Giuliani, les deux autres chefs du peuple, sans doute pour prendre les derniers arrangements avec eux ; leur départ doit être pour le douze.

La République n'a encore pris aucun arrangement sur l'affaire de l'Algajola ; il me paraît par toutes les informations que j'en ai prises par ce que des gens dignes de foi en ont dit au vice-régent, que le commandant du fort est inexcusable. Comme je n'ai point eu de lettres de M. le maréchal de Richelieu depuis le 16 du mois passé et que le temps n'a pas permis que j'en eusse, peut-être y aura-t-il des ordres pour la finir dans la première barque que je recevrai. J'ai l'honneur etc.

(M. G. Vol. Corse 3.307).

Bastia, le 10 novembre 1748. — Extrait de la lettre de M. de Cursay au maréchal de Richelieu. — .... Depuis que je suis arrivé dans l'isle, j'ai toujours crié sur le peu d'argent qu'envoie la République et sur le peu d'attention qu'elle a sur ses magasins. Cela est venu à un point où il n'y a plus d'autres remèdes que votre autorité. Les troupes ne sont point payées, et malgré les promesses faites aux officiers d'être réguliers à l'avenir, ils leur ont manqué de parole un mois après, et actuellement les trois quarts, auxquels ils est dû 6, 8 ou 10 mois, sont réduits à demander l'aumône ; ce n'est rien encore ; il n'y a pas un écu pour payer les soldats. Le Vice-gérant est obligé d'envoyer garnison chez les meilleurs bourgeois pour se faire prêter de l'argent par force à des gens auxquels on doit considérablement, que l'on a extorqués par les mêmes moyens. Enfin il n'y a plus rien dans les magasins, et sans mon secours, le soldat est à la veille de mourir de faim. Ne croyez pas que ce soit d'aujourd'hui qu'on en fait des plaintes ; le Commissaire général à qui on en a écrit, ne veut point faire de réponse. La République n'en fait pas davantage. Cependant comme cela pourrait bien devenir très dangereux et que des soldats sans argent et sans pain pourraient à la fin se révolter, j'ai pris le parti d'assurer le paiement des vivres à un entrepreneur, persuadé que vous ne me désapprouverez pas et que vous sentirez la nécessité où j'étais de le faire. Jugez si par une pareille conduite l'on gagne des peuples ! Ils en perdront plus en un jour que nous ne pourrions leur en attirer en un an.

(M. G. Vol. Corse 3.307).

Fontainebleau, le 11 novembre 1748. — M. d'Argenson à M. de Belle-Isle. — J'ai reçu, Monsieur, les lettres que vous m'avez fait l'honneur de m'écrire le 30 du mois dernier et le 2 du courant, et les copies qui étaient jointes à la dernière, de votre lettre à M. de Puysieulx, et de celle que vous avez reçu de de M. de Leutrum, par laquelle il s'explique enfin ouvertement sur la disposition où le Roy de Sardaigne est de laisser la Tour de Saint-Florent au pouvoir des Corses rebelles, quand ce prince achèvera d'en retirer ses troupes. Comme je me suis trouvé hier en état de me rendre au conseil, nous y avons fait, M. de Puysieulx et moi, le rapport de tout ce que vous nous marquez à ce sujet, et le Roy m'a chargé de vous expliquer ses intentions sur la partie qui concerne le militaire, ainsi que M. de Puysieulx le fait sur l'objet politique par sa lettre que je joins ici.

Sa Majesté a d'abord approuvé que vous n'ayez fait aucune réponse à M. de Leutrum sur l'évacuation de St-Florent, et s'il agite cette matière dans les conférences, vous ferez bien d'éviter de la discuter avec lui, si vous n'entrevoyez qu'il puisse avoir des instructions contraires, en vertu desquelles cette place serait remise aux Génois.

Quant au parti que la République a pris de recourir à la protection de Sa Majesté pour l'aider à se rendre maîtresse de cette place et achever de soumettre les Corses rebelles, vous verrez par la lettre de M. de Puysieulx que Sa Majesté désirerait que l'on pût y parvenir par la négociation plutôt que par la force ; cependant Sa Majesté a fort approuvé ce que vous vous proposez, d'arranger la marche des troupes qui sont à Gênes pour leur retour en France, de manière qu'il reste dans cette ville une arrière-garde, composée du nombre et de la qualité des troupes dont vous croirez devoir augmenter en cas de besoin le détachement qui est en Corse ; mais elle vous recommande de cacher avec un soin extrême l'objet réel de ce détachement sous l'apparence d'une précaution qu'il est nécessaire de prendre pour ramasser des malades et les traîneurs quand on sort d'un pays étranger, parce que si le Roy de Sardaigne pouvait soupçonner le moins du monde qu'on voulût envoyer en Corse un renfort de troupes, il n'est pas douteux qu'il retarderait alors l'évacuation de cette isle par ses troupes et celles de la reine de Hongrie, ce qui causerait un embarras dans les affaires générales, capable d'en retarder la conclusion. Ce ne sera donc qu'après la retraite des Piémontais et des Autrichiens qu'il pourra être question de faire passer de nouveaux secours à la République en Corse ; il serait même à désirer, et le Roy le pense ainsi, que l'on pût s'en passer pour ramener les rebelles à l'obéissance et les faire entrer dans leur devoir par l'intercession et la protection de Sa Majesté.

A l'égard de ce que vous proposez, Monsieur, d'envoyer M. de Crussol en Corse, je crois que vous trouverez que M. de Cursay suffit pour ce qu'il y a à faire à présent, tant que l'on n'augmentera pas le corps des troupes qui est sous ses ordres. Vous pouvez cependant confier à M. de Crussol le commandement du détachement qui restera à Gênes, soit pour passer en Corse, si les circonstances l'exigent, soit pour faire l'arrière-garde des troupes qui reviendront en France, si les affaires de cette isle s'arrangent par la voie de la négociation.

Je m'étonne, Monsieur, que vous n'eussiez pas encore reçu le 2 ma lettre du 25 octobre, qui contenait les premières instructions de Sa Majesté sur ce qui doit être agité dans les conférences à Nice ; elle n'aura pas sans doute tardé à vous être remise, et vous aurez été en état de calmer les inquiétudes de M. de La Mina. . . .

Je n'écris qu'un mot à M. de Richelieu parce que je le suppose parti de Gênes, et qu'en tout cas vous pourrez lui donner communication de cette lettre.

(M. G. Vol. Corse 3.307)

A *Fontainebleau, le 11 novembre 1748.* — M. de Puysieulx au maréchal de Belle-Isle. — J'ai reçu, Monsieur, la lettre du 2 de ce mois dont vous m'avez honoré. Sa Majesté la trouve remplie de réflexions et de raisonnements très solides. La confiance qu'elle a dans vos lumières l'a déterminée à m'ordonner de vous marquer qu'elle abandonnait à votre prudence le soin de terminer les affaires de la Corse. Elle désirait que cela pût s'exécuter plutôt par la négociation que par la force. M. le comte d'Argenson vous informera des intentions du Roy sur tout ce qui sera relatif à l'envoi de quelques nouveaux détachements dans cette isle. Ce ministre a assisté hier au Conseil d'Etat pour la première fois depuis que la Cour est à Fontainebleau, et a été témoin de l'opinion du Conseil à cet égard. Nous sentons tous les avantages qu'il y aurait à couper, pour une bonne fois, racine à toutes les divisions qui ne subsistent que depuis trop longtemps entre la République et les Corses. Les deux partis, suivant vos relations et celles de M. de Richelieu, paraissent le désirer avec un égal empressement; cela étant, il semblerait qu'il ne serait pas difficile de les réunir en reprenant l'ancien traité qui a été fait entre eux pour base de l'accommodement. Nous concevons que lorsque les Piémontais et les Autrichieus auront abandonné les rebelles, vous trouverez moins d'obstacles à leur persuader de rentrer sous l'obéissance de la République par la médiation du Roy. Sa Majesté veut que, s'ils s'en rapportent à Elle, leur sort soit adouci, et les Génois y doivent former d'autant moins d'opposition qu'il est de leur intérêt de ramener ces peuples par la douceur, puisqu'ils ne sont ni ne seront en état de les contenir par la force. Ne penseriez-vous pas, Monsieur, que les Corses qui se trouveront dans San Fiorenzo, se voyant abandonnés, ne voudront pas risquer un siège, ni même s'exposer aux préparatifs? Nous souhaiterions fort que cela prît cette tournure, parce qu'alors la République étant maîtresse de toutes les places de l'Isle, nous serions libres de prendre les résolutions qui nous conviendraient, si les Génois et les Corses nous montraient trop de déraison, car encore une fois, Monsieur, le Roy ne veut bien se charger de les réconcilier ensemble qu'autant que ces peuples le désireront et paraîtront y apporter de facilités. M. le maréchal de Richelieu, dans les dernières relations qu'il nous a faites, nous paraît assuré qu'il sera très facile de ramener toute la Corse à l'obéissance des Génois sans même qu'on soit obligé d'y faire passer de nouveaux détachements. Il ne nous reste qu'à désirer qu'il ne se soit pas trop flatté ; vous paraissez être du même sentiment, excepté par rapport aux détachements que vous croyez nécessaires.

Vous avez pris le meilleur parti de ne point répondre à M. de Leutrum, sa Cour a mis de la finesse où il ne fallait que de la vérité. Elle aurait dû d'abord vous déclarer tout simplement qu'elle ne pouvait ni ne devait vous remettre San Fiorenzo, et elle aurait eu raison.

Toutes les précautions que vous prenez pour dérober la connaissance du projet que vous avez formé relativement à la Corse sont si justes qu'il ne nous reste qu'à désirer que le secret soit aussi bien gardé sur la négociation qui y a rapport et que M. le maréchal de Richelieu a ébauchée avec les Commissaires de la République ; car s'il vient à transpirer, il pourrait en résulter un plus long séjour des Autrichiens et des Piémontais en Corse, et ce ne serait pas votre compte, ni le nôtre.

Je me suis sûrement trop étendu sur une matière que vous connaissez beaucoup mieux que moi. Si les Autrichiens et les Piémontais commencent les évacuations par la Corse, cela vous mettra plus à votre aise pour tout ce que vous voudrez négocier dans cette isle. — Je suis etc.

Puysieulx.

Nice, le 12 novembre 1748. — Le maréchal de Belle-Isle au marquis de Puysieulx. — Le premier point que j'ai mis sur le tapis avec M. le Duc de Richelieu, Monsieur, a été celui de la Corse, et voici en substance l'état où est cette affaire.

De la part de la République, elle a, comme vous savez, nommé deux Commissaires, pour discuter l'affaire vis-à-vis M. le duc de Richelieu. Ils sont convenus de s'en rapporter entièrement à ce que le Roy déciderait par rapport aux rebelles, que non seulement ils approuvaient que l'on laissât des troupes dans les places, mais que même ils supplieraient S. M. d'y en laisser, si elle n'y était pas déterminée de son propre mouvement, parce que dans le moment présent, la République n'a pas à beaucoup près assez de troupes sur pied pour pouvoir garder les places de terre ferme.

Du côté de la Corse, M. de Cursay vient de mander à M. de Richelieu par un officier qu'il a amené ici, que les principaux chefs des rebelles lui auraient fait offrir de se soumettre aux volontés du Roy, voyant bien qu'ils étaient abandonnés par les Cours de Vienne et de Turin, et en conséquence M. de Cursay demande ce qu'il doit faire. M. de Richelieu lui a répondu avant de partir de Gênes, qu'il devait continuer la négociation, qu'il lui enverrait incessamment le sieur Guisard, auquel il avait donné les instructions et pouvoir nécessaires pour, concurremment avec lui et sous ses ordres, continuer ce qu'il avait si bien entamé, et mettre en règle le plan de conciliation qu'il y aurait à dresser entre la République et les Corses, après que les rebelles auront fait leur soumission et remis aux troupes du Roy toutes les places et postes qu'ils occupent; que, quand il serait ici, nous lui manderions plus particulièrement ce qu'il y a à faire.

Après avoir discuté la matière à fond et vu et lu tout ce qui a été fait précédemment, j'ai trouvé que ce ne sera pas un ouvrage d'un jour que de pouvoir former en quelque manière un nouveau gouvernement et de nouvelles lois en Corse, ce qui est pourtant indispensable, si l'on veut parvenir à y établir la tranquillité. La République a accordé dans les derniers temps aux Corses tout ce qu'ils ont demandé et cela par nécessité et avec une volonté intérieure de n'en tenir que le moins qu'elpourrait. Les rebelles de leur côté ne se soumettront jamais de bonne foi à la République, s'ils ne sont en même temps contenus par l'autorité d'une aussi grande puissance que l'est la France, et rassurés par la protection du Roy, médiateur et garant contre les infractions que voudrait faire le Sénat à ce qui aura été réglé et convenu. C'est pour la suite de ce travail et de cette convention que M. de Richelieu a choisi le sieur Guisard auquel il croit toutes les qualités requises. Mais pour le moment présent, nous nous sommes bornés à mander à M. de Cursay:

1º Qu'il fallait qu'il se fît donner par écrit la soumission des chefs des rebelles, d'exécuter les conditions que le Roy règlera pour eux avec la République.

2º Qu'ils remettront aux troupes du Roy San Fiorenzo, dès que les troupes autrichiennes et piémontaises l'auront évacué, Corte, San Pellegrino, et généralement toutes les places qu'ils occupent.

3º Qu'ils feront élire le plus légitimement qu'il est possible, un député de chaque piève dans le nombre desquels il en sera élu quelques-uns pour représenter la nation.

4° Qu'il tâche de voir s'il ne serait pas possible d'exclure Matra de la négociation par le grand avantage qu'il y aurait de ne le point comprendre dans l'amnistie, attendu qu'en sortant du Régiment Royal Corse, il a eu la témérité de prendre les armes contre les troupes du Roy; que si cependant il y trouvait de trop grandes difficultés, ou que ledit Matra fût en état de rendre de grands services, en ce cas il faudrait bien passer là-dessus.

Voilà, Monsieur, où les choses en sont aujourd'hui; je vais attendre l'arrivée des deux commissaires de la République qui sont MM. Curlo et Pinelli, avec lesquels je partirai des errements où M. de Richelieu m'affirme avoir laissé les choses, en partant de Gênes, suivant lesquels il y a tout lieu d'espérer que l'on les pourrait mener à bien sans être obligé d'en venir aux voyes de la force pour reprendre San Fiorenzo ; dans ce cas les détachements des troupes du Roy qui sont actuellement en Corse, seront à peu près suffisants ; il ne s'agira pas d'en relever quelques-uns par d'autres, pour l'économie intérieure des Régiments qui les fourniront et en refaire une distribution différente dans les places de la Corse.

M. de Cursay ayant conduit la négociation jusqu'au point où elle est parvenue, je pense comme M. de Richelieu qu'il faut la lui laisser consommer; après quoi je verrai quel sera l'officier le plus convenable pour commander le détachement qui restera en Corse, lequel n'aura plus à se mêler que de la discipline militaire, le sieur Guisard restant seul chargé de la suite du plan qu'il y aura à former de concert et sous la direction de M. de Guymont, et je me tiendrai en correspondance avec l'un et avec l'autre, tant que la commission dont je suis chargé me retiendra dans ce pays. Il y a d'autant plus lieu de se flatter que le sieur Guisard pourra réussir que les députés de la République sont convenus avec M. le maréchal de Richelieu de consentir à effectuer tout ce que leur faiblesse et leur intention de ne rien tenir leur avaient fait arracher par les Corses, et le tout sous la garantie du Roy.

Je vous rendrai bien exactement compte de tout ce qui se passera. — J'ai l'honneur etc.

(M. G. Vol. Corse 1748)

Nice, le 13 novembre 1748. — M. de Belle-Isle à M. de Cursay. — J'ai reçu, Monsieur, votre lettre du 29 octobre qui répond à la mienne du 20. J'y vois l'irrégularité de la conduite de M. de Cumiane que j'ai encore vue plus particulièrement par la copie de toutes les lettres et pièces que vous avez adressées à M. de Richelieu qui me l'a remise à son passage ici ; mais comme le traité définitif de la paix a été signé à Aix la Chapelle, que toutes les parties belligérantes y ont accédé, et qu'il va se tenir ici des conférences pour régler les termes de l'exécution, les Autrichiens et Piémontais qui se trouvent encore à Saint-Florent vont être incessamment obligés d'en sortir et d'évacuer entièrement la Corse. Jusques là vous devez exécuter l'armistice et maintenir la tranquillité dont j'ai donné ma parole ; mais comme selon toute apparence, M. de Cumiane en quittant la Corse remettra Saint-Florent au pouvoir des rebelles sous le prétexte spécieux que c'est d'eux qu'ils ont reçu la place, vous n'avez rien de plus utile et de plus pressé à faire que de couronner la négociation que vous avez si bien conduite jusqu'à ce jour, pour assurer les habitants de la Corse de la protection du Roy et leur faire connaître le peu de fonds qu'ils doivent faire sur toutes les autres puissances de l'Europe et nommément sur le Roy de Sardaigne.

L'officier de votre régiment que vous avez envoyé à M. le maréchal de Richelieu l'a suivi jusques ici ; il m'a fait part des démarches qu'avaient faites auprès de vous les principaux chefs des rebelles offrant de se soumettre à tout ce que vous leur prescriviez au nom du Roy. M. de Richelieu pense tout comme moi que ce que vous avez à faire de plus pressé est de mettre à exécution les articles que nous avons omis par écrit tels que vous les trouverez ci-joint, afin que dès l'instant que les troupes réglées, autrichiennes et piémontaises auront évacué l'isle, les rebelles vous mettent en possession de Saint-Florent, où vous ferez entrer 100 hommes du Roy, et de tous les autres postes que les rebelles occupent actuellement dans l'isle.

Vous pouvez assurer les chefs des rebelles 1º que le Roy veut bien avoir la bonté d'être le médiateur entre la République et eux pour qu'il soit donné de nouveau une amnistie générale pour raison des derniers troubles; qu'il soit fait un règlement qui constatera la forme du gouvernement dans toutes ses parties et empêcher que la République ne viole ce qui leur aura été accordé, de même que le Roy joindra toute son autorité et toute sa puissance contre ceux des peuples qui manqueraient à la fidélité qu'ils doivent à leur souverain et au nouveau règlement qui aura été convenu ; il ne faut pour le moment présent entrer dans aucun détail avec eux, et vous en tenir aux termes généraux que le Roy les protégera, sera garant de tout, et que pour cet effet il reste des troupes dans toutes les places, et qu'il faut par conséquent qu'ils commencent par remettre Saint-

Florent et tout le reste ; avant que vous ayez fait exécuter les 4 articles ci-joints, il se passera plus de temps qu'il ne faut pour que la paix soit consommée et l'isle évacuée par les Corses et les Piémontais. Vous me donnerez régulièrement et le plus souvent que vous pourrez de vos nouvelles; je vous donnerai des miennes et pour gagner du temps vous pourriez adresser les lettres que vous m'écrivez à cachet volant à M. Chauvelin qui me les fera passer tout de suite, car je ne crois pas dans la saison où nous sommes que vous puissiez hasarder de m'envoyer ici directement des bâtiments de Corse.

J'ai supputé avec M. le maréchal de Richelieu et M. le marquis de Villemur qui connaît parfaitement la Corse qu'il suffirait de laisser dans cette isle environ 800 ou 900 hommes pour occuper les principales places. Il y aura des détachements de certains régiments à faire relever par d'autres et ce sera alors que j'en ferai passer l'augmentation qui sera jugée nécessaire ; mais cela ne peut s'exécuter qu'après que tous les Autrichiens et Piémontais sortiront de l'isle et que l'époque en aura été réglée aux conférences qui doivent se tenir ici, dont j'aurai soin de vous informer. Votre objet principal doit être pour le présent de vous assurer par écrit de la soumission de tous les chefs des rebelles et par leur moyen de tout le reste des habitants de l'isle, et que l'on vous remette Saint-Florent et les autres postes dès qu'il n'y aura plus d'Autrichiens et de Piémontais en Corse. Cela fait, votre mission sera remplie à l'avantage du Roy, à celui de la République et vous fera beaucoup d'honneur. Il ne tiendra pas à moi que vous n'en receviez la récompense ; mais comme tout ce qu'il restera à faire ensuite pour ces règlements de toute espèce sera un ouvrage de longue haleine et dont les détails ne sont point de votre compétence, ce sera à M. de Guymont, ministre du Roy, à en avoir le maniement vis à vis de la République et à en suivre les détails dans l'isle de Corse; et attendu qu'il ne peut pas être à Gênes et en Corse, où il est néanmoins indispensable qu'il y ait quelqu'un d'actif et en même temps sage et intelligent, M. le maréchal de Richelieu a, comme vous savez, jeté les yeux sur M. Guisard, auquel il a donné des instructions par écrit pour vous aller joindre, prendre de vous les mesures sûres qu'il y aura à faire après votre départ, et quand vous aurez consommé le grand ouvrage de la soumission des chefs des rebelles et de la remise de Saint-Florent aux troupes du Roy ; et si tout cela n'est pas encore achevé lorsque le sieur Guisard vous joindra, vous vous en servirez utilement et il vous aidera de ses connaissances et de son expérience pour faciliter et accélérer l'exécution de nos vues, ce qui le mettra en même temps plus en état de suivre ce que vous aurez déjà fait ; c'est pourquoi le concert ne peut être trop intime, et vous ne pouvez trop le mettre au fait en lui procurant la connaissance et la confiance de tous ceux que vous vous êtes acquis.

Si vous pouviez remplir l'objet que nous avons M. le maréchal de Richelieu et moi par rapport à Matra, ce serait extrêmement convenable et ferait un bon effet ; mais nous ne demandons cet article qu'autant que vous croyiez pouvoir le faire, sans aucune espèce d'inconvénient.

Il n'est pas nécessaire de vous dire que vous devez avoir la plus grande attention d'éviter de donner aucune espèce de soupçon ni déplaisir en général à la République, car dans le fond tout ce que le Roy fait n'est que pour son bien et lui conserver la Corse. Le Roy n'a aucune idée de s'en rendre maître, mais il ne veut pas qu'elle tombe en les mains d'aucune autre puissance ; l'on veut la conserver au pouvoir de la République, et c'est là l'unique objet de toutes nos peines et de toutes nos vues.

Vous n'ignorez pas que vous avez à faire aux gens du monde les plus fins, les plus fourbes et les plus indociles; ainsi vous ne sauriez avoir trop d'attention à ne vous pas laisser abuser et tromper. Je ne doute pas que vous n'ayez pris toutes vos précautions. J'espère et je souhaite de tout mon cœur d'apprendre le succès complet de votre négociation tant par rapport au service du Roy que pour vous personnellement. Vous connaissez depuis longtemps tous les sentiments avec lesquels je suis très véritablement etc.

(M. G. Vol. Corse 3.307)

Gênes, le 13 novembre 1748. — M. de Chauvelin à M. de Belle-Isle. — Monseigneur, Avant que les ordres que vous voudrez bien me donner et les instructions que je recevrai de vous relativement à la Corse me mettent en état d'entrer dans des détails plus particuliers et plus essentiellement liés avec le fonds de cette affaire que je crois devoir être conduite avec beaucoup de délicatesse tant par rapport à l'importance dont il est pour la France que cette isle soit solidement pacifiée, que pour conclure et rapprocher les Corses des Génois autant qu'il sera possible, je crois devoir pour le bien de la chose vous faire quelques observations sur la forme afin de prévenir les difficultés de détail qui pourraient se rencontrer et de recevoir des éclaircissements et vos ordres pour la conduite personnelle que j'aurai à tenir.

M. le maréchal de Richelieu en me communiquant que vous lui avez écrit sur la Corse, ne m'a pas laissé ignorer la disposition favorable pour moi qui nous faisait penser que tandis que le séjour des troupes dans l'Etat de Gênes y nécessiterait le mien, vous me croyez capable de suivre vos errements et vos idées, à l'un et à l'autre. En conséquence il m'a dit que son intention et la vôtre était que j'eusse sur la conduite de cette négociation la plus particulière influence, mais en même temps comme il a songé que lorsque le départ des troupes entraînerait le mien, il fallait que l'affaire restât entre les mains de M. de Guymont, envoyé de France à Gênes, et comme il lui a paru que la discussion de cette matière avait une liaison nécessaire au caractère de ministre dont il est revêtu auprès de la République, il nous a associés l'un à l'autre, nous a prescrit d'agir de concert et nous avons assisté tous deux aux conférences qu'il y a eu sur cette matière avec les députés de la République.

C'est sur les inconvénients qui peuvent résulter de cette association que j'ai cru devoir vous consulter et vous supplier de me guider dans les différentes occurrences que je peux prévoir.

Ces inconvénients peuvent regarder ou le fond ou la forme de l'affaire. Quant au fond, il est possible que l'envoyé et moi ne l'envisagions pas sous le même coup d'œil, qu'ayant tous deux les vues du bien, nous concevions différents moyens d'y arriver; les démarches et les ouvertures vis à vis tant des Génois que des Corses doivent être délicates et mesurées aux circonstances ; une chose peu décisive que je dirais, réunie et comparée à une autre de même espèce que dirait l'envoyé, pourraient par la différence des tournures mettre une branche de la matière plus en évidence qu'il ne conviendrait ; nous pouvons nous trouver d'opinions différentes sur certains points ; il paraîtrait donc avantageux d'attacher à l'avis de l'un plus de prépondérance qu'à l'avis de l'autre.

Quant à la forme, quoique je sente très parfaitement que personnellement je n'ai rien à prétendre ni à exiger, cependant la distinction que vous m'avez procurée de commander sous vos ordres un corps de troupes considérable dans un pays étranger, exige, ce me semble, des égards et des attentions, et entraîne des prérogatives. Pour mon caractère, je ne suis que trop disposé à m'en relâcher autant que la décence le permettra et à me renfermer là-dessus dans les bornes que vous me prescrirez ; mais il ne m'appartient pas de les fixer moi-même.

Un des premiers incidents qui se présentera sera le choix du lieu où il sera question de traiter avec les députés de la République qui sont M. Jacques et Rainier Grimaldi. Je ne fais point valoir le penchant et le désir qu'ils auraient de préférence de venir chez moi, dont le séjour ici, étant momentané et de hasard, leur fait envisager moins de conséquences de certaines démarches ; mais l'envoyé que j'ai trouvé pointilleux en mille occasions et dont les démêlés avec M. de Bissy ont eu leur source dans des prétentions réciproques de cérémonial, pourrait à cet égard faire naître des incidents et des démêlés qu'il ne conviendrait pas, ce me semble, de laisser éclater aux yeux des étrangers devant qui il faut afficher la plus entière union entre les sujets d'un même maître. J'ai d'autant plus lieu de prendre des précautions à cet égard que M. de Richelieu semble avoir autorisé ses prétentions par une démarche qu'il m'a assuré depuis avoir faite par inattention et qu'il a réparée autant qu'il lui a été possible en me remettant une lettre pour le sieur Guisard où il lui prescrit de s'adresser à moi comme au principal agent, et qu'il a remis la veille de son départ à l'envoyé les instructions et le pouvoir du sieur Guisard, quoique m'étant subordonné, en qualité de commissaire des guerres. Il eût été plus dans l'ordre de faire passer par mon canal le titre qui l'autorise à cette commission.

Toutes ces considérations m'ont déterminé à profiter de l'intervalle où cette affaire est encore pour ainsi dire suspendue pour vous demander vos intentions, et pour vous prier de me suggérer les moyens de les remplir, vous assurant que, de quelque nature qu'elles soient, je m'y conformerai sans répliquer.

Comme j'ai réfléchi à fond sur tout ce qui pourrait appartenir à cette matière, j'ai pensé que si vous jugiez que le bien de la chose exigeât mon influence sur cette affaire, M. de Puysieulx pourrait être blessé de la participation que j'y aurai, si je ne l'en informais pas et de là prendre des impressions qui pourraient nuire aux progrès de l'affaire qui est mon véritable objet. J'ai imaginé qu'il serait dans l'ordre que je le prévinsse en général des ordres que vous et M. de Richelieu m'avez donnés, et afin de ne me conduire que d'après vos vues, je vous adresse à cachet volant la lettre que je lui écris à ce sujet. Si vous la trouvez convenable et placée, vous serez le maître de la lui envoyer ; si vous ne l'approuvez pas, vous la supprimerez entièrement. Au reste, Monseigneur, j'ose vous assurer avec une sincérité que vous ne verrez jamais se démentir que tout ce que je viens d'avoir l'honneur de vous exposer n'a pour but que l'envie de remplir vos intentions et de concourir utilement à une besogne que vous regardez avec raison comme essentielle. J'irai même encore plus loin ; quoiqu'après deux ans d'absence, l'état de mes affaires et la nécessité d'interrompre des dépenses peu proportionnées à ma fortune, me rappellent en France, si vous jugez ma présence nécessaire à Gênes pour finir cette affaire en cas qu'elle ne soit pas terminée lors du départ des troupes, je sacrifierai de tout mon cœur deux ou trois mois de séjour à Gênes pour la conduire à sa perfection, et vous marquer à quel point je suis dévoué à vos volontés. Je suis etc.

(M. G. Vol. Corse 3.307).

Nice, le 13 novembre 1748. — Le maréchal de Belle-Isle à M. de Guymont. — J'ai entretenu fort au long M. le maréchal de Richelieu, Monsieur, sur les affaires de Corse; je vous adresse ci-joint un paquet de M. de Puysieulx qui apparemment vous mande comme à moi que l'intention du Roy est que l'on entame la négociation que M. de Richelieu avait proposée pour la Corse, afin d'établir d'une manière plus solide l'authorité de la République sur les peuples de cette isle en refondant de nouveau la forme du gouvernement de manière que la République ne les traite plus en esclaves et y exerce sa souveraineté avec justice et modération, et qu'en même temps les peuples soumis à leur souverain jouissent paisiblement de leur liberté, observent leurs lois et n'abusent pas des privilèges qui leur seront accordés, pour que le tout se fasse par la médiation de Sa Majesté et sa garantie.

Rien ne sera jamais plus propre à procurer ces avantages réciproques et à la République et aux Corses que la prolongation du séjour de nos troupes dans les places de cette isle. MM. Grimaldi, autorisés pour traiter de cette affaire avec le maréchal de Richelieu, sont expressément convenus avec lui de ce point important et c'est de là qu'il faut partir en leur faisant envisager que nous ne comptons pas que ces troupes doivent demeurer longtemps et seulement jusqu'à ce que les règlements qui doivent être faits aient été entièrement convenus, et comme ce ne sera pas là l'affaire d'un jour, la prolongation se trouvera d'elle-même. Il faut au contraire qu'il paraisse, comme cela est en effet, une grande bonté du Roy de prêter à la République 7 ou 8 cents hommes pour garder les places de Corse, tandis qu'elle n'en a pas assez à présent pour garder ses places de terre ferme, que d'ailleurs le gouvernement génois doit bien sentir que l'on ne parviendrait pas à établir le nouveau gouvernement qu'il faut faire en Corse, s'il ne voyait les troupes du Roy en état de faire obéir les mutins. Je n'ai pas besoin de m'étendre avec vous sur tout ce qu'il y a à dire vis à vis des nobles génois pour établir leur confiance et éteindre les anciens soupçons, tandis que l'on tiendra des propos différents aux chefs des Corses.

Pour le moment présent, il faut que M. de Cursay achève sa négociation et se fasse remettre Saint-Florent et les autres postes, après quoi son ministère ne sera plus nécessaire ; et comme ce sera vous, Monsieur, en qualité de ministre du Roy près la République qui aurez à suivre l'extension de toute cette négociation qui vous fera beaucoup d'honneur et qu'il est indispensable que, tandis que vous êtes à Gênes vis à vis du Sénat, il y ait quelqu'un sous vos ordres en Corse qui puisse parler aux chefs et voir de plus près tout ce qui s'y passe, M. le maréchal de Richelieu ayant choisi pour cette commission M. Guisard, auquel il a donné les instructions nécessaires, je pense que ce dit M. Guisard ne saurait se rendre trop tôt près de M. de Cursay pour prendre de lui les errements et les connaissances et se mettre en état de suivre la besogne sous votre autorité. Quand M. de Cursay sera parti, le dit sieur Guisard, qui sera à Gênes dans peu de jours, recevra les ordres de M. Chauvelin et les vôtres. Vous traiterez ensemble la matière et le ferez partir tout de suite.

De mon côté, dès que M. Curlo sera arrivé, je lui ferai part de ce que M. le maréchal de Richelieu m'a dit, de ce dont étaient convenus avec lui MM. Grimaldi ; je vous informerai de ce qui se passera entre nous là-dessus afin que vous puissiez agir en conséquence soit avec MM. Grimaldi, soit avec le gouvernement, afin qu'on puisse aller en avant et partir de principes qui soient certains et convenus, et que l'autorité et la dignité du Roy ne soient point compromises, et que la République continue de connaître et de sentir toute l'obligation qu'elle a à S. M. de ce qu'elle veut bien avoir la bonté de se mêler encore de cette affaire.

M. Chauvelin vous communiquera la lettre que j'écris à M. de Cursay. Je ne vous en dirai pas davantage pour aujourd'hui. Vous me ferez part de ce que vous aurez fait et de vos réflexions ; j'en userai de même de mon côté. Votre etc.

(M. G. Vol. Corse 3,307).

Nice, le 15 novembre. — Le maréchal de Belle-Isle à M. d'Argenson. — J'ai reçu, Monsieur, les deux lettres que vous m'avez fait l'honneur de m'écrire en réponse aux miennes des 18, 23 et 26 octobre où je vous rendais compte de tout ce qui s'était passé entre M. de Leutrum et moi d'une part et de mes dernières conversations avec M. de La Mina de l'autre. J'ai continué de vous informer de tout ce qu'il y a eu depuis en vous envoyant copie de toutes mes lettres à M. de Puysieulx ; je joins ici celles que je lui écris par le même ordinaire ; vous y verrez que selon toute apparence nous ne serons point obligés d'attaquer San Fiorenzo et que si M. de Cursay n'est point trompé par les chefs des rebelles, ils lui remettront cette place dès qu'ils en seront maîtres.

Comme M. de Puysieulx est extrêmement prévenu contre lui, j'ai prié M. de Richelieu qui a encore plus de crédit sur son esprit que moi, de le bien sermonner, et de mon côté je lui ai mandé tout ce que j'ai cru de plus capable de contribuer au succès.

Pour ce qui est du choix du sieur Guisard, comme je ne le connais point du tout par moi-même, je n'en saurais parler ; mais M. le maréchal de Richelieu était trop avancé pour pouvoir y rien changer sans de plus grands inconvénients, car outre qu'il avait déjà reçu toutes ses instructions et que M. de Cursay en est prévenu, je n'ai personne à y substituer. Vous savez que s'il eût fallu faire le siège de St-Florent, j'y destinais M. de Crussol, qui a toutes les qualités requises ; mais la besogne devenant purement politique et remise à la direction de M. de Guymont, il ne peut y avoir qu'un subalterne sous son autorité en Corse, et comme le sieur Guisard a de l'esprit, M. de Richelieu prétend qu'il joint à cela beaucoup d'autres connaissances qui font croire qu'il réussira. Je compte donc, Monsieur, que si M. de Cursay parvient à avoir la soumission en bonne forme des chefs rebelles et à se faire remettre San-Fiorenzo, comme je n'en doute pas, que sa mission sera finie, que par conséquent il n'aura plus qu'à revenir recevoir sa récompense, après avoir remis au sieur Guisard toutes ses instructions et l'avoir mis en relation avec les personnes qui lui sont affidées.

Nous avons supputé qu'il faudrait laisser en Corse environ 1.000 hommes. Il y en a actuellement 800. Je joins ici le projet de répartition des troupes qu'on laissera en Corse. Vous voyez que le plus grand corps sera à Bastia, où il ne restera pourtant que 280 hommes. Un lieutenant-colonel intelligent doit suffire, et parce que sa mission se bornera à contenir ses troupes en bonne règle et discipline et qu'il doit être aux ordres de M. de Guymont et par cascade du sieur Guisard; il faut augmenter ou diminuer les postes ou en occuper de nouveaux suivant que la politique et les circonstances ou la négociation l'exigeront.

Je ne pourrai vous mander sur qui j'aurai jeté les yeux qu'après que j'aurai reçu une réponse que j'attends de M. Chauvelin ; je ferai cependant relever tous les détachements des régiments qui ne seront point en Provence ou en Dauphiné, dès que nos conférences me laisseront la liberté de pouvoir agir sans contrevenir à la parole que j'ai donnée à M. de Leutrum. J'excepterai de la règle les détachements des Suisses et des Allemands, parce que ces régiments seront certainement réduits et que ces hommes nous sont moins précieux que des Français.

Je vous enverrai le détail dès qu'il sera constaté et que la République m'aura confirmé tout ce que ses députés ont déjà promis à M. de Richelieu.

Extrait de la lettre écrite à M. de Cumiana par M. de Cursay le 15 novembre 1748. — J'ai reçu, Monsieur, la lettre que vous m'avez fait l'honneur de m'écrire du 14 et en conséquence je suis entré en matière avec M. Blanchat que vous avez choisi pour me faire part de tout ce qui peut concerner l'arrangement de la Corse conformément à la lettre de Sa Majesté Sarde, dont il m'a fait l'honneur de communiquer le contenu. L'armistice publié suivant les conventions antérieures entre M. le marquis de Belle-Isle et M. le baron de Leutrum, devait vous répondre de mes sentiments. Je suis toujours déterminé à l'exécuter avec l'exactitude la plus scrupuleuse, et pour vous donner de nouvelles preuves des sentiments de paix et de tranquillité qu'il m'a inspirés, je ne craindrai point de vous renouveler les mêmes assurances et de les pousser jusqu'aux précautions qui peuvent faire cesser tous les doutes. J'ai l'honneur de vous réitérer que les troupes de Sa Majesté Très Chrétienne ni celles de la République ne feront aucun mouvement contre le détachement que vous comptez laisser à San Fiorenzo ni contre les peuples, et ce aux conditions suivantes :

1° Que les peuples ne feront aucun acte d'hostilité ni le moindre usage de leurs armes contre le repos public.

2° Nulle assemblée générale.

3° Ni édit ni ordre, de quelque nature qu'ils puissent être; qu'ils ne prononceront nulle peine afflictive, et enfin qu'il ne paraîtra d'eux aucune des choses qui caractérise le souverain, chacun devant rester tranquille et paisible dans l'attente de la paix.

4° Qu'il sera libre à chacun de jouir de ses biens, sans trouble, à plus forte raison aux ecclésiastiques.

Moyennant cela, il sera permis à tous les peuples, de quelque parti qu'ils soient ou aient été, de commercer librement, aller et venir dans toutes les villes et endroits de l'Isle sans réserve, et ce sans besoin de passeport de qui que ce soit.

Il ne sera permis à qui que ce soit, sous quelque prétexte que ce puisse être, d'inquiéter ou faire des recherches, pas même sous prétexte de justice, ainsi qu'il est déjà porté par l'amnistie arrêtée entre M. le maréchal duc de Belle-Isle et baron de Leutrum.

Il sera permis à chacun, de quelque parti qu'ils soient

ou aient été, de jouir librement de leurs biens en quelque endroit de l'Isle qu'ils soient situés.

Tous ceux généralement qui voudront traiter leur réconciliation touchant les troubles de ce Royaume, auront les garanties nécessaires.

En cas de nouveaux troubles de la part des peuples, les troupes de S. M. et celles de la République ne feront aucune hostilité contre le détachement qui réside à San Fiorenzo, pourvu qu'il ne donne pas la main aux troubles.

Si Sa Majesté Sarde veut aussi retirer son détachement de San Fiorenzo, il n'y a nulle difficulté que le château soit gardé par les peuples même jusqu'à l'accommodement général, et ils n'y seront nullement inquiétés par les troupes de France ou de la République, pourvu qu'ils restent tranquilles, toutes hostilités cessant vis à vis des peuples, comme si effectivement les troupes alliées y étaient encore.

Si les peuples consentaient que leurs places fussent gardées par les troupes françaises jusqu'à l'accommodement général, Sa Majesté Sarde ne peut pas regarder cette nouveauté comme une infraction, puisque ce serait du consentement général obtenu sans aucune violence.

Au cas que Sa Majesté veuille faire subsister son détachement au château de San Fiorenzo, si par hasard il venait à être attaqué par quelque parti des peuples mécontents, je m'offre à la première réquisition de lui donner tous les secours qui me seront possible et même la retraite en cette place.

J'espère que M. Blanchat vous rendra compte qu'il a découvert dans mes sentiments tous les respects que j'ai pour Sa Majesté Sarde et qu'il ne m'a trouvé difficile en aucun point et que j'ai convenu sans peine de tous les articles qu'il m'a suggérés lui-même. Il me reste donc à vous communiquer une réflexion que la lecture de la lettre de S. M. S. m'a fait naître. Il y est dit formellement qu'au cas que les peuples ne voulussent accepter une tranquillité que S. M. S. daigne leur insinuer et leur prescrire, vous vous retirerez avec toutes vos troupes et vous les abandonnerez à leur préjugé. Il est constant de là que les peuples ont la liberté de recevoir ou de refuser l'avantage que vous leur offrez de garder le château en dépôt jusqu'à l'accommodement.

Si nous pouvions parvenir aux mêmes vues, ce serait un ouvrage digne de vous et en même temps avantageux aux peuples que vous avez protégés. Faisons-leur une proposition : je m'offre à garder avec les seules troupes françaises le château de San Fiorenzo jusqu'à l'entier accommodement ; que ce soit vous ou que ce soit moi, la chose est égale, puisqu'il ne s'agit que d'un dépôt. Les peuples se feront un mérite de l'insinuation que vous leur inspirez ; puisque S. M. S. s'explique assez clairement sur le chemin qu'elle leur trace pour parvenir à la fin des troubles, ils acquerront un médiateur qui peut donner des preuves de leur bonne foi pour le dépôt qu'ils lui ont confié. Ils préviennent les plus légers prétextes de plaintes et embrassent ceux d'un accommodement. Je sens, M., le désagrément qu'il y a d'avoir un détachement séparé par un aussi long intervalle, surtout lorsqu'il ne s'agit au fond que d'une démonstration. Le chemin est ouvert aux peuples d'embrasser un parti avantageux. Puisque le détachement au château de San Fiorenzo est à leur choix ou à leur refus, le même chemin vous est laissé pour l'y laisser ou l'en retirer selon le consentement unanime ou le refus ; ainsi vous pouvez devenir conciliateur et donner des preuves de vos bontés aux peuples en leur faisant embrasser un parti avantageux. Je vous le répète encore, je vous promets d'honneur de le garder jusqu'à l'accommodement général avec les seules troupes françaises, et le nombre que, du consentement des peuples, vous voudrez en convenir. Je promets plus : c'est d'en faire le même usage que S. M. S. en aurait fait alors. J'espère que vous ne condamnerez pas des réflexions que le respect pour les volontés et les intentions de S. M. S. m'ont fait naître et que vous jugerez que le motif qui m'y porte est de sauver à ses troupes un détachement désagréable, qui ne peut plus servir de rien pour la tranquillité, surtout lorsque l'on en obtient les effets avec le même avantage et que les engagements de S. M. S. sont également remplis.

Je vous envoie M. Patrice, capitaine du Royal Italien, qui a déjà eu l'honneur de traiter avec vous. J'ai cru qu'il vous serait plus agréable ; il est en état par sa douceur de faire entendre raison aux peuples, si vous le jugez à propos, et je l'autorise à prendre tous les engagements que vous pourriez raisonnablement désirer.

Je vous envoie aussi M. de Rostan, un de mes aides de camp, pour vous souhaiter un bon voyage et vous assurer particulièrement des sentiments d'estime et de considération avec lesquels je serai toute ma vie etc.

(M. G. Vol. Corse 3.307).

Bastia, le 16 novembre 1748. — M. de Cursay à M. d'Argenson. — Monseigneur, J'ai reçu le 13 de ce mois un tambour de M. de Cumiana pour me demander un passeport pour deux officiers et un commissaire de ses troupes, chargé de me faire part d'ordre qu'il avait reçu directement du Roy de Sardaigne. En conséquence MM. de St-Oyen et de la Margueritte, officiers dans les troupes piémontaises, se rendront ici avec le sieur Blanchat, commissaire des guerres, chargé de me communiquer en original les lettres de M. le maréchal de Belle-Isle et les réponses de M. de Leutrum touchant les limites, avec la lettre de S. M. qui déterminait l'état présent de la Corse. M. de Blanchat ne voulut point me laisser copie de la lettre de S. M. mais il en fit l'extrait traduit, et je puis vous assurer qu'il est conforme à l'original. Vous y verrez les motifs prétendus pour lesquels il se détermine à retirer ses troupes de l'Isle et à n'y laisser qu'un détachement de 100 hommes. Vous verrez aussi que le Roy prescrit aux peuples la tranquillité et au cas qu'ils ne veuillent pas s'y conformer, il ordonne au chevalier de Cumiane de sortir entièrement de l'Isle. Il me fait demander l'observation des conditions suivies en vertu de l'armistice. Vous jugerez assurément par la lecture de l'extrait qu'il laisse au peuple la liberté de refuser ou d'accepter le détachement, et vous sentirez mieux que moi que ce n'est qu'une simple démonstration pour ne point paraître entièrement les abandonner.

Il y a déjà quelque temps que je ménageais un accommodement entre les principaux chefs, Matra, Gafforio, Giuliani et les plus considérables du peuple. J'étais venu à les convaincre que le seul parti à prendre était de s'abandonner totalement à la protection de la France, et de lui demander humblement qu'elle décidât de leur sort. Le premier article était accordé, j'avais passé à un autre plus essentiel, et leur avais persuadé que pour donner des gages de leur bonne foi et engager leurs protecteurs à y avoir confiance, il était nécessaire de me remettre toutes leurs places, et de ne proposer autres conditions que celles qu'il plaisait au Roy de prononcer. Ceci n'avait pas souffert plus de difficulté, et en conséquence j'ai dépêché M. de Castro, aide-major de mon régiment, à M. le duc de Richelieu pour lui porter les promesses et recevoir de lui des ordres. Le secret de part et d'autre avait été promis ; l'affaire s'est traitée dans St-Florent, sans que M. de Cumiane en ait été informé. M. de Castro est parti le 1er de ce mois, et n'est point encore de retour. Sur les entrefaites, les ordres sont arrivés à M. de Cumiana de faire passer le bataillon de la marine en Sardaigne, et celui de Daun en terre ferme. J'ai cru pouvoir me sortir de l'ouverture du Roy de Sardaigne qui laisse aux peuples l'option de conserver ou de renvoyer le détachement piémontais, et sous prétexte d'épargner au détachement la fatigue d'être éloigné de son corps, j'ai proposé à M. de Cumiana, du consentement du commissaire piémontais qui m'a laissé les propositions écrites de sa main, deux choses : de remettre le château au peuple ou de me le remettre pour le garder jusqu'à l'accommodement général ; quoique cent hommes dans l'isle ne fassent pas une impression, cependant ils sont en quelque façon contraires à mes projets, en ce qu'ils représentent une puissance.

J'ai fait plus, j'ai engagé le peuple à dire à M. de Cumiana, qu'il remerciait le Roy de sa protection, mais que la fin des troubles approchant, il leur paraissait inutile de conserver un détachement dans l'isle, puisqu'il paraissait les abandonner. M. de Cumiana a exigé un écrit authentique signé d'eux, comme ils refusaient la protection du Roy. Ils n'ont pas voulu le donner et ont bien fait.

Les choses étaient en cet état. J'ai envoyé M. Patrice reconduire le commissaire piémontais. Il a eu une conférence avec Matra, Gafforio et Giuliani. Ils sont convenus et se sont engagés par serment de venir me trouver avant dix jours, de faire choisir Gafforio par le consentement unanime de la nation, de venir me demander d'en passer partout ce que la France ordonnera, de me remettre toutes les places sans aucune difficulté, et à l'égard de St-Florent, de remercier tous le Roy de Sardaigne et le prier de retirer son détachement. Ce qu'il y a de plus singulier dans tout ceci, c'est que le sieur Blanchat, que l'on dit être la créature du ministre et qui vient d'être nommé intendant de Savoie, s'était presque engagé à faire retirer le détachement, et que la lettre que j'ai écrite et dont je joins copie ici, était de son consentement. Il m'a fait dire qu'il me promettait de soutenir ses engagements et de faire donner ordre au détachement de se retirer. J'espère avant la conclusion de ces négociations avoir la réponse de M. de Richelieu et de M. le maréchal de Belle-Isle et pouvoir montrer la Corse soumise.

Les ministres de la République qui sont ici, ne cessent d'écrire et de rendre compte au Sénat du crédit que j'y ai acquis dans l'isle, et qu'elle serait perdue si l'on m'en retirait. Au reste ne croyez pas que les Corses se soumettent par besoin ; ils n'ont jamais été si forts, ni la République si faible. Le départ des Piémontais change peu leur situation ; c'est ce qui me fait toujours douter de cette grande œuvre, quoique que j'aie l'engagement presque unanime des chefs.

Le Roy de Sardaigne a fait en partant beaucoup de grâces aux troupes. Il a donné au chevalier de Cumiana le Régiment des fusiliers, avec promesse d'être maréchal de camp à la première promotion.....

J'ai fini une affaire assez importante pour les Génois, c'est celle d'Algajola. M. de Forbès, amiral de la flotte, m'a fait l'honneur de me la renvoyer à finir comme je le voudrais.

(M. G. Vol. Corse 1748).

Bastia, le 16 novembre 1748. — M. de Cursay à...... — Monseigneur, J'ai reçu la lettre que vous m'avez fait l'honneur de m'écrire du quinze du mois passé, et comme les choses ont actuellement changé de face, je n'y répondrai plus article par article. Il ne me reste qu'à vous remercier de ce que votre sagesse et votre prévoyance me mettent en état d'exécuter avec avantage sous vos ordres.

J'avais l'honneur de vous mander dans ma dernière que M. le duc de Richelieu vous rendrait compte de ce qui se passait dans le moment présent. J'étais entré en traité avec Matra, Giuliani et Gaffòrio, les chefs du peuple, et je les avais portés aux conditions raisonnables qui étaient de se remettre uniquement et sans réserve sous la protection de la France et d'en attendre ses volontés, de me remettre pour gage de leur bonne foi toutes les places qu'ils possèdent et qu'ils posséderaient, de nommer deux députés pour, au nom de tout le peuple et au choix de M. de Richelieu ou au mien, s'il m'en laissait le maitre, aller à Gênes, recevoir de lui ce qu'il lui plairait de leur dicter. Tout a été d'accord, à la réserve que les peuples voulaient me remettre leurs blancs-seings, promettant d'en passer parce que je dicterais moi-même, ce que je n'ai point voulu accepter. Nous sommes convenus de tenir le traité très secret, d'envoyer une felouque à M. le duc de Richelieu pour lui représenter l'état où j'étais. La felouque a été dépêchée le 1er de ce mois, et je n'en ai encore nulle réponse; je ne laisse pas d'être embarrassé. Le traité est pourtant demeuré très secret, et quoique je traitasse à Saint-Florent et dans les montagnes, M. de Cumiane ne l'a point pénétré. Il est à présent superflu de vous dire les motifs qui y ont amené les chefs. Il est sûr que ce n'est point la crainte de la République vis à vis de laquelle les peuples sont plus que jamais dans un état avantageux, et qui ont renouvelé un nouveau serment de ne jamais s'y soumettre à moins que la France ne leur en prescrive la loi.

(Le reste de la lettre ne fait que répéter ce qui a déjà été dit dans la lettre de Cursay à Chauvelin du 16 novembre 1748. Voir plus loin).

(M. G. Vol. Corse 3.307)

Gênes, le 16 novembre 1748. — M. de Guymont au maréchal de Belle-Isle. — Monseigneur, J'ai reçu la lettre que vous m'avez fait l'honneur de m'écrire le 13 de ce mois.

M. de Puysieulx m'écrit conformément à ce que vous me marquez et m'envoie copie d'une lettre du 3 de ce mois que vous avez reçue de lui au sujet de la Corse. Rien n'est plus à propos que de suivre la négociation déjà entamée par M. le maréchal de Richelieu. L'attention particulière du Roy à cet égard sera un frein pour les Génois et les Corses, qui maintiendra les uns dans l'obéissance et le devoir et imposera aux autres la nécessité de tenir la convention qui sera faite conséquemment. On peut se flatter de ramener ces peuples s'il y a de la bonne foi dans les offres des rebelles, mais il faut, comme je vous l'ai déjà fait observer dans mes précédentes, que la République n'envoie dans ce pays-là que des gens très désintéressés et d'un mérite distingué; sans cela il naîtra sans cesse des inconvénients et des discussions.

Le séjour de nos troupes dans les places de cette isle prouve plus que toute autre chose à ces peuples la nécessité de s'accommoder, mais comme ce nombre n'est pas suffisant pour les tenir en respect jusqu'à un certain point, je crois qu'il ne faut pas perdre de temps pour entamer cette négociation, afin de profiter du séjour de celles qui sont ici et leur faire craindre qu'au défaut de réussite, nous n'ayons recours à la force. Il est bon, comme vous me faites l'honneur de me le marquer, de faire envisager à ces Messieurs que S. M. ne veut pas laisser longtemps ses troupes dans ce pays-là. Comme le projet est d'imposer des droits capables d'entretenir une garnison dans cette isle, dès qu'ils seront réglés et que ces peuples seront entrés en payement, la République se trouvera en état de se soutenir par elle-même, et alors on pourra retirer les troupes du Roy. Ce que les députés nous ont dit par rapport à la confiance qu'ils ont en nous, doit rassurer à tous égards ; ils doivent connaître du reste que nous ne cherchons qu'à leur assurer la possession tranquille de ce Royaume et qu'ils ne seraient pas capables d'y parvenir sans la médiation du Roy.

C'est le point essentiel que de rester dans les places que les rebelles occupent aujourd'hui ; je crois même qu'il n'y a que ce moyen qui puisse nous prouver la réalité de leurs bonnes intentions.

Si cette négociation réussit, comme il y a lieu de s'en flatter, ce sera à vous seul, Monseigneur, que l'honneur en sera dû ; je n'aurai eu que celui d'entrer dans vos vues et de donner des preuves de mon attachement et de mon zèle pour le bien du service.

Nous attendons avec impatience le retour de M. Guisard ; comme il est prévenu de la méchanceté des Corses, il n'aura garde de se laisser surprendre ; M. le maréchal de Richelieu ne pouvait mieux choisir pour traiter une affaire de cette espèce.

M. de Curlo part aujourd'hui ou demain pour vous aller joindre ; dès que vous me marquerez ce dont vous serez convenus ensemble, je me conduirai en conséquence de vos ordres vis à vis du gouvernement. Vous avez bien raison de vouloir partir d'un principe certain, afin de ne point compromettre l'autorité du Roy. La République doit être d'autant plus reconnaissante que tout ce qu'on fait pour elle n'a d'autre but que ses intérêts particuliers.

J'ai pris lecture de la lettre que vous écrivez à M. de Cursay ; s'il parvient à exécuter ce qu'elle contient ainsi que vos instructions, il se fera beaucoup d'honneur. Au reste on trouvera certainement moins de difficultés aujourd'hui à conclure avec les Corses un arrangement convenable qu'il ne s'en rencontrera pour le maintenir. L'antipathie de ces deux nations fournira sans cesse des prétextes de rupture ; on en pourra prévoir une partie, mais il sera peut-être impossible de tout prévenir et d'y remédier.

L'article le plus important pour la République est celui du revenu dont le montant doit être employé à l'entretien des militaires qui composent la garde des places et autres dépenses nécessaires dans ce Royaume. Peut-être que la meilleure manière de transiger avec les peuples à cet égard serait de les traiter comme on fait en France les pays d'Etat. On en tirerait peut-être un meilleur parti. C'est ce que M. Guisard sera à portée de connaître, lorsqu'il traitera cette matière sur les lieux.

Il sera bon aussi de prendre de justes mesures pour que la République n'emploie pas à d'autres usages les sommes affectées aux dépenses qui regardent cette isle.

Le vrai moyen de s'en assurer serait de faire payer les garnisons par les gens du pays.

L'officier que vous avez chargé de vos dépêches pour M. de Cursay va partir pour la Corse. Je lui ai remis le paquet que M. le maréchal de Richelieu m'avait chargé de lui faire parvenir. Cet officier m'a dit que les Corses désireraient que le Roy envoyât dans cette isle une personne pour y résider en son nom à laquelle ils puissent s'adresser dans les cas nécessaires. Comme vous ne marquez rien à cet égard, je présume que vous ne pensez pas qu'on doive faire attention à cette demande, n'étant pas convenable que le Roy envoie un ministre d'aucune espèce à des sujets qui dans la suite du temps pourraient en tirer des conséquences contre la République. D'ailleurs ce ministre ne serait nécessaire que dans le cas de l'infraction de quelques-uns des articles dont on conviendra, et alors cette discussion doit être nécessairement réglée à Gênes sur les plaintes des députés Corses et les défenses du gouvernement. Comme on pourrait avoir besoin d'éclaircissements sur les lieux dans les différents cas qui pourraient survenir, alors on s'adressera aux vice-consuls que la France tient dans cette partie ; s'il ne s'en trouve pas de capables, on prendrait d'autres mesures dans lesquelles il serait bon d'éviter de donner à la République la moindre suspicion que nous voulions prendre d'autre autorité que celle de médiateur. J'ai l'honneur etc.

(M. G. Vol. Corse 3.307).

Bastia, le 16 novembre 1748. — M. de Cursay à M. de Chauvelin. — Comme je ne reçois point, Monsieur, de nouvelles de M. le maréchal de Richelieu, je suis ici dans la plus vive inquiétude ; il serait pourtant très nécessaire que j'en eusse sur la conduite que je dois tenir, et comme vraisemblablement vous commandez les troupes qui sont à Gênes, je vous demande la grâce de m'envoyer vos ordres. Si M. le duc d'Agénois est encore à Gênes, il vous mettra au fait de toutes mes demandes; en tout cas, je vais vous rappeler quel est le point sur lequel je travaille.

Je suis entré depuis quelque temps en négociation avec Matra et Gafforio et quatre autres des principaux chefs du peuple ; soit que le crédit qu'ils ont vu que j'avais dans la dernière Consulte, soit que d'autres motifs les aient déterminés, ils sont entrés effectivement en négociation. Les premières propositions ont été de me remettre les places qu'ils possèdent, en dépôt, et de s'abandonner purement et simplement à la discrétion de la France, d'élire un ou deux procureurs au nom de M. le duc de Richelieu ou au mien, s'il m'en laissait la liberté, et d'aller à Gênes recevoir ses ordres. L'affaire a été accordée sans difficulté ; on n'en a fait que sur un point : on voulait me remettre le consentement en blanc et le remplir à ma fantaisie, ce que je n'ai point voulu accepter. J'ai promis le secret le plus inviolable ; je suis convenu de dépêcher une felouque ; j'ai envoyé Castro à M. le maréchal de Richelieu, et il y a seize jours qu'il est parti, et les peuples ni moi n'avons point de réponse.

Sur les entrefaites, le huit au soir est arrivé un bâtiment anglais chargé de dépêches pour M. de Cumiane et portant ordre aux deux bataillons, l'un de passer en Sardaigne, et l'autre en terre ferme, à la réserve d'un détachement que l'on doit laisser dans le château de Saint-Florent. M. de Cumiane avait ordre de me faire part de la lettre du Roy, et en conséquence, il m'a dépêché le 13 au soir un tambour pour me dire qu'il enverrait le lendemain M. de Saint-Oyen, capitaine dans les troupes piémontaises, et M. Blanchat, nommé à l'intendance de Savoie, pour me communiquer les ordres de sa cour. Je joins ici copie d'une lettre de M. le maréchal de Belle-Isle que j'ai reçue le même jour, l'extrait de la lettre du Roy dont l'intendant n'a pas voulu me laisser copie, quoiqu'il m'en ait donné la lecture en entier, mais dont je l'ai engagé à écrire de sa main la traduction qu'il en a faite lui-même ; j'y joins aussi la copie de la lettre que j'ai écrite à M. de Cumiane, de son consentement, par les motifs suivants.

Le Roy de Sardaigne dit formellement à M. de Cumiane qu'il lui ordonne de partir et de laisser dans le château 50 ou 100 hommes, au cas que les peuples lui promettent de rester tranquilles, sinon de retirer toutes ses troupes, et dans les deux cas de me le communiquer pour tenir toujours l'armistice vis à vis de ses troupes. Vous jugez aisément de là que les peuples avaient la liberté de refuser ou d'accepter ce détachement, et que M. de Cumiane avait aussi le prétexte de l'y laisser ou de l'en retirer. Après avoir mûrement considéré et fait sentir au commissaire lui-même l'inutilité de conserver ici un pareil détachement, du danger qu'il courrait, j'ai senti qu'il avait peut-être des ordres secrets pour faire naître des prétextes, et c'est au point qu'il a pris un espèce d'engagement qui n'a point eu lieu par la difficulté naturelle, et dont pourtant l'intendant m'a promis de soutenir ce qu'il m'avait avancé. J'ai fait plus : j'ai engagé les chefs qui sont actuellement assemblés à Saint-Florent, de représenter à M. de Cumiane que le Roy les abandonnant dans ce moment ici, le détachement leur était inutile et que cette démonstration ne pourrait servir qu'à fatiguer ses troupes. M. de Cumiane a demandé que les peuples et les chefs déclarassent par écrit qu'ils refusaient la protection du Roy, ce qu'ils n'ont pas voulu faire et avec raison.

Nonobstant tout cela, Gafforio et Giuliani ont eu cette nuit une conférence avec M. Patrice, capitaine au régiment royal italien, que j'ai déjà employé avec succès. Gafforio a donné sa parole d'honneur que dans dix jours au plus il allait se faire élire procureur général de la nation pour demander la protection de la France et recevoir ses volontés, qu'en conséquence on me remettrait toutes les places qu'ils ont entre les mains, qu'ils signifieraient au commandant du détachement qu'ils le priaient de se retirer, et comme l'intendant est engagé à soutenir ce qu'il m'a avancé, il m'a promis d'envoyer l'ordre au capitaine qui commande les 100 hommes d'abandonner la place à la réquisition des peuples. Cet intendant n'a point connaissance, comme vous croyez bien, de mon traité, mais le motif qui l'y engageait était la conservation des troupes, et peut-être une lettre particulière du ministre qui a confiance en luy. Les seules choses que les peuples me demandent est, si vous approuvez ceci, qu'il n'y ait que les seules troupes françaises dans leurs places, jusqu'à la conclusion de l'accommodement. Les conclusions devant être reçues de la part de la France sans aucun examen, j'espère que la République se prêtera à n'en prescrire que de raisonnables. Ils demandent encore une chose raisonnable, c'est qu'au cas que les Français sortissent de l'isle avant l'accommodement général, qu'alors je leur laisserais les places dans l'état qu'elles étaient auparavant, ce qui me paraît plus que juste. Ce qui le serait presque autant, c'est que je reçusse des instructions. J'aurais toujours pris sur moi d'entrer à Saint-Florent, si les Piémontais en étaient sortis et que les peuples me l'eussent remis, comme il n'y avait pas de doute.

Venons présentement à mes moyens ; vous savez le nombre des troupes qui existent dans l'isle ; j'ai ici 540 hommes effectifs.

Les ennemis ont entre les mains le château de Corte qui est au centre de l'isle ; c'est une place imprenable où ils ont deux pièces de canon.

La tour de San Pellegrino.

Saint-Florent et la tour de la Mortella.

L'Isola Rossa où le Roy de Sardaigne a fait mettre du canon de fer ; il y a ordre dans la lettre de l'y laisser et de l'abandonner. C'est un poste très important parce qu'il couvre la Balagne et qu'il favorise la contrebande de cette province qui ôte aux Génois environ 50.000 francs de revenus.

Je sens à merveille que vous retirerez peut-être les troupes qui sont ici ; si cela est, tout est dit, et l'isle est perdue. Ne croyez pas que ce soit la nécessité qui engage les peuples à recourir à la protection du Roy ; ils sont plus forts que jamais et connaissent leurs avantages sur la République. Je vous dirai plus, c'est que le serment est renouvelé, si le Roy ne leur prescrit pas de loi, de mourir tous plutôt que de reconnaître la République, et s'ils consentent à l'obéissance que je leur demande, c'est que je suis parvenu à les convaincre qu'avec aussi peu de monde, je ne prétendais pas faire la guerre, mais que j'étais bien aise de leur faire voir qu'en prenant le parti de l'obéissance et de recevoir humblement ce que le Roy voulait leur prescrire, ils s'acquéraient un protecteur, avec d'autant plus de raison que c'était moins la force que leur attachement qui les avait déterminés.

Je conçois assez que vous ne m'enverrez pas de troupes, ce qui serait pourtant le mieux, et qu'il faut au moins tirer parti de ce que l'on a. C'est pourquoi, si vous approuvez que je reçoive les villes, il faut en même temps vous proposer le projet de les garder.

Ce qui est à Bonifacio me paraît très inutile. J'y laisserais, si vous voulez continuer à gagner les peuples par la douceur, un commandant français simplement pour montrer aux peuples que le Roy s'intéresse à eux.

Je ferais passer les 80 hommes qui y sont, à Ajaccio ; les peuples y sont mutins, et les Grecs que la République y tient à sa solde et qui sont mal payés, sont toujours prêts à renouveler la révolte. Il y en a même 18 à présent de retirés dans une église qui font trembler le commissaire, et qui sont appuyés par leurs camarades. Il y a à Ajaccio 125 Grecs; j'en tirerai 60 pour renforcer cette garnison et les mettre à la raison en les dispersant ; je tirerais également toute la garnison de Calvi, qui étant très fort, n'a pas besoin de troupes françaises ; j'y laisserais toujours un commandant.

Vous sentez à merveille que les places que les peuples remettent d'un consentement unanime, n'ont pas besoin d'être gardées avec autant de forces que si elles étaient ennemies, cependant il faut toujours des précautions. Je compte que si ces choses étaient agréées sur le pied que vous les proposez, je pourrais rassembler ici 700 hommes, dont il faut

10 à San Pellegrin,
50 à Saint-Florent au moins,
50 à Corbara pour garder les deux tours d'Isola Rossa,
100 à Corte.

Le même nombre à peu près resterait ici.

Si vous n'approuvez pas mes projets, donnez-moi au moins des instructions ; c'est bien la moindre chose dans une affaire aussi importante ; au reste, j'ai promis le secret pour huit jours à Gafforio.

Vous avez entendu parler de l'aventure de l'Algaliola etc.

Avant de finir, il faut que je vous représente le misérable état où est cette place sur lequel je n'ai cessé de crier et de prévenir. Non seulement il est dû considérablement aux officiers, mais ils ont perdu l'espérance d'être payés à l'avenir. Le prêt manque et l'on est forcé de mettre garnison chez les marchands pour se faire prêter par force. Vous en sentez les effets dans un temps où les esprits sont échauffés, et pour comble, il n'y a plus de vivres. Le prêt manquant d'un côté et les troupes n'ayant pas de pain, nous étions à la veille d'une révolte parmi les troupes réglées de la République, si je ne soutenais par mon crédit la fourniture du pain. J'ai pris sur moi de le faire et je l'ai déjà mandé à M. le duc de Richelieu ; il s'agit de 500 rations par jour. Je vous demande en grâce d'y mettre ordre ; vous sentez qu'on ne peut retenir le peu de troupes qu'a la République en ne leur donnant ni pain ni argent. Le commissaire général auquel on a présenté tout ceci, ne m'a pas paru s'en souvenir. Rien pourtant n'est plus important si l'on veut conserver l'isle. J'ai l'honneur etc.

(M. G. Vol. Corse 3.307)

Gênes, le 16 novembre 1748. — M. de Chauvelin à...
— Monseigneur, J'ai lu avec toute l'attention possible la lettre dont vous m'avez honoré le 13 relativement aux affaires de Corse, ainsi que celle que vous écrivez à M. de Cursay sur la même matière avec l'instruction qui y est jointe.

Comme vous pensez avec raison que le préliminaire

le plus important de cette négociation est la restitution des places occupées par les rebelles, et la soumission par écrit tant des chefs que des communautés, je ne perdrai pas un moment à faire repartir M. de Castro ; le mauvais temps l'a retenu ici aujourd'hui, sa felouque qui est l'unique qui me reste est toute prête et j'espère qu'il repartira demain.

Il est difficile de traiter cette affaire avec quelque solidité jusqu'à ce qu'on apprenne par les réponses de M. de Cursay si les peuples de Corse se prêteront par confiance dans la justice du Roy à livrer leurs places et à lui promettre la soumission. Et comme tout le succès de la négociation, roule sur l'exécution de cet article préliminaire, on ne peut quant à présent qu'azarder des conjectures sur la probabilité et la promptitude de son succès.

Il est certain que la République a un intérêt essentiel à ce que la Corse soit pacifiée et par conséquent qu'elle le désire ; il ne l'est pas moins que les Corses sont ruinés, appauvris et désolés par les troubles qui les déchirent et les assassinats fréquents qui en résultent; d'ailleurs ils sont abandonnés de toutes les puissances, et n'ont rien à espérer que la miséricorde de la France qui pourrait les détruire. Ainsi leur intérêt les détermine à se soumettre à ses volontés.

Partant de ces principes généraux, il est incontestable qu'on parviendra à une convention entre les Génois et les Corses; mais le point critique est d'en assurer l'exécution, d'ôter aux Corses la possibilité d'être rebelles et aux Génois celle d'être tyrans, et de trouver quelque moyen qui rende la garantie de la France aussi efficace pour l'exécution du traité qu'il est assuré que sa médiation le sera pour sa conclusion.

Je ne suis pas embarrassé de la discussion des articles dont la totalité formera le corps de la convention ; ce sont à peu près les mêmes qui ont été agités en 1738, 1742 et 1744. M. le maréchal de Richelieu vous aura dit sans doute les ajustements qu'il envisage et qu'il a déjà fait pressentir au sieur Antonietti pour l'affaire des lieutenances générales et des évêchés.

L'article économique des subsides, quoique le plus essentiel, ne m'inquiète pas davantage : les Génois savent à un sol près ce qu'ils peuvent tirer des Corses, et les Corses savent avec la même précision ce qu'ils peuvent payer aux Génois, mais le point critique est l'assurance de la bonne foi réciproque des parties contractantes ; elle n'existera jamais de part ni d'autre, ni dans les Génois qui veulent que les Corses soient esclaves, ni dans les Corses qui ne veulent pas que les Génois soient souverains. Il est donc question de trouver un moyen puissant et infaillible qui force les Corses à être sujets et qui empêche les Génois d'être tyrans ; mais dans l'intention où est la France de ne rien statuer sur la Corse sans le concours et le consentement de la République, il est nécessaire que ce moyen soit préparé avec art, proposé avec adresse et coloré de toutes les raisons solides d'intérêt qui rendent la tranquillité de la Corse nécessaire aux peuples et aux souverains.

Le séjour des garnisons françaises dans les places de Corse est un acheminement tout naturel à ce moyen ; il est vrai que les députés du gouvernement, quoiqu'ils n'aient traité les affaires de la Corse avec M. le maréchal de Richelieu que très superficiellement, ont consenti et même désiré que les troupes françaises y restassent encore, mais sans les avoir poussés sur ce point ni approfondi leur façon de penser ; je répondrais presque qu'ils n'ont jamais entendu que le séjour des garnisons françaises dans les forteresses de Corse fût prolongé par delà celui des corps dont elles sont tirées, dans l'état de terre ferme, et je ne doute pas qu'aussitôt que nos dernières divisions seront prêtes à rentrer en France, s'il n'est pas question en même temps de l'évacuation de la Corse, les défiances ne se renouvellent.

Il y a encore un autre article propre à mettre la France en état de veiller à l'exécution fidèle de la convention qu'elle garantit, c'est l'établissement en Corse d'un Commissaire du Roy, lequel puisse recevoir les plaintes des Corses, si les Génois ne leur tenaient pas parole, et être témoin de l'infidélité des Corses, s'ils manquaient aux conditions stipulées. Cet article tient si fort à cœur aux rebelles que ce n'est qu'à cette condition qu'ils ont offert à M. de Cursay leurs soumissions et la reddition des places, et quoique cette condition ait été expressément énoncée dans les lettres de M. de Cursay à M. le maréchal de Richelieu, il l'a crue si délicate, et il a supposé dans les Génois tant de difficultés à y condescendre qu'il n'a pas même jugé à propos de les tâter à cet égard et qu'il ne leur a, dans les conférences qu'il a eues avec eux, rien laissé entrevoir qui pût les préparer à cet établissement.

Quoique le succès sur ces deux points sur lesquels pivote toute la négociation soit susceptible de grandes difficultés, je suis bien éloigné cependant de croire qu'il soit impossible et mal aisé d'y amener les deux parties contractantes. A l'égard des Corses la France obtiendra tout d'eux dès qu'ils verront qu'elle veut sérieusement se mêler de leurs affaires, et tant que le séjour d'un corps considérable dans l'état de terre ferme et Gênes leur fera craindre une expédition qui finirait par les anéantir; ils ne recommenceront à former des difficultés et des chicanes que lorsqu'ils verront nos troupes éloignées, dispersées et hors de portée de leur pays,

Il sera plus difficile de déterminer les Génois à l'acceptation de ces deux conditions qui choqueront leur vanité et exciteront leur défiance. Il est donc question de les leur présenter sous des faces qui ne les rendent pas humiliantes et qui n'excitent pas leurs soupçons, et en même temps de leur faire sentir avec force et avec capacité combien il est essentiel pour eux que ces conditions soient la base de la convention projetée, et combien ils ont intérêt à y souscrire.

L'article des garnisons qui est le plus propre à allarmer leur défiance, est celui auquel à mon sens ils se prêteront le plus aisément, pourvu qu'on limite un temps au bout duquel elles seront retirées. Il y a une raison de circonstance qui me détermine à cette opinion ; les Génois sentent qu'ils ne peuvent être souverains en Corse qu'autant qu'ils y auront des troupes ; leur misère actuelle et le délabrement de leur état militaire les mettent hors d'état d'entretenir un nombre suffisant de troupes en Corse qui par son propre épuisement ne peut fournir les moyens de les y faire subsister.

Par conséquent il ne peut réellement leur arriver rien de plus commode et de plus avantageux que d'y voir suppléer par la France sous la condition d'un intervalle limité pendant lequel la République remettra ses troupes, et la Corse par le rétablissement de son commerce, et la culture du peu de terre qui sont défrichées sera en état de payer les subsides fixés par la convention.

L'article du Résident de France, autorisé à recueillir les plaintes des Corses, choquera les Génois ; il leur sera amer de voir interposé entre eux et leurs sujets, l'agent d'une puissance étrangère, autorisé à éclairer leurs manœuvres, à redresser leurs vexations ; mais on pourra diminuer leur éloignement pour cette condition par le choix de celui qui sera chargé de cette commission, qu'on pourra ne revêtir d'aucune autorité réelle, et qui n'ayant nul éclat personnel, ne paraîtra blesser en rien les droits de leur souveraineté. Il y a sans doute d'autres moyens de détail qui se présenteront dans le cours de la négociation, qu'il est inutile de discuter dans cette lettre, et qui naîtront de la disposition que celui qui sera chargé de traiter cette affaire pourra saisir momentanément dans les députés de la République vis-à-vis desquels il négociera. Je ne crois pas qu'à cet égard le choix de celui à qui ils auront à faire soit indifférent; leur défiance décroîtra en proportion de la confiance qu'ils seront accoutumés à avoir en lui, et tels que je les connais, ils jugent, d'après le préjugé qu'ils ont du caractère de celui à qui ils parlent, du plus ou moins de dispositions qu'ils lui supposent à les attraper.

La confiance que vous m'inspirez, Monseigneur, m'a autorisé à vous exposer ce plan général sur lequel vous pourrez réfléchir d'ici au temps où la négociation s'entamera. Je crois que rien n'est plus susceptible d'être réduit en principe et traité méthodiquement que l'art de traiter avec les hommes ; ils n'acceptent que ce qui est ou leur paraît leur intérêt ; ainsi c'est sous ce point de vue qu'il faut leur faire envisager ce qu'on leur propose.

Votre lettre à M. de Cursay m'a paru lui indiquer tous les objets qu'il a remplis ; je lui ai écrit sur un point particulier qui est la nécessité de démêler si les Corses agissent de bonne foi. J'ai deux raisons d'en douter indépendamment de ce que vous lui mandez de leur caractère fourbe et astucieux ; la première, que j'ai reçu de Corse deux lettres interceptées vers la fin de septembre, l'une d'un rebelle à Matra, l'autre de Matra à ce rebelle, où il est question d'un projet de surprise sur Ajaccio ou sur Bonifacio, et qui respirent l'une et l'autre l'esprit de révolte et d'abandonnement au Roy de Sardaigne. Le second est la délibération prise à la Consulte de Casinca, dans laquelle les Corses, en même temps qu'ils traitaient avec M. de Cursay, ont choisi un Magistrat Suprême de guerre pour régler toutes les affaires du Royaume et ont confirmé l'autorité de leurs chefs. Ces deux raisons ne sont pas décisives, mais elles doivent du moins donner de la circonspection à M. de Cursay.

M. le chevalier de Vierset, commannant à Bonifacio, m'a envoyé une lettre d'un des chefs des mécontents de Sardaigne qui lui demande des secours contre les quatre bataillons que le Vice-Roy a menés dans cette isle; il lui a fait une réponse vague et qui ne l'engage à rien. En attendant vos ordres, j'ai mandé à M. le chevalier de Vierset de s'abstenir d'une correspondance qui dans les circonstances actuelles pourrait tirer à conséquence. — Je suis avec respect etc.,

(M. G. Vol. Corse 3.307).

Gênes, le 17 novembre 1748. — M. de Chauvelin à M. d'Argenson. — Monseigneur, M. le maréchal de Richelieu avait mené avec lui à Nice M. de Castro, aide-major du régiment de Tournaisis, dépêché par lui à Cursay, afin de ne le renvoyer qu'après avoir conféré à fond sur les affaires de Corse avec M. le maréchal de Belle-Isle qui l'a renvoyé hier à Gênes, d'où je l'ai fait repartir ce matin pour Bastia avec une instruction de M. le maréchal de Belle-Isle pour M. de Cursay, dans le détail de laquelle je n'entrerai pas, puisque ce général vous en a sans doute informé.

J'ai reçu ce soir une lettre de M. de Cursay par laquelle j'apprends que les troupes autrichiennes et piémontaises sont parties de Corse le 12. Mais il ignore encore s'il n'est pas resté un détachement des dernières dans le château de St-Florent.

Il mande en même temps que Matra est entré au service du Roy de Sardaigne en qualité de Colonel et qu'avant son départ pour Turin, il a eu des conférences particulières avec Gafforio et Giuliani, principaux chefs des rebelles.

Quoique les démarches qu'ont faites en général les peuples de Corse et en particulier les chefs auprès de M. de Cursay, paraissent indiquer une résolution déterminée, de recourir à la clémence du Roy, et de ne rien attendre que de sa médiation, cependant j'imagine tant par la connaissance que j'ai du génie de ces insulaires, que par les circonstances dont je veux avoir l'honneur de vous rendre compte, qu'avant de faire fonds sur leur bonne foi, il est nécessaire de les éclairer de près. C'est ce que j'expliquerai à fond à M. de Guisard avant qu'il parte pour remplir la commission dont M. de Richelieu vous a mandé qu'il l'avait chargé.

En général la négociation entamée avec la Corse sera délicate tant pour s'assurer de la fidélité des Corses à remplir les engagements qu'ils prendront que pour imaginer des moyens d'amener la République à n'être pas la première à les enfreindre et rendre la garantie du Roy aussi efficace qu'elle est respectable. Je ne manquerai pas de vous rendre compte de ses progrès aussitôt que j'aurai des nouvelles de ce que MM. de Cursay et de Guisard auront pu faire. — Je suis etc.

(M. G. Vol. Corse 1748).

Nice, le 17 novembre 1748. — Le maréchal de Belle-Isle à M. de Chauvelin. — Je vais répondre, Monsieur, à votre lettre du 13 n° 183, contenant vos observations sur les affaires de la Corse.

M. le maréchal de Richelieu en vous mettant au fait de tout ce qui concerne cet article et des errements où il en était au jour de son départ vis à vis des députés du gouvernement d'une part, et de l'autre des instructions qu'il avait laissées au sieur Guisard qu'il a choisi pour passer en Corse, vous a pareillement instruit de la négociation que M. de Cursay avait entamée avec les chefs des rebelles et vous aurez sans doute su par l'officier du régiment de Tournesis, arrivé de Bastia à Gênes la veille du départ de M. de Richelieu, que les principaux chefs des Corses offraient de donner leurs soumissions par écrit de se soumettre aux volontés du Roy et de remettre Saint-Florent aux troupes de Sa Majesté dès que les Autrichiens et les Piémontais auraient évacué la Corse. Je vous ai communiqué la lettre que j'avais écrite à M. de Cursay ; vous aurez vu depuis M. Guisard ; ainsi vous en saurez autant et plus que moi sur la situation actuelle ; il faut voir ce qu'opèrera M. de Cursay. J'avoue que j'ai toujours un peu de crainte qu'il n'ait trop de confiance et qu'il ne se laisse tromper par les Corses dont vous connaissez toute la fourberie. Il est pourtant vrai que, se voyant abandonnés, comme ils vont l'être, par les Cours de Vienne et de Turin, ils doivent sentir que la protection du Roy leur est absolument nécessaire ; et que c'est le seul moyen de s'assurer une protection solide contre la tyrannie des gouverneurs génois et la dureté du gouvernement de la République. Rien ne sera si capable d'attirer la confiance des Corses ou la protection du Roy que le séjour de nos troupes dans cette isle,

J'ai toujours appréhendé que la méfiance de la République envers la France ne fût beaucoup plus difficile à surmonter que celle des Corses; vous savez tout ce qui s'est passé en 1737 et 1738; il faut tâcher de ne pas tomber dans le même inconvénient; il faut éviter surtout de compromettre la dignité du Roy et ce n'est pas sans peine que Sa Majesté s'est déterminée à vouloir bien encore une fois se mêler de cette affaire. Elle ne s'y est portée, suivant ce que MM. de Puysieulx et d'Argenson me marquent, que sur les assurances qu'a données M. le maréchal de Richelieu, que dès les premières conférences qu'il a eues avec M. Regnier et Augustin Grimaldi, tous deux députés et autorisés par la République pour traiter avec lui les affaires de Corse, ils l'avaient assuré que non seulement la République trouvait bon que le Roy laissât dans les places de Corse les détachements de ses troupes qui y sont actuellement, mais même suppliait S. M. de vouloir bien défendre leurs places, attendu que dans le moment présent elle n'avait pas assez de troupes sur pied pour garder celles de terre ferme. Cet article étant une fois convenu, je pense que le reste doit être facile.

Jusques à présent, l'on n'a fait qu'ébaucher la matière sur la source des troubles de la Corse; lorsque les rebelles ont été les plus faibles, ils ne se sont soumis que par force, jamais avec persuasion. La République de son côté n'a accordé, dans les temps où elle s'est trouvée embarrassée, des privilèges et des conditions avantageuses aux Corses qu'avec l'intention de ne les point tenir dès qu'elle aurait le pouvoir de les enfreindre, d'où il est aisé de conclure qu'avec de pareilles dispositions le désordre a été plus grand que jamais. Il s'agit donc aujourd'hui de ramener les choses à un point qui, en maintenant la souveraineté de la République sur les

Corses, l'oblige à l'exercer avec justice et modération et empêcher les gouverneurs généraux et autres membres du Sénat de continuer les vexations et violences qu'ils n'ont cessé de commettre avec tyrannie, et qu'en même temps les peuples n'abusent point des privilèges et avantages qui leur seront accordés. Le séjour des troupes du Roy dans les places de Corse doit naturellement opérer deux effets à la fois.

Il s'agit de refondre tous les édits, ordonnances et règlements qui ont été rendus par le Sénat depuis 20 ans et d'en former un nouveau qui constate une nouvelle forme d'administration dont le Roy sera garant après en avoir été le médiateur. Le maréchal de Richelieu, avec lequel j'ai lu tous ces différents édits, m'a assuré que la République et les Corses étaient presque d'accord là-dessus, excepté trois ou quatre points qu'il ne sera pas impossible de concilier ; mais vu la nature du gouvernement génois d'une part, et de l'autre l'inconstance, la mutinerie, la férocité et l'antipathie naturelles des Corses, jointes à un grand mépris pour le gouvernement génois, ces nouveaux règlements et cette conciliation ne peuvent avoir lieu avec succès que par la médiation et l'autorité respectable d'une aussi grande puissance que la France qui, proportion gardée, en impose également et à la République et aux Corses. Cet ouvrage exigera beaucoup de patience, de sagesse, de capacité et d'activité en même temps de la part de celui ou de ceux qui en seront chargés au nom du Roy, et je ne connais personne de trop bon pour une pareille commission.

C'est naturellement à M. Guymont, ministre du Roy près la République, à être chargé de la suite de toute cette négociation. M. de Richelieu m'a dit qu'il était instruit de tout ce qu'il avait fait et de l'état actuel où il avait laissé les choses ; mais que comme en même temps qu'il agirait vis à vis du Sénat à Gênes, il était indispensable qu'il y eût sur les lieux en Corse un commissaire du Roy qui pût journellement parler aux chefs et qui vît par lui-même ce qui s'y passe pour en rendre compte à l'envoyé du Roy près la République et agir en conséquence des ordres et des instructions qu'il en recevrait, que c'était pour remplir ces objets qu'il avait choisi le sieur Guisard auquel il avait donné toutes les instructions nécessaires par écrit ; c'est pour cela qu'il me l'avait amené ici. Comme je ne le connais point par moi-même, je dois croire que le choix de M. de Richelieu a été fait en connaissance de cause ; c'est pour cela que je vous l'ai renvoyé tout de suite, afin que, recevant vos derniers ordres et ceux de M. de Guymont, il passe tout de suite en Corse pour y prendre la suite des affaires après que M. de Cursay aura achevé sa négociation et qu'il se sera assuré de la soumission par écrit des chefs des rebelles et qu'on lui aura remis Saint-Florent et les autres places dont les rebelles sont les maîtres ; car quand une fois ces objets auront été remplis, M. de Cursay n'aura plus que faire en Corse ; je crois qu'il suffira de laisser un lieutenant-colonel sage et intelligent qui se tiendra à Bastia, lequel n'aura autre chose à faire que de veiller à la discipline des troupes, parce qu'il ne devra point être fait aucun usage desdites troupes ni aucun changement que relativement à ce qui aura été réglé et convenu entre le ministre du Roy et la République, et qu'en quelque manière ce lieutenant-colonel sera aux ordres du ministre du Roy, soit pour faire occuper de nouveaux postes dans l'isle, soit pour les changer, et c'est par cette raison que je ne pense pas qu'il faille un officier d'un grade supérieur.

M. de Pédemont ne serait-il pas propre pour cette

commission? Il résiderait à Bastia. Je joins ici l'état des troupes que nous avons jugé devoir laisser dans les places de Corse et leur distribution. Vous ferez là-dessus vos observations, après quoi vous verrez aussi quels sont les sujets que l'on peut choisir pour commander les détachements qui seront dans chacune de ces places et qui seront subordonnés au lieutenant-colonel qui résidera à Bastia. Quand j'aurai reçu sur cela votre réponse, j'entrerai avec vous dans le détail des régiments dont il faudra que ces détachements soient tirés; il faut que ce soit sur les 19 bataillons destinés à hiverner en Provence, prenant de plus deux cents Suisses, deux cents Allemands et cent Italiens, moyennant quoi cela ne ferait que 600 Français que l'on prendrait, à raison de 50 hommes par bataillon, des 12 sur les 19 qui resteront en Provence. L'on pourrait aussi, si vous croyez qu'il y ait trop d'étrangers, prendre 150 ou 200 hommes du bataillon de la marine, car comme il ne doit point subsister, cela portera même moins de préjudice aux autres. J'attendrai sur cela vos réflexions.

Vous voyez donc que pour le moment présent, il faut attendre le succès des négociations de M. de Cursay et que nous puissions même être maîtres de Saint-Fiorent, ce qui n'aura lieu qu'après l'évacuation des Autrichiens et des Piémontais; mais en attendant, je pense qu'il faut constater définitivement avec les députés de la République ce qu'ils ont dit à M. de Richelieu sur leurs demandes au Roy pour que les détachements qui sont dans les places de Corse y demeurent et qu'il n'y ait sur cela aucune difficulté, car j'avoue que je crains toujours que leur méfiance ne se réveille. C'est pourquoi vous ne saurez avoir trop d'attention à faire sentir à M. Grimaldi, lorsque vous le verrez, l'obligation qu'ils ont au Roy de vouloir bien encore se mêler de cette affaire; au surplus les détachements que nous avons en Corse n'y resteront que le temps qu'ils voudront ; qu'il paraisse même que nous souhaitons que ce temps soit fort court et tout ce que vous savez mieux que personne qu'il y a à dire. Le grand point est que nos détachements commencent par rester dans les places. La négociation qu'il y aura à suivre pour concilier la République et les Corses sera d'elle-même assez longue, et si elle est maniée et suivie avec la dextérité et la capacité convenable, nos détachements seront longtemps en Corse, le Roy s'attachera les peuples de cette isle, et si on pouvait une fois y établir un gouvernement raisonnable de la part de la République, c'est là tout ce qu'il nous faut. Le Roy ne veut point acquérir la Corse, mais il veut être assuré qu'elle ne tombe point entre les mains d'une autre puissance, et toute notre affaire est qu'elle demeure tranquille entre les mains des Génois ; c'est sur ce ton-là que j'en parlerai à MM. Pinelli et Curlo, lorsqu'ils seront ici.

Après avoir traité ce qui concerne l'affaire de Corse en général, je viens à présent à ce qui vous concerne personnellement. Il n'est pas douteux que tant que vous resterez à Gênes avec les troupes du Roy, vous ne deviez suivre de concert avec M. de Guymont toutes les affaires de Corse et autres qui pourront se présenter. Je vous dirai franchement et sans vouloir vous faire de compliments, que si j'étais le maître, je vous chargerais de toute la négociation de Corse jusqu'au bout ; j'ai mandé déjà à nos ministres que, vu l'importance de l'affaire et les difficultés dont elle est remplie, je ne connaissais personne de trop bon pour cela. Je manderai à M. de Puysieulx tout comme à M. d'Argenson, que je ne connais que vous capable de venir à bout avec succès d'une affaire aussi difficile et aussi essentielle,

S'ils agréent ma proposition, on vous donnera al s les pouvoirs et le caractère nécessaire, et dans ce cas les troupes et la négociation seraient également à vos ordres ; vous seriez le maître de choisir le sujet que vous jugeriez le plus convenable pour le commandement desdites troupes à Bastia, soit colonel, soit brigadier; il n'y aurait alors aucune difficulté. Mais en attendant que je sache le parti que prendra le ministère, je crois que vous devez agir avec M. de Guymont sans aucune espèce de prétention. Vous commandez le corps des troupes du Roy qui est dans l'état de Gênes, et en cette qualité M. de Guymont vous doit beaucoup d'égards et d'attention; vous lui en devez aussi comme étant revêtu du caractère d'envoyé du Roy, et comme vous êtes chargé par M. le maréchal de Richelieu et présentement par moi de suivre conjointement tout ce qui a rapport aux affaires de Corse, où pour le moment présent tout se passe par des militaires, il ne doit point être question de prérogatives et tout doit se traiter entre vous deux à l'amiable et dans l'esprit du bien de la chose, et comme il ne peut jamais y avoir de comparaison entre M. de Guymont et vous à aucuns égards, plus vous y mettrez du vôtre et plus cela vous fera honneur. C'est pourquoi je vous conseille de voir M. de Guymont pour lui faire part de tout ce que je viens de vous mander sur la situation actuelle. Je ne lui écris que 4 lignes, me remettant à ce que vous lui direz, d'autant que pour le présent, c'est moi qui suis personnellement chargé de la part du Roy pour suivre toutes ces affaires et de lui donner à lui-même les instructions que je jugerai convenables. Il faut écarter tout ce qui peut donner lieu à la moindre tracasserie, parce que le bien du service en souffre toujours. Je suis dans le cas depuis deux ans de donner sur cela un exemple continuel vis à vis de M. de La Mina.

Votre lettre à M. le marquis de Puysieulx est parfaitement bien ; je vais la lui faire passer, et en même temps je lui manderai tout ce que je pense sur votre sujet, ainsi que sur la besogne que je pense ne pouvoir mettre en de meilleures mains que les vôtres.

J'en étais à cet endroit de ma lettre, lorsque la galère qui porte ici MM. Pinelli et Curlo est arrivée ; le petit Sorba m'a remis votre lettre du 17 n° 190, où vous me faites part de la satisfaction que demande M. de l'Ahumada etc.

(M. G. Vol. Corse 3.307)

Nice, le 17 novembre 1748. — M. de Belle-Isle à M. d'Argenson. — Plus je réfléchis sur l'affaire des Corses et plus je sens combien il serait nécessaire qu'elle fût maniée par quelqu'un qui eût toutes les connaissances, toute la dextérité et tout le liant qu'exige une négociation aussi compliquée. M. de Chauvelin réunit tout cela et comme il a suivi intrinsèquement toutes les affaires depuis l'origine avec MM. de Boufflers, de Bissy et de Richelieu, lequel l'en a encore chargé en partant, je crois en vérité qu'il serait du bien de la chose de lui laisser la commission de la suivre jusqu'au bout ; il veillerait en même temps à la partie militaire et il captiverait mieux que qui que ce soit la confiance des membres de la République ; je le mande de même à M. de Puysieulx ; le succès des affaires dépend du choix de ceux qui ont à les manier et celle-là mérite bien dans son espèce qu'on ne néglige rien pour y réussir. Je souhaite que ma proposition puisse avoir votre suffrage, auquel cas vous aurez agréable de l'appuyer.

S'il en est autrement, je n'y songerai plus et je me conformerai à ce que vous désirerez.

MM. Pinelli et Curlo, commissaires de la République pour les conférences de Nice, viennent d'arriver ; le petit Sorba qui les a suivis, m'a dit qu'il partirait en poste cette nuit ; je lui ai remis ce paquet, comptant qu'il vous parviendra plus promptement par cette voie que par l'ordinaire.

(M. G. Vol. Corse 3.307).

Nice, le 17 novembre 1748. — M. de Belle-Isle à M. de Puysieulx. — Le courrier que vous dépêchez à Rome, Monsieur, m'a remis cette nuit les deux lettres que vous m'avez fait l'honneur de m'écrire le 11, l'une desquelles est un P. S. du 12. J'y vois que S. M. veut veut bien s'en rapporter à moi sur la manière de terminer les affaires de la Corse et qu'elle désirerait que la paix s'exécute plutôt par la négociation, que par la force ; les dernières lettres que j'ai eu l'honneur de vous écrire vous auront instruit plus en détail et de ma façon de penser et de la situation où sont les choses à cet égard, et qu'il y a lieu d'espérer que nous ne seront point obligés d'user de la force pour réduire San Fiorenzo, et que les souhaits de S. M. pourront être remplis à cet égard ; cela a toujours été mon intention de tâcher de pacifier la Corse par les moyens de conciliation....

Si la négociation qu'a entamée M. de Cursay avec les chefs réussit, comme il paraît n'en pas douter, il y aura fort peu de chose à ajouter aux détachements qui sont encore dans cette isle ; cette augmentation même sera imperceptible et ne paraîtra que comme un remplacement de ceux que l'on ira y relever. J'ai recommandé avec la plus grande attention le secret et j'oserais bien répondre qu'il sera bien gardé de notre part, quoique dans le fond le Roy de Sardaigne ne puisse avoir aucun prétexte pour se dispenser d'évacuer la Corse dès que le terme en aura été fixé aux conférences.

M. le maréchal de Richelieu a laissé M. Chauvelin instruit de tout ce qui s'était passé entre lui et les deux députés du gouvernement ; il l'a chargé de suivre tant avec M. de Guymont qu'avec M. de Cursay tout ce qu'il y aurait à faire, particulièrement sur la Corse. Il ne pouvait confier une affaire aussi délicate en de meilleures mains, et il serait bien à désirer que ce fût lui qui eût à suivre cette affaire jusques à son entière consommation. Il s'est acquis l'estime, l'amitié et la confiance de tous les principaux membres de la République. Il connaît à fond leur caractère et le fort et le faible des uns et des autres ; il a eu également toute la confiance de M. de Boufflers, de M. de Bissy et de M. de Richelieu; le commandement qu'il a actuellement du corps qui est à Gênes, lui donne une plus grande considération; tout cela joint à tous les talents qu'il réunit me fait penser qu'il faudra l'y laisser jusqu'à ce que tout fût fini. Je soumets cette proposition à vos lumières et à ce que vous en déciderez avec M. le comte d'Argenson, à qui je mande la même chose, et cela uniquement parce que je crois que c'est ce qu'il y a de mieux à faire. Je lui ai mandé d'agir en attendant dans le plus grand concert avec M. de Guymont, auquel j'ai écrit sur le même ton, l'expérience m'ayant appris que rien ne contribue tant au bien ou au mal que l'union ou la discordance de ceux par qui passe le maniement des grandes affaires. — J'ai l'honneur etc.

(M. G. Vol. Corse 3.307)

Gênes, le 17 novembre 1748. — M. de Chauvelin au

maréchal de Belle-Isle. — Monseigneur,.. Nous ne sommes pas encore instruits s'il est resté un détachement des Piémontais à San Fiorenzo, mais ce que vous en a dit M. de Viansin au nom de M. de Leutrum me le fait penser, et d'ailleurs je reçois par ce même paquet une lettre de l'abbé Orto en date du 12 de ce mois, où il marque qu'un exprès qu'il a envoyé à San Fiorenzo l'a assuré qu'on y conservait des compagnies franches Corses.

Cette circonstance, jointe à l'engagement de Matra dans le service du Roy de Sardaigne, au secret qu'il demande et à sa conférence particulière avant son départ avec Gaffolio et Giuliani, confirme le soupçon que j'ai de la bonne foi des Corses. Je ferai toutes ces observations à M. Guisard avant son départ, et d'ici là je prêcherai l'abbé Antonietti et tâcherai de lui faire concevoir combien il serait dangereux pour les Corses de mettre quelque réserve et quelque restriction dans la confiance qu'ils paraissent avoir en la justice et la bonté du Roy.

M. de Cursay marque à M. le maréchal de Richelieu que la République n'a aucune attention sur les magasins et sur le paiement de ses troupes ; il pense avec raison qu'il peut en résulter des inconvénients considérables. J'ai eu l'honneur de vous adresser ci-joint l'article de sa lettre qui traite cette matière, et qui est le seul essentiel, j'attendrai vos ordres sur ce que je dois lui mander relativement au parti qu'il a pris d'assurer le paiement des vivres à un entrepreneur général, et en attendant je vais faire au gouvernement les représentations les plus fortes sur le danger de laisser les troupes qu'elle a en Corse sans paye et sans subsistance.
— Je suis etc.,

(M. G. Vol. Corse 3.307).

Gênes, le 19 novembre 1748. — M. de Guymont à....
— Monseigneur, La lettre que vous recevrez de M. de Cursay vous fera connaître que les Piémontais sont bien éloignés d'abandonner entièrement les rebelles comme ils le devraient Le régiment que le Roy de Sardaigne vient de donner à Matra et peut-être de nouvelles assurances de protéger ces insulaires sont de nouveaux moyens pour eux de s'opposer à la tranquillité de ce pays ; on reconnaît parfaitement à cette conduite la bonne foi piémontaise. Ce prince qui ne devait laisser que 50 hommes dans St-Florent que nous lui disputions, en laisse aujourd'hui 100, afin de gagner du temps et de s'opposer à nos desseins de pacification qu'il aura pu aisément pénétrer. Néanmoins M. de Cursay mande que les chefs sont toujours dans les mêmes dispositions; il pourrait très bien arriver cependant que cette abominable nation négociât des deux côtés afin de se trouver de celui qui lui ferait le meilleur parti. Si ce soupçon a quelque fondement, notre négociation n'avancera pas si rapidement que se l'était imaginé M. le maréchal de Richelieu ; vous verrez, Monseigneur, qu'elle ne sera pas sans difficultés de toutes parts.

Le délabrement des troupes génoises et ce qu'il occasionne ne sert qu'à indisposer les Corses contre ceux-ci ; dans ces circonstances où la conduite de ces derniers devrait être très différente, il faut croire que l'épuisement des finances de la République est cause du peu de remède qu'elle y apporte depuis si longtemps que les choses existent sur le même pied. Néanmoins je ferai des représentations à cet égard, mais pour les marchés que propose M. de Cursay, c'est à vous, Monseigneur de décider et de lui donner vos ordres en conséquence.

Dès que le sieur Guisard sera parti pour se rendre

en Corse, je crois nécessaire de destiner un certain nombre de felouques pour porter et rapporter des nouvelles de ce pays-là. Il est bon d'observer qu'elles aient une patente de l'amirauté afin de les garantir de la poursuite des Corsaires dont le pavillon génois n'est pas exempt. Ils se multiplient dans ces mers au point que le commerce de cette nation sera ruiné, si on ne trouve des moyens d'y remédier. — J'ai l'honneur etc.,

(M. G. Vol. Corse 3,307).

Nice, le 21 novembre 1748. — Le maréchal de Belle-Isle à M. de Guymont. — J'ai reçu, Monsieur, vos deux lettres du 16 et du 19. Je n'ai pu répondre plutôt à la première, faute de felouque. Je ne reprendrai point ici en détail ce que vous me dites sur les difficultés qu'il y aura dans la conciliation à établir entre la République et les Corses. C'est une affaire de longue haleine. Nous sommes tous d'accord sur les principes, je m'en rapporte à ce que j'ai écrit sur cela à plusieurs reprises à M. le maréchal de Richelieu et à M. de Chauvelin qui vous en auront sans doute fait part l'un et l'autre ; il y a un préalable dont nous devons nous occuper qui est :

1º De constater décisivement avec la République ce que M. le maréchal de Richelieu m'a dit que MM. Grimaldi lui avaient demandé de la part du gouvernement, qu'il plût au Roy d'accorder sa protection et sa médiation pour les affaires de Corse dont il demeurerait garant et de vouloir bien dès à présent laisser dans les places de la Corse les détachements nécessaires. La situation où se trouve la République ne lui permettant pas d'avoir assez de troupes pour garder en même temps toutes ses places de terre ferme et celles de Corse, je mande à M. de Chauvelin de suivre de concert avec vous ce premier point avec MM. Grimaldi.

2° Je lui mande aussi, en faisant passer à M. de Cursay ma réponse qu'il vous communiquera, d'y ajouter les instructions qu'il jugera convenables, pour qu'il ne se laisse point attraper par les chefs des rebelles, qu'il parvienne, s'il est possible, à remplir et exécuter les ordres que je lui ai envoyés par l'officier de son régiment dans mes avis en communication.

3° Nous devons tout mettre en œuvre, moi ici dans nos conférences, pour que le Roy de Sardaigne remette St-Florent à la République, et vous, M. Chauvelin et M. de Cursay de votre part, pour que si les chefs des rebelles en restent les maîtres, ils les remettent aux troupes du Roy.

4° Qu'enfin à tout événement, si nous ne pouvions avoir St-Florent ni les uns ni les autres, l'on prenne secrètement les mesures convenables pour pouvoir prendre cette place de force, parti qu'il ne faut prendre qu'à la dernière extrémité, en faisant humainement tout ce qui sera possible pour que tout se finisse par la voie de la négociation et de la conciliation.

5° Qu'excepté la négociation, nous ne pouvons ni ne devons faire faire aucun mouvement aux troupes qu'après que les conférences auront obligé les Piémontais à évacuer St-Florent et toute l'isle, vu l'armistice et la parole que j'ai donnée.

Je ne suis point fâché que Matra sorte de Corse. Il doit être aisé de faire comprendre aux Corses qu'il les a abandonnés de même que le Roy de Sardaigne, puisqu'il n'a été fait aucune mention d'eux dans le traité de paix ; cette conduite doit engager les autres chefs à recourir à la protection du Roy.

La négligence excessive de la République à l'entretien du peu de troupes qu'elle a en Corse est une circonstance favorable pour la confirmer dans le besoin qu'elle a du secours du Roy et des détachements de ses troupes dans les places de Corse; je ne saurais blâmer M. de Cursay d'avoir assuré la subsistance des soldats génois qui sont en Corse, dans une circonstance aussi pressante, mais cela ne peut avoir lieu que momentanément, et vous ne sauriez trop faire sentir au gouvernement la nécessité d'y pourvoir sans délai, le Roy ne pouvant ni ne voulant se charger de la subsistance des soldats de la République.

Le sieur Guisard ne saurait trop tôt passer en Corse. Il a reçu toutes les instructions de M. de Richelieu. M. de Chauvelin et vous y ajouterez encore ce que vous jugerez convenable.

M. de Chauvelin vous fera part de la conversation que j'ai eue sur tout cela avec MM. Curlo et Pinelli, que je ne rapporte pas ici pour cette raison.

Il n'est pas douteux qu'il ne faille destiner le nombre de felouques nécessaires pour entretenir une correspondance prompte et réglée avec la Corse, devenue très nécessaire dans les circonstances présentes. — Je suis etc.

M. G. Vol. (Corse 3.307).

Nice, le 21 novembre 1748. — Le maréchal de Belle-Isle à M. de Chauvelin. — Je réponds séparément, Monsieur, à votre lettre du 17 n° 193, où était joint l'extrait de la lettre de M. de Cursay à M. de Richelieu. J'y vois la suite de la négligence et de la mauvaise foi de la République dans toutes ses affaires. J'ai pris occasion de cette lettre de M. de Cursay pour parler à MM. Pinelli et Curlo; je l'ai fait avec beaucoup d'onction et de marques d'intérêt que je prenais au succès de leurs affaires, mais j'y ai joint en même temps la plus grande force en les grondant sur le ton d'amitié du peu d'attention qu'ils donnaient à l'affaire la plus principale que je leur connaisse aujourd'hui, qui est celle de la Corse. Je suis parti de là pour leur demander quel était définitivement le sentiment de la République.

M. de Curlo en prenant la parole m'a dit que ni lui ni M. Pinelli n'étaient point chargés des affaires de Corse; que pour ce qui pourrait regarder l'évacuation de Saint-Florent dans les conférences, MM. Grimaldi avaient été nommés par la République pour suivre cette affaire avec M. de Richelieu ; qu'ils croyaient que l'article essentiel était convenu, qui était celui de la demande que faisait le gouvernement pour qu'il plût au Roy de se mêler encore une fois des affaires de Corse et leur donner les secours nécessaires pour la garde des places de cette isle, en attendant que la République soit en état d'y entretenir les garnisons suffisantes, mais que le surplus de toute la suite de cette affaire devait être traité à Gênes par vous et M. de Guymont, et qu'il était indispensable qu'il y eût aussi quelqu'un sur les lieux en Corse, où il croyait que la République ne manquerait pas d'envoyer des députés, convenant néanmoins que rien de tout cela ne pouvait ni ne devait s'exécuter qu'après que les Piémontais auraient évacué la Corse et Saint-Florent, puisque j'ai donné ma parole à M. de Leutrum que tout demeurerait *in statu quo* jusqu'après l'exécution du traité définitif. Je suis convenu avec ces Messieurs que nous ne parlerions donc pas ici de cette affaire et que j'allais vous écrire et à M. de Guymont, etc.

Il résulte donc de tout cela qu'il faut qu'en partant des errements où en est demeuré M. de Richelieu avec MM. Grimaldi, il faut qu'il soit décisivement constaté :

1º Que sur la demande que fait la République au Roy de lui accorder son secours pour la garde des places de Corse et ensuite sa médiation pour concilier les droits de la souveraineté de la République et les privilèges des sujets dont S. M. demeure garante, elle a bien voulu donner encore à la République cette marque de son affection, et que pour cet effet elle m'a autorisé à vous mander de laisser dans les places de Corse les détachements nécessaires. Je vous ai envoyé le projet de ce que nous avons jugé à peu près nécessaire, vous laissant le maître d'y augmenter ou diminuer, comme vous le jugerez à propos.

2º Qu'avant tout il faut tâcher de nous rendre maitres de Saint-Florent, soit par la remise que je tâcherai d'obtenir que nous en fasse le Roy de Sardaigne, soit qu'elle nous soit rendue par les chefs des rebelles avec lesquels M. de Cursay continue sa négociation avec l'aide du sieur Guisard, que vous ne sauriez y faire passer trop tôt, et avec les instructions que vous lui donnerez journellement, ne pouvant y avoir d'autre voie que celle de négocier jusqu'à ce que les Piémontais aient totalement évacué, conformément au traité et à la parole que j'en ai donnée, et comme à tout événement il pourrait arriver que les rebelles se moquassent de M. de Cursay et qu'ils ne remissent point Saint-Florent aux troupes du Roy, comme ils le lui ont promis, il convient que sans éclat et très secrètement vous preniez avec M. de Crussol les mesures nécessaires dans le cabinet pour pouvoir prendre Saint-Florent de vive force, parti qu'il ne faut prendre qu'à la dernière extrémité, quoique je ne croie pas cette expédition fort difficile. M. de Cursay ne demandait que 12 ou 1500 hommes, 2 mortiers et 4 pièces de canon pour cela, mais s'il en fallait venir jusque-là, ce serait M. de

Crussol que je chargerais de cette expédition. Je vous répète encore qu'il faut tout mettre en œuvre pour que nous puissions avoir cette place par négociation, car ce n'est qu'avec..... répugnance que le Roy consentirait qu'on exerçât des hostilités en Corse.

Comme il m'est impossible de suivre tout le détail de cette affaire, éloigné comme je le suis, que vous êtes extrêmement au fait, à portée de parler à MM. du gouvernement, d'écrire à M. de Cursay et d'en recevoir des nouvelles, je vous remets toute cette négociation entre les mains; agissez de concert avec M. de Guymont par toutes les raisons que je vous ai déjà écrites et faites le tout pour le mieux. Vous m'informerez de ce qui se passe afin que je puisse en rendre compte à la Cour et vous mander mon sentiment, et comme je ne saurais passer mon temps à écrire avec toutes les occupations que j'ai à présent, ayez, je vous prie, attention de m'écrire des lettres séparées pour les affaires de Corse, où vous me parlerez de manière que je n'aie qu'à faire copier vos lettres et les envoyer telles que je les recevrai à nos ministres, sauf que vous me mandiez séparément ce que vous jugerez à propos de plus particulier.

Je joins ici copie de la lettre que j'écris à M. de Guymont, afin que vous soyez totalement au fait et d'éviter toute espèce de jalousie ou d'inquiétude de sa part, jusqu'à ce que j'aie eu réponse de MM. de Puysieulx et d'Argenson sur la proposition que je leur ai faite de vous charger de toute cette besogne. Je vous envoie aussi à cachet volant la lettre que j'écris à M. de Cursay; vous y verrez que je le renvoie à vous pour lui donner toutes les instructions et ordres que vous jugerez convenables dans le même esprit dont je viens de vous faire part.

Vous parlerez aussi à MM. Grimaldi avec toute la force convenable pour qu'ils pourvoient à la subsistance de leurs troupes en Corse, le Roy ne pouvant pas se charger de les nourrir ; cette circonstance vous donne beau jeu pour leur faire sentir combien ils doivent être obligés au Roy de vouloir bien laisser des détachements dans les places de cette isle.

MM. de Montchenu et Guisard m'ont écrit de Porto Maurizio. Je m'en rapporte au compte qu'ils vous rendront eux-mêmes ; je vois bien, à vue de pays, que tout sera prêt pour la marche de nos troupes, lorsque nous pourrons les faire revenir.

Je reçus hier votre lettre du 18 qui a bien plus fait de diligence que la felouque du Roy, par où vous m'accusiez l'arrivée du courrier de M. de Puysieulx allant à Rome. Il faut espérer que les felouques que M. de Richelieu a envoyées à Marseille reviendront, sinon il faudrait bien que vous en prissiez d'autres pour me donner de vos nouvelles.

Ce n'est plus M. de Leutrum qui viendra ici, parce qu'il est tombé malade ; c'est M. le marquis de Breille que le Roy de Sardaigne a nommé à sa place. Il ne doit se rendre ici que le 26. Si le vent se soutient comme il est, j'espère que M. le comte de Brown y sera plus tôt, ce que je désire fort, et je voudrais bien voir commencer nos conférences.

(M. G. Vol. Corse 3.307).

Lettre de Gaffori écrite à son frère le 21 novembre, du couvent d'Orezza. — L'altra vostra mi fu renduta in Rostino, la sera de' 12 dello scorso, alla quale non potei rispondere nel viaggio. L'ultima vostra oggi la ricevo portata dal sig. capitan..... (1), e m'è spiacciuto che questo ed altri sapessero un tal carteggio. S'è saputo che egli s'è portato di nascosto per questi paesi, e s'egli vi dimorava qualche ora di più, potea esser male per lui. La nazione non si fida d'ufficiali della Repubblica per trattare i vantaggi della lor padria; pare che così si faccia per metter gelosie e diffidenze per sciogliere, ma chi consiglia così non è onesto e si troverà ingannato ed ingannerà gli altri. Chi promette di prevalere coi partiti e parentele, o egl'è pazzo o egl'è fraudolente. Io non mi lascierò mai condurre a lunghe promesse per non trovarmi a segno d'esser rinfacciato d'inganno. Farò il mio possibile che si conservi un rispetto infinito per la Francia e nel tempo medesimo che si procuri qualche sollievo alla padria, per cui sono in impegno di perdere ancor me stesso, quando ciò sia necessario; mi scrivete che an suggerito al Sig. Marchese che si cerca di dilungare per malizia; da chi è onesto, si vergognerà di par in vista alle calunnie. Io mancherò al mio onore giammai, e se scopriste esser difficile la riuscita, sarei in istato di avertire codesto signore a prender le sue misure; ma presentemente spero che l'affare si potrà incomminciar bene e con sua gloria, nè bisogna maravigliarsi, se non si corrisponde con sollecitudine alle premure, poichè è necessario da luoghi lontani chiamar soggetti, dar tempo che quei che han marciato, si riposino col ritorno a casa loro per qualche giorni, nè abbiamo un quartiero ove stiano pronti al servizio detti soldati.

Avete intese le risoluzioni prese contro il Sig. Matra, nè ho potuto ponermi a sua difesa. (La copie paraît inachevée).

(M. G. Vol. Corse 3.307).

(1) Le nom a été déchiré à dessein dans la copie.

Bastia, le 21 novembre 1748. — M. de Cursay au maréchal de Belle-Isle. — Monseigneur, Je viens de recevoir en même temps les deux lettres que vous m'avez fait l'honneur de m'écrire le 23 octobre et le 14 novembre. Je ne répondrai point à la première, parce que les choses ayant changé, elle devient totalement inutile.

M. de Castro qui arriva hier dans la nuit, m'a remis celle du 13 avec l'instruction qui y était jointe.

J'ai toujours pensé que dans une affaire fondée par l'enthousiasme des peuples vis-à-vis desquels je n'ai rien promis que mes bons offices, lorqu'ils seraient autorisés par une bonne foi sans réserve, la promptitude était nécessaire. C'est pourquoi n'ayant pu réussir à déterminer M. de Cumiana à abandonner totalement St-Florent, j'ai pressé les chefs de l'exécution de leurs paroles, et de concert avec eux, nous avons pris les moyens les plus prompts pour y parvenir. Je suis convenu avec Gafforio et Giuliani qu'il y aurait une assemblée à Orezza où tous les députés doivent se trouver. La volonté de la nation leur est connue ; l'on y doit rendre compte de l'abandon des Piémontais, et la nation en général doit unanimement et de concert forcer Gafforio de venir en personne implorer la protection de la France et s'y soumettre. La première de toutes les conditions est de me remettre les places, et du reste d'attendre ce que le Roy décidera de de leur sort ; je ne promets autre chose que de ne point remettre aux Génois les places avant l'accommodement général, et que jusqu'à ce temps elles seront gardées par les troupes françaises.

Les chefs sont actuellement assemblés au couvent d'Orezza ; ils me mandent ce qui s'y passe, et j'espère par le premier courrier vous envoyer tout ce que vous pouvez désirer à ce sujet. Gafforio m'a même fait dire qu'il espérait me remettre St-Florent tout aussitôt, et je ne doute point qu'il n'ait parole du commandant piémontais d'abandonner cette place à la première réquisition. J'ai eu l'honneur de vous écrire depuis le départ de Castro ; je vous rendais compte par ma lettre de ce qui s'était passé avec le commissaire des Piémontais ; vous y verrez que dans la lettre dont il était chargé pour M. de Cumiana il y était dit formellement « qu'au cas que les peuples consentissent que leurs places fussent gardées par les troupes françaises jusqu'à l'accommodement général, Sa Majesté ne peut pas regarder cette nouveauté comme une infraction, puisque ce serait du consentement général obtenu sans aucune violence. »

Comme dans le temps de l'arrangement avec M. Blanchat, j'étais sûr de la volonté des peuples, je lui fis en en conséquence la question ci-dessus. Il me répondit : « Il n'y a nulle difficulté ; si les peuples veulent vous remettre *Corte même*, j'y consens, et je vous jure que cela ne fait rien du tout à ma Cour. » En conséquence, il écrivit de sa propre main presque tous les articles insérés dans ma lettre du 15 novembre à M. de Cumiana et dont je vous ai adressé copie.

Ce qui pourrait troubler l'armistice serait une plainte réciproque. Je n'en fais point parce que je n'ai point à en faire et que les peuples ayant remis les biens des ecclésiastiques qu'ils avaient sequestrés, je n'ai rien à leur demander. C'est ce qui fait que j'aurais imaginé pouvoir entrer dans toutes les places, excepté Saint-Florent; du jour que les peuples me les auraient remises, et que les peuples ne se plaignant point de mes possessions sur eux, les Piémontais ne peuvent regarder comme infraction la volonté des peuples libres,

Permettez-moi de vous faire une représentation. Je crois que la négociation doit être suivie dans les termes que j'ai entamés. J'ai dit aux peuples : « Vous n'êtes faits ni pour traiter ni pour prescrire des conditions ; commencez par reconnaître vos devoirs. Vous devez en vertu de la garantie de 1738 avoir recours aux bontés de la France ; donnez-moi des marques de votre bonne foi en me remettant pour otage ce que vous possédez. Je suis persuadé que la France, sensible à la confiance et à l'attachement des peuples, voudra bien leur donner des marques de sa clémence. Fiez-vous à ma parole et soyez sûrs que je ne remettrai les places qu'à l'accommodement général et que si les Français sortent de l'isle avant, je les laisserai aux peuples dans l'état où elles m'auront été remises. »

J'ai trop d'usage des peuples pour n'être pas convaincu du danger qu'il y aurait de leur promettre que, lorsque les préliminaires auront été exécutés, vous ferez les conditions telles que vous le jugerez à propos. Je connais toute la source des divisions, je sais tous les abus qui ont fourni le prétexte de leur rebellion ; c'est plus par la réforme de ces mêmes abus que l'on peut assurer la tranquillité, qu'en leur accordant de nouveaux avantages ; enfin, selon moi, il faut que ce que le Roy veut bien leur ménager, soit un don bien plus qu'un engagement ; non seulement les peuples feront le nombre de procureurs que je jugerai à propos, mais je ne doute pas qu'ils ne me donnent le plein pouvoir de décider souverainement de leurs intérêts ; il suffit pour moi que vous m'autorisiez à faire espérer ; je ne vous en demande pas davantage pour l'accommodement général. Je craignais que la passion de la République n'eût fait impression et que l'on ne voulût se déterminer qu'à la plus grande rigueur ; je trouvais qu'il était impossible de terminer sans force un ouvrage où l'on aurait voulu exiger les conditions les plus dures. Dès que vous êtes déterminé à laisser le cours aux choses raisonnables, je suis en état de vous répondre de tout ce que vous pouvez désirer.

J'aurais moins besoin de gagner du temps que d'avoir des réponses promptes; ne soyez point inquiet de l'accommodement ; mais à présent que vous me mettez à mon aise, soyez sûr que nous irons infiniment plus vite que nous ne l'avons pensé.

J'ai ouï dire que M. le duc de Richelieu trouvait la question du désarmement un des obstacles les plus essentiels. Les connaissances que j'ai me font regarder comme vain tout ce qui se fera sans ce préambule ; mon affaire doit être de m'en faire presser par les peuples et pourvu que je paraisse l'accorder à leur importunité, je suis convaincu que vous ne vous y opposerez pas. Je ne vous promets rien sur cet article, mais j'ai de très grandes espérances d'y réussir et un projet qui, je crois, aura lieu.

Afin d'entrer dans une supputation exacte de ce qui est nécessaire dans l'isle, il est bon de vous en faire un plan, afin que vous décidiez par vous-même de ce que vous devez y envoyer.

Toutes les places de l'isle, excepté Bonifacio qui est très fort par lui-même, sont ennemies de la République. Vous mettrez en cette place ce que vous jugerez à propos, mais songez que vous ne continuez pas à être sûr du cœur des peuples, si vous ne mettez des commandants français dans tous les lieux susceptibles d'en avoir.

Ajaccio.

Ajaccio est la principale ville de l'autre côté des

monts. Il est nécessaire d'y avoir une garnison assez considérable de Français pour deux objets, le premier pour entretenir dans la neutralité cette partie des monts ennemie de la République, assez attachée à la France et prête à suivre le parti que prendront les peuples qui font la guerre.

La seconde raison est que c'est une colonie de Grecs maintenue toute l'année aux frais de la République et dont ceux en état de porter les armes sont à leur solde. Le besoin que l'on en a eu, les louanges que l'on leur a données, la faiblesse de la République les ont rendus extrêmement insolents ; les bourgeois de la ville continuellement soutenus et favorisés par eux, ont acquis un air d'indépendance qui est poussée jusqu'à l'impertinence. Les malheurs de la République ont empêché qu'elle ne songeât à cette isle ; ils n'ont pu y envoyer de l'argent pour payer leurs troupes. Les Grecs ont 125 hommes soldats et le reste entretenu du pain et de 2 s. par jour. Voici le 13me mois qu'ils n'ont rien touché. Il y a eu une espèce de révolte et le gouverneur n'a pas été en état d'y mettre ordre. La faiblesse continuelle du gouvernement les a accoutumés à l'impunité et à l'indiscipline ; mon avis était que l'on les dispersât et que l'on m'envoyât la moitié de ces milices ici. Je les aurais réduites à leur devoir ; mais comment se faire obéir sans troupes ? Vous voyez qu'une garnison y est nécessaire pour le maintien de l'autorité ; vous jugerez mieux que moi de ce que vous croyez qu'on doive y mettre. M. de Fontette y a deux piquets de 40 hommes suisses de Vigier et Salis, et n'est point assez en force pour réprimer la révolte des Grecs.

Calvi.

Je ne vous parlerai pas de Calvi avec autant de vivacité; un commandant français et quelques troupes pour s'y faire respecter des peuples de la Balagne et assurer dans les commencements la parole que vous donnez aux peuples et à laquelle les Génois manquent toujours par les intérêts devers des commandants, sont suffisants. Comme c'est maintenant la résidence du commissaire général, il y faut un homme en état de s'opposer avec fermeté aux entreprises contraires aux paroles que nous donnerons.

Algajola.

Il n'y faut qu'une garnison de peu de Français, seulement pour assurer les revenus de la République, mais en même temps pour empêcher les vexations énormes qui sont le prétexte d'une rébellion renouvelée si souvent.

Isola Rossa.

Sont deux tours que les rebelles occupent l'une dans l'isle et l'autre sur le rivage ; il y a du canon. C'est l'endroit où se fait la contrebande de toute la Balagne, et ce qui a fait perdre à la République 50.000 livres de rente. Il serait nécessaire selon moi d'établir 50 hommes à la Corbara tant pour maintenir la Balagne, que pour conserver les droits de la République dans cette partie. Comme Giuliani répondrait de ce détachement, il y serait en sûreté.

Saint-Florent.

Vous pouvez décider ce que vous y croyez nécessaire.

Bastia

Est une ville ouverte; l'endroit où vous ferez résider le commandant français. Il y monte 120 Français par jour et peu des postes peuvent être retranchés ; on a de plus à fournir la tour de la Giraglia, où montent les paysans, mais où il serait à propos que ce fût des Français ; la tour de Ponte d'Arco où il y a un commandant français et des paysans, mais qui devrait être occupée par des troupes réglées ; la tour de San Pelegrin où les rebelles exigèrent en la remettant qu'il n'y ait que des troupes françaises ; celle de la Padoulelle occupée actuellement par dix Français ; celle de Solenzara qui est d'une importance extrême, parce que c'est le seul port où les barques puissent se mettre à l'abri depuis Bastia jusqu'à Portovecchio ; il y a du canon, ce qui a sauvé quantité de barques des entreprises des Turcs. Cette tour est gardée par des paysans auxquels je donne 170 livres par mois sur le compte de la République.

Corte.

Le château de Corte est très bon, il est au centre de l'isle ; il y a deux pièces de canon de bronze ; il sert de communication de la partie d'en deçà et d'au-delà les monts et est d'autant plus important que dans le projet d'arrangement, en conformité des concessions de 1744, sur lesquelles on travaillera, il doit être la résidence du gouvernement des 18 nobles de l'isle et qu'en laissant cette place entre les mains des rebelles, c'est travailler à entretenir à jamais l'habitude où ils sont de mépriser la République ; vous sentez à merveille qu'il faut prévenir jusqu'aux moyens qui favoriseront l'indépendance où ils sont si portés ; je ne vous demande donc rien que conformément aux besoins et aux réflexions qu'ils vous feront naître ; mon affaire est de vous répondre de la soumission, de vous faire espérer le désarmement et de vous laisser penser aux moyens.

Le 4me article que vous me proposez est fort difficile ; ce n'est pas pour me faire valoir que je vous en fait l'objection. Comment gagner des peuples libres et qui se livrent à moi bien plus par la séduction que par besoin ? Car vous ne les croyez pas assez sauvages pour être convaincus que la France enverra contre eux trente à quarante bataillons nécessaires pour les réduire. J'espère cependant tenter les moyens qui pourront m'y conduire. Le plus difficile est de ce qu'il est beau-frère de Gafforio.

A l'égard du concert que vous me recommandez avec le sieur Guisard, il n'y aura jamais de difficulté de ma part et je serai enchanté d'avoir un témoin de ma conduite qui puisse vous rendre un compte véritable de tout ce qui s'est passé. L'objet de son traité aura sans doute pour base les concessions de 1744, auxquelles la République ni les peuples n'ont point accédé, et que la République avait encore proposé d'augmenter dans le traité qu'elle commença en 1747, mais qui n'eut point lieu, parce que les peuples ne voulurent point se fier à une parole qui leur avait manqué tant de fois. On n'aura pas grandes difficultés, à ce que j'espère. Les plus grandes seront dans la tournure, parce que la République dans tout ce qu'elle a accordé au peuple en 1738 et depuis, s'est ménagé un moyen et s'en est servi pour éluder ses promesses. Elle a par ce moyen ouvert les yeux aux peuples sur la défiance.

A l'égard de l'union et du ménagement que vous me recommandez pour le commissaire général, il réside à

Calvi qui est à 36 lieues de moi; c'est un homme de fort peu d'esprit, et qui a été placé en Corse parce que personne n'en voulait. Il est soupçonneux comme tous les Génois. J'ai découvert une partie des espions dont j'étais entouré de sa part et j'ai été averti à n'en pouvoir douter qu'il tâchait de détruire tout le crédit que je m'attribuais parmi les peuples éloignés de moi.

Celui qui le représente ici a succédé à un homme qui a fait plus de mal à la République que les plus grands rebelles. Il avait donné au gouvernement de fortes impressions contre moi, parce que me trouvant commander dans l'isle, j'ai été forcé de m'élever contre les abus et les iniquités. Il est parti pour Gênes ou l'on dit que la République veut en faire une punition. Il faut que ses crimes soient bien réels puisque ce sera le premier exemple.

Celui qui a sa place est un assez bon homme, de peu d'esprit, et qui, n'ayant que 50 écus par mois d'appointements, profite de tous les petits moyens de s'enrichir, que la République tolère ; quand les exactions ne vont qu'à mille sequins par an, cela n'est pas intolérable.

Lorsque je suis arrivé dans l'isle, on m'a apporté pour la Bastia un état de beaucoup d'hommes, mais il n'y avait pas un soldat, parce que la paye en était dispersée entre les principaux de la ville qui passaient en revue sous des noms différents. J'ai exigé tous les hommes enregistrés et je les ai fait servir conformément au nombre, j'y ai tenu la main et je l'y tiens encore avec une sévérité sans exemple. Vous voyez que je ne pouvais qu'être extrêmement craint et je le suis encore par tous les habitants de la ville.

Il y a dans le château 308 hommes de troupes réglées de différents régiments suisses ou allemands ; il y a 6, 8 ou 10 mois que les officiers ne sont point payés.

Le prêt n'est pas même très régulier et lorsqu'il manque, il était d'usage de mettre garnison chez les marchands ; l'on les forçait à avancer le prêt de la troupe dont on leur faisait un billet. Comme ils n'ont point été payés à Gênes, cette ressource manque à présent, et la République aux sollicitations réitérées de M. le duc de Richelieu auquel j'avais fait mes représentations, a cru faire un miracle d'envoyer au mois d'août M. Balbi avec cent mille livres pour toute l'isle. C'était, comme vous verrez, une goutte d'eau dans la mer.

Depuis son départ, j'ai redoublé mes cris ; j'ai envoyé les états de dépense, rien n'est venu, et enfin le prêt manque depuis quelques jours. Non content de prévoir ce qui allait arriver du côté du fonds, je faisais journellement mes représentations sur les magasins, j'envoyais les états de consommation; on a laissé manquer les magasins et la troupe s'est trouvée sans prêt et j'ignore même quand cela finira. J'en ai averti d'avance M. le duc de Richelieu et M. de Chauvelin depuis, et je leur ai mandé à l'un et à l'autre que je croyais que pour éviter une révolte, je ne serais pas blâmé de soutenir par mon crédit la fourniture du pain qui va à 500 rations par jour, tant pour les troupes réglées que pour les milices. Voici donc le cas où j'ai été obligé d'user vis-à-vis de la ville de la plus grande rigueur pour réprimer les abus, ayant en tête le ministre de la République qui les faisait naître, ceux qui devaient me donner des secours prêts à se révolter faute d'argent, aucun parti au-dehors, la colonie des Grecs qui est à Ajaccio à l'autre extrémité de l'isle sur le point de se révolter ; il s'en est même retiré 18 dans l'église à l'arrivée de M. Balbi, et ils ont signifié qu'ils ne feraient plus de service qu'ils ne fussent payés. Je ne vous fais toutes ces représentations que pour vous mettre au fait des ressources que je puis tirer de la République, et que vous jugiez par vous-même de ce qui est nécessaire ici ; je joins à la fin le détail des dettes.

Vous jugez par cet abandon général de l'état où j'ai trouvé la place et des ressources que les troupes pouvaient y avoir. M. le duc de Richelieu, pendant son séjour à Gênes, a fait passer des fonds sur ce que le Roy accordait à la République, et je les ai employés soit aux réparations nécessaires à la ville ou aux différents forts, soit à la fourniture de ce qui était nécessaire tant pour les quartiers que pour les gardes. M. de La Thuilerie me mande que le Roy n'accordant plus rien à la République, on ne peut en distraire les fonds comme par le passé. Il est pourtant certain qu'il y aura bien des choses nécessaires à réparer aux places qui me seront remises et que journellement il y a pour le compte de la République des dépenses indispensables.

J'ai dépensé depuis que je suis dans l'isle environ cent louis tant en espion qu'en argent que j'ai fait répandre de côté et d'autre. M. le duc de Richelieu n'a fait aucune difficulté d'en arrêter l'état. M. de La Thuilerie me mande encore à cet article qu'il faudra que vous ayez la bonté à l'avenir d'arrêter les dépenses secrètes. Il en est d'indispensables ; je ne doute pas que vous ne les authorisiez. Vous jugez, par le peu qu'il s'en est fait depuis sept mois, de notre économie.

J'oubliais de vous représenter à l'article de la tour de la Solenzara que les 170 fr. par mois avaient été payés régulièrement par moi sur le compte de la République, que comme cette tour avait été abandonnée une fois par les Génois, faute d'en payer la garnison, et que les rebelles en avaient pris les provisions, brûlé l'affût du canon et détruit généralement tout ce qu'ils avaient pu, j'ai cru par les considérations de la navigation, qu'il était indispensable de la faire occuper par des milices. Je n'y ai point envoyé de soldats français par deux raisons : l'air y est très mauvais, et il y a près de trente lieues d'ici. Cette tour ne peut être absolument abandonnée tant par rapport au canon que j'y ai fait mettre que pour assurer le port contre les Turcs, mais où en prendre les fonds?

Je vous prie de vouloir bien m'éclaircir sur tous les points que j'ai l'honneur de vous représenter. Ne soyez point inquiet de la fin des troubles, vous les finirez comme vous le jugerez à propos. J'ai l'honneur etc.

P. S. — Je joins ici copie de la lettre de Gafforio et Giuliani que je viens de recevoir. L'envoyé m'a dit que le serment avait été prêté pour tous les chefs de la rébellion. J'ai pris le 26 de ce mois pour une conférence, après quoi nous aurons une assemblée générale du peuple entier qui me remettra ses intérêts entre les mains et me rendra personnellement arbitre de son sort. C'est le moyen de trancher court sur toutes les difficultés, et comme j'en connais la source, les vues de la République et les plaintes des peuples, MM. Guymont, Guisard et tous ceux qui traiteront, seront à portée de trancher court sur toutes les longueurs. Tout sera accepté, la France garantissant toutefois. La République est bien heureuse, je la mettrai à même d'accorder moins que sa faiblesse n'exigeait, mais aussi nous lui ôterons les moyens d'éluder ses promesses.

J'ai vu que l'article de Matra vous touchait fort, et je vous assure que je craignais que mon pouvoir ne fût pas assez fort. Cependant j'y suis parvenu : Matra sera condamné, déclaré infâme, ses biens confisqués, ses maisons abattues, et il sera inséré dans la condamnation que c'est pour avoir porté les armes contre la France. Etes-vous satisfait ? Il a beaucoup de bien, ainsi la punition sera sensible. J'espère joindre à tout cela les preuves que M. de Cumiane a traité directement pour empêcher que les peuples ne prissent la protection de la France.

(M. G. Vol. Corse 3,307).

Gênes, le 21 novembre 1748. — M. de Guymont au maréchal de Belle-Isle. — Monseigneur, Votre dernière lettre m'est parvenue avant l'arrivée du sieur Guisard; il est certain que M. de Cursay aura préparé les voies en conséquence des instructions que vous lui avez données dans lesquelles vous avez prévu tous les cas. J'attends avec beaucoup d'impatience de ses nouvelles et n'en ai pas moins du départ de M. Guisard que nous n'avons point encore vu.

Un des députés du gouvernement pour les affaires de Corse m'assura hier qu'on devait envoyer très promptement une grande quantité de farine pour la subsistance des troupes génoises et qu'on ne tarderait pas à y faire passer l'argent; il est fort à désirer que l'exécution suive de près la promesse.

M. le marquis de Puysieulx me marque par sa dernière dépêche de prévenir le gouvernement que nous ne sommes disposés à suivre l'affaire des Corses qu'autant qu'elle n'éprouvera pas de trop fortes contradictions de leur part ou de celle des Autrichiens et Piémontais. Je n'ai pas cru devoir laisser entrevoir aux Génois que le bien que nous voulons leur faire dépendait de plus ou moins d'opposition que nous trouverons de la part de ces puissances. Ainsi je me suis contenté de déclarer à la République qu'elle devait éviter de faire des difficultés qui pussent ralentir les bonnes intentions de la France; qu'il en naîtrait assez du côté des Autrichiens et des Piedmontais et qu'on serait fort heureux de les surmonter. Si vous n'approuvez pas, Monseigneur, la restriction que j'ai mise à cette déclaration, il est aisé d'y remédier...

(M. G. Vol. Corse 3.307)

Gênes, le 21 novembre 1748. — M. de Chauvelin à.....
— Monseigneur, Rien n'est plus judicieux que les principes sur lesquels vous fondez la négociation qui doit terminer les troubles de la Corse ; il est certain que le seul rôle que la France puisse jouer dans cette occasion est d'accorder sa médiation comme une grâce qui, proportion gardée, doit avoir autant de prix aux yeux des Génois qu'à ceux des Corses. Cette médiation présentée sous cet aspect doit écarter toute méfiance, et dissiper tout soupçon. Voilà le ton sur lequel M. de Richelieu a parlé aux députés de la République, et puisque votre autorisation me met à portée de m'en mêler, je continuerai à le soutenir.

Le séjour des troupes dans l'isle de Corse est le seul point préliminaire qu'il y ait à traiter actuellement avec MM. Grimaldi, les autres étant dépendantes du succès de la commission préalable de M. de Cursay sur la reddition des places occupées par les rebelles et leur soumission sans réserve aux volontés du Roy. Quoique j'aie été témoin dans les conférences auxquelles M. le maréchal de Richelieu m'a admis que, bien loin que la condition du séjour des troupes françaises dans les places de Corse parût allarmer les députés de la République, au contraire ils en sentaient la nécessité et l'avantage, cependant comme c'est une condition indispensable qui doit être la base de tout, je pense, ainsi que vous me le marquez dans votre lettre qu'il faut que M.

de Guymont et moi, nous voyions les députés de la République et que nous leur fassions énoncer bien positivement qu'ils désirent que les troupes du Roy restent en garnison dans les places de Corse jusqu'à l'entière exécution de la convention projetée. Voici qu'elle est mon idée pour les y amener.

Il ne faut point leur en montrer un empressement marqué qui leur ferait soupçonner que la France y attache une utilité personnelle ou des vues contraires à leur souveraineté; il suffit de leur dire que comme il est naturel et dans l'ordre que les détachements qui sont en Corse, étant tirés des bataillons qui sont dans l'état de terre ferme, aient leurs ordres pour retourner en France en même temps que leurs corps il pourrait arriver qu'au temps ou ce retour serait déterminé, la négociation de Corse fût si peu avancée que les places courussent risque dans cet intervalle d'abandon, de tomber entre les mains des rebelles ; que nous ne doutons pas que la France ne prenne un intérêt assez vif à l'avantage de la République pour se prêter à la dépense qu'entraînera le séjour de ses troupes en Corse, mais que dans la crainte que, faute d'avoir présenté à l'avance cette considération, il ne soit pris des mesures contraires à cet arrangement, il est nécessaire que la République nous autorise par une demande par écrit à vous prier, Monseigneur, d'obtenir du Roy que, nonobstant le retour des bataillons qui sont dans l'état de terre ferme, les détachements français restent dans les places de l'isle de Corse jusqu'à l'exécution de la convention projetée. Par là nous aurons ou une assurance que la République désire cette première condition qui est un des garants les plus sûrs de la stabilité de la pacification, ou que ses anciennes défiances soient réveillées et existent encore avec assez de consistance pour qu'il ne convienne pas à la dignité du Roy de se mêler de l'ajustement de ses affaires en Corse, auxquelles alors il ne devrait plus prendre d'intérêt.

Quant à la force du détachement qu'il convient de laisser en Corse, il me paraît que vous l'avez fixé avec raison à 1100 hommes. Quoique j'aie très bonne opinion de M. de Pédemont et encore meilleure de M. de Varignon qui est son ancien et qui le premier a été détaché en Corse avec des troupes, cependant je ne crois pas que le grade de simple lieutenant-colonel soit suffisant dans les circonstances pour commander un détachement de cette considération, et pour en imposer aux Corses qui sont arrogants autant que fourbes et indociles; d'ailleurs il faut un officier de caractère en deçà et un autre au-delà des monts. De plus, quoique la République se soit plainte en plusieurs occasions de la conduite de M. de Cursay, il est certain qu'il s'est concilié parmi ces peuples une autorité et un crédit qu'un autre, surtout inférieur en grade, aurait peine à s'acquérir. Permettez-moi encore de vous représenter, Monseigneur, qu'après avoir resté en Corse six mois à la tête d'un détachement faible, il y aurait du désagrément pour lui à en être retiré, lorsque ce détachement se renforce. Il est vrai qu'il y aura des relations entre le commandant des troupes en Corse et le ministre du Roy à Gênes, qui pourraient impliquer quelques difficultés. Mais cependant M. Guisard étant chargé dans la disposition actuelle de la partie politique subordonnément à l'envoyé du Roy à Gênes, la manutention militaire qui en est tout à fait indépendante, devient propre du commandant, qui n'est obligé d'avoir une correspondance directe avec le ministre qu'au moment de l'évacuation dont l'ordre peut même émaner directement de la Cour. Comme je sais que vous avez de la bonté pour M. de Cursay qui a été envoyé dans ce pays-là autant par votre choix que par celui de M. le maréchal de Richelieu, j'ai cru que vous trouveriez bon que je vous présentasse ces observations.

Quant à la composition du détachement qui doit rester en Corse, il me paraît convenable de le former de 200 Allemands, 200 Suisses, 100 Italiens et 50 hommes par bataillons de 12 des 19 qui doivent rester en Provence. Je ne serais pas d'avis d'en prendre de la marine, quoiqu'il ne doive pas subsister, parce que les capitaines appartenant à tant d'autres régiments qu'ils doivent rejoindre, outre le vide qu'y ferait la prolongation de leur absence, on ne les astreindrait jamais à avoir le même soin des soldats que s'ils étaient ou à eux ou à leurs camarades d'un même corps.

Voilà, Monseigneur, l'avis que vous m'avez fait l'honneur de me demander sur les affaires générales. Quant à ce qui me concerne en particulier, porté naturellement à l'amour du bien et à la conciliation, je suis encore plus disposé pour vous plaire à en faire tous les frais ; mais mon attention à cet égard qui peut-être aura pour fruit de prévenir des discussions indécentes, ne parera pas à l'inconvénient qui peut résulter du mauvais choix des expressions et du plus ou moins de force que doit donner celui qui négocie aux insinuations qu'il a à faire. Je prends pour exemple l'expédient que je vous ai proposé plus haut pour faire désirer par la République le séjour des troupes du Roy en Corse ; il est sûr que cette proposition faite avec art ou maladroitement peut avoir un succès fort différent. Je ferai de mon mieux tant que les choses resteront en suspens; mais j'attends avec impatience l'effet de vos bontés, et je désire vivement ou d'en être chargé d'une manière directe ou de ne pas y avoir une participation louche et infructueuse. Je suis etc.

(M. G. Vol. Corse 3.307).

Nice, le 21 novembre 1748. — M. le maréchal de Belle-Isle à M. de Cursay. — J'ai reçu, Monsieur, votre lettre du 10 par laquelle je vois que les deux bataillons autrichiens et piémontais devaient s'embarquer le 12, sur un bâtiment anglais et qu'il ne restera que 100 hommes de troupes réglées dans le château de Saint-Florent. Je vois aussi l'avis que vous a fait donner Matra de son départ et qu'il était au service du Roy de Sardaigne. Je compte sur ce que vous m'avez mandé, que cela ne dérangera rien à votre négociation. Je n'ajouterai rien à ce que je vous ai écrit par l'officier de votre régiment dans la lettre du 13 et à l'instruction qui y est jointe ; vous sentez de quelle conséquence il est que vous puissiez vous assurer de la soumission des rebelles et qu'ils vous remettent Saint-Florent. Je m'en raporte à tout ce que vous mandera plus au long M. de Chauvelin avec lequel vous ne sauriez trop vous tenir dans une exacte correspondance, vous n'aurez qu'à lui adresser la lettre que vous m'écrirez à cachet volant. Il me la fera passer tout de suite. Je désire de tout mon cœur le succès de vos négociations pour l'intérêt que je prends à ce qui vous regarde. Je n'entre pas dans un plus grand détail m'en rapportant à tout ce que ce vous mande M. Chauvelin. Il m'a fait part de votre lettre à M. de Richelieu sur le manquement de paie et de pain des troupes de la République. Il vous fera aussi réponse sur cela. — Je suis etc.

(M. G. Vol. Corse 3.307)

Du couvent d'Orezza le 22 novembre 1748. — Gafforio et Giuliani à M. de Cursay. — Illustrissimo signore, La sera dei 15 del corrente mese, il sig. Bilanciotti ed il sig. capitan Patrizi in San Fiorenzo, si compiacquero nel partecipare a noi le onestissime intenzioni di V. S. Illustrissima per la tranquillità di questi popoli e lo stabilimento d'una pace durevole e sicura, e non avendo potuto noi allora risolverci a precisa risposta, dovendo intieramente dipendere dalla volontà e risoluzione de' popoli, per ciò, fatta qui, per maggior brevità, una radunanza de' migliori soggetti, si è stabilito di ricevere con pienezza di stima e di rispetto l'onore de' suoi consigli e pacifiche insinuazioni, per la gloria di S. M. Cristianisima e profitto della nostra padria; ella è cotanto sventurata ed infelici che merita in qualche maniera le generose premure di V. S. Illustrissima e compassione d'un Re così giusto e possente, qual è quel di Francia.

Per meglio eseguire il volere di S. M. e per condurre con più profitto al suo fine l'affare, avremo tutto il piacer di seco parlarsi nel luogo e tempo che meglio giudicarà, il secondo giorno del mese entrante. A noi piacerebbe od il luogo di Biguglia o l'Ortale, rimettendoci poi intieramente a quanto possa sopra di ciò riuscire di suo maggior gradimento.

La preghiamo finalmente a persuadersi che noi procuraremo di non demeritare la protezione e la clemenza del suo gran Sovrano, e che con tutta la sincerità dovuta non daremo occasione d'esser tacciati di poco onesti sul trattare.

Qualunque siasi per esser l'evento ed attendendo l'onore de' suoi riscontri, colla più precisa stima e riverente ossequio ci diam l'onore di rassegnarci ecc.

Giampietro GAFFORJ e Gian Tomaso GIULIANI
(M. G. Vol. Corse 3.307).

Nice, le 23 novembre 1748. — Le maréchal de Belle-Isle à M. de Guymont. — Je souhaite que le gouvernement tienne parole sur la promesse que vous a faite un de ses députés d'envoyer sans délai en Corse un grand approvisionnement de farine et d'y faire passer en même temps l'argent nécessaire pour le prêt et l'entretien du peu de troupes qu'ils y ont, car quoique je n'aie pas désapprouvé ce qu'a fait M. de Cursay pour assurer les vivres dans une circonstance aussi pressante, il faut bien faire entendre à ces Messieurs que le Roy ne peut, ne veut ni ne doit se charger de pareils frais et que c'est beaucoup que S. M. ait bien voulu dans le besoin où se trouve la République, consentir que ses troupes demeurent dans les places de Corse jusqu'à ce que tout y soit pacifié et qu'elle soit en état d'y en envoyer un nombre suffisant; c'est cet arrêt du séjour de nos troupes en Corse que j'ai mandé à M. Chauvelin de constater et de concerter avec eux comme la base et le principe sur lesquels doit rouler tout le reste des arrangements qu'il y aura à prendre pour les affaires de Corse ; M. de Curlo m'ayant bien décisivement répété qu'il n'avait aucune mission là-dessus, et que c'était MM. Grimaldi qui étaient députés à cet effet par la République, c'est donc avec eux qu'il faut constater par écrit cette première condition.

Je ne puis que louer votre sagesse et votre prudence de n'avoir fait encore aucun usage auprès du gouvernement de ce que vous a autorisé M. le marquis de Puysieulx, de dire que nous ne fussions disposés à finir l'affaire de Corse qu'autant qu'elle ne trouvera pas trop de fortes contradictions de la part des Autrichiens et des Piémontais, mais vous avez très bien fait de leur notifier la première partie que vous recommande le ministre, que le Roy ne s'en mêlerait plus si le gouvernement apportait là-dessus de trop grandes difficultés. Il ne doit pas être difficile de lui faire sentir qu'après les importants services que S. M. vient de leur rendre, elle y met le comble en voulant bien se mêler de cette affaire; ce sera la mienne de répondre à ce que les Autrichiens et les Piémontais voudront présenter là-dessus, dont je ne manquerai pas de m'informer et M. de Chauvelin; je ne présume pas que ce puisse être avant la fin du mois, puisque M. de Bregli ne sera ici que le 26 ou le 27, et que l'arrivée de M. de Brown dépend de la mer et des vents.

Ce qu'il y a de plus pressé aujourd'hui consiste en deux points : le premier de fixer par écrit ce qui a été dit à M. de Richelieu sur les troupes du Roy en Corse, le second d'avoir des nouvelles de M. de Cursay sur sa négociation avec les chefs des rebelles, pour s'assurer de Saint-Florent dès que les Piémontais l'auront abandonné. C'est sur quoi je vais attendre de vos nouvelles et de M. Chauvelin avec impatience.

(M. G. Vol. Corse 3.307)

Bastia, le 23 novembre 1748, — M. de Cursay à M. de Chauvelin. — Puisque vous désirez, Monsieur, avec très grande raison, être informé du chemin que je compte prendre et de celui que je me suis préparé par mon crédit sur les peuples, voilà celui que je prémédite en le soumettant à vos décisions. Gafforio m'ayant fait dire qu'il avait un moyen de me remettre Saint-Florent bientôt, je ne doute pas qu'il n'ait les libertés d'y entrer à la première réquisition qu'il fera, de la part des peuples, au commandant piémontais de se retirer. J'espère qu'il ne fera aucune difficulté.

Mon avis ensuite est de ne rien promettre du tout et

de se renfermer, comme je l'ai fait, que le Roy, sensible aux marques de respect et de soumission, voudra bien s'intéresser à leur faire obtenir des conditions raisonnables. Nous sommes perdus, si nous entrons dans des détails sur cela ; les peuples font des demandes injustes et la République des refus déraisonnables. Pour obvier à tous les inconvénients qu'il y avait, il faut que les peuples s'accoutument à sentir que ce que l'on fait pour eux est un don et non pas un engagement. Pour parvenir à une décision si précise, je crois que je dois profiter des offres qui m'ont été faites de recevoir la procuration générale des peuples en mon nom, sauf à prendre qui je voudrai parmi eux pour être présent aux choses que l'on négociera en leur faveur ; mon avis est que l'on décide souverainement sur tous les points, sans chercher à gagner en accordant peu à peu. La République a traité avec les peuples, et les intérêts des particuliers lui ont fait demander des choses sous prétexte qu'elles étaient désirées par la nation. Il en est dans le nombre qui touchent infiniment la République avec raison et qui nous importent très peu ; la substance réelle se réduit à expliquer si clairement les concessions que l'on ne laisse plus matière à défiance. En me rendant maître absolu, comme je l'espère, de la volonté des peuples, je leur ferai sentir mieux que personne leur véritable intérêt, je les connais davantage et je n'y mêle aucune passion ; je conserverai mieux qu'un autre les droits raisonnables de la République. Elle a accordé ou promis légèrement des choses très fortes et qui iront un jour au-delà de la prévoyance, parce qu'il n'est pas question dans ce traité-ci, d'éluder et qu'en engageant ma parole, en faisant garantir par la France ce que la République promettra, il faut faire de mûres réflexions. Je suis charmé que M. Guisard vienne ici, et j'en serai encore plus enchanté s'il a de l'esprit. Je ne le connais point, mais plus il sera raisonnable et plus tôt nous parviendrons à une entière définition; je lui laisserai le traité en entier. S'il veut faire usage de mes connaissances, je vous promets que le traité sera à la satisfaction des peuples et beaucoup plus à la satisfaction de la République qu'elle ne devrait s'y attendre. Il n'y a qu'un seul point qui fera de la difficulté et sur lequel mon autorité vis à vis du peuple, au cas que je reste ici, pourra être balancée: c'est l'affaire des 18 nobles; cependant nous y mettrons le plus de décence que faire se pourra; la République devra aussi se désabuser d'employer des gens dont les intérêts sont liés à la diminution de sa puissance.

Il me reste à vous exposer l'état où je suis. M. de la Thuillerie m'a mandé: « Le Roy ne donnant plus rien à la République, on ne peut distraire des fonds, ni vous en faire passer sur cette partie. » J'ai pourtant mille choses continuellement à faire pour la réparation de ces places. M. Balbi en passant ici vit lui-même la nécessité de rétablir Ponte d'Arco et mille autres choses de cette espèce; les quartiers où il n'y a pas moyen de passer l'hiver et tous les détails de minutie où je ne saurais entrer et qui regardent uniquement la République.

Il y a de plus la tour de Solinsara, où il y a du canon, que je fais garder par des milices levées à cet effet. La dépense par mois monte à 170 livres. J'en ai répondu; elle est d'une nécessité indispensable, étant le seul refuge pour les barques d'ici à Portovecchio. Il y a une rivière qui forme un port où l'on est en sûreté contre les Turcs qui nous désolent, principalement dans ces parties. Vous sentez l'état où seront les places qu'on me remettra, la nécessité où je serai de m'y mettre en état de défense, ces places devant rester à jamais au pouvoir de la République. Il faut y penser avec réflexion, mais celle que je dois vous présenter d'avance, c'est que si les Génois paraissent s'en mêler, tout est perdu. J'ai ici un ingénieur français, on a vu l'économie extrême avec laquelle tout s'est fait ; cela doit suffire à la République.

Autre représentation aussi importante, mais plus urgente ; la République n'avait pas un sol ici ; le prêt est à la veille de manquer et les officiers ne sont pas payés. On s'est servi de moyens assez durs pour avoir de l'argent et qui peuvent être de conséquence dans le moment présent. Il est vrai que la mauvaise habitude avait autorisé à prendre de l'argent chez les marchands de la ville qui dans la suite étaient remboursés par lettres de change. Le malheur de la République l'ayant empêché d'y satisfaire, la continuation de ces mêmes moyens devient odieux ; c'est pourtant ce que l'on continue, faute d'autre ressource.

L'exemple de Bastia aurait dû rendre la République prévoyante sur ses magasins ; mes cris, mes représentations ont été vaines ; enfin on en est venu au point de les laisser épuiser totalement. Vous savez qu'il y a environ 300 hommes de troupes réglées dans le château et environ 200 hommes de milices ; le pain a manqué totalement, et il n'y a nul remède, n'y ayant pas un sol en caisse. J'ai soutenu par mon crédit la fourniture de 500 rations par jour ; je vous prie de mettre ordre à ceci et que mes entrepreneurs soient payés ; vous sentez l'importance d'empêcher que dans le moment présent il n'y ait une révolte dans les troupes réglées ; enfin que dire à gens qui n'ont ni pain ni argent ? J'espère que vous ne me désapprouvez pas.

Je devrais être corrigé de rien avancer pour la République ; le vice-gérant qui vient de sortir de place m'ayant demandé 50 sequins pour le prêt qui effectivement était dû depuis neuf jours, je les lui envoyai. En sortant de place, il me remit son billet que je montrai à M. Balbi et que j'envoyai à Gênes. La République a refusé de l'acquitter. Je vous demande si cela est honnête. J'ai dit à Castro de le faire passer par M. de la Thuillerie; vous aurez la bonté d'ordonner qu'il soit payé.

M. de la Thuillerie me mande aussi à l'article des dépenses secrètes, qu'il n'y aura plus de fonds à l'avenir pour cette partie. Vous sentez à merveille qu'il est nécessaire d'en faire et qu'il est mille choses qui ne méritent pas un détail bien ample. Depuis que je suis arrivé ici, elles montent à cent louis dont M. le maréchal a arrêté l'état. Comme je ne veux pas rien faire sans être sûrs qu'elles me seront remboursées, je vous demande d'être autorisé à faire les indispensables.

Vous avez vu par la lettre de M. le maréchal de Belle-Isle qu'il comptait compléter le nombre des piquets jusqu'à la concurrence de 900 hommes. Je vous prie de nous envoyer dans le temps un détachement de maréchaussée avec un exempt pour qu'il y ait au moins un expert qui puisse mettre une forme au procès que l'on est obligé de faire à des assassins publics, quoique ce dût être à la République. Cependant du temps de M. de Maillebois, il faisait prendre et juger par la connétablie tous les peuples qui avaient manqué aux conventions arrêtées, et ce n'est que par là que nous en pourrons assurer l'exécution, la justice sévère sur les homicides étant le point qui touche les peuples le plus essentiellement. J'espère que vous me répondrez très en détail à toutes mes questions.

L'espoir de partir de jour en jour a fait négliger les magasins de cette isle; vous voyez par la lettre de M. le maréchal qu'il y aura des troupes tout l'hiver ; je vous demande de donner vos ordres pour que l'isle soit approvisionnée pour six mois. Les magasins sont finis ici et prêts à être épuisés dans les autres places de l'isle. Le sieur d'Espinasse a mandé qu'il avait envoyé 500 quintaux de farine, mais personne n'en a entendu parler, et je crois que c'est un conte. Je vous prie de donner vos ordres très précis ; j'en écris encore à M. de la Thuillerie. J'ai l'honneur etc.

(M. G. Vol. Corse 3.307).

Bastia, le 23 novembre 1748. — M. de Cursay à M. de la Thuillerie. — J'ai reçu, Monsieur, la lettre que vous m'avez fait l'honneur de m'écrire le huit et celle du dix par M. de Castro. Je joins en conséquence à cette lettre celle de M. de Séjeant qui vous autorise, comme vous voyez, à faire mon décompte. J'ai dit à Castro de mander à l'aide-major de mon régiment de vous aller trouver afin de recevoir vos ordres sur cette partie.

Le directeur qui est ici avait apporté dans ses instructions un état différent de ce que vous ordonnez qu'il soit fourni aux troupes et en conséquence on s'était arrangé sur cela ; par son état chaque soldat recevait trois livres huit onces de bois par jour, ce qui a été fourni en conséquence de son instruction, parce que je n'ai pas douté un moment qu'un directeur envoyé par vous n'eût des instructions qui en fussent approuvées ; votre dernier règlement sera suivi ; je dois pourtant vous représenter que ceci mérite un peu d'indulgence.

Il s'est présenté, comme j'ai déjà eu l'honneur de de vous le dire, un entrepreneur du bois, qui, sans magasins, sans arrangements, a dit : « Je fournirai le quinze de ce mois. » C'était une espèce de va nud pied qui ne peut ni répondre ni assurer le service et qui en prenant la fourniture à trois livres ne connaissait pas son engagement. Il faudrait que M. D'Espinasse mît un peu plus de règle dans ses établissements ; Castro doit vous avoir représenté que nos magasins n'allaient que jusqu'au vingt-cinq de ce mois, qu'il était nécessaire de songer à Bonifacio, parce que la mer, très souvent orageuse sur cette côte, empêchait le commerce pendant décembre et janvier, et qu'à l'égard de Calvi, nous n'en avions que jusqu'au mois de janvier. On s'est conformé à vos dernières décisions pour le bois et pour l'huile. Cependant je vous représenterai que ceci est différent de tous les endroits ordinaires, que la Bastia a toujours été attaquée et prise par les quatre couvents dans lesquels nous avons placé des troupes, et qu'étant par conséquent des espèces de corps de garde, il était nécessaire qu'ils fussent éclairés la nuit, attendu qu'ils faisaient notre sûreté ; les espèces changent souvent les arrangements ; cependant je le remets à votre prudence après l'explication.

M. le Major général n'a point envoyé à Castro l'arrangement pour le bois et pour l'huile.

Il me paraît décidé par la lettre de M. le maréchal de Belle-Isle que nous passerons l'hiver en Corse, et que les piquets qu'il se propose d'en tirer seront remplacés par de nouveaux plus à portée de leurs corps. C'est pourquoi je vous prie de vouloir bien établir les magasins en conséquence. M. D'Espinasse, malgré nos représentations, a laissé épuiser celui-ci ; il mande avoir envoyé 500 quintaux de farine, ce qui n'est pas vrai. Je vous prie de vouloir bien y tenir la main.

J'ai fait commencer des capottes qui reviendront à la République entre onze et douze livres de leur monnaie ; nous avons ici du drap corse en abondance ; cette dépense ne laissera pas d'aller loin parce que tous les quartiers en auront besoin et que ce que nous avons déjà éprouvé de l'hiver doit nous avertir de prendre des précautions.

J'ai remis à Castro tous les paquets adressés pour lui; dans celui du vingt-un octobre était l'état du bois. Vous y dites indistinctement : « Il sera fourni aux officiers conformément à leur grade ; la retenue leur en sera faite sur le corps. » Nous n'avons pas l'état de ce qui est dû à chaque grade.

A l'égard des dépenses indispensables pour le compte de la République, c'est une chose impossible à éviter. Si vous avez des fonds je vous demande de nous en munir considérablement, parce qu'il n'est pas douteux qu'elle n'envoie pas un écu ici, et que si vous ne prenez vos précautions d'avance, nous éprouverons toujours vis-à-vis d'elle les plus grandes difficultés ; songez qu'au lieu de diminuer, les dépenses vont augmenter pour ce qui la regarde, par des assurances qui sont sur le tapis.

A l'égard des dépenses secrètes elles auront encore lieu pendant un temps. Je suis persuadé que vous avez été satisfait de notre économie ; vous le serez également à l'avenir.

J'ai fait passer tout aussitôt à Calvi ce que vous m'avez adressé pour M. de Varignon avec la quantité de couvertures nécessaires à son piquet. Je me suis aussi acquitté de la commission pour La Rossa.

Je vous ai demandé il y a quelque temps pour le sieur Maurier une commission de contrôleur pour cet hôpital ; il est indispensable qu'il y en ait un et le sujet que je vous propose est très capable. — J'ai l'honneur etc.

(M. G. Vol. Corse 3.307).

Gênes, le 24 novembre 1748. — M. de Chauvelin à M. de Cursay. — J'ai reçu hier au soir, Monsieur, la lettre que vous m'avez fait l'honneur de m'écrire le 16 de ce mois avec les pièces qui y étaient jointes. Depuis cette lettre écrite, M. de Castro est sans doute arrivé à Bastia, et vous aurez vu par la lettre de M. le maréchal de Belle-Isle du 13 et l'instruction qui y était jointe, la conduite que vous aviez à tenir avec les chefs des peuples relativement à l'offre qui vous a été faite de remettre les places et de se soumettre aux volontés du Roy. Comme cette lettre et cette instruction doivent être la règle de votre conduite, j'en joins ici un duplicata en cas que quelque accident ait retardé ou empêché l'arrivée de M. de Castro.

Comme la conférence que vous avez eue avec M. de Blanchat et la lettre que vous avez écrite en conséquence à M. de Cumiana sont postérieures à cette lettre de M. le maréchal de Belle-Isle, je vais répondre à quelques articles de celle que j'ai reçue de vous, qui me paraissent par les circonstances exiger de prompts éclaircissements, sauf à y ajouter ou à y retrancher, conformément aux ordres que je recevrai de M. le maréchal de Belle-Isle à qui je ferai passer votre lettre sans perte de temps.

Il me paraît résulter clairement de la conduite de M. de Cumiana ou qu'il était là par quelque ordre secret qui l'empêchait d'exécuter l'article de la lettre du Roy de Sardaigne qui laissait à son choix d'évacuer entièrement l'isle de Corse, ou de laisser dans San Fiorenzo un détachement de 50 ou 100 hommes, puisqu'il a résisté à l'insinuation que les chefs des peuples lui ont faite pour l'engager à retirer ce détachement, ou que cette insinuation était simulée, et qu'en même temps que les chefs avaient l'air de le presser de se retirer en totalité pour nous marquer une envie plus sincère de s'abandonner sans réserve à la protection du Roy, ils faisaient des démarches secrètes auprès de M. de Cumiana pour le déterminer à laisser un détachement dans San Fiorenzo et à leur fournir par là un prétexte de retarder ou peut être même d'éluder la reddition de leurs places.

Vous serez bientôt éclairci lequel de ces deux motifs a décidé M. de Cumiana à laisser 100 hommes dans San Fiorenzo. Si c'est le premier, le commandant du détachement résistera à la réquisition que vous mandez devoir lui être faite par le gouverneur général de la nation au nom du peuple de vous remettre San Fiorenzo, et alors M. de Blanchat lui-même qui vous a assuré qu'il soutiendrait l'engagement qu'il a contracté avec vous à cet égard, trouvera quelque subterfuge pour se tirer d'affaire ; si c'est le second, les chefs des rebelles ne vous remettront point les autres places qu'ils occupent, qu'ils tiennent par eux-mêmes et dont ils peuvent disposer, puisqu'il n'y a aucune troupe du Roy de Sardaigne.

Il n'y a donc aucun inconvénient à presser l'exécution de l'engagement que Gafforio et Giuliani ont contracté la nuit du 15 au 16 avec M. Patrizi, de faire élire dans le terme de 10 jours un procureur général de la nation qui au nom des peuples vous remette les places qu'ils occupent et qui signifie au commandant piémontais de se retirer avec son détachement et d'évacuer San Fiorenzo. Je ne doute pas que d'après la lettre de M. de Belle-Isle que vous a portée M. de Castro, vous n'ayez pris ce parti qui est la première démarche que vous prescrit votre instruction.

C'est de l'exécution précise de ce préliminaire que vous pourrez tirer des conséquences justes et infaillibles sur la disposition des peuples et des chefs des rebelles qui, malgré l'envie qu'ils affichent de se soumettre à la France, pourraient bien encore conserver des liaisons particulières avec les Piémontais, et s'il y a entre eux quelque collusion, il vous sera aisé de le démêler par le parti que les uns et les autres prendront dans cette occurrence. Vous devez d'autant moins hésiter à vous mettre en possession des places occupées par les rebelles, lorsqu'ils offriront de vous les remettre, que vous avez eu la précaution d'insérer dans votre lettre du 15 à M. de Cumiana, que cette démarche ne devait pas être regardée comme une infraction et qu'en effet il ne peut lui-même le prétendre, puisqu'il a offert aux peuples d'évacuer Saint-Florent, s'ils l'exigeaient, ce qui les eût alors laissés en liberté d'y recevoir garnison française. La condition que les chefs rebelles vous demandent de ne mettre que des troupes françaises dans les places qu'ils vous remettront jusqu'à la conclusion de l'accommodement, pourrait souffrir des difficultés de la part de la République. Il faut tâcher en traitant avec les chefs de la reddition de ces places de vous réduire à stipuler précisément que lesdites places seront remises aux troupes françaises sans exprimer directement ni indirectement s'il y entrera des troupes génoises concurremment avec les françaises pendant le cours de la négociation.

Quant à celle de laisser les places dans l'état où elles étaient avant la reddition, en cas que les Français sortissent de l'isle avant la conclusion de l'accommodement, et de les rendre telles aux Corses, elle n'aura pas lieu, quoique le Roy veuille bien se prêter à laisser ses troupes dans les places corses, jusqu'à ce que la convention entre les Corses et les Génois soit terminée par sa médiation. Mais quand même les troupes du Roy sortiraient de l'isle avant l'accommodement terminé, il faut bien vous garder de prendre avec les Corses l'engagement de leur remettre dans aucun cas les places qu'ils vous auront livrées. Vous devez vous en tenir d'autant plus exactement à ne point entrer dans le détail de ces conditions, lorsque vous traiterez de la restitution des places, que ce serait compromettre la dignité du Roy que d'attacher des réserves de cette espèce à la confiance que les Corses donnent à sa protection ; et s'ils veulent la mériter, leur principe doit être de marquer un abandon total et entier de leurs intérêts entre ses mains.

Vous voyez par là qu'il s'en faut bien que l'intention de M. le maréchal de Belle-Isle soit de retirer actuellement les troupes de la Corse, ce qui, je l'avoue, entraînerait la perte totale de l'isle pour les Génois ; au contraire il est demeuré d'accord avec M. le maréchal de Richelieu d'y laisser 1.100 hommes, c'est-à-dire environ 300 hommes de plus qu'il n'y en a actuellement, et je vais le presser à m'autoriser à y faire passer promptement ce supplément de troupes dont l'arrivée ne peut que produire un bon effet, donner plus d'autorité et de crédit à ce que vous direz aux Corses, les confirmer dans les dispositions unanimes où ils paraissent être de recourir à la protection du Roy et leur montrer évidemment que S. M. est résolue de travailler efficacement à rétablir l'ordre et la tranquillité dans l'isle en fixant invariablement les droits des souverains et des sujets.

Il me parait que vous prenez un bon système de conduite en assurant les Corses que le Roy ne songe point à exiger par la force la soumission qu'ils lui offrent ; plus ils croiront de se faire un mérite de leur obéissance, plus ils se prêteront à prévenir d'eux-mêmes les conditions qu'on pourrait leur imposer ; mais cependant je crois que vous pensez comme moi, qu'il n'y a que la crainte qui les déterminera à accepter la loi que le Roy leur prescrira ; d'où ils sentent très bien que la première condition sera de reconnaître la souveraineté de la République de Gênes. A la vérité, je conviens que ce ne sont pas les 1.100 hommes qui sont dans les places qui leur inspirent cette crainte, mais ils savent de quel poids est la puissance de la France, et cette considération les affecte encore plus sensiblement dans un moment où ils croient dans l'État de terre ferme de Gênes un gros corps de troupes qui peut avec facilité et promptitude débarquer en Corse et l'assujétir si les peuples ne se prêtaient pas à des conditions raisonnables. Je crois que, sans leur faire sentir cette circonstance qui ne leur échappera pas, il convient de s'en prévaloir pour terminer avec promptitude un accommodement qui rétablisse la tranquillité.

Je n'ai rien à dire à la disposition que vous projetez de faire dans les différentes places des troupes qui sont à vos ordres. Vous connaissez le pays ; vous savez le plus ou le moins d'importance de chaque poste ; ainsi je suis persuadé que l'intention de M. le maréchal de Belle-Isle est, après vous avoir indiqué des points principaux, de s'en rapporter à vous sur le détail de la répartition. Je vous observerai seulement qu'il ne me paraîtrait pas prudent de laisser exactement Bonifacio sans troupes. Vous pourriez en retranchant quelque chose de chacune des autres garnisons y conserver un détachement. Il me paraît que vous devez avoir la même attention par rapport à Calvi et que M. le maréchal de Richelieu ayant jugé nécessaire qu'il y eût des troupes françaises dans les principales places de l'isle, vous ne devez pas les évacuer sans un ordre supérieur précis.

M. Guisard est arrivé hier de Nice, il ne pourra partir de Gênes que dans huit jours, et jusqu'à ce que vous ayez consommé l'exécution des articles qui font l'objet de votre instruction et qui assureront le succès de la négociation, sa présence en Corse serait inutile, puisque sa mission n'est autre que de régler en détail les articles de la convention et de parvenir à établir de concert entre les Génois et les Corses, une forme d'administration qui convienne également aux uns et aux autres et qui comprenne tout ce qui peut regarder la politique, le civil, le criminel et l'économique. Je suis témoin de l'envie sincère qu'il a de mériter votre amitié et votre estime et de profiter de vos lumières et de vos avis, et je l'ai assuré d'avance que vous lui fourniriez tous les moyens et les facilités que la considération que vous vous êtes acquise dans le pays vous procure, pour le mettre en état de remplir l'objet de la commission qui lui est confiée.

Je vous prie de m'envoyer sans perte de temps un état de la quantité effective des troupes françaises qui sont actuellement en Corse, régiment par régiment, afin de pouvoir déterminer en conséquence la force du supplément qu'il sera question d'y envoyer.

Il est fort heureux que vous ayez accommodé comme vous avez fait l'affaire de l'Algajola etc.

Conséquemment à la dernière lettre que vous avez écrite à M. le maréchal de Richelieu, j'ai pressé le gouvernement avec la plus grande vivacité de pourvoir à la subsistance et au paiement des troupes qu'elle a dans l'isle de Corse. On y a déjà envoyé des farines et on m'a promis positivement d'y faire passer de l'argent. Je vais encore renouveler mes insistances et je ne perdrai pas de vue cette affaire que je ne sache positivement qu'il a été pris des mesures réelles pour remédier à cet abus. J'attends la réponse de M. le maréchal de Belle-Isle sur le parti que vous avez pris d'assurer à un entrepreneur le paiement de 500 rations par jour de cette fourniture. Je ne doute pas qu'il ne l'approuve puisque la nécessité était pressante et qu'il n'y avait pas d'autre remède. — J'ai l'honneur etc.

(M. G. Vol. Corse 3,307).

Gênes, le 24 novembre 1748. — M. de Chauvelin au maréchal de Belle-Isle. — Monseigneur, Je viens de recevoir la lettre dont vous m'avez honoré le 21 n° 111, qui roule entièrement sur les affaires de Corse. Elle est venue d'autant plus à propos que j'ai reçu cette nuit un gros paquet de M. de Cursay qui m'instruit du période où il a conduit sa négociation et des circonstances qui ont accompagné le départ de M. de Cumiana et des deux bataillons autrichiens et piémontais; quoique probablement il vous rende compte dans la lettre que je vous envoie de lui de toutes ces différentes choses, cependant pour plus de certitude, je joins ici la copie de la lettre qu'il m'a écrite et de la réponse que je lui fais. J'ai tâché dans cette réponse de le mettre en état de suivre sans obstacle et sans indécision sa négociation avec les peuples, en lui prescrivant cependant de certaines bornes que j'ai cru devoir fixer tant pour ne pas compromettre la dignité du Roy que pour ménager la délicatesse de la République; j'espère que vous approuverez ce que je lui mande à cet égard.

Il se pourrait bien faire que l'opposition qu'a apportée M. de Cumiana à retirer en totalité ses troupes de San Fiorenzo, quoiqu'il y fût autorisé par lettre du Roy de Sardaigne, et quoique les peuples paraissent le désirer, provienne de quelque intention secrète et implicite qu'aurait le Roy de Sardaigne d'entrer dans la médiation entre les Génois et les Corses; la fin même de l'extrait de sa lettre semble l'insinuer. C'est ce que vous serez en état de démêler dans vos conférences et, à dire le vrai, je ne vois sur quoi le Roy de Sardaigne fonderait cette intention. On ne peut être médiateur entre deux parties, quand même il y aurait plus de proportions qu'il y en a entre les Génois et les Corses, qu'autant qu'elles le désirent également, et jamais la République de Gênes ne consentira que le Roy de Sardaigne se mêle de ses affaires avec ses sujets. D'ailleurs le détachement piémontais, resté à San Fiorenzo, doit en sortir incessamment, ou parce que les peuples le lui signifieront, comme vous le voyez dans la lettre de M. de Cursay, ou parce que la même époque déterminée dans la conférence de Nice pour la restitution des places aux puissances respectives, fixera l'évacuation des places de Corse par les Piémontais qui ne peuvent pas en disputer à la République de Gênes la souveraineté et la propriété. Ainsi dès lors, je ne vois point de prétexte au Roy de Sardaigne pour s'immiscer dans les affaires de Corse, où son influence ne pourrait être que nuisible aux intentions équitables qu'a le Roy sur la pacification de cette isle.

M. de Guisard arriva hier; je causai sommairement avec lui sur l'objet de sa commission, il me parut l'avoir saisi avec intelligence et avec droiture, il me posa des principes que j'ai trouvés solides et même je l'ai jugé instruit d'avance de plusieurs choses qui concourent au succès de sa mission. J'approfondirai tout cela plus en détail avec lui dans un séjour de dix jours qu'il est nécessaire qu'il passe à Gênes pour terminer des affaires dont il était chargé, que son départ laisserait en souffrance, et pour donner le temps à M. de Cursay de terminer sa négociation préliminaire, avant la conclusion de laquelle la présence de M. Guisard serait inutile en Corse et peut-être même nuisible à cet objet préalable qui, étant avancé par M. de Cursay au point où il est, ne peut être terminé que par lui.

M. Guisard m'a marqué quelque délicatesse sur l'espèce de subordination que M. de Richelieu lui a prescrite pour M. de Cursay. Je lui ai fait sentir qu'aussitôt après la remise des places, tout le détail politique des articles de la convention devait rouler sur lui ; ses fonctions se trouvent absolument distinctes de celles de M. de Cursay, avec qui cependant je me suis assuré qu'il entretiendrait la relation et le concert que le bien de la chose exige, par toutes les attentions et tous les égards qu'il doit à sa personne, à son grade, à sa qualité de commandant des troupes du Roy dans l'isle de Corse.

Les lettres que j'ai reçues de M. de Cursay et l'arrivée de M. Guisard ont donné lieu tout naturellement à une conférence avec M. Rainiero Grimaldi, son collègue étant incommodé de la goutte. La lettre de M. de Cursay m'ayant paru fort sage et ne respirant que l'envie de rétablir la souveraineté de la République et la tranquillité dans la Corse, je n'ai pas hésité à la lui communiquer. Cette marque de confiance m'a paru le flatter beaucoup, et est plus propre à le persuader de la droiture de nos intentions que les discours les mieux arrangés.

Je n'ai pas eu de peine à le convaincre de l'importance de la pacification de la Corse, de l'intérêt qu'a la République à mériter par sa confiance pour le Roy sa médiation et son influence sur l'accommodement projeté, et de la nécessité de débuter toute cette négociation par le recouvrement des places qu'occupent les rebelles. Après lui avoir bien inculqué ces principes, j'ai réduit notre conversation à trois points principaux que je vais vous exposer :

1° Que la confiance que la République a dans les vues du Roy lui rendait indifférent dans le moment présent que les places occupées par les rebelles fussent remises aux troupes françaises seules ou aux troupes françaises combinées avec celles de la République; si M. de Cursay n'avait pas d'autre voie de se faire remettre ces places que de stipuler qu'elles fussent remises aux troupes françaises jusqu'à la conclusion de l'accommodement, il devait passer outre pour retirer de leurs mains des places qui leur fournissent actuellement des moyens de rebellion, et dont la restitution deviendra un gage de leur soumission et de leur fidélité. Vous vous apercevrez cependant, Monseigneur, que dans ma lettre à M. de Cursay je parle un autre langage et que je ne m'en tiens pas à ce que vous lui prescrivez dans votre lettre du 13 que je regarde comme la lettre fondamentale de sa conduite, de n'entrer avec les Corses dans aucun détail de conditions et de les assurer simplement de la bonté et de la protection du Roy, mais j'ai pensé qu'à tout événement, il fallait toujours avoir à cet égard un consentement pur et simple de la République, sauf à n'en faire usage que dans la nécessité, et j'ai fait valoir à M. de Grimaldi les égards que j'avais pour la souveraineté de la République en prescrivant à M. de Cursay de ne jamais laisser promettre aux Corses la restitution des places qu'ils remettraient, quand même (ce qui n'arrivera pas) les troupes françaises sortiraient de l'isle avant la conclusion de l'accommodement.

2° Que quoique M. le maréchal de Richelieu, sollicité par MM. Grimaldi au nom du gouvernement d'obtenir du Roy que les détachements de ses troupes qui sont dans les places de Corse y restassent jusqu'à la conclusion de l'accommodement, leur eût promis d'y travailler avec succès, cependant pour prévenir l'arrangement naturel et simple qu'on pourrait prendre de retirer les détachements de l'isle de Corse en même temps que les bataillons de terre ferme, et pour pouvoir en même temps vous fournir, Monseigneur, un titre en vertu duquel le séjour des troupes françaises en Corse fût prolongé sans que les puissances étrangères, telles que le Roy de Sardaigne et l'Angleterre, puissent en prendre ombrage, il était nécessaire que le gouvernement fît une réquisition par écrit dont un double puisse être envoyé à M. de Puysieulx et l'autre à vous, par lequel ils supplient le Roy de laisser ses troupes en Corse aussi longtemps que la situation des affaires de la République l'exigerait.

3º Que rien n'était si important et si essentiel que de pourvoir à la subsistance et au paiement des troupes réglées de la République en Corse par l'envoi des farines et de l'argent nécessaire.

M. de Grimaldi est tombé d'accord de ces trois points avec un air de persuasion qui ne m'a permis de lui soupçonner de complaisance, mais la forme de l'administration ne lui permettant pas de rien prononcer de décisif jusqu'à ce qu'il ait fait son rapport au gouvernement, qui n'autorise jamais ses membres à stipuler d'eux-mêmes qu'après l'examen détaillé de chaque proposition, il s'est réduit à me promettre qu'il exposerait et ferait valoir avec force la nécessité de ces trois points et qu'il abrégerait autant qu'il serait en lui les longueurs de la décision. J'ai lieu de croire qu'avant très peu de jours nous aurons satisfaction entière sur les deux premiers articles et des arrangements sur le troisième qui, dans le fait, est le plus difficile à conclure, parce que la misère où est réduite la République est si entière et si réelle qu'exactement elle n'a pas de quoi alimenter ses troupes, quelque convaincue qu'elle soit des désordres qui peuvent résulter de ces abus.

Voilà, Monseigneur, ce que j'ai cru devoir faire jusqu'ici pour donner une forme et une consistance à cette négociation, tant vis à vis des Génois par l'écrit que j'en tirerai que vis à vis des Corses par les mesures que j'indique à M. de Cursay pour se faire livrer leurs places.

Je raisonnerai avec M. de Crussol, ainsi que vous me le marquez, sur les moyens de réduire Saint-Florent par la force, si la voie de la négociation manquait et nous les préparerons d'avance de concert dans le plus grand secret, mais je suis persuadé que nous n'en viendrons jamais là et les Corses, après la signature d'un traité général et abandonnés par le Roy de Sardaigne, ne risqueront jamais d'attirer sur eux un acte d'hostilité de la part de la France.

Vous verrez, Monseigneur, par la lettre que j'écris à M. de Cursay qu'il me paraît d'une nécessité absolue d'établir promptement en Corse les 1100 hommes que vous y voulez laisser à demeure. Je vous supplie de me donner vos ordres sur le détail de cet envoi qui aura un prétexte tout naturel dans l'avantage que nous trouvons à relever des soldats séparés depuis longtemps de leurs corps et manquant de tout. Je suis etc.

(M. G. Vol. Corse 3.307).

Bastia, le 24 novembre 1748. — Bononaud, ingénieur, au maréchal de Belle-Isle. — Monseigneur, — Ayant été envoyé en Corse le 25 août, comme j'eus l'honneur de vous en informer dans le temps, j'avais pris la liberté de vous faire savoir tout, s'il s'était passé quelque événement qui eût mérité la moindre de vos attentions. Mais peu de jours après mon arrivée, l'armistice publié par vos ordres arrêta et suspendit tous les petits mouvements que l'on pouvait faire dans ce pays. Depuis ce temps là MM. de Cumiana et de Cursay ont été en grande relation ensemble tant pour tenir la main à l'exécution du dit armistice que pour autres choses, et tout ce que j'aurais pu vous faire savoir n'aurait été qu'un double ou une répétition de ce que M. de Cursay attentif avait l'honneur de vous mander. D'ailleurs ne devant point entrer dans toutes ces affaires, je me suis... Voici aujourd'hui l'occasion où je dois prendre la liberté de vous écrire.

Depuis plus de quinze jours le bruit s'étant répandu que des Piémontais et Autrichiens devaient s'en aller, dans l'incertitude où nous étions de savoir à qui San Fiorenzo serait remis, je pensai qu'il était très à propos qu'on connût cette place pour nous en servir dans l'occasion, supposé qu'elle ne soit remise ni aux Génois ni à nous, et les Piémontais y ayant fait des travaux. Personne ne les connaissant, quoique grand nombre d'officiers y aient été par commission de la part de M. de Cursay, pour cet effet je le priai de m'y envoyer à la première occasion qu'il aurait.

Le 14 de ce mois, à deux heures après midi, deux officiers piémontais et le commissaire de guerre vinrent à Bastia apporter des paquets à M. de Cursay de la part de M. de Cumiana qui devait sortir de San Fiorenzo, lui, et les troupes qu'il commande. Je ne vous détaillerai pas, Monseigneur, quels étaient au juste les ordres qu'à reçus M. de Cumiana; M. de Cursay, à qui on les a, à ce que je pense, communiqués, vous en rendra un compte des plus exacts, mais je crois qu'il y avait une ambiguité de politique pour l'évacuation de

San Fiorenzo en notre faveur, et si je ne me trompe, on laissait M. de Cumiana le maître de nous le céder ; mais comme il était homme à grande difficulté, ne faisant jamais rien sans consulter les prétendus généraux des rebelles, il s'est déterminé à laisser un détachement de cent hommes pour la garde de la ville et du château, soit qu'il ait voulu par là leur donner des assurances comme on ne les abandonnerait pas totalement, ou soit par la crainte d'une irruption de leur pays dans la retraite. C'est ce qui est plus vraisemblable ; nous en avons été témoins ; ils craignaient tous d'être inquiétés dans leur embarquement, en quoi ils avaient grand tort puisqu'ils étaient soutenus par deux vaisseaux de guerre anglais de 50 canons ; cela n'est pas surprenant, puisque pendant tout le temps qu'ils ont resté en Corse, quoiqu'ils fussent 1.200 hommes et plus, ils n'ont jamais osé s'écarter de la portée du fusil de la place.

Le 15, à dix heures du matin, les officiers piémontais et leur commissaire, ayant fini avec M. de Cursay, partirent pour San Fiorenzo, devant s'embarquer le lendemain ; deux officiers et nos piquets et moi furent commandés pour aller avec eux, chargés des commissions de la part de notre commandant pour M. de Cumiana et pour un capitaine d'un des vaisseaux anglais.

Ces Messieurs les Piémontais, extrêmement soupçonneux, furent étonnés de ce que un ingénieur allait à San Fiorenzo. Dans un sens ils n'avaient pas tort ; ils en parlèrent à M. de Cursay ; cela n'empêcha pas que je ne partisse avec eux. Mon attention, Monseigneur, fut d'examiner tous les défilés et par où on pouvait les éviter.

Arrivé près de San Fiorenzo, jusqu'à ce que fusse dans la ville je m'attachai à bien voir les travaux qu'ils y ont faits; et entrant dans la ville, récapitulant tout ce que j'avais observé, je ne laissai pas échapper les endroits les plus faibles et par où on peut y entrer, de façon que si aujourd'hui San Fiorenzo était aux rebelles et que vous ordonnassiez, Monseigneur, de l'attaquer, j'y conduirais les troupes et que du premier au deuxième jour nous y entrerions sans grande perte, et la prise de la ville ferait tomber dans peu le château qu'on pourrait facilement battre en brèche ; et afin de vous en donner une idée plus juste, j'aurai l'honneur de vous en envoyer un plan et un mémoire. Comme je suis seul, et que je suis occupé à mettre à couvert des rigueurs du temps les troupes qui occupent les postes et corps de garde, sitôt le travail fini, je me mettrai après celui-ci.

Avant d'arriver à San Fiorenzo, un des officiers piémontais qui était avec nous, prit le devant et fut avertir que des officiers français et un ingénieur revenaient avec eux ; aussi à peine fus-je arrivé que plusieurs officiers me dirent que si les rebelles savaient que je fusse un ingénieur, qu'ils feraient et qu'ils diraient, et mille autres mauvais raisonnements. Je leur répondis seulement que la paix était faite avec eux, que je n'étais point déguisé, que je venais avec une commission de la part de M. de Cursay, que du côté des rebelles les Français ne craignaient rien, et sous le faux prétexte de ne point me laisser seul, de peur qu'il ne m'arrivât quelque accident, disaient-ils, ils ne me quittaient pas d'un moment. Ils s'y prirent un peu trop tard, car mon affaire était faite. Je fus voir M. de Cumiana et pour nous débarrasser de ces Piémontais, un de nos officiers et moi fûmes à bord d'un vaisseau anglais pour voir le capitaine de la part de M. de Cursay ; nous y couchâmes exprès pour mieux observer le lendemain, et là je vis plus à loisir ce que j'avais déjà vu. Le lendemain 16 nous partîmes pour Bastia ; en m'en retournant, je ne laissai pas que de vérifier tout ce que j'avais vu la veille, nonobstant une garde d'un caporal et de quatre fusiliers, qu'ils avaient placée par extraordinaire sur le glacis, laquelle garde s'éloigna quand nous fûmes éloignés de la place.

L'embarquement de leurs troupes se fit le même matin pour pouvoir partir sur le soir les unes pour Savone et les autres pour la Sardaigne, escortées également par un vaisseau anglais.

Les rebelles, incertains et se méfiant de l'évacuation de St-Florent, y entrèrent la veille de leur départ au nombre de deux cents hommes armés. Les sieurs Gafforio et Giuliani, leurs chefs, y vinrent aussi; cy-devant les paysans n'y entraient point armés, mais ce jour-là ils y entrèrent de force sans que les Piémontais osassent les en empêcher. Dans la nuit et le lendemain il y en entra encore deux cents, et actuellement ils y font la garde.

Les sieurs Gaftorio et Giuliani y ont laissé un abbé qui y commande. Les ordres qu'avait reçus M. de Cumiana étaient, s'il y laissait un détachement, de garder la ville et le château et non de la céder aux rebelles ; mais je crois, Monseigneur, peut-être je me trompe, qu'ils auront bientôt aussi le château, et je ne doute pas un moment que si le Roy de Sardaigne, suivant le traité de paix, est obligé de le remettre aux Génois ou à nous, que les rebelles en seront avertis, et que les Piémontais exprès s'y laisseront forcer avant que l'ordre vienne de l'évacuer, pour que cette place tombe aux rebelles, afin que les affaires soient plus difficiles à débrouiller.

Il y a dans le château de 3 à 4 pièces de canon en fonte ; deux dans une autre tour que les rebelles occupent le long de la mer ; c'est ce qu'on ne doit pas leur laisser, et sans vouloir trop politiquer, le Roy de Sardaigne sera toujours aisé d'avoir un parti dans ce pays-ci pour s'en servir dans l'occasion. Il travaille en conséquence puisqu'il vient de nommer le sieur Matra, un des principaux chefs des rebelles, lieutenant-colonel du régiment corse qu'il a à son service, et a donné de l'emploi à plusieurs autres rebelles qui ne laissent pas que d'avoir des gros partis dans ce pays-ci ; ils sont tous partis le même jour pour le Piémont.

Je ne dois pas vous laisser ignorer, Monseigneur, que nous fûmes escortés par un détachement de paysans ; le capitaine s'était trouvé à la Consulte de la Casinca. Il me dit que tous les hommes qui s'y trouvaient au nombre de plus de 8.000 demandaient tous à haute voix la guerre contre les Génois et que le Roy de Français était le maître d'eux, pourvu qu'ils ne retournas point aux premiers ; qu'ils étaient près de mettre bas les armes et de donner leurs vies, et que si Sa Majesté veut pourtant qu'ils soient aux Génois, qu'elle y laisse des troupes qu'ils paieront eux-mêmes, et un officier français pour rendre la justice, les punir quand ils manqueront et punir les Génois s'ils malversent, ce qui n'arrive que trop souvent dans ce pays-ci, et c'est ce qui est pour ainsi dire la cause de la rébellion.

Depuis quelques jours, Monseigneur, c'est une foule de particuliers, de paysans et autres de chaque piève qui viennent à Bastia demander à M. de Cursay des passeports français, nonobstant tous les efforts qu'ont fait les Piémontais pour leur persuader que la France ne voulait les soumettre que pour les remettre entre les mains des Génois qu'ils abhorrent et qu'ils méprisent, et si le Roy n'y met la main dans cette occasion-ci, jamais la Corse ne sera à eux. Dans cette affaire, la politique des Génois est de la traiter de bagatelle pour ne pas paraître redevables ; pour peu qu'ils veuillent se rendre justice sans déguisement, ils voient bien que ceci est très sérieux ; et je vous assure, Monseigneur, que, si nous n'étions pas ici, toutes leurs places, mal gardées et mal munies de leur part, seraient attaquées, et il ne resterait pas un Génois qui ne fût égorgé. — Je suis etc.,

(M. G. Vol. Corse 3.307)

Bastia, le 24 novembre 1748. — M. de Cursay à M. de Fumeron. — Monseigneur, Pour continuer à vous rendre compte de ce qui se passe, j'ai l'honneur de joindre ici copie de la lettre de Giuliani et Gaffori, généraux du peuple. Vous y verrez que conformément à mes propositions, la nation en général accepte de se remettre sous la protection de la France ; ils proposent, comme vous y verrez, conformément à ma proposition, une entrevue avec moi pour le deux du mois prochain. Je l'ai avancée et l'ai indiquée pour le vingt-six de celui-ci. Il n'y a aucune condition ; je leur ai seulement signifié que je voulais toutes les places, un abandon général aux bontés de Sa Majesté et que j'espérais qu'elle leur accorderait des marques de sa clémence. Vous croyez bien que ceci n'a pu parvenir au point que je l'ai conduit sans les plus grandes négociations et sans usurper un pouvoir supérieur à celui de leurs chefs, qui à la veille de voir terminer le leur, ont accepté de bonne foi ce que la force leur aurait fait exécuter de la part du peuple. Ils ont prêté serment entre eux d'observer exactement ce que je leur prescrirais ; on dresse les *procure* dans les meilleures formes et la nation en général me remettra son blanc seing. Il y aura une assemblée générale où je compte que le peuple entier se trouvera pour conférencer d'une façon plus authentique et plus irrévocable toutes les choses dont nous sommes convenus.

J'ai à vous rappeler l'état où j'ai trouvé l'isle. Une horreur affreuse contre les Génois qui ne pouvaient pas sortir des portes de leurs villes, celui où l'isle est actuellement de la part du souverain et le mauvais état des places, les garnisons qui ne sont point payées depuis 13 mois, le prêt qui manque journellement, pas un écu dans la caisse, encore moins de crédit, puisqu'ils ont protesté pour cinq cent mille livres de lettres de change qui sont dans l'isle, pas une ration de pain dans les magasins. Je suis obligé depuis 15 jours de faire fournir le pain à leurs troupes sur mon crédit; vous sentez ce qui m'y oblige et que les troupes réglées sans pain et sans argent pourraient se révolter. L'autre extrémité de l'isle est encore plus en désordre. La colonie des Grecs qui est maintenue par la République et dont ceux en état de porter les armes sont soldats, point payés depuis 13 mois; il y a eu une espèce de sédition, dix-huit se sont retirés dans une église où ils sont favorisés de leurs camarades et prêts à faire des entreprises sur Ajaccio. Je n'ai point suffisamment de troupes pour en porter à 40 lieues de moi, j'aurais, si j'avais été en force, ordonné la dispersion de ces peuples, mais il faut être en état de se faire obéir. Ces peuples ont vingt-cinq mille hommes sous les armes, et les Génois n'ont qui que ce soit qui puisse leur faire la guerre. Il ne faut pas croire que le départ des Piémontais ait rien changé à la face des affaires; le traité était commencé à leur insu et les choses presque déterminées avant leur départ. Enfin ce qui arrive aujourd'hui paraît presque incroyable à la République, à M. le maréchal de Richelieu et à tous ceux qui n'ont pas une connaissance entière de tous les moyens que j'ai employés pour réussir. Comme la chose ne pouvait être prévue, il est inconcevable. Je ne vous fais pas toute cette exposition pour me faire valoir, mais c'est pour du moins vous convaincre que je n'ai pas démérité. C'est pourtant ce que j'éprouve dans ce moment-ci, puisque sans cet événement incroyable et où toutes mes lettres vous avaient préparé, M. le maréchal de Belle-Isle envoyait ici M. de Crussol. Que ferait-on de plus, si j'avais mal servi ? La raison spécieuse, qu'il est maréchal de camp, n'en est point ; c'est un malheur pour moi d'avoir vieilli dans les emplois subalternes, mais si je suis assez heureux pour réussir dans une besogne aussi inopinée, je ne dois pas encore être puni des malheurs qui m'ont retardé si longtemps. Vos bontés, ma fortune que je vous dois m'ont mis à portée de vous parler avec confiance; je m'y abandonne sans réserve et je vous représente mon état parce qu'il mérite de l'être. Au reste je suis plus satisfait d'avoir justifié votre choix que de mériter une réputation brillante.

M. le maréchal de Belle-Isle m'envoie des instructions fort courtes; il me fait compliment sur mes succès et paraît être persuadé de tout l'honneur que me doit faire une besogne aussi difficile; il m'annonce en même temps que dès qu'elle sera finie, je n'aurai plus rien à faire ; c'est un présage sur l'arrangement qu'il a en vue pour me donner un successeur. S'il est de votre main, vous avez fait ma fortune, je n'ai rien à dire. Il me propose aussi d'exclure Matra du traité et de tâcher qu'il y ait pour lui une exception, attendu qu'il a porté les armes contre nous. Vous sentez la difficulté d'entamer une pareille proposition, et je craignais que mon crédit n'échouât, attendu même qu'il est beau-frère de Gafforj qui est un de ceux qui travaillent avec moi. Cependant j'ai profité d'une idée qui m'est venue et les peuples consentent que ses biens soient confisqués, ses maisons rasées, qu'il soit banni, flétri pour avoir porté les armes contre la France; comme c'est le plus riche de l'isle, ce n'est pas médiocre.

Je suis arrivé sans troupes avec une mauvaise cause à défendre. J'aurai proscrit les généraux, soumis les peuples, mais je n'aurai rien fait, si je n'ai pas mérité votre confiance. — J'ai l'honneur etc.

(M. G. Vol. Corse 3.307).

Gênes, le 25 novembre 1748. — M. de Guymont au maréchal de Belle-Isle. —Monseigneur, J'ai reçu hier la lettre dont vous m'avez honoré le 21 du courant.

Nous avons senti parfaitement qu'il fallait pour préalable faire expliquer le gouvernement sur le désir qu'il a que le Roy veuille bien accorder sa médiation et le séjour de ses troupes en Corse pour parvenir à pacifier cette isle et en assurer la paisible possession aux Génois. Nous n'avions qu'un député, à cause que l'autre est indisposé. Il nous promet cependant que cela n'apporterait point de retard aux affaires et qu'il proposerait au gouvernement de faire cette réquisition par écrit. Nous ne doutons pas que tout ne soit promptement en règle à cet égard, ayant fait sentir la nécessité de vous adresser cette pièce ainsi qu'à la Cour, afin qu'elle sache positivement à quoi s'en tenir à ce sujet, et que de votre côté vous soyez en état de vous servir de cet écrit, si les Autrichiens ou Piémontais voulaient entrer pour quelque chose dans cette pacification, prétexte dont ces puissances pourraient se servir pour exciter de nouveaux troubles ou entretenir ceux qui **existent.**

Il est de la dernière conséquence aussi que M. de Cursay soit toujours sur la défiance par rapport à la bonne volonté apparente des Corses. On ne saurait trop insister sur cet article dans les lettres qui lui seront écrites afin qu'il redouble d'attention et ne présume pas trop des promesses qui lui sont faites de la part de ces chefs. Vous verrez par les nouvelles que nous avons reçues de lui hier ce qui s'est passé par rapport à Saint-Florent. Je pense qu'il y a plus de ruse que de réalité dans les offres qui lui ont été faites. La réponse à M. de Cumiana n'est pas convenable à nos vues, puisqu'il consent d'associer ce dernier aux négociations qui seront faites pour ramener ces peuples. Heureusement que cet officier n'est plus en Corse et ne se trouve point à portée de faire usage de cette proposition.

Nous avons décidé de répondre à M. de Cursay qu'il devait faire en sorte qu'on lui remît Saint-Florent et les autres places, mais qu'il évitât de s'engager à les rendre aux rebelles dans aucun cas ; une convention telle que celle qui lui a été proposée est déplacée vis à vis d'un peuple révolté et ne pourrait se tolérer que de souverain à souverain. Au reste il serait fâcheux d'avoir recours à la force pour s'emparer de Saint-Florent, puisqu'alors on pourrait avec juste raison suspecter la bonne volonté des chefs et penser qu'ils sont soutenus dans la négative par les Piémontais. Nous dîmes hier au député que nous pensions que la République ne trouverait pas mauvais qu'on profitât au plus tôt de cette offre, si elle est réelle ; quoiqu'il y ait la restriction de ne faire occuper ces places que par des garnisons françaises, la confiance que les Génois doivent avoir en nous doit nous répondre du consentement du gouvernement, mais qu'il nous était dans cette occasion nécessaire. C'est dans cet esprit que nous avons voulu présenter cet objet, afin de ne pas réveiller l'ancienne méfiance. Le député ne doute pas que le gouvernement n'y consente, puisque c'est son intérêt.

Il serait fort à désirer que les Corses prissent comme un abandon le départ de Matra, mais je crains bien au contraire que ce chef ne leur ait fait entendre et peut-être persuadé qu'il leur serait plus utile absent que présent, par les mouvements qu'il serait à portée de se donner pour eux à la Cour de Turin. Il aura d'ailleurs été fort aisé au Roy de Sardaigne de faire comprendre aux insulaires qu'il lui avait été impossible de les faire entrer dans le grand traité de paix, mais qu'à ce défaut il pourrait les aider sans se montrer. Quoi qu'on puisse dire, la bonne foi de ce prince me sera toujours suspecte, lorsqu'il n'y trouvera pas son intérêt. Peut-être que je pousse trop loin la défiance, mais dans une affaire de cette espèce, il faut prévoir toutes les difficultés qui peuvent se rencontrer, afin de les prévenir s'il est possible, et d'y remédier si elles arrivent.

La République doit être plus que persuadée de la nécessité où elle est d'avoir recours aux bontés du Roy pour lui assurer la possession de ce Royaume. Nous avons fait connaître au député qu'il était indispensable de pourvoir à l'entretien et à la subsistance du peu de troupes qu'elle a dans cette isle, et les inconvénients qui résultent d'une conduite opposée. Il nous a remis devant les yeux l'épuisement des finances de ce pays et autres raisons de cette espèce, mais j'ai répondu que les dépenses les plus importantes étaient celles en question et qu'elles devaient être préférées à toutes les autres. Je crains fort que nos représentations soient sans effet, par rapport à leur impuissance, ou qu'ils ne puissent pas se déterminer à regarder cet objet comme celui qui doit les occuper uniquement dans les circonstances présentes.

Le député nous a dit que la farine qui a été envoyée dernièrement dans cette isle ne peut faire subsister une partie des troupes que pendant 15 jours; jusqu'à présent ils n'ont envoyé d'argent que celui que M. de Balbi y portait. Je vois que ces Républicains désireraient que nous payassions la dépense qui les regarde; il n'y a pas d'apparence que la Cour y soit disposée.

En vous marquant qu'il était nécessaire qu'il y eût un certain nombre de felouques pour aller et venir en Corse, je vous ai observé, Monsieur, la conséquence dont il est qu'elles soient patentées de l'amirauté; sans cela elles seraient exposées aux corsaires qui pourraient enlever ou retarder nos dépêches. Je vous supplie de faire attention à ce dernier article auquel vous ne m'avez pas répondu.

M. Guisard arriva avant-hier au soir; nous avons déjà eu plusieurs conférences avec lui; nous lui avons fait sentir la nécessité de partir au plus tôt; il a promis d'être prêt de s'embarquer dans dix jours; il a quelque répugnance de se rendre dans cette isle, avant que M. de Cursay soit parvenu à se faire remettre les places; néanmoins il est déterminé à suivre vos ordres, mais auparavant il est nécessaire qu'il mette en règle les affaires dont il était chargé et qu'il confère avec les Génois au sujet des articles sur lesquels il est indispensable qu'il sache les intentions de la République. Il est très capable de se bien acquitter de sa commission, et s'il ne se trouve pas des difficultés insurmontables, on peut se flatter de la réussite.— J'ai l'honneur etc.

(M. G. Vol. Corse 3.307).

Versailles, le 26 novembre 1748. — M. de Puysieulx au maréchal de Belle-Isle. — J'ai reçu, Monsieur, les lettres dont vous m'avez honoré des 13 et 16 de ce mois. Toutes vos réflexions par rapport aux affaires de Corse sont très solides et vous avez vu par tout ce que je vous ai mandé en dernier lieu que j'étais à cet égard dans les mêmes principes où vous êtes vous-même sur les moyens de rétablir la tranquillité dans cette isle. Il faut absolument, pour parvenir à cet objet, laisser encore quelques troupes du Roy en Corse. Je suis persuadé que Sa Majesté voudra bien y consentir, pourvu que la République de Gênes et les Corses paraissent le désirer ; en ce cas-là, Monsieur, c'est par M. le comte d'Argenson que vous apprendrez les intentions du Roy. Mais je crois devoir vous prévenir d'avance qu'il sera nécessaire d'éviter avec soin de prendre relativement au séjour de nos troupes dans l'isle aucun engagement qui puisse nous gêner dans la suite, sur le temps auquel il nous conviendrait de les y laisser ou de les en retirer. Vous sentez parfaitement, Monsieur, qu'il peut arriver des événements et des circonstances qui nous ne permettraient plus de laisser des garnisons françaises dans les places de Corse ; et il serait essentiel alors de nous être réservé une entière liberté de les rappeler lorsque nous le jugerions à propos.

Il ne doit y avoir nulle difficulté par rapport au cérémonial entre vous et M. de La Mina etc. — (Le reste de la lettre ne concerne pas la Corse).

(M. G. Vol. Corse 3.307).

Nice, le 26 novembre 1748. — Le maréchal de Belle-Isle au marquis de Cursay. — M. de Chauvelin vient de me faire passer, Monsieur, votre lettre du 16. Il m'a envoyé en même temps copie de la lettre que vous lui avez écrite de même date avec toutes les pièces qui y étaient jointes, beaucoup plus étendues que celle que vous m'avez envoyée par extrait, ce qui revient au même, et comme c'est M. de Chauvelin qui, de concert avec M. de Guymont, suivra à Gênes avec les députés du gouvernement tout ce qui a rapport aux affaires de Corse sur les ordres et instructions que je lui donnerai, vous pouvez vous éviter la répétition des écritures en lui adressant à cachet volant toutes les lettres que vous m'écrirez qu'il me fera passser régulièrement et pourra toujours d'avance vous faire une réponse sur la plus grande partie des points essentiels et faire sur le champ les démarches nécessaires auprès du gouvernement, si le cas y échéait.

La lettre que vous a portée de ma part M. de Castro prévient une partie de toutes les demandes que vous me faites aujourd'hui. La réponse que vient aussi de vous faire M. de Chauvelin en date du 24 à votre lettre du 19 achève de vous éclairer sur presque toutes vos demandes ; je me contenterai donc de vous dire :

1º Que vous auriez très bien fait de recevoir la soumission des chefs des rebelles, de vous remettre toutes les places dont ils sont actuellement en possession, de même que Saint-Florent, dès qu'ils en seront les maîtres. C'est donc là l'article principal auquel vous devez employer toute votre industrie et toute votre activité.

2º Que vous pouvez promettre au nom du Roy aux rebelles toute la protection de S. M. à la justice et à la générosité de laquelle ils doivent s'abandonner sans réserve. Vous pouvez par simple conversation dire à ceux qui négocieront avec vous que le Roy en les obligeant de reconnaître la République pour leur Souverain, comme elle l'est en effet, et ayant pour elle la soumission et la fidélité que doivent des sujets à leurs maîtres, elle aura la même attention de présider à l'accommodement et à la nouvelle forme d'administration que sera établie pour que la République ne puisse point l'enfreindre et qu'ils ne soient plus exposés à l'avenir aux violences et aux vexations des gouvernements et autres membres du Sénat qui exerceront des charges en Corse, comme ils l'ont fait par le passé.

Que c'est par cette raison que le Roy laisse un nombre suffisant de ses troupes dans toutes les places de l'isle sous votre commandement pour y demeurer jusqu'à ce que l'accommodement soit fait, au moyen de quoi il ne doit pas être question de l'alternative qui vous a été proposée, que l'on remettrait les places aux rebelles, si nos détachements sortaient de la Corse avant l'accommodement. Vous avez dû sentir qu'une pareille demande de la part des peuples rebelles est indécente et même injurieuse pour le Roy ; si vous aviez été assez imprudent pour l'accepter, vous vous seriez infiniment compromis. Il faut donc éluder une pareille question, ce qui vous devient très facile, en promettant, comme vous pouvez le faire, que les troupes du Roy ne sortiront point de l'isle que l'accommodement en soit fait.

3° Je ne saurais approuver plusieurs articles de la lettre que vous avez écrite à M. de Cumiana le 15 octobre. Vous le mettez en parité avec vous pour la garde de Saint-Florent ; vous cimentez en quelque manière que le Roy de Sardaigne soit médiateur entre les rebelles et la République. Vous devez savoir que l'indisposition et l'antipathie de la République pour le Roy de Sardaigne sont pour le moins aussi fortes que celles des Corse envers elles. Quelle comparaison d'ailleurs d'un prince toujours ennemi de la République qui vient d'exciter la rébellion et de protéger les rebelles à force ouverte, avec le Roy qui a employé toutes ses forces pour la défendre contre ce même prince et qui a sacrifié ses propres intérêts dans le traité de paix pour rétablir la République dans toutes ses possessions et dans tous ses droits?

Nous touchons au moment d'ouvrir nos conférences, où l'on doit constater l'époque à laquelle le dernier Autrichien et Piémontais doit évacuer entièrement la Corse. Selon toutes les règles de la bonne foi et de la justice, ils devraient remettre Saint-Florent à la République, puisque ce n'est jamais les rebelles qui s'en sont rendus maîtres, que Saint-Florent a capitulé avec le général anglais, que la capitulation a été signée par lui et par le commandant dans Saint-Florent de la République, qu'ainsi c'est à la République que les alliés doivent restituer cette place selon toutes les règles de la guerre; mais qu'ils le fassent ou non, le Roy de Sardaigne n'a plus ni titre ni prétexte de se mêler des affaires de Corse, et si les chefs des rebelles ne remettaient point cette place de bonne grâce, comme vous n'en doutez pas, ne voient-ils pas que S. M. aidera la République pour s'en rendre maître de vive force et que tout est prêt pour cela, et alors tout ce qui serait dans cette place et ailleurs n'est-il pas assuré d'éprouver les supplices qu'ils auraient mérités et les traitements les plus sévères, au lieu qu'en se livrant à la protection du Roy, ils sont asrés de ressentir tous les effets de sa bonté et de sa justice?

Voilà, Monsieur, quels sont les principes par lesquels vous devez agir pour terminer tout au plus tôt la négociation que vous avez si bien entamée ; et pour que vous puissiez occuper Corte, Isola Rossa, San Peregrino et autres postes que doivent vous remettre les rebelles, sans rien tirer des places que vous occupez déjà. M. Chauvelin va incessamment vous faire passer 4 ou 500 hommes d'augmentation pour qu'au lieu d'affaiblir les garnisons de Calvi, d'Ajaccio et de Bonifacio, vous augmentiez au contraire le nombre des troupes qui y sont dans les proportions convenables. Je vais donc attendre sur cela de vos nouvelles avec impatience, et je ne manquerai pas de vous faire part sur le champ du jour auquel les Piémontais qui sont restés en Corse devront évacuer en entier cette isle, parce que, de ce jour-là, vous serez libre d'agir suivant que vous le jugerez le plus utile pour le bien de la République et la pacification générale de l'Isle. — Je suis etc.

(M. G. Vol. Corse 3.307).

Nice, le 26 novembre 1748. — M. le maréchal de Belle-Isle à M. de Guymont. — J'ai reçu, Monsieur, votre lettre du 25 ; vous m'y confirmez ce que me mande fort au long M. Chauvelin, de la conférence que vous aviez eue avec M. Rainiero Grimaldi dont je vais attendre le résultat par écrit avec grande impatience ; je vous prie de ne rien négliger pour le procurer. M. Chauvelin vous communiquera tout ce que je lui mande à ce sujet ; il vous communiquera de même la réponse que je fais à M. de Cursay. Si j'avais cru nécessaire d'écrire directement à M. Grimaldi, je l'aurais fait en lui marquant que S. M. m'ayant autorisé à entrer en son nom dans les affaires de la Corse de la manière que je le jugerai le plus convenable, je le prie de me mettre en état de pouvoir agir efficacement pour le bien de la République dans les conférences qui vont se tenir ici au premier jour et que pour cet effet j'attends le résultat par écrit de ce que vous et M. Chauvelin avez traité avec lui d'après les errements déjà convenus avec M. le maréchal de Richelieu.

J'ai écrit à Toulon pour avoir 4 passeports de l'amirauté ; mais en attendant je vous envoie 4 des miens qui seront aussi respectés par les Barbaresques pour qu'il n'y ait point de retardement ni d'inquiétude pour notre commerce de Gênes avec la Corse, qui dans la circonstance présente ne saurait être trop vif. — Je suis etc.,

(M. G. Vol. Corse, 3.307).

Nice, le 26 novembre 1748. — Le maréchal de Belle-Isle à M. de Chauvelin. — Je ne perds point de temps, Monsieur, à répondre à votre lettre du 24 n° 201, où étaient jointes la lettre que m'écrit M. de Cursay du 16 et la copie de celle qu'il vous a écrite de même date et de toutes les pièces qui y étaient incluses, et de la réponse que vous lui avez faite le 24. Pour éviter la répétition, je vous envoie à cachet volant la réponse que je fais à M. de Cursay que vous aurez agréable de communiquer à M. de Guymont. Vous en prendrez copie si vous le jugez à propos et vous ferez passer mon paquet à M. de Cursay tout le plus promptement que vous pourrez, et comme il est très essentiel que notre commerce avec lui soit aussi prompt qu'il sera possible, je mande à M. de Guymont d'assurer des bâtiments en nombre suffisant pour qu'il y en ait toujours de prêts.

Je suis fort aise que vous soyez content de la conversation que vous avez eue avec M. Guisard sur cette matière de Corse ; je crois pourtant qu'il est tout aussi bon qu'il n'arrive à Bastia qu'après que la négociation de M. de Cursay sera achevée et que nous serons maîtres de Saint-Florent.

Je vois aussi avec grand plaisir le succès que vous attendiez de la conférence que vous et M. de Guymont avez eue avec M. Reynier Grimaldi ; je vais attendre avec impatience que ces deux points principaux dont il est convenu, aient été mis par écrit et que vous puissiez m'en envoyer le duplicata que je voudrais bien avoir avant de parler des affaires de Corse dans nos conférences, parce que j'en ferai un bon usage.

J'avoue qu'il ne m'entre pas dans l'esprit que M. le marquis de Breglio ose sérieusement me proposer que le Roy son maître se mêle des affaires de Corse et encore moins de trouver à redire que le Roy et la République fassent à cet égard tout ce qui leur plaira, et s'il fait cette démarche hasardée, je ne suis pas en peine de lui répondre. Je vous prie donc, Monsieur, de vouloir bien serrer la mesure auprès du gouvernement, et faites leur entendre qu'il est indispensable que j'aie par écrit les articles dont vous êtes convenu avec M. Grimaldi à votre première conférence pour le propre interêt de la République.....

A l'égard des détachements, vous n'avez qu'à tout disposer pour faire passer en Corse les détachements sur le pied de 1100 hommes ; quand il en faudrait une centaine de plus, vous en êtes le maître ; savoir : 200 tirés des Suisses, 200 du bataillon allemand et 50 hommes du bataillon de 12 des 19 qui doivent hiverner en Provence. C'est à vous à refondre les détachements qui y sont déjà avec ceux que vous enverrez pour que tout se trouve placé comme il convient dans les différentes garnisons où ils seront destinés et qu'il y ait partout des commandants sur la sagesse et l'intelligence desquels l'on puisse compter. J'approuve que M. de Cursay y demeure en chef ; il y faut deux lieutenants-colonels ; vous n'y en sauriez mettre des meilleurs que Varignon et Pédemont; vous arrangerez tout cela comme vous le jugerez pour le mieux, observant que vous ne sauriez faire passer un détachement en Corse qu'après que je serai convenu ici du jour préfixe que nous pourrons le faire, et que les Piémontais auront évacué l'isle, ce dont je vous informerai sur le champ. J'espère bien comme vous que nous ne serons pas obligés de faire le siège de Saint-Florent; mais à tout événement, il est très bon d'avoir tout prévu et d'être préparé en conséquence. — Je suis etc.

(M. G. Vol. Corse 3,307).

Gênes, le 26 novembre 1748. — M. de Chauvelin à M. de Cursay. — Vous avez vu, Monsieur, par la dernière lettre que j'ai eu l'honneur de vous écrire le 24 de ce mois que je n'étais pas encore à partie de vous laisser l'entière liberté d'accepter la condition que les chefs des Corses vous demandent, de ne remettre qu'aux troupes françaises les places qu'ils occupent, en même temps que je vous indiquais les moyens de suivre toujours vis-à-vis d'eux votre négociation sans entrer dans le détail de cette condition. Je travaillais auprès du gouvernement pour le déterminer d'y accéder en cas qu'on ne pût avoir qu'à ce prix ces places qu'il est important de retirer de leurs mains. J'ai obtenu aujourd'hui le consentement du gouvernement sur ce point; ainsi, si tous les chefs des Corses insistent encore et si vous ne pouvez pas les engager à nous remettre simplement les places sans détailler quelles troupes vous y ferez entrer pour les garder, vous pouvez positivement leur promettre qu'elles ne le seront que par les troupes françaises. Mais je vous prie de ne point stipuler directement ni indirectement qu'en cas que les

Français sortissent de l'isle de Corse avant l'accommodement conclu, vous remettrez aux peuples les places que vous tiendrez d'eux ; cette condition est intolérable et vous pouvez toujours vous tirer d'affaire vis-à-vis d'eux en les assurant qu'elle ne peut avoir lieu puisque le Roy laissera ses troupes en Corse et jusqu'à ce que la convention soit acceptée et exécutée de bonne foi de part et d'autre...

Je vous ai mandé par la même lettre que je viens de rappeler que je presserai avec la plus grande vivacité le gouvernement de pourvoir à la subsistance et au paiement des troupes réglées de la République qui sont employées en Corse. Je suis entré à cet égard avec les députés de la Giunte de Corse dans les plus grands détails. J'ai su d'eux, qu'on avait fait partir depuis 4 jours pour Bastia la quantité de farine nécessaire pour alimenter la garnison pendant deux mois ; mais ils ne calculent cette garnison que sur le pied de 240 hommes et vous me mandez que sa consommation se monte à 500 rations par jour. La raison de cette différence est, m'ont-ils dit, que vous faites fournir le pain à des compagnies franches Corses qui ont été levées dans le temps critique où Bastia était réduit à la dernière extrémité et qui ont été depuis conservées et maintenues sans interruption. Vous sentez comme moi la nécessité où se trouve la République après tout ce qu'elle a souffert et payé de contributions, d'économiser sur toutes ces dépenses. Il me semble que depuis le temps où ces compagnies on été levées et armées, les circonstances ont bien changé. Le besoin qu'on en avait alors ne subsiste plus ou du moins n'est pas à beaucoup près aussi pressant. Ne vous serait-il pas possible de licencier ces compagnies sauf à les rassembler s'il survenait quelque événement qui le rendît nécessaire. Ce n'est cependant qu'un expédient que je vous indique et qui m'est suggéré par la difficulté de pourvoir à leur subsistance journalière; car si vous prévoyiez que la réforme actuelle de ces compagnies pût entraîner quelque inconvénient, il n'y faudrait pas songer. C'est sur quoi je vous prie de communiquer vos idées et vos réflexions, afin que si leur entretien est utile au bien de la chose, j'y trouve au moins des armes pour déterminer le gouvernement à faire encore un effort dont je serai en état de lui démontrer la nécessité. Quant à l'argent, les députés m'ont prouvé que M. Balbi, lors de son voyage en Corse, avait payé les troupes pour les mois d'août, septembre et octobre, et ils m'ont assuré que le gouvernement allait faire un effort pour y envoyer le prêt des mois de novembre et décembre. Ce secours préviendra toujours les nécessités les plus pressantes.

Les habitants de Bastia se plaignent amèrement des procédés et des violences des troupes françaises qui, non contentes de loger chez le bourgeois, ce qui, quoique onéreux, est cependant dans la règle, exigent avec hauteur et menaces des fournitures, des réparations, du bois et même presque des choses de commodité ; ils ajoutent qu'on fait convertir en argent par un rachat illicite tout ce que les bourgeois ne sont pas en état de fournir en nature. Je vous prie de vous faire rendre compte du fondement de ces plaintes et de remédier à tous ces abus ; le soldat ne doit avoir du bourgeois que le logement et tout au plus les fournitures, si celles que M. de La Thuillerie a fait passer en dernier lieu ne sont pas suffisantes ; le bois ainsi que le pain et la viande lui est fourni régulièrement pour le compte du Roy, ainsi toutes les autres prétentions sont des extorsions abusives que je ne doute pas que vous ne réprimiez aussitôt qu'elles viendront à votre connaissance.

(M. G. Vol. Corse 3.307)

Gênes, le 26 novembre 1748. — M. de Chauvelin au maréchal de Belle-Isle. — Monseigneur, Je ne me trompais pas sur l'impression qu'a faite à M. de Grimaldi la dernière conversation que j'ai eue avec lui sur les affaires de Corse ; il est venu me dire ce matin qu'il me remettrait demain un mémoire par lequel le gouvernement suppliait le Roy de laisser des troupes dans les places de Corse jusqu'à la conclusion de l'accommodement, nonobstant le départ des bataillons de l'état de terre ferme, et j'espère joindre cette pièce à ma lettre que je ne ferai partir qu'après demain matin.

Vous avez vu par ma dernière lettre à M. de Cursay que je ne lui donnais pas entière liberté de souscrire à la demande que les chefs de Corse lui faisaient de ne remettre qu'aux troupes françaises les places qu'ils occupent, parce que j'imaginais y rencontrer quelque difficulté de la part de la République. J'en ai prévenu M. de Grimaldi et il a si bien senti ce que je lui ai fait envisager de la nécessité de retirer ces places des mains des rebelles qu'il m'a apporté ce matin le consentement de la République à cette condition. J'ai cru devoir, pour mettre à M. de Cursay plus à son aise, l'instruire de l'acquiescement de la République sur ce point, et pour ne vous laisser rien ignorer de ma correspondance avec lui, je joins ici copie de la lettre que je lui écris à ce sujet et qui contient aussi des articles de police et d'économie.

M. de Grimaldi m'a observé avec raison que la remise de la forteresse de Saint-Florent aux seules troupes françaises n'aurait lieu qu'autant que la retraite du détachement piémontais de 100 hommes qui la garde laissera la liberté aux rebelles d'en disposer, et sera antérieure aux mesures que vous prendrez à cet égard dans la conférence de Nice, car si l'évacuation de St-

Florent devait se faire concurremment avec celle des autres places que les puissances belligérantes se retiennent réciproquement, alors il ne serait en aucune façon admissible que le Roy de Sardaigne, en paix avec la République, remît une place qui lui appartient légitimement entre les mains de sujets révoltés contre elle.

Vous voyez, Monseigneur, que la négociation vis-à-vis des Génois est en bon état, et comme je ne leur laisse pas perdre de vue le principe qui doit la diriger, qui est la confiance entière dans les intentions du Roy que je leur rappelle en toute occasion, j'espère y trouver de quoi surmonter tous les obstacles et les amener à toutes les conditions raisonnables, si je suis chargé de suivre cettte affaire. — Je suis avec respect, etc.

(M. G. Vol. Corse 3,307)

27 novembre 1748. — In coerenza di quella cieca e riconoscente deferenza con cui si è prestata il Serenissimo Governo a quanto gli fu già esposto dal Signor Maresciallo Duca di Richelieu, e al di lui inviato Pallavicino, dal Signor Marchese de Puysieulx circa la generosa intenzione di sua Maestà Cristianissima diretta a pacificare la Corsica : I sottoscritti deputati restano incaricati dal Governo Serenissimo a pregare il Signor di Chauvelin ad interporre i suoi uffici appresso del Signor Maresciallo Duca di Belle-Isle, ad effetto che voglia la Maestà Sua per il di lui mezzo degnarsi di continuare gli atti di quella benefica generosità con cui ha finora colle sue truppe cooperato alla difesa della Terra ferma, e di quell'Isola contro de' communi nemici, ordinando che quelle almeno delle stesse truppe, che si ritrovano presentemente in Corsica, vi siano nello stesso modo continuate, non ostante il prossimo movimento delle altre, fino a tanto che possa il Governo Serenissimo comprendere per eseguito un fine così giusto e generoso di Sua Maestà, quale senza di questo rischiarebbe di riuscire vano o inutile.

Carlo Emanuele Durazzo,
Ranieri Grimaldi.

(M. G. Vol. Corse 3.307)

Gênes, le 27 novembre 1748. — M. de Chauvelin au maréchal de Belle-Isle. — Difficulté survenue pour les recrues du Régiment Royal-Corse, mais il sera convenable de ne traiter cette question avec la République que plus tard, pour n'avoir pas l'air de lui vendre la protection du Roi.

Il attend ce que décidera le maréchal au sujet des 1100 hommes de troupe à envoyer en Corse; mesures à prendre pour leur subsistances, leur armement.

Ce qui détermine les Corses à traiter et à s'abandonner à la protection du Roy, c'est certainement le voisinage des troupes françaises dans le centre de l'état de Gênes; peut-être changeront-ils de ton et de langage quand ils verront les troupes françaises filer vers la Provence. On peut espérer pourtant qu'ils respecteront la parole donnée.

Au couvent de Casinca, le 27 novembre 1748. — Giuliani à M. de Cursay. — Illustrissimo Signore Padrone colendissimo, Sono vivamente obbligato a V. S. Illustrissima per il suo cortesissimo foglio e per le generose espressive fattemi per parte sua dal Signor capitano Patrizi; lo stesso obbligo le anno questi Signori che sono qui meco e quanto al nostro affare, noi il giorno de' 2 decembre prossimo, saremo..... al convento di Biguglia per seco parlare, e vi saranno il Sig. Gaffori e gli altri soggetti di conto a quali oggi scriverò ; e se gradisce una squadra de'nostri per sua scorta nel venire, potrà segnarmelo, specificando il luogo ed il tempo dell'incontro, ed anche il numero della gente e sarà pontualmente servita. Io voglio sperare che la provvidenza eterna abbia prescelta V. S. Illustrissima per dare col mezzo suo a questo Regno la tranquillità.

Quando andrò in Balagna, vedrò sapere come sia andato il fatto del Massoni di Corte e chi avrà fallito sarà castigato. Frattanto ne ho scritto subito al governo di Balagna e fra breve ne avrò riscontro, e col desiderio di riverirlo ben presto in persona, lo fo per ora con tutto lo spirito, come pure fanno questi Signori e mi rassegno sinceramente ecc...

(M. G. Vol. Corse 3.307).

Nice, le 27 novembre 1748. — M. le maréchal de Belle-Isle à M. d'Argenson.— Je vous envoie ci-joint, Monsieur, un paquet de M. Chauvelin qui vous rend compte en substance de l'état où nous en sommes pour les affaires de Corse ; il y a joint les copies de ce que M. de Cursay lui a écrit et envoyé ; je me contenterai de joindre ici copie de ce que je viens de répondre à M. de Cursay ; je ne finirais point, si je vous envoyais le détail des volumes que j'ai été obligé d'écrire sur cette matière et des instructions que j'ai envoyées à mon dit sieur de Cursay, M. de Chauvelin et de Guymont ; je crois qu'il suffit que je ne m'écarte point du principe que le conseil du Roy a approuvé, qui est 1° qu'il est fort essentiel que la Corse reste tranquille dans les mains de la République, et que les rebelles ne soient point en état de se donner tôt ou tard à une puissance étrangère ; 2º que pour remplir ces deux objets, il faut rétablir la tranquillité dans cette isle ; que cela ne peut se faire que par la médiation et l'autorité d'une grande puissance, qu'il convient que ce soit le Roy qui s'en mêle, mais qu'il en soit requis par la République, ainsi que d'y laisser des détachements suffisants pour garder les places, jusqu'à ce que l'on ait pu concilier la République avec les Corses ; que c'est la présence des troupes qui attirera la confiance des peuples, en leur imposant, en même temps que le respect dû au Roy contiendra la République et le gouvernement et autres membres du Sénat qui seront employés encore, si ils contreviennent aux règlements et à la nouvelle forme d'administration qui sera convenue par la médiation du Roy et sous la garantie de S. M. Ce ne sera qu'après que les places auront été remises entre les mains des troupes du Roy que l'on pourra travailler efficacement à cette nouvelle forme du gouvernement pour laquelle il faut, proportions gardées, que la République y mette beaucoup du sien, et les rebelles du leur ; ce n'est pas une besogne facile, mais je la crois néanmoins possible si elle est maniée par quelqu'un qui en soit capable, et c'est pour cela que j'ai proposé à M. le marquis de Puysieulx de charger M. de Chauvelin de suivre cette affaire jusques au bout ; je l'y crois plus propre que qui que ce soit ; elle est déjà naturellement entre ses mains, parce que tous les préliminaires sont du ressort des militaires, et que l'on ne pourra travailler à fond à la conciliation que quand nous serons maîtres de toutes les places conjointement avec la République. Ainsi il est tout simple que celui qui a commencé et suivi l'affaire avec M. de Richelieu et présentement avec moi, la suive jusqu'au bout, ce qui n'empêche pas que M. de Guymont n'exerce ses fonctions d'envoyé du Roy et ne soit dans cette partie seulement subordonné à M. de Chauvelin qui par son grade de maréchal de camp et commandant le corps considérable des troupes du Roy dans l'état de Gênes, a acquis une considération distinguée de la part de la République, et s'est en même temps concilié l'estime et la confiance du plus grand nombre qui la composent. Voilà, Monsieur, ce que je pense de bien sur le succès de cette affaire qui est une des plus importantes que le Roy puisse avoir, eu égard à l'Italie et au commerce de la Méditeranée. C'est sur quoi je vais attendre votre décision et celle de M. de Puysieulx, je veux dire sur le choix de M. Chauvelin ; plus j'y réfléchis, plus je le crois nécessaire.

(M. G. Vol. Corse 3,307).

A Versailles, le 27 novembre 1748. — M. d'Argenson au maréchal de Belle-Isle.—Je vous ai accusé, Monsieur, par ma précédente la réception de la lettre que vous m'avez fait l'honneur de m'écrire le 15 de ce mois, et vous trouverez ci-jointe la réponse de M. de Puysieulx à celle du 13 dont vous m'avez envoyé une copie.

Vous y verrez l'esprit dans lequel le Roy trouve bon que vous laissiez des troupes en Corse, quand celles de S. M. sortiront de Gênes. Elle approuve la répartition que vous en avez projetée, et elle s'en rapporte à vous sur le choix de celles que vous jugerez le plus convenable d'y destiner. Je pense au surplus comme vous que lorsque M. de Cursay sera prévenu, ainsi qu'il l'espère, à se faire remettre St-Florent par les rebelles, et avoir une soumission en bonne forme de leurs chefs, ce qui restera à faire en Corse ne vaudra pas la peine de l'y retenir davantage, et qu'il suffira d'y laisser un lieutenant-colonel avec ordre de s'entendre avec les sieurs de Guymont et Guisard. Vous aurez cependant assez d'amitié pour M. de Cursay pour ne rien précipiter sur son retour de façon à donner lieu de présumer que l'on n'ait pas été content de la façon dont il s'est acquitté de sa commission.

(Le reste de la lettre ne concerne pas la Corse).

(M. G. Vol. Corse 3.307).

Nice, le 27 novembre 1748. — M. de Belle-Isle à M. de Puysieulx. — J'ai l'honneur de vous envoyer ci-joint, Monsieur, la lettre que vous écrit M. de Chauvelin ; il n'a pas cru devoir vous rendre un compte plus détaillé, persuadé que M. de Guymont s'en est acquitté. Il m'a envoyé copie de ce que lui a écrit M. de Cursay avec quantité de pièces qui m'ont occupé plus de deux heures à lire, qui vous seront d'ailleurs fort inutiles. Ce résultat est que les chefs des rebelles promettent de remettre à M. de Cursay toutes les places qu'ils ont entre les mains, savoir Corte, Isola Rossa et San Peregrino ; qu'ils remettront de même St-Florent, lorque les 100 hommes que les Piémontais y ont laissé en seront sortis, mais ils demandent pour condition que ces places ne soient point remises à la République avant qu'il y ait un accommodement convenu par la médiation du Roy, et sans sa garantie, et qu'en attendant les détachements des troupes du Roy demeurent en Corse ; M. de Cursay demande là-dessus les ordres de ce qu'il doit faire.

M. Chauvelin a tout franchement montré aux députés du gouvernement la lettre de M. de Cursay, afin qu'ils connaissent bien clairement notre bonne foi, notre désintéressement, que les Corses ne veulent point, à quelque prix que ce soit, se soumettre à la République, sans la médiation, la protection et la garantie du Roy ; que si S. M. refuse de les écouter, la République est dans une impuissance absolue de les soumettre, qu'elle n'a même pas les moyens de garder les places dont les rebelles ne sont pas en peine de s'emparer, du moins d'une partie, après quoi ils appelleront des secours étrangers et tout au moins, ce serait par la médiation de quelque autre puissance qu'ils obtiendraient justice et les tempéraments qu'ils demandent etc.

Cette lecture a opéré sur les députés du gouvernement l'effet qu'en attendait M. Chauvelin, et comme je lui avais expressément recommandé de faire mettre par écrit ce qui n'a été jusqu'à présent convenu que de bouche avec M. de Richelieu, il y a tout lieu de croire que la République suppliera le Roy de vouloir bien interposer sa médiation pour les affaires de Corse, et en attendant laisser dans les places de cette isle les détachements qui s'y trouvent ; même de recevoir des mains des rebelles les places qu'ils y tiennent encore. J'ai mandé à M. de Chauvelin de serrer la mesure et de m'envoyer au plus tôt cette réquisition de la République que je veux avoir, avant qu'il puisse être question de la Corse avec M. le marquis de Breglie.

Je suis suffisamment instruit de toutes les menées de M. de Cumiana pour faire honte à M. le marquis de Breglie d'une pareille conduite, quand je serai tête à tête avec lui, et je ne présume pas qu'il ose avouer que le Roy de Sardaigne veuille continuer d'appuyer la rébellion en Corse, ni trouver à redire que le Roy accorde à la République tous les secours dont elle peut avoir besoin pour établir la tranquillité dans cette isle. Je me flatte que vous vous en rapporterez bien à moi pour parler au ministre piémontais avec la sagesse et la prudence nécessaire, mais en même temps avec toute la hauteur et la dignité que comporte la matière, quand on parle au nom du Roy.

J'ai d'un autre côté déjà fait voir à MM. Curlo et Pinelli dans quelque conversation que j'ai eue avec eux depuis qu'ils sont ici, l'obligation que la République devait avoir au Roy, outre toutes celles qu'elle leur a déjà; que S. M. voulait bien encore se mesler des affaires de Corse, que j'avais reçu les ordres très précis d'en retirer tous les détachements qui y sont, dès que le corps qui est dans l'état de Gênes en partirait pour revenir en France, que je prendrais sur moi de les y laisser, lorsque la Républque me ferait remettre par écrit la prière pour que S. M. voulût bien lui donner encore cette marque de sa générosité, mais que si une fois j'avais envoyé ordre aux détachements de revenir, il ne serait plus temps, et tout de suite par forme de conversation, je leur ai fait voir la perte de la Corse immanquable, leur misère, leur faiblesse, leur injustice, leur mauvaise administration, leur méfiance même envers le Roy, leurs soupçons injurieux ; je n'ai ménagé aucuns termes, et comme ils ont été témoins de ma vivacité pour leur service, de l'affection que j'ai même dans tout ce qui les a regardés depuis que le Roy m'a confié le commandement de cette armée, ils n'ont point pris en mauvaise part ma franchise militaire, et j'ai senti tout l'effet qu'opéraient sur leur esprit les vérités toutes crues que je leur ai dites. Je sais que M. Curlo, qui est tout ce qui vaut le mieux dans la République, a écrit sur cela à Gênes, et je n'en suis que mieux avec lui ; il connaît toute l'injustice de l'Espagne envers eux et en réfléchissant sur tout ce qui entoure la République, il sent fort bien qu'elle ne peut avoir de ressource et de véritable appui que dans la protection et la générosité du Roy ; je le fortifierai dans ces sentiments en lui montrant une parfaite indifférence et que ce n'est que par grandeur d'âme et par ce que le Roy a déjà fait pour la République, qu'elle se portera à suivre ce qu'elle a déjà commencé suivant qu'elle cherchera à la mériter par sa reconnaissance.

Voilà, Monsieur, en substance où j'en suis pour les affaires de Corse et quelle est ma façon de penser, que je souhaite qui ait votre approbation ; je suis également en relation avec M. de Guymont et tout ce que j'ai écrit à M. de Chauvelin et à M. de Cursay lui a été communiqué par le premier ; mais plus je réfléchis sur les difficultés qu'il y aura à constater la nouvelle administration qu'il faudra établir en Corse et à concilier l'injuste gouvernement de la République en Corse avec les prétentions exorbitantes des peuples indociles de cette isle, plus je suis persuadé qu'il convient de laisser cette commission à M. de Chauvelin qui l'a déjà entamée conjointement avec M. de Richelieu et suivie avec M. de Cursay. Tous les préambules dont il s'agit à présent concernent le militaire et se trouvent par là de son ressort, et pour son autorité, il a une toute autre considération à Gênes et près de la République que n'a M. de Guymont. Il est ami d'un grand nombre de membres du Sénat et s'est acquis la confiance des uns et des autres ; il a un caractère liant et toutes sortes de talents qui se trouvent réunis en fort peu de personnes ; il n'y a qu'à voir comme il s'est conduit avec tous ceux sous les ordres desquels il a été employé, M. le prince de Conty, M. de Boufflers, M. de Richelieu et moi. Nous ne le connaissions point, pour lui avoir même jamais parlé ; c'est uniquement la vérité et la justice que je lui dois qui m'engagent à vous parler ainsi ; je vous propose ce que je ferais moi-même, parce que je crois que le succès en dépend et que l'affaire est assez importante pour n'y rien négliger. Cela n'empêche pas que M. de Guymont dont je n'ai que du bien à dire n'exerce également les fonctions d'envoyé du Roy pour tout le reste.

M. Chauvelin est d'ailleurs d'un caractère à vivre toujours avec lui dans la plus grande union, et dès que cette affaire sera terminée, il reviendra et laissera M. de Guymont qui n'aura qu'à maintenir l'exécution de ce qui aura été réglé. Il y a même un prétexte honnête envers mon dit sieur de Guymont, qui est le commandement des troupes qui demeurent en Corse sous l'autorité de M. de Chauvelin, jusqu'à ce que l'accommodement et les règlements généraux qui doivent l'y consolider soient entièrement finis. C'est sur quoi je vous prie de vouloir bien statuer plus tôt que plus tard; vous en sentez comme moi, je crois, la nécessité. — J'ai l'honneur etc.

(M. G. Vol. Corse 3.307)

Gênes, le 28 novembre 1748. — M. de Chauvelin à...
— Monseigneur, Les députés du gouvernement viennent de me remettre la réquisition pour le séjour des troupes du Roy en Corse, et je suis en état de faire partir aujourd'hui la felouque que je m'étais cru obligé de remettre à demain.

J'ai l'honneur de vous adresser ci-joint la copie de cet acte; j'en ai gardé par devers moi l'original de peur de quelque accident de mer; je vous l'enverrai cependant, si vous me l'ordonnez.

Comme je crois que votre intention est que je vive et travaille dans la plus grande intelligence avec M. de Guymont, j'ai suggéré aux députés de faire deux expéditions de cet acte, l'un pour lui et l'autre pour moi.

Dans la sienne, il est prié de s'employer auprès de M. de Puysieulx à qui il l'envoie par ce même ordinaire. J'espère, Monseigneur, que vous agréerez cet engagement qui m'a été inspiré par l'envie de vous plaire, et que vous voudrez bien croire que c'est réellement moi qui ai déterminé cette démarche de la République. Il me semble que les députés me marquent de la confiance, et si cette négociation continue, je crois qu'ils seraient bien aises d'avoir affaire à moi. Je suis bien sensible, Monseigneur, à l'attention avec laquelle vous voulez bien vous presser à ne mettre rien dans les lettres générales que vous m'écrivez sur les affaires de Corse, qui me soit personnel ; la communication que je pourrai alors lui en donner soutiendra entre nous l'union à laquelle je donne tous mes soins.

Je ne perdrai pas de temps à vous faire passer fleurs et essences dès que je pourrai. — Je suis etc.

(M. G. Vol. Corse 3.307)

Bastia, le 28 novembre 1748. — M. de Cursay à.... — Monseigneur, J'avais l'honneur de vous mander dans ma dernière lettre du 23 que je demandais une conférence au peuple pour le 26 afin d'accélérer les choses de plus en plus ; elle n'a pu avoir lieu, parce que Gafforio n'arrivera de Corte que demain ; elle est remise au 2. Comme vous le verrez par la lettre de Giuliani, tout ce qu'il y a de mieux dans la nation doit s'y trouver pour y prendre les derniers arrangements. Les peuples m'avaient prié de leur envoyer M. Patrice, capitaine dans le Royal Italien ; il en revint hier et m'assura que leurs sentiments étaient conformes à tout ce qu'ils m'ont assuré. Ainsi vous ne devez pas douter un moment ni de la remise des places ni de l'exécution des autres propositions. Vous croyez bien que je ne perds pas de vue vos instructions et les peuples sont trop flattés de la protection dont on les assure pour écouter d'autres propositions. Il se passe pourtant des choses qui pourraient leur donner de la défiance si leur attachement pour la France n'était pas aussi sincère ou que mon crédit fût moindre dans la nation. Il leur a été fait des propositions de la part de la République, par la voie de M. Passano, commissaire général, qui a détaché un émissaire pour leur promettre toutes sortes d'avantages, s'ils voulaient traiter directement avec la République, sans passer par la recommandation de la France. Cette proposition a été mal reçue et loin d'éteindre la haine furieuse contre elle, leur défiance s'est augmentée. Vous voyez bien que j'en ai été instruit sur le champ ; cela ne sera pas vis-à-vis de moi le plus léger inconvénient, mais c'est pour vous donner une preuve des obstacles continuels que l'on m'a toujours opposés.

Vous serez content sur Matra, ainsi que vous le verrez dans la lettre que Gafforio écrit à son frère qui est auprès de moi.

Je compte vous mander mardi prochain la fin de cette grande affaire ; n'en doutez pas, si Gafforio n'était pas de bonne foi, le parti que j'ai le forcerait de l'être. J'ai redoublé mes instances auprès de M. de Chauvelin pour engager la République à approvisionner ses troupes. Après avoir jeté les hauts cris, elle a envoyé de Gênes une pareille provision.

Il a fait un temps affreux ici qui a fait rentrer deux fois la barque qui vous portait mes lettres du vingt-trois. — J'ai l'honneur etc.,

(M. G. Vol. Corse 3.307)

Gênes, le 28 novembre 1748. — M. de Chauvelin à M. le Comte d'Argenson. — Monseigneur, J'ai déjà eu l'honneur de vous marquer dans mes lettres précédentes que la première démarche que je croyais essentielle au succès de la négociation entre les Génois et les Corses était de constater solidement et incontestablement le désir que le gouvernement génois avait déjà laissé connaitre que les détachements des troupes du Roy restassent dans les places de Corse, même après le départ des bataillons de l'Etat de terre ferme, et je vous ai rendu compte des mesures que j'avais prises pour les engager à se lier à cet égard par une démarche authentique. Mes soins ont parfaitement réussi, et j'ai l'honneur de vous envoyer ci-joint la copie de la réquisition en forme que les députés m'ont remise. Cet écrit sert de base à la négociation et prouve incontestablement que les défiances des Génois n'existent plus, et que depuis 1738, les épreuves réitérées qu'ils ont faites des bontés du Roy les ont fait disparaitre.

Je n'avais pas cru devoir mander décisivement à M. de Cursay d'adhérer à la condition à laquelle les Corses attachaient la reddition des places qu'ils occupent, qui était de n'y admettre que des troupes françaises jusqu'à l'accommodement. J'ai agi cependant auprès du gouvernement pour obtenir un consentement sur ce point, et en conséquence de nos insinuations, les députés sont venus me déclarer que par une suite de la confiance aveugle que le gouvernement avait dans les bontés et les intentions du Roy, il ne formait aucune difficulté à ce que M. de Cursay stipulât que les places occupées par les rebelles fussent remises aux seules troupes françaises jusqu'à la conclusion de l'accommodement.

Jusqu'ici la négociation est en bon train, et je crois

pouvoir vous assurer sans témérité que si elle est conduite avec adresse par un homme qui connaisse le caractère des gens à qui il a affaire, elle réussira avec autant d'avantage que de gloire pour la France. — J'ai l'honneur etc.

(M. G. Vol. Corse 3.307).

Calvi, le 28 novembre 1748. — M. de Varignon al Signor Don Gio : Girolami di Balagna. — Il Signor maresciallo Duca di Belle-Isle, molto Reverendo Signore, mi manda di Nizza dove si trova per definire tutti gli affari d'Italia e della Corsica, nella sua lettera che ho ricevuto dopo aver scritto, la circolare che sentirà in appresso :

« Li Corsi vanno ad esser abbandonati dalli loro Protettori, e non sarà fatta alcuna menzione di loro nel trattato diffinitivo della pace. È bene che tutti coloro che sono alla nostra portata sappino questa verità, affinchè la dichino alli loro amici e che tutti li Corsi sappino che non v'ha di solo bene e di solido per loro che di essere sottomessi alla Repubblica e protetti dal Re, perciò nello stato di procurargli dalla parte del Senato li trattamenti giusti e raggionevoli.

Lettera scritta da Bastia li 23 di questo mese, marca che il Gaffori si porterà colà ben presto a presentarsi al Sig. marchese di Cursay, a cui intanto spedirà prete suo paesano di tutta la confidenza;

Che le disposizioni della montagna erano di mettersi in qualche buona regola, a ciò che inclinava pure il Giuliani, il quale farà bene li suoi affari, senza il consiglio di altri della sua comarca.

È certo che sei picchetti partiranno dalli luoghi dove sono; saranno rimpiazzati da altri, ed è stato deciso che io passi l'inverno in Corsica.

Le premesse servino di risposta al di lei figlio d'ieri. Sono sinceramente suo obedientissimo servitore.

VARIGNON.

(M. G. Vol. Corse 3.307).

Gênes, le 29 novembre 1748. M. de Chauvelin à.....
— Monseigneur, J'ai reçu les deux lettres dont vous m'avez honoré etc.

Je compte faire partir aussi demain une felouque pour la Corse afin que M. de Cursay ait votre lettre sans retardement ; rien n'est plus sage que la conduite que vous lui prescrivez ; j'ai grande impatience de voir ce qu'aura opéré sa négociation.

Je profite de cette occasion pour renvoyer en Corse une espèce d'agent que les Corses avaient envoyé à Gênes sous le sauf-conduit de M. le maréchal de Richelieu, nommé l'abbé Antonietti. C'est un homme d'esprit qui n'a de la rebellion que l'antipathie pour les Génois, mais cependant contenue dans des bornes raisonnables. Les conversations qu'il a eues avec nous et ce que nous lui avons laissé voir des dispositions du Roy a rétablir la tranquillité en Corse par des règlements sages et solides, le rendent propre à seconder nos vues dans ce pays-là et à accélérer le succès de la négociation préliminaire entamée par M. de Cursay pour la reddition des places, si elle languissait encore à son arrivée. Plus je réfléchis sur la conduite qu'il convient de tenir, plus je me confirme dans l'opinion que vous avez, Monseigneur, qu'il ne faut point que M. Guisard arrive en Corse avant le départ de la totalité des Piémontais....
— Je suis avec un respect infini etc.

(M. G. Vol. Corse 3,307).

Bastia, le 29 novembre 1748. — M. de Cursay à M. le maréchal de Belle-Isle. — Monseigneur, Je viens de recevoir dans la nuit la lettre que vous m'avez fait l'honneur de m'écrire du vingt-un de ce mois par laquelle vous m'accusez la mienne du dix. J'ai reçu une très longue lettre de M. de Chauvelin qui me prescrit une conduite relative à l'affaire présente, que j'espère finir sans faute le 2 du mois où nous allons entrer. Vous devez être assuré que je prendrai toutes les précautions qui peuvent m'assurer la bonne foi des peuples contre lesquels vous êtes prévenu et dont la suite des négociations et des différents partis formés depuis cinq mois doivent me répondre.

J'écris aujourd'hui une lettre très longue à M. de Chauvelin, pleine de détails, dont je ne doute pas qu'il ne vous fasse passer les principaux points. Ils sont tous d'une importance extrême vis à vis de moi, premièrement pour savoir où je prendrai les fonds nécessaires pour l'approvisionnement et le rétablissement des places qui me seront remises; et secondement ceux que vous déciderez pour les dépenses extraordinaires qui regardent uniquement la France. M. de Richelieu, comme j'ai eu l'honneur de vous le mander, faisait passer des fonds sur les subsides que le Roy accordait à la République afin de faire les dépenses indispensables qui la regardaient uniquement. Comme nous n'avons plus cette ressource et que la République n'y pourvoira pas, puisqu'elle abandonne le soin des places les plus importantes, mettez-moi à même d'y pourvoir.

Le second point regarde d'où je pourrai tirer les fonds pour les troupes; le départ des troupes des Etats de Gênes me mettent à portée de vous faire cette question.

Enfin de penser à la façon dont vous voulez traiter les troupes que vous laisserez ici ; elles ne peuvent suivre le sort de leurs régiments ; il n'a point été fait en dernier lieu de traitement pour la Corse, parce qu'étant regardée comme un détachement de Gênes, les troupes en recevaient l'arrangement.

J'ai ici un ingénieur ; comme il sera nécessaire pour le rétablissement des places que l'on nous remettra, je vous prie de me le laisser. — J'ai l'honneur etc.

(M. G. Vol. Corse 3.307).

Versailles, le 30 novembre 1748. — M. de Puysieulx au maréchal de Belle-Isle. — J'ai reçu, Monsieur, la lettre que vous m'avez fait l'honneur de m'écrire le 17 de ce mois. J'approuve infiniment votre proposition de laisser M. Chauvelin à Gênes jusqu'à l'entière consommation de la négociation entre la République et la Corse, et je me charge volontiers d'en raisonner avec M. le Comte d'Argenson qui, se prêtant toujours avec empressement à ce qui peut contribuer au service du Roy, n'apportera point de difficultés à cette destination. Quant à moi, j'avoue que j'ai quelque peine de donner à M. Guymont cette espèce de dégoût ; mais il est juste que le service du maître passe avant toute autre considération.

J'ai déterminé M. le Comte d'Argenson, non sans quelque répugnance de sa part, à vous envoyer les ordres du Roy pour l'évacuation du Comté de Nice etc.

(M. G. Vol. Corse 3.307).

Nice, le 30 novembre 1748. — Le maréchal de Belle-Isle à M. de Chauvelin. — J'ai reçu, Monsieur, votre lettre du 26, n° 204, où était jointe la copie collationnée du mémoire qui vous a été remis par les députés du gouvernement pour demander au Roy de vouloir bien laisser les détachements de ses troupes dans l'isle et les places de Corse jusque à la consommation de l'accommodement etc. Vous avez bien fait de retenir par devers vous le double original que vous en avez, qu'il faut conserver avec soin. M. de Guymont en a sans doute une de même dans le compte qu'il en rend à M. de Puysieulx. Il est bon aussi que MM. les députés vous aient assuré que le gouvernement trouvait très bon que M. de Cursay reçût avec les troupes du Roy les places que les chefs des rebelles promettent de lui remettre et vous avez très bien agi, en faisant part de tout cela à M. de Cursay, de lui donner de plus amples instructions sur la conduite qu'il doit tenir.

Par la conversation très longue et très vive que j'ai eue avec M. le marquis de Breille sur l'article de San Fiorenzo, nous devons être certains que lorsque les 50 hommes qui sont demeurés dans cette place se retireront, ils la laisseront au pouvoir des rebelles, c'est ce qui doit nous faire désirer que M. de Cursay réussisse, car vous sentez toutes les difficultés qu'il y avait à aller faire ce siège, et combien cela déplaisait au Roy, quoique Sa Majesté m'ait donné là-dessus carte blanche. La liberté qu'a M. de Cursay de ne mettre dans Saint-Florent que des Français doit assurer le succès de sa négociation, car enfin ces rebelles ont trop d'esprit pour ne pas voir qu'ils sont abandonnés en plein par tous leurs prétendus protecteurs et qu'ils n'ont de ressource que dans la protection du Roy qui la leur offre, au lieu que s'ils ne profitent pas de la circonstance, il emploiera toutes ses forces pour les soumettre. La matière est facile à manier; vous êtes plus capable que qui ce soit de donner d'utiles instructions à M. de Cursay de méme qu'au sieur Guisard, et je vous prie de ne rien épargner là-dessus. J'écris à M. de Guymont en conformité, mais plus succinctement, car comme tout ce qui est à faire à présent est beaucoup plus militaire que politique, et comme M. de Cursay est entièrement à vos ordres, ce ne peut-être que par vous que doit passer directement tout ce que j'ai à lui prescrire. Je vous prie cependant de communiquer ce que je vous mande làdessus à M. de Guymont pour diminuer mes écritures qui deviennent beaucoup trop abondantes.

(M. G. Vol. Corse 3.307)

Nice, le 30 novembre 1748. — Le maréchal de Belle-Isle à M. de Guymont. — J'ai reçu, Monsieur, votre lettre du 28 qui répond à la mienne du 23. Je vois avec peine, mais sans étonnement, que le gouvernement n'avait point encore envoyé d'argent en Corse, et fort peu de vivres ; mais je suis fort content qu'enfin il vous ait fait donner pour leurs députés l'écrit dont M. de Chauvelin m'a envoyé copie collationnée et qu'il soit convenu que M. de Cursay recevrait les places que les rebelles voudront lui remettre avec les troupes du Roy. M. de Chauvelin vous communiquera la lettre que je lui ai écrite sur ce sujet, la multiplicité d'écritures dont je ne puis me dispenser ne me laissant guère de loisir.

Je pense tout comme vous et M. de Chauvelin que ce n'est pas le moment de traiter l'article du Royal Corse.

Je ne suis pas moins impatient que vous d'avoir des nouvelles de M. de Cursay ; je suis toujours un peu méfiant sur tout ce qui vient des chefs des rebelles, connaissant, comme je le fais, leur caractère fourbe et méchant; mais l'abandon de leur protecteur fonde ma principale espérance.

M. de Brown est arrivé et nous avons déjà entamé la matière. M. de Breille ne me paraît pas avoir apporté ici un grand esprit de complaisance, témoin l'article de Saint-Florent dont je parle à M. Chauvelin.

Je vous dirai tout le contraire de M. de Brown, dont je ne puis que louer ce que j'en ai vu jusqu'à ce moment.

Je ferai passer votre courrier à M. de Puysieulx par un courrier que j'ai à dépêcher à la Cour.

(M. G. Vol. Corse 3.307)

Gênes, le 30 novembre 1748. — M. de Guymont au maréchal de Belle-Isle. — Monseigneur..... Suivant ce que vous marquez à M. de Chauvelin, il paraît, que votre intention est de laisser M. de Cursay commander en chef les troupes qui sont sous ses ordres jusqu'à ce que l'accommodement projeté soit entièrement terminé. J'ai déjà eu l'honneur de vous faire part de la répugnance de M. Guisard à travailler subordonnément à M. de Cursay dans une affaire purement politique. J'aurai encore celui de vous observer que, s'il convient que cet officier reste à la tête de nos troupes, il est à craindre qu'après qu'il aura terminé sa négociation, sa présence ne devienne inutile et peut-être nuisible à M. Guisard. Vous savez, Monseigneur, que la réussite d'une négociation dépend de la manière dont elle est entamée.

M. de Cursay nous fait connaître par ses lettres qu'il a su se concilier l'esprit des Corses et que les chefs ont pris une confiance entière en lui; c'est le premier moyen pour parvenir à un accommodement ; il a ménagé ces peuples et les a amenés au point de se prêter à des voies de conciliation et de s'en remettre à la médiation du Roy ; c'est le second moyen de faciliter la négociation, et les choses étant parvenues au degré de maturité, il paraît que les ordres que vous lui avez donnés de recevoir leur soumission et leurs places ne peuvent trouver de difficultés dans leur exécution. Alors la mission de M. de Cursay est remplie. S'il continue à y rester, il ne verra pas de bon œil M. Guisard; il ne considèrera qu'avec peine, qu'ayant réussi seul dans la partie la plus importante de la négociation, on lui associe un homme pour partager sa gloire et le fruit de ses travaux ; peut-être ferait-il paraître quelque mécontentement qui dégoûterait M. Guisard, soit en le lui témoignant ouvertement, soit en ne lui procurant pas les connaissances qu'il a acquises ni la confiance dont il a besoin. Alors les Corses pourraient bien n'être pas disposés à traiter avec d'autres qu'avec M. de Cursay, qui, n'ayant jamais négocié d'affaires politiques, ne serait peut-être pas en état d'entrer dans tous les détails ni de suivre celle-ci qui rencontrera plus d'une difficulté. M. Guisard trouvant par là des obstacles, soit de la part de M. de Cursay, soit de la part des Corses qui voudraient à chaque instant conférer avec cet officier, lorsqu'ils ne seraient pas contents des propositions qui leur seraient faites par un autre canal, alors ils se nuiraient tous les deux, les affaires en souffriraient, et la conclusion s'éloignerait plus que jamais.

D'un autre côté, si M. de Cursay quittait cette isle après s'être fait remettre les places et avoir pris la soumission des rebelles, il pourrait arriver que les Corses n'eussent plus la même confiance pour M. Guisard que pour un colonel, qu'ils ne voulussent pas traiter avec lui ou qu'ils ne fissent naître des difficultés qui rendraient l'accommodement impossible ou du moins qui en retarderaient la décision. Pour éviter cet écueil, il faudrait que M. Guisard fît par lui-même des connaissances utiles, qu'il se liât avec les gens qui ont quelque crédit dans leur parti, qu'il étudiât leur caractère, et pénétrât leurs desseins, ce qui entraînera des longueurs que la présence de M. de Cursay peut faire épargner. Ainsi on peut dire qu'elle a ses avantages et ses inconvénients.

Pour concilier deux idées aussi opposées, je pense comme vous, Monseigneur, qu'il ne faudrait envoyer M. Guisard en Corse qu'après que la négociation de M. de Cursay sera tout à fait terminée, qu'il s'y rendît alors sans perdre de temps, pour prendre de lui toutes les lumières et les connaissances nécessaires, qu'il le fît connaître aux chefs et les engageât à s'en rapporter entièrement à lui ; que M. Guisard étant au fait de tout, M. de Cursay laisserait le commandement des troupes aux deux lieutenants-colonels que vous lui désignez. La peine qu'il pourrait avoir de voir suivre cette affaire par un autre serait bien adoucie par les récompenses que vous lui procurerez, en lui faisant voir qu'il a seul l'honneur et la gloire de la négociation et que le principal était de pacifier les rebelles et de les disposer à recevoir avec soumission les conditions dont un autre conviendra avec eux.

Voilà, Monseigneur, mes réflexions que je soumets à vos lumières dont je connais toute la supériorité, mais la liberté que vous m'avez donnée de vous exposer mon sentiment, me mettra à portée de profiter de vos instructions et de corriger ce que vous n'approuverez pas. . . . .

L'abbé Antonietti, dont vous avez déjà entendu parler, est ici depuis quelque temps ; il souhaitait fort de retourner en Corse et comme nous n'avons pas lieu de le croire opposé à ce que nous désirons, nous sommes convenus de le faire partir demain pour qu'il précède

M. Guisard et dispose les esprits en sa faveur. Il est grand ennemi de Gafforio et croit que ce dernier en impose à M. de Cursay qui ajoute trop de foi à ses promesses. La suite nous fera connaître ce qu'on doit en penser. -- J'ai l'honneur etc.

(M. G. Vol. Corse 3,307).

Nice, le 2 décembre 1748. — M. le maréchal de Belle-Isle à M. d'Argenson. — Vous avez vu, Monsieur, par mes précédentes qu'au moyen des instructions et ordres que j'avais donnés à M. Chauvelin de presser vivement les députés du gouvernement de constater par écrit ce qui avait été dit verbalement à M. le maréchal de Richelieu, lesdits députés avaient promis d'être incessamment autorisés par la République ; ils ont tenu leur parole. M. Chauvelin vous envoie une copie collationnée de la réquisition qu'ils lui ont faite au nom de la République, M. de Guymont en envoie une pareille à M. de Puysieulx ; il en a fait part sur le champ à M. de Cursay ; il lui a mandé en même temps qu'il pouvait sans difficulté recevoir des rebelles St-Florent et autres places et les faire occuper par les troupes du Roy, la République y ayant donné aussi son consentement. Voilà donc tout ce que nous pouvions désirer de cette part rempli ; il ne reste plus qu'à attendre le succès de la négociation de M. de Cursay.

Le premier article sur lequel M. le marquis de Breglio est entré en matière avec moi a été celui de Saint-Florent ; il a employé toute sa rhétorique pour me faire entendre que l'honneur du Roy de Sardaigne exigeait qu'il remît cette place aux chefs rebelles, puisqu'ils en étaient les maîtres lorsqu'ils y avaient appelé des troupes ; que je ne pouvais pas exiger que ce prince trahisse la confiance que les Corses avaient eu en lui, et une suite de propos partant du même principe. Il serait trop long de vous rapporter tout ce que j'ai répliqué ; la conversation a été aussi longue que vive, et comme M. de Breglio a fini par dire qu'il n'en était plus le maître, n'y ayant que 50 Piémontais dans Saint-Florent et plus de 400 Corses, j'ai exigé que du moins il les fît sortir sur le champ, pour que j'eusse la liberté d'agir comme je le jugerais à propos pour en remettre la République en possession et rétablir tout de suite la tranquillité dans cette isle. M. de Breglio me l'a promis et il doit me remettre l'ordre dès demain que je ferai passer moi-même à M. de Cursay avec les instructions nécessaires ; j'aurais encore tenu bien plus ferme là-dessus, si M. le marquis de Puysieulx ne m'avait annoncé qu'il trouvait le scrupule du Roy de Sardaigne bien fondé, aussi m'en suis-je tenu à me plaindre de la dissimulation que l'on avait eue là-dessus avec moi dans le cours de ma négociation avec M. de Leutrum. Mais comme je l'ai toujours pensé, M. le marquis de Breglio n'a pas osé me dire un seul mot qui tendît à improuver ou à contredire que le Roy se mêlât des affaires de Corse et que S. M. fît tout ce qu'elle jugerait à propos pour la République. M. le comte de Brown, à qui j'ai fait part de toute cette conversation, a désapprouvé avec moi la conduite des Piémontais sur St-Florent. Il m'a dit que c'était avec grand regret qu'il avait fait passer en Corse le plus mauvais baron de son armée; il m'a montré une parfaite indifférence sur toute cette affaire et m'a dit n'avoir là-dessus aucune espèce d'instruction.

Il y a donc tout lieu d'espérer que les rebelles ainsi abandonnés se trouveront trop heureux d'obtenir la protection du Roy, et l'on ne saurait douter qu'il ne remettent incessamment St-Florent à M. de Cursay, si tout ce qu'il a mandé est fondé.

Dès que les 50 Piémontais auront évacué la Corse, j'ai mandé à M. Chauvelin d'y faire passer les 1.100 hommes convenus avec tout ce qui est nécessaire pour trois mois. Pendant cet intervalle vous aurez le loisir de donner vos ordres sur tous les détails dont vous rend compte M. de la Thuillerie dans sa lettre ci-jointe. Il y a lieu d'espérer que d'ici à ce temps l'accommodement sera bien avancé, surtout si M. de Chauvelin est chargé de le suivre jusqu'au bout, et que l'on évitera de prendre St-Florent de vive force, parti que je sens bien ne devoir être pris qu'à la dernière extrémité et dans le seul cas où M. de Cursay aurait été trompé et où il serait impossible de faire autrement.

Quoi qu'il arrive, vous pouvez être assuré que le Roy de Sardaigne et encore moins l'Impératrice ne formeront là-dessus aucune espèce de représentation, parce qu'en effet ils n'ont aucun titre ni prétexte pour le pouvoir faire. — J'ai l'honneur etc.

(M. G. Vol. Corse, 3.307).

Journal concernant la Consulte de Corte.

Je suis parti le huit de Bastia sans escorte et n'ayant que six officiers avec moi. J'ai trouvé à une demi-lieue un détachement de Corses avec les principaux de la nation. Je fus coucher au Vescovato, le lendemain à la Casabianca, le dix à Rustino ; on m'y apporta une lettre sur le soir des deux lieutenants qui étaient en Vallerustie, piève assez considérable, et qui était tout entière sous les armes pour inimitiés particulières ; le lieutenant qui commandait le piquet n'avait pas été obéi, faute d'intelligence, et les deux partis n'avaient pas posé les armes; on avait même refusé de loger le détachement à L'Ano (?). J'ordonnai pendant la nuit la marche tout entière de la piève de Rustino, pour se trouver le lendemain matin au couvent que j'occupais. Je fis passer la même chose en Ampugnani et en Orezza pendant que M. de Beaumenil, à la tête de plusieurs autres pièves, entrait d'un autre côté. Ce pays s'est trouvé le lendemain entouré de toutes parts, les peuples ont rasé la maison du podestat, et il aurait passé par les armes, si on avait pu l'arrêter. M. de Beaumenil a arrêté l'exemple sur le reste du village. La piève a mis bas les armes et a donné huit otages, quatre de chaque parti des combattants, jusqu'à ce que je leur aie prescrit la paix. J'arrivai le onze ici, les procureurs de toutes les pièves d'au-delà des monts s'y trouvèrent le douze ; c'est la première fois qu'il soit arrivé que la Corse ait été réunie. Je proposai le treize l'union au deux partis ; vous n'ignorez pas la jalousie qui règne entre ces deux provinces, et qu'un des points difficiles qui arrête tout ce qu'on pourrait entreprendre est la désunion et la mésintelligence qui a toujours subsisté. Le 14, après la bénédiction, je fis apporter le livre de l'Evangile, et après leur avoir expliqué les motifs du serment que je leur demandais, la raison de l'union, puisque tout sujet de concurrence et de jalousie devait être éteint, leur droit se trouvant confondu et réuni dans un ministre fait pour les commander, ils jugèrent tous unanimement d'en passer par les décisions de S. M., de ne plus composer qu'un même peuple et de se joindre tous contre quiconque, général ou particulier, n'accepterait pas les lois que S. M. voudrait leur dicter et s'opposerait par là à la tranquillité qu'elle daignait leur accorder. Après le serment, j'ouvris la Consulte par un discours qui tendait à des arrangements particuliers et à la nomination des procureurs pour discuter les concessions qu'on voudra leur ménager; tout a été unanimement accordé, comme vous le verrez par les articles de la Consulte. Le peuple a fait quinze procureurs, cinq d'au-delà et dix d'en deçà des monts, dont je joins les noms, à la réserve de ceux de la Balagne, par les raisons déduites dans la lettre ou journal ci-joint.

De Cursay.

(M. G. Vol. Corse 3.307)

Harangue de M. de Cursay aux Corses assemblés à Biguglia le 2 décembre 1748. (Traduite du français).

Non è stata giammai la Corsica indifferente alla Francia; ebbero i vostri antenati bisogno di un difensore, hanno i loro discendenti bisogno di un padre; qual fortuna è per tanto la mia di trovarmi come amico in mezzo ad un popolo che io amo e per primo pegno del mio amore puoterli assicurare la protezione del più gran Re del mondo! L'intervallo dal suo trono a voi è immenso, ma i sentimenti di rispetto, di sommissione, di confidenza e di amore, sono il solo mezzo a togliere questa lontananza. Assicurato di questa verità, depongo oggi li sentimenti di ministro per pigliare quelli di vero patriotto, e se ne ritengo il carattere, ciò è solo per farne con maggior forza intendere la sincerità de' nostri impegni. Non dubito che mi metterete in stato di farli passare a piè del Trono, e che le più autentiche prove saranno una conseguenza di ciò che dovete al Monarca che si degna accordarvi le sue bontà. Attendo gli effetti delle vostre risoluzioni, e spero che giustificheranno la prevenzione che ne ho già dato.

(M. G. Vol. Corse 3.307)

Nice, le 2 décembre 1718. — M. le marquis de Breille au commandant piémontais dans Saint-Florent. — Monsieur, Je suis persuadé que la secrétairerie de guerre vous aura fait savoir que S. M. m'a destiné pour convenir ici définitivement de tout ce qui est relatif au traité de paix d'Aix la Chapelle que S. M. a signé et ratifié, et attendu que j'ai convenu d'évacuer tout ce qui est de la dépendance de la République de Gênes, vous prendrez les mesures que vous jugerez les plus promptes et les plus convenables pour vous retirer de San Fiorenzo à Cagliari, et au cas que vous trouviez quelque obstacle ou empêchement de la part des Corses, vous vous concerterez avec le général commandant les troupes françaises dans cette isle pour pouvoir vous retirer sûrement, et je suis Monsieur, etc.

(M. G. Vol. Corse 3.307)

Versailles, le 3 décembre 1748. — Le marquis de Puysieulx à M. de Chauvelin. — J'ai reçu, Monsieur, la lettre que vous m'avez fait l'honneur de m'écrire le 13 du mois dernier. J'approuve infiniment les arrangements que MM. les maréchaux de Belle-Isle et de Richelieu ont fait par rapport à nous au sujet de la négociation entamée pour réconcilier la République de Gênes avec les Corses. La sagesse et l'habileté que vous avez fait paraître dans le maniement de plusieurs affaires qui ont été confiées à vos soins, sont un sûr garant des talents et de la prudence qui dirigeront en cette occasion importante nos démarches et votre conduite. J'écris à M. de Guymont de se concerter sur ce sujet avec vous, Monsieur, et je le fais de façon à lui adoucir le désagrément de se voir enlever pour la quatrième fois la principale administration d'une affaire qui devait naturellement le regarder. Je suis bien persuadé aussi que vous y contribuerez de votre côté par toute sorte de ménagements et que vous m'éviterez autant qu'il sera possible, de représenter la supériorité de vos lumières et de vos connaissances.

Quant à la négociation dont MM. de Belle-Isle et de Richelieu vous ont chargé, je ne puis pour le moment présent que m'en rapporter entièrement à vous par rapport à l'usage que vous ferez des instructions qu'ils vous ont données, et que je vous prie de communiquer à M. de Guymont, afin qu'il s'y conforme aussi de son côté, et que vous agissiez l'un et l'autre par des principes et des vues uniformes. — Je suis etc.

P. S. — Je reçois encore, Monsieur, avant le départ de cette lettre celle que vous m'avez fait l'honneur de m'écrire le 24 du mois dernier. J'y vois avec grand plaisir que vous agissez dans un parfait concert avec M. Guymont, et j'espère que vous voudrez continuer de lui marquer la même confiance, en lui faisant part de toutes les instructions nouvelles que vous recevrez sur les affaires de Corse, et en concertant avec lui les démarches qu'il sera nécessaire que vous fassiez en commun.

Il n'y a qu'une approbation entière à donner au système que vous nous proposez de suivre. Il est entièrement conforme aux intentions du Roy et aux ordres de Sa Majesté que j'ai adressés à M. le maréchal de Belle-Isle.

(M. G. Vol. Corse 3.307)

3 décembre 1748
Adresse des Corses au Roi de France
(Traduction officielle)

Sire,

Les habitants de Corse assemblés au nom de cette isle

infortunée, signés, en présence du marquis de Cursay, très digne commandant des troupes de Votre Majesté, prennent la liberté de la supplier très respectueusement d'accorder sa protection à l'isle, et de regarder avec des yeux de compassion les désastres qu'ils ont soufferts, exprimés dans un mémoire à part qu'ils ont eu l'honneur de consigner audit commandant, pour qu'il le fasse parvenir à Votre Majesté.

Nous vous supplions très humblement, Sire, de nous faire la grâce de voir nos misères ; Votre Majesté dont le cœur est si grand sera certainement touchée de nos maux.

Flattés d'une telle espérance et pour faire connaître à toute la terre le respect infini que nous avons pour un si grand Roy, nous nous sommes assemblés aujourd'hui en toute liberté, et après avoir demandé au marquis de Cursay la permission d'exposer nos sentiments avec ceux de toute la nation, de notre propre volonté nous déclarons que nous n'avons jamais pensé de faire la guerre contre la France, pour laquelle nous avons une vénération infinie et un respect sans pair.

Nous avons prié, Sire, ledit commandant d'informer V. M. de la sincère soumission que nous avons pour elle, et de lui protester que nous nous abandonnons à sa clémence, et suivrons les ordres qu'elle voudra bien nous donner.

Nous avons demandé une assemblée générale aux ordres dudit commandant, afin que les peuples puissent unanimement assurer V. M. de la soumission la plus authentique et la plus universelle.

Pour arrêter le cours aux malheureux abus des meurtres trop augmentés dans l'isle, nous avons supplié ce sage commandant d'entremettre son autorité pour faire punir les coupables avec toute la sévérité, en faisant exercer la justice jusqu'à ce que V. M. aura eu la bonté de prendre les plus agréables mesures pour notre établissement.

Pour donner des assurances solides de notre sincère et humble soumission, nous recevrons sans exception aucune les ordres que ledit commandant nous donnera, et les suivrons avec la plus grande exactitude.

Voilà ce que nous avons l'honneur de représenter à V. M., nous réservant de vous donner des marques, Sire, de notre soumission, et du respect infini avec lequel nous prenons la liberté de nous prosterner aux pieds de V. M.

De V. M. etc.

Biguglia, 3 décembre 1748.

> Domenico SALICETI. — Simon Pietro FREDIANI. — Gian Francesco BERNARDI. — Antonio Maria CASALE. — Paolo Francesco AGOSTINI. — Gio : Francesco TADDEI. — Francesco Antonio VINCENTELLI. — Domenico Maria VINCENTI. — Paolo Luigi VINCIGUERRA. — Gio : Battista POLI. — Francesco Matteo FILIPPI. — Domenico BONAVITA. — Gio : Battista BUTTAFOCO. — Cosmo Maria CASALE. — Clemente de PAOLI. — Gio : Felice VALENTINI. — Gian Quirico CASABIANCA.

Umilissimi, ubedientissimi servitori,

GIAN PIETRO GAFFORIO
GIAN TOMMASO GIULIANI

(M. G. Vol. Corse 3,307).

Acte de soumission des Corses au roi de France
(Pièce originale)

La povera Corsica prostrata umilmente all'invittissimo trono della M. V., per mezzo di noi qui sottoscritti e radunati avanti il marchese di Cursay, degnissimo comandante delle vostre truppe in questo Regno, col più profondo rispetto, si fà animo di supplicare la Reale Clemenza di V. M. a degnarsi accoglierla sotto la potentissima vostra protezione, e riguardare con occhio di compassione le fatali di lei disaventure, espresse in parte nella memoria che ci siamo dati l'onore di consegnare al prefato vostro comandante, acciò la faccia pervenire a piedi del Vostro Real Trono. Noi vi preghiamo, o Sire, a degnarvi di riguardare in essa il complesso funesto delle nostre lunghe afflizioni, e siamo sicuri che il gran cuore della M. V. non potrà a meno di non risentire tutti gli effetti d'una clementissima pietà.

Ripieni dunque di una tale speranza, per far conoscere al Mondo tutto il rispetto infinito, che noi conserviamo per un Re così grande come voi siete, radunati in questo giorno liberamente e di nostra spontanea volontà, dopo aver domandato al vostro comandante marchese di Cursay la libertà d'esporre i nostri sentimenti e quelli di tutta la nazione, abbiam dichiarato che la nostra intenzione non è stata giammai di fare la guerra contro la Francia, per la quale abbiamo sempre professato venerazione e rispetto senza pari.

Abbiam pregato il prefato vostro comandante di far nota alla M. V. la nostra sincera sommissione, protestando d'abbandonarci alla vostra clemenza, e di eseguire gli ordini che vorrà degnarsi d'imporne.

Abbiam domandata un'adunanza generale sotto gli ordini del prefato vostro comandante, acciò tutti i popoli unitamente possano meglio assicurare alla M. V. la loro sommissione nella maniera più autentica e più universale.

Per arrestare il corso all'empio abuso degli omicidj

pur troppo cresciuti nel Regno, abbiam supplicato questo vostro savissimo comandante d'interporre la sua autorità per far castigare tutti i colpevoli colla maggiore severità, esercitando la giustizia fin'a tanto che la M. V. si degnarà prender le più ben viste misure per il nostro stabilimento.

E per sempre più assicurare la M. V. della nostra sincera umile sommissione, noi riceveremo senza alcuna eccezione, e ci studiaremo di eseguire colla maggior prontezza a noi possibile, gli ordini che dal sudetto vostro comandante ci verranno imposti.

Tanto per ora ci diam l'onore di presentare all'Augusto solio della M. V., reservandoci di dare marche più evidenti della nostra sommissione, e del rispetto infinito col quale umilmente prostrati a vostri piedi, ci faciamo animo di protestarci per sempre. D. V. M. ecc.

Biguglia, 3 décembre 1748.

(Mêmes signatures que sur la pièce précédente).

Gênes, le 3 décembre 1748. — M. de Chauvelin à M. de Cursay. — J'ai reçu, Monsieur, la lettre que vous m'avez fait l'honneur de m'écrire le 23 de ce mois et j'ai fait passer à M. le maréchal le paquet que vous m'adressez pour lui, qui sans doute contient les mêmes choses que vous me mandez ; mais comme je serai à portée de vous donner de mes nouvelles avant de recevoir ses ordres sur ce qui fait l'objet de votre lettre, je vais toujours en reprendre tous les articles et vous mande provisionnellement ce que je pense, sauf à y ajouter et à y changer conséquemment à ce qu'il m'écrira à ce sujet.

Vous commencez par me mander que vous êtes dans l'intention d'exécuter d'abord l'article préliminaire qui doit servir de base à la convention projetée ; cet article est de vous faire remettre St-Florent par les chefs des peuples, et vous me paraissez persuadé que cela ne souffrira aucune difficulté, parce que vous ne doutez pas que Gafforio qui vous en fait la promesse n'ait la certitude d'y entrer à la première réquisition qu'il fera au commandant piémontais de se retirer avec son détachement. Cette idée est très bonne d'autant que vous ne paraîtrez avoir aucune part à la démarche qui sera faite par les peuples, et que le commandant piémontais ne pourra en aucune façon vous imputer d'avoir excité les peuples à la faire, car vous sentez bien qu'à la veille de voir régler par les conférences de Nice l'époque de l'évacuation des places, il ne faut pas que le Roy de Sardaigne puisse se plaindre que vous avez coopéré à une réquisition qu'il caractérisera peut-être de violence faite à ses troupes pour avancer le terme de l'évacuation ; il est donc nécessaire que les chefs des peuples agissent seuls sur ce point sans impulsion apparente de votre part, et sans assistance marquée qui semble les autoriser. Si après la retraite des troupes piémontaises et en conséquence de cette demande dont vous aurez l'air d'être le spectateur indifférent, les chefs des Corses vous remettent la place et y admettent garnison française, alors il n'y aura plus aucun inconvénient à vous y prêter, parce que votre acquiescement à ce qu'ils désireront sera postérieur à la sortie du détachement piémontais.

Il me semble aussi qu'il est très raisonnable de vous en tenir comme vous le proposez à des assurances générales de la bonté et de la protection du Roy sans descendre à des détails de conditions, qu'il faut supprimer le plus qu'il vous sera possible. Cette conduite est plus conforme à la dignité du Roy et implique moins de difficultés.

Mais je vous avoue que je suis fort opposé à la résolution où vous paraissez être de recevoir la procuration générale des peuples en votre propre nom, sauf à prendre qui vous voudrez parmi eux pour être présent aux choses que l'on négociera en leur faveur (ce sont là vos propres termes). Considérez, je vous prie, à quel titre, étant chargé de ce commandement des troupes du Roy, vous pourriez être pourvu de la procuration des Corses; serait-il naturel que le Roy, ayant protégé la République de Gênes d'une façon aussi signalée, et son principal motif en se rendant garant et le médiateur d'un accommodement entre elle et les Corses étant de lui rendre des droits usurpés par les rebelles, serait-il naturel que le commandant de ses troupes fut vis à vis d'elle, le représentant d'une nation qui, quoiqu'elle ait eu à exposer des griefs fondés, est cependant, à prendre la chose matériellement et simplement, révoltée contre cette même République sa souveraine légitime ? Ce personnage serait-il compatible avec votre caractère de commandant des troupes du Roy, et la dignité d'un tel maître d'ailleurs ? Puisque vous auriez cette procuration par le choix des Corses, leur volonté la pourrait révoquer ; ils seraient fondés à vous désavouer ou à ne pas agréer ce que vous auriez stipulé en leur nom. Quel parti prendriez-vous alors et quel conduite auriez vous à tenir ? Souffririez-vous cette infidélité ? Le Roy prendrait-il fait et cause pour vous ? J'espère qu'une réflexion plus approfondie sur les inconvénients de cette démarche vous en aura fait rejeter l'idée, même avant de recevoir ma lettre ; et si elle vous arrive avant que vous ayez rien conclu à cet égard, restez en là, je vous prie, et n'allez pas plus avant, à moins que des ordres précis de M. le maréchal de Belle-Isle ne vous y autorisent. Le plan que vous me marquez dans votre lettre du 16, est bien mieux dirigé.

Vous vous proposiez de faire élire Gafforio procureur général de la nation ou seul ou avec des adjoints; c'est à quoi il est essentiel de vous en tenir, surtout le point de négociation qui doit rouler sur vous se réduisant uniquement à la reddition des places et à une promesse des peuples d'acquiescer aux volontés et aux décisions du Roy. Rappelez-vous, je vous supplie, la lettre que M. de Castro vous a portée de M. le maréchal de Belle-Isle ; il vous prescrit positivement de ne rien négocier au-delà de ces deux objets. M. de Guisard qui doit traiter les articles détaillés de la convention a des instructions que vous ignorez, qui peuvent différer de vos idées, qui peuvent même encore avant son départ éprouver des variations relatives aux circonstances; vous devez sentir les inconvénients et les embarras qui surviendraient, si vous aviez stipulé ou accordé des conditions opposées à l'esprit dans lequel M. Guisard a ordre de traiter. Cette seule réflexion suffit pour vous obliger à la plus grande circonspection sur tous les objets de négociation étrangers aux deux points dont je viens de vous parler, dans lesquels je renferme votre instruction.

La situation où vous êtes par rapport aux fonds mérite l'attention la plus sérieuse, et pour ne point vous commettre à faire des avances de fonds qui seraient désapprouvées, il faut reprendre les choses par leur principe. Dans le temps où vous avez été envoyé en Corse, le Roy donnait à la République de Gênes des subsides réglés applicables à tous ses besoins. M. le duc de Richelieu étant convenu avec le Gouvernement qu'il serait fait distraction d'une partie de ces subsides pour les dépenses indipensables en Corse, il vous fournissait le moyen d'en faire les avances et se remboursait ensuite lors du payement des subsides. Aujourd'hui cette méthode ne peut plus être mise en usage ; les anciens subsides sont liquidés et le Roy n'en donne pas de nouveaux ; par conséquent les dépenses que vous feriez pour le compte de la République porteraient à faux et le recouvrement en deviendrait impossible ; il faut donc de nécessité absolue les retrancher. Je sens bien que si le Gouvernement n'est pas plus attentif que par le passé à entretenir ses places, à payer et alimenter ses garnisons, il en peut résulter des inconvénients considérables, mais il faut y chercher d'autres remèdes que des avances en pure perte trop onéreuses pour le Roy qui fait déjà assez pour la République en entretenant dans son pays des troupes à grands frais. Je conviens que ces remèdes sont difficiles à mettre efficacement en œuvre, et que l'épuisement général où est cet État en rend pour le présent le succès incertain, mais je n'en serai pas moins ardent à faire sentir au Gouvernement la nécessité de sacrifier de l'argent au recouvrement de la Corse ; j'irai même jusqu'à lui signifier que, s'il n'affecte pas un fonds solidement par mois à ces dépenses, moi qui vois les choses de plus près, je serai le premier à mander que tous les soins que se donne le Roy pour la pacification de la Corse sont inutiles, et que mon avis est d'abandonner un État qui, dans des circonstances aussi urgentes, ne fait pas un effort réel pour mériter ses secours ; je demanderai que celui qui aura la disposition de ces fonds ne l'emploie que dirigé par vous et ne l'applique qu'aux dépenses que vous lui prescrirez ; mais voilà tout ce que je puis faire et si mes instances étaient inutiles, ce qui, à ce que j'espère, n'arrivera pas, je me garderai bien de vous autoriser à faire des avances qui passent mes pouvoirs et que je me prêterais témérairement à approuver, puisque je sais que nous n'avons plus de nantissement qui en assure le remboursement.

Je comprends dans l'article des dépenses pour le compte de la République le paiement et la nourriture de ses troupes ; je ferai toutes les diligences possibles et j'espère y parvenir ; j'insisterai aussi très vivement pour que vous soyez remboursé des 50 sequins que vous avez avancés au vice-gérant; mais vous voyez par la difficulté que vous éprouvez à les avoir, combien il serait imprudent de contracter des engagements plus considérables, pour des gens qui acquittent si mal les dettes les plus légères et les plus privilégiées.

Quant aux dépenses secrètes, il en est sans contredit que vous ne pouvez pas vous dispenser de faire, comme envoi de courriers, émissaires etc. L'objet doit en être beaucoup moindre que lors de votre arrivée à Bastia, puisque tout est plus tranquille et que vous n'avez point de guerre à faire. En les restreignant à une grande économie, vous pourrez les continuer, en observant de m'en adresser les états tous les mois, afin que si M. le maréchal désapprouve le parti que je prends, je puisse vous mander de les supprimer. Je dois encore vous faire remarquer qu'il n'est pas question de payer ni de pensionner aucun Corse; ces moyens onéreux ne sont pas fort utiles aux grands objets, et ne servent qu'à nourrir l'avidité de ces peuples. Celui à qui on donne veut avoir davantage; celui à qui on ne donne pas veut obtenir, ils sont infidèles tous deux. En vous renfermant dans ces bornes, l'article des dépenses secrètes deviendra encore plus modique qu'il n'a été jusques ici.

Quant à la demande que vous me faites d'un détachement de la maréchaussée, j'aurai le temps d'en recevoir l'ordre de M. le maréchal avant que le supplément des troupes vous soit envoyé. Je vous dirai seulement en attendant que la circonstance où vous êtes est fort différente de celle où se trouvait M. le maréchal de Maillebois ; la consistance du corps de troupes qu'il commandait, l'autorisait à avoir à la suite de ce corps une prévosté qui paraissait faite pour les délits militaires et qui pouvait par la liaison nécessaire entre les troupes et les peuples connaître des crimes des habitants ; aujourd'hui cette forme de justice expéditive et étrangère pourrait choquer la République et révolter le pays. Avant le départ de M. Guisard, nous conviendrons avec les députés d'un tribunal de justice provisionnel qui puisse maintenir le bon ordre jusqu'à l'entière cessation des troubles.

Je vais sans perte de temps travailler avec M. de la Thuillerie à vérifier exactement l'état des magasins de toute espèce qui fournissent la consommation des troupes du Roy en Corse. Nous prendrons les mesures nécessaires pour les assurer jusqu'au 1er janvier, et d'ici là les ordres de la Cour qui ont déjà été demandés sur ce point, dirigeront les arrangements qu'il faudra prendre pour l'avenir. Je ne compte plus sur les 500 quintaux de farine que d'Espinasse a mandé vous avoir envoyés. Si l'envoi en a été fait exactement, ce que vais éclaircir, le bâtiment aura péri ou aura été pris. Ainsi le remplacement en sera fait sans balancer, lorsque M. Guisard passera en Corse ; il sera chargé d'instructions relatives aux subsistances et fournitures de tout genre qui assureront le service sans que jamais on puisse se trouver court sur une nécessité aussi indispensable. — J'ai l'honneur etc.

(M. G. Vol. Corse 3.307).

Gênes, le 3 décembre 1748. — M. de Chauvelin au maréchal de Belle-Isle. — Monseigneur, J'ai l'honneur de vous envoyer ci-joint un paquet que M. de Cursay m'a adressé pour vous; quoique j'aie lieu de juger qu'il contient les mêmes choses qu'il me mande, cependant dans l'incertitude où j'en suis, je prends le parti de vous envoyer la copie de sa lettre et de ma réponse, sur laquelle je vous supplie de me mander si vous l'approuvez, parce que je pourrai rechanger dans quelques lettres postérieures ce qui ne sera pas conforme à vos intentions.

J'ai cru devoir lui parler avec force et décisivement sur l'intention où il paraît être d'accepter en son nom la procuration des Corses, démarches qui dans le moment présent serait à mon sens très hasardée et contraire au succès de vos vues.

Je compte parler avec la plus grande force aux députés du gouvernement sur l'article de l'argent, parce que, quoique je me sois cru obligé provisionnellement de ne pas laisser à M. Cursay la liberté de faire des avances pour la République, je sens cependant combien d'inconvénients peuvent résulter du dépérissement où l'impuissance de cet Etat va laisser plusieurs parties essentielles, et je crains fort que malgré toutes mes instances et tous mes soins auprès des députés, je ne puisse pas obtenir un secours d'argent aussi efficace qu'il le faudrait; le gouvernement croira beaucoup faire en pourvoyant à la paye et à la subsistance des troupes, et les places resteront délabrées; les affaires en souffriront, je le vois avec peine, mais il faut pour y pourvoir des ordres supérieurs aux dispositions que je peux prendre sur moi, et j'attends avec impatience ceux dont vous voudrez m'honorer.

M. de Serilly vous aura sans doute communiqué,

Monseigneur, la lettre qu'il a reçue relativement à la Corse de M. de La Thuillerie qui y a approfondi des détails que je n'ai fait qu'effleurer dans celles que j'ai l'honneur de vous écrire ; nous pourvoirons d'ici, lui et moi, à ce que rien ne manque aux troupes du Roy d'ici au premier janvier 1749. Mais comme alors les marchés de nos entrepreneurs d'ici qui sont aussi chargés des troupes de Corse expireront, il sera nécessaire d'assurer le service de ces dernières par des moyens particuliers, en cas que les ordres de la Cour ou les vôtres ne soient pas arrivés pour ce terme. M. de Guisard qui, outre ses fonctions politiques, sera encore chargé des fonctions de commissaire des guerres, établira une régie provisionnelle qui fera subsister nos détachements.

J'attends avec impatience les nouvelles que M. de Cursay m'annonce de sa conférence du 3 ; j'espère qu'elles seront assez décisives pour pouvoir nous mettre à portée de connaître clairement les intentions des Corses et d'agir en conséquence, car je vous avoue que jusques ici je n'ai rien vu qui prouve démonstrativement en eux des dispositions bien sincères, et quelque réflexion que je fasse, je ne comprends pas comment il est arrivé que M. de Cursay, qui annonçait dans sa lettre du 16 que Gafforio serait chargé de la procuration générale de la nation, mande aujourd'hui qu'il est question de la passer en son nom. — Je suis etc.

(M. G. Vol. Corse 3.307).

Nice, le 3 décembre 1748. — M. le maréchal de Belle-Isle à M. de Cursay. — Vous jugez bien, Monsieur, que j'attends de vos nouvelles avec impatience, puisque toutes les affaires d'Italie sont actuellement arrangées et qu'il ne reste plus que celles de la Corse à terminer. C'est aussi celle à laquelle j'ai donné le plus d'attention dans les premières conférences que j'ai eues ici avec M. le Comte de Brown et surtout avec M. le marquis de Breille, ministre plénipotentiaire du Roy de Sardaigne. La conclusion est que le Roy de Sardaigne ayant reçu Saint-Florent de la main des rebelles, c'est à eux qu'il doit la rendre, et comme suivant la parole que j'ai donnée à M. de Leutrum, nous ne devons rien bouger en Corse jusqu'à ce que les Autrichiens et Piémontais l'aient totalement évacué, j'ai donc pressé cette évacuation.

M. le marquis de Breille m'a remis la lettre ci-jointe, à cachet volant par laquelle vous verrez qu'il ordonne à l'officier qui commande ce qu'il y a encore de Piémontais à Saint-Florent, d'en sortir et de passer en Sardaigne et de se concerter avec vous pour lui en faciliter l'exécution. M. de Breille prétendait que peut-être les Corses qui sont les plus forts dans Saint-Florent ne voudront pas les laisser sortir ; c'est ce que j'ai bien de la peine à croire. Quoi qu'il en soit, c'est à vous de faire usage de cette lettre de M. le marquis de Breille de la manière que vous croirez la plus utile pour parvenir à notre but, qui est d'être incessamment maître de Saint-Florent, soit que le capitaine piémontais vous en facilitât les moyens, ce que je n'espère pas, et tout au contraire, soit que les chefs des rebelles, voyant qu'ils sont totalement abandonnés, veuillent se faire un mérite auprès de vous de remettre la place aux troupes du Roy, la protection de S. M. étant désormais leur unique ressource. Vous avez en main la circonstance la plus favorable pour le succès de votre négociation ; il faut toujours commencer par avoir Saint-Florent, sauf à attendre, pour le reste des autres places et postes, que vous ayez pu prendre les sûretés et remplir les formalités dont j'ai fait mention dans l'instruction que je vous ai envoyée par M. de Castro. Je souhaite bien vivement d'apprendre le succès de cette affaire par le vif intérêt que je prends à ce qui vous regarde et parce que ce sera la base de l'accommodement que le Roy veut bien moyenner entre la République et les Corses ; car enfin si les chefs des rebelles ne profitent pas avec empressement de l'occasion favorable que la bonté du Roy leur fournit, ils doivent s'attendre aux extrémités les plus fâcheuses, le Roy étant résolu d'aider la République de toutes les forces qui seront nécessaires pour se rendre maître de Saint-Florent.

Vous sentez tout ce qu'il y a à dire là-dessus ; je compte donc qu'aussitôt que vous aurez reçu ma lettre, vous ferez avertir le capitaine piémontais, auquel je crois qu'il conviendrait que vous remissiez vous-même l'ordre de M. de Breille, afin de mieux juger par vous-même de ce qu'il voudra faire et que vous preniez vos mesures en conséquence ; car de ce moment vous êtes libre de faire approcher vos troupes et les porter comme vous jugerez à propos, dès que les Piémontais ont ordre d'évacuer la Corse, et vous agirez de concert avec le commandant, si vous croyez en avoir besoin. Bien entendu néanmoins qu'il ne faut pas absolument commettre aucune espèce d'hostilités, notre objet étant de remplir nos vues à l'amiable et par les voies de conciliation, car si, contre toute attente, il en fallait venir à la force pour prendre Saint-Florent, vous jugez bien que j'y ferais passer un corps suffisant, et M. de Crussol a déjà depuis longtemps toutes les instructions là-dessus ; mais j'ai toujours bien compté qu'il n'en faudrait pas venir là et que vous en auriez l'honneur tout seul. C'est pour cela que j'ai pressé l'ordre ci-joint de M. de

Breille, parce que nos troupes devant rester encore plus d'un mois dans l'État de Gênes, elles en imposent aux rebelles et sont toujours à portée de passer dans l'isle.

M. Chauvelin va toujours à bon compte vous envoyer 1.100 hommes de détachement pour relever tous ceux qui sont actuellement sous vos ordres; je m'en rapporte à tout le détail qu'il vous écrira là-dessus.

M. de Breille m'a dit qu'indépendamment de la lettre ci-jointe, il avait rendu compte au Roy de Sardaigne de cette démarche afin qu'à tout événement ce prince envoie ses ordres au commandant piémontais qui est à Saint-Florent, car il n'y reste plus un seul Autrichien.

Je vous envoie la copie que M. de Breille m'a remise de la Consulte ou délibération que les rebelles ont remise au commandant piémontais le 15 novembre. C'était encore M. de Cumiane; c'est une espèce de réponse à la lettre que vous lui aviez écrite dont vous m'avez envoyé copie, dont vous savez que je n'ai pas approuvé tout le contenu. Vous verrez par les signatures que ce sont tous les mêmes chefs qui négocient avec vous, ce qui doit diminuer votre confiance dans leurs promesses, et doit vous faire redoubler de précautions jusqu'à ce que vous en ayez éprouvé les effets. C'est sur quoi je vais attendre de vos nouvelles avec beaucoup d'impatience; faites les passer par M. Chauvelin à cachet volant; vous ne sauriez m'en donner trop souvent. — Je suis etc.

(M. G. Vol. Corse 3.307).

Gênes, le 3 décembre 1748, au soir. — M. Chauvelin au maréchal de Belle-Isle. — Monseigneur, Nous avons eu cet après-midi, M. de Guymont et moi, une conférence avec les députés de la République sur la lettre du 22 novembre que j'ai reçue de M. de Cursay ; ils avaient reçu de leur côté une lettre du vice-gérant de Bastia en date du 29 et par conséquent beaucoup plus fraîche. Cette lettre parle un langage bien différent de celui que M. de Cursay a tenu jusques ici dans les siennes, puisqu'elle donne lieu de penser que les peuples ne cherchent qu'à gagner du temps par des propositions spécieuses dont ils éludent l'exécution; le vice-gérant y exprime positivement que les peuples prétendent n'attacher la reddition des places qu'à des conditions fort étendues et fort onéreuses, ce qui s'écarterait furieusement du plan que vous avez prescrit à M. de Cursay, de recevoir les places sans conditions aucunes et comme un gage de la déférence des Corses aux volontés et aux décisions du Roy.

Sans donner une créance trop étendue aux rapports du vice-gérant qui peut n'être pas instruit à fond, ou qui peut être fâché que M. de Cursay négocie indépendamment de lui, je ne puis m'empêcher de réfléchir que dans la lettre du 16, M. de Cursay me mandait positivement que Gafforio avait donné sa parole d'honneur que de là à dix jours, il aurait la procuration pour remettre les places. Cependant il est arrivé des lettres de Bastia du 29, c'est-à-dire 13 jours après cette convention et M. de Cursay ne me mande par cette occasion rien qui annonce seulement l'exécution de cet article. J'ai grand peur qu'il ne se laisse leurrer et qu'il ne donne confiance trop légèrement aux promesses vaines et frivoles des chefs des rebelles.

Un homme de Bastia arrivé hier dit et assure sur sa tête que Gafforio est entré au service du Roy de Sardaigne, et qu'il doit être colonel du régiment dont Matra n'est que lieutenant-colonel. Je ne regarde pas encore ce fait comme certain, mais il mérite d'être approfondi, car s'il était vrai, il est sûr que toute négociation entamée avec un homme dont l'infidélité serait aussi évidente ne promettrait pas un succès tel que M. de Cursay persiste à le faire espérer.

Je conclus de tout ce que je viens d'avoir l'honneur de vous exposer que, si l'article préliminaire de la remise des places traîne en longueur, il faudra se mettre en état de voir les affaires de Corse par d'autres yeux que ceux de M. de Cursay. Ainsi, aussitôt que j'aurai reçu la lettre qu'il m'annonce par celle du 22 qui ne saurait tarder à arriver, et pour l'expédition de laquelle il me mande qu'il a gardé la felouque, soit que cette lettre nous apprenne la remise des places ou de nouvelles lenteurs, et des subterfuges des chefs, je ferai partir M. Guisard soit pour entamer le fond de la négociation, si l'article préliminaire est exécuté, soit pour joindre ses lumières à celles de M. de Cursay et pénétrer de concert quel fond on peut faire sur les intentions des Corses; car, s'ils ne veulent pas de bonne foi s'en remettre à la France, M. de Cursay n'est pas en état de les contraindre, et il faudrait d'autres mesures pour en venir à des expédients de force qui jusques ici n'ont pas été présentés comme nécessaires.

J'ai parlé avec la plus grande vivacité aux députés sur la nécessité d'y faire passer de l'argent et de déléguer par mois un fonds suffisant et régulièrement payé pour les troupes réglées et l'entretien des places. Je suis convenu avec eux de leur adresser une représentation très forte à cet égard pour le gouvernement; mais outre l'impuissance où il est, car la misère est exacte et absolue, la plupart des Génois regardent la négociation projetée comme une chimère qui n'aura pas lieu, et par conséquent l'argent employé pour la Corse comme jeté dans l'eau. Si la remise des places se faisait, ce premier succès de nos mesures les déterminerait peut-être à un effort que je ne regarde pas comme impossible, mais qui éprouvera de grandes difficultés et de violentes contradictions. — Je suis etc.

(M. G. Vol. Corse 3.307)

Gênes, le 4 décembre 1748. — M. de Guymont au maréchal de Belle-Isle. — Monseigneur, Il y a plusieurs jours que je n'ai eu de vos nouvelles, ce que j'attribue aux arrangements que vous avez été obligé de faire par rapport au congrès de Nice et à l'occupation qu'il vous donne, s'il est commencé, comme j'ai lieu de le croire.

M. de Cursay vous marque vraisemblablement la même chose qu'à nous par les lettres que nous vous adressons de lui.

L'expédient d'accepter la procuration qu'on lui propose est déplacé à tous égards et conduit à toutes sortes d'inconvénients. Puisqu'il est d'accord de remettre au sieur Guisard tout ce qui regarde le traité, pourquoi veut-il s'en mêler ? Les moyens de Gafforio me seront suspects jusqu'à l'exécution, aussi bien que ceux de M. de Cursay pour se rendre maîtres de la volonté des Corses qui connaissent mieux leurs intérêts que cet officier ne connaît encore leur caractère ; il se rencontrera plus d'une difficulté pour conclure un traité où les Génois et ces insulaires soient également satisfaits. Il lui a été répondu dans le plus grand détail sur tous les articles de la lettre.

Nous avons communiqué aux députés de la République toutes ces nouvelles en leur représentant l'importance d'assigner un fonds destiné au payement des troupes et aux 4 ou 5 mille livres par mois pour les dépenses extraordinaires qui ne sont pas moins urgentes. Ils nous ont dit que le gouvernement avait fait rembourser les rations dont M. de Cursay avait répondu et qu'ils avaient envoyé de la farine pour jusqu'au 9 ou au 10 du courant, mais qu'après ce temps ils se trouveraient bien embarrassés, n'ayant aucun moyen de pourvoir aux besoins de cette isle. Je leur ai fait sentir combien il paraîtrait étrange à notre Cour qu'ils négligeassent un objet de cette importance, lorsqu'il ne s'agissait que de 24 ou 25 mille livres par mois et qu'on ne pourrait jamais imaginer qu'une République aussi riche pût abandonner ses intérêts à ce point-là ; qu'il ne suffisait pas de dire qu'on ferait l'impossible ou autres raisons de cette espèce; que M. de Cursay avait vraisemblablement rendu compte à M. d'Argenson de l'état des choses et de la mauvaise situation dans laquelle elles étaient par leur faute; que nous ne pouvions nous dispenser d'en écrire et qu'il était nécessaire qu'ils prissent des engagements sur l'exécution desquels on pût compter de façon à ne plus craindre de se trouver en pareil cas.

Après avoir raisonné longtemps sur cet article, et les avoir vivement pressés de nous donner une réponse positive, ils nous ont dit être plus pénétrés que personne de toutes nos représentations, mais que le gouvernement aurait de la peine à se déterminer de faire les derniers efforts pour un pays où il était persuadé qu'on ne pourrait jamais établir une tranquillité durable, attendu les occasions qui peuvent les remettre dans le chemin de la révolte; qu'alors nos troupes étant peut-être occupées ailleurs, nous ne serions plus en état de leur en imposer, ni de les faire rentrer dans le devoir. J'ai répondu que le Roy était assez puissant pour faire face à tout, qu'ils en avaient des preuves aussi bien que de la volonté déterminée de S. M. à les soutenir, ainsi qu'ils devaient être assurés que la France serait toujours à portée de châtier ces peuples et de les faire rentrer sous l'obéissance quand ils s'en écarteraient.

Après plusieurs raisons de cette espèce, ils ont conclu par nous demander un extrait des articles en question, nous priant d'y joindre les plus vives représentations, qu'ils les feraient valoir, sentant mieux que personne la nécessité de faire un fond actuellement pour les besoins de cette isle. En conséquence nous leur avons envoyé cet écrit afin qu'il en fût fait usage au conseil qui se tient ce matin.

Je crains fort que Gafforio ne fasse quelque proposition déplacée qui serve de préalable à la remise des places. S'il faut employer la force pour nous en rendre les maîtres, le corps de troupes destiné à cet objet ne suffira pas ; au premier coup de fusil, la négociation cessera, et ces peuples n'y auraient recours que par leur faiblesse ; alors on sera en état de leur imposer des lois que la nécessité leur fera subir, mais auxquelles ils se soustrairont dès que nos troupes ne seront pas en assez grand nombre pour les contenir ; nous en avons déjà fait l'expérience. Aussi je crois que nous n'avons rien à espérer si tous les esprits ne sont pas d'accord et ne veulent pas concourir à tout ce que nous leur proposons. — J'ai l'honneur etc.

(M. G. Vol. Corse 3.307)

Gênes, le 5 décembre 1748. — Lettre de M. de Chauvelin au maréchal de Belle-Isle. — Il lui annonce qu'il prépare les 1.100 hommes destinés à la Corse, et qu'il espère faire partir avec eux 15 ou 20 canonniers.

(M. G. Vol. Corse 3.307)

Nice, le 5 décembre 1748. — Le maréchal de Belle-

Isle à M. de Cursay. — Il l'informe qu'il n'a pas reçu de lettre de lui depuis le 16 novembre ; il lui recommande de lui écrire au moins trois ou quatre fois la semaine et plus, si le cas échéait, « car on touche au moment où il faut savoir à quoi s'en tenir ».

Casinca, 5 décembre 1748. — Lettera al Signor Conte Bogino, primo ministro di S. M. il Re di Sardegna, (Torino). — Eccellenza, — Nel partir di quest'Isola e dal golfo di San Fiorenzo con le sue truppe, il Signor Cavaliere di Cumiana ci fè l'onore di communicarne una benignissima lettera di Sua Maestà con alcune condizioni concernenti l'evacuazione della truppa, la sussistenza dell'armistizio e la continuazione del Reggimento Corso a servizio della Maestà Sua. All'ora ci demmo l'onore di rispondere a quella nella più rispettosa maniera, come V. E. averà veduto, all'ultima proposta di contenerci da non più esercitar la giustizia, deponer l'armi, e permettere anzi che i Signori Genovesi l'esercitassero, se pur volevano esercitarla. Sopra un punto così difficile e pericoloso, supplicammo a darci tempo di communicarlo a' popoli ed a' Principali di quelli, come abbiamo di già fatto, ma perchè gli omicidi eran cresciuti a dismisura e crescono tuttavia sulla speranza precisamente, che nè da noi, nè da' Signori Genovesi possano venir castigati i rei, perciò interpretando noi le clementissime intenzioni di S. M. che non sono di perderci, ma piuttosto salvarci in conformità delle generose misure, colle quali si era impegnato per noi, abbiam ricevuto il generale consentimento di tutti, ch'è d'opporsi e far riparo per quanto sia possibile ad una tragedia cotanto fatale sino al tempo della pacificazione ; ma siccome il prefato Sig. Cavaliere di Cumiana si contentò di farci intendere, che non potendosi questo eseguire da'Popoli, se ne partecipasse notizia alla Corte, acciò S. M. dasse ordine per il ritiro del distaccamento di San Fiorenzo, perchè così avea destinato, noi per tanto e per onestà e per gratitudine ci troviamo obligati di supplicare V. E. di rappresentare a S. M. la necessità precisa, nella quale si trovano i Popoli di remediare all'esterminio che gli sovrasta, pregando umilmente S. M. a degnarsi di scusare, se non possono intieramente eseguire sopra un tal punto le reali di lei intenzioni, e quando mai la Maestà Sua volesse ritirare ancora questo piccolo distaccamento, che il Sig. Cavaliere di Cumiana lasciò a queste condizioni sopradette, noi supplichiamo V. E. di farcene intesi, acciò possiamo inviare un distaccamento de' nostri per rilevare quelle di S. M.— Speriamo che S. M. non vorrà permettere che il forte di San Fiorenzo si restituisca ad altri che a noi, li quali per pegno della nostra sincerità ci dassimo l'onore di consegnarlo alle sue truppe, a condizione che in ogni evento non a altri che a noi fosse restituito. La clemenza di S. M. è così grande che, non ostante l'intiera evacuazione delle sue truppe da questo Regno, avrà la benignità di non scordarsi di questa povera nazione, che avea risposte in lui tutte le sue speranze, alla quale si degnò M. S. di far sperare che non sarebbero restati esposti anche in occasione di pace alla vendetta di lor nemici.

Noi intanto ripieni di un'alta stima, d'un profondo rispetto, ci diamo l'onore di rassegnarci.

Devotissimi Obbedientissimi Servidori,

Ignazio VENTURINI. — Gian Pietro GAFFORIO. Alessandro VINCIGUERRA. — Angelo FILIPPI. Quirico CASABIANCA. — Simon Pietro FREDIANI.

Gênes, le 5 décembre 1748. — M. de Guymont au maréchal de Belle-Isle. — Monseigneur, j'ai reçu la lettre dont vous m'avez honoré le 30 du mois dernier.

Il ne paraît pas que le gouvernement se mette en état d'assigner des fonds pour les besoins de la Corse; sans doute qu'il n'est pas frappé de l'importance de cet objet ou que le succès qu'il en attend ne lui paraît pas assez certain pour distraire des autres parties ce qui est nécessaire à celle-ci, ou que le défaut de facultés de la République met un obstacle invincible aux moyens d'y remédier. Dans tous ces cas il faudra prendre une résolution dès que nous aurons la réponse positive aux représentations par écrit faites à ce sujet. Si nous laissons leurs troupes vivre de rapine ou mourir de faim, il en résultera des inconvénients qui nuiront à la négociation. La Cour peut-elle encore les aider à cet égard? Ces républicains savent profiter de tout. Ne doutez pas, Monseigneur, qu'ils ne soient dans l'opinion que nous sommes fort intéressés à leur soumettre ce pays. Ils sentent à merveille que le Roy les a comblés de bienfaits et qu'il serait aujourd'hui déplacé de faire de nouvelles demandes; mais ils voudraient mettre la France dans la nécessité de les accorder. Leur conduite prouve du reste cette façon de penser, car il est fort étrange qu'une république composée de particuliers fort riches ne trouve pas des ressources capables d'assembler un fond momentané de 24 ou 25 mille livres par mois, lorsqu'il s'agit de conserver la possession d'un royaume dont les Génois sont si jaloux et si fiers.

Vous aurez vu par les dernières lettres de M. de Cursay que nous ne pouvons encore compter sur rien, que les dernières propositions ne ressemblent point aux premières, et enfin qu'il ne s'exécute aucune des promesses qui ont été faites de la part des rebelles. Ces lenteurs me font craindre que ces peuples ne soient assez méchants et rusés pour attendre le départ de nos troupes, afin qu'étant réduits aux seules qui nous resteront dans l'isle, ils puissent traiter plus avantageusement, attendu l'impossibilité où nous serons alors de leur en imposer et de les tenir en respect. Cette raison doit nous engager à les faire expliquer promptement, car je ne doute pas que le Roy de Sardaigne n'ait tout employé pour gagner l'esprit de ceux qui ont du crédit auprès de ces peuples. La conduite de M. de Breille par rapport à St-Florent confirmerait assez mes soupçons. M. de Brown devrait bien faire en sorte de rendre ce ministre plus raisonnable.

Vous me marquez que vous ferez passer mon courrier à M. de Puysieulx ; je pense que c'est une erreur de celui qui a écrit votre dépêche, n'ayant point expédié de courrier à ce ministre. — J'ai l'honneur etc.

(M. G. Vol. Corse 3.307)

Nice, le 5 décembre 1748. — Le maréchal de Belle-Isle à M. de Chauvelin. — .... Vous verrez par la réponse que je vous renvoie pour le sieur Bonono que j'ai reçu une lettre de lui du 24 qui m'en a beaucoup plus appris sur St-Florent que toutes les lettres de M. de Cursay ; et il est fort fâcheux que ce dernier écrive aussi [rarement] pendant la situation où sont les choses. Il faudrait avoir de ses nouvelles une fois par jour; excitez-le je vous prie à être plus exact ; le temps nous presse et si nous n'avons pas St-Florent de bonne grâce, il faut bien se mettre en état de l'avoir de vive force et cela tout au plus tôt. Je vois toutes les autres affaires générales en train ; il n'y a que celle-là qui est encore obscure, parce que M. de Cursay ne s'explique point du tout d'une manière intelligible.

M. le marquis de Breille vient de m'assurer que tous les ordres étaient partis pour évacuer toute la côte du ponant ; ainsi je compte que nos bataillons partiront sans faute le 15, 17 et 19. Je viens de mander au commissaire Briois de partir de Monaco à rebrousse poil pour exécuter ce dont M. de la Thuillerie l'avait chargé quand le moment dont il s'agit serait arrivé. — Je suis etc.

(M. G. Vol. Corse 3.307)

Nice, le 6 décembre 1748. — Le maréchal de Belle-Isle au comte d'Argenson. — J'ai l'honneur de vous envoyer ci-joint, Monsieur, un paquet de M. Chauvelin qui en contient un de M. de Cursay, qui est sans doute le duplicata de ce qu'il me mande sur la situation des affaires de Corse. Il parle avec une telle confiance du succès de sa négociation qu'il n'est quasi pas permis d'en douter, d'autant que je l'ai mis fort à son aise par l'ordre que m'a remis M. de Breille pour le capitaine piémontais commandant à Saint-Florent, par lequel il lui prescrit d'en sortir et de passer en Sardaigne. Je l'ai adressé à M. de Cursay lui-même, ainsi que j'ai eu l'honneur de vous le marquer dans une de mes précédentes.

Chaque jour et chaque circonstance nous découvrent l'excès du désordre et la répugnance presque insurmontable des Corses pour se soumettre à la République, fortifiée par un mépris fondé sur la connaissance de sa faiblesse, et plus on approfondit le gouvernement génois et son état actuel, et plus on est convaincu de l'impuissance absolue où est le gouvernement de réduire ni de conserver la Corse, si le Roy l'abandonnait.

Cette matière, quoique déjà souvent traitée, aura besoin encore de bien des dissertations, mais pour le moment présent, l'objet le plus pressé est d'ôter Saint-Florent des mains des rebelles. Je n'ai négligé aucune des instructions qui m'ont paru nécessaires pour éviter d'employer la force, et savoir néanmoins plutôt que plus tard à quoi s'en tenir. Je puis vous assurer que ni le ministre autrichien, ni le ministre piémontais n'oseraient ouvertement prendre aucune part à cette affaire, et que la Cour de Turin n'osant ni ne pouvant faire autrement, s'en tiendra à des pratiques sourdes pour entretenir le trouble dans cette isle.

L'occupation de toutes les places par des détachements de troupes françaises remédiera à cet inconvénient, et comme les circonstances sont infiniment différentes de celles de 1737 et 1738, il y a lieu de croire que la République aura plus de confiance et de docilité, et que la médiation de S. M. aura un meilleur succès, et que sa garantie sera plus efficace, si cette affaire est suivie comme elle doit l'être et par quelqu'un qui sache la manier.

M. Chauvelin vous parle de l'article des subsistances, mais comme M. de La Thuillerie a eu l'honneur de traiter cette affaire beaucoup plus à fond, je me suis borné à ordonner que l'on pourvoie à tout ce qui sera nécessaire pour ces trois premiers mois, avant l'expiration desquels vous aurez tout le loisir de faire les arrangements que vous jugerez les plus convenables. — J'ai l'honneur etc.

(M. G. Vol. Corse 3,307).

Gênes, le 6 décembre 1748. — M. de Chauvelin au maréchal de Belle-Isle. — Monseigneur, J'ai reçu la lettre dont vous m'avez honoré le 3, n° 119. J'ai passé la journée d'hier à faire tous les arrangements que vous me prescrivez, desquels je vais avoir l'honneur de vous rendre compte.

Je commence par ce qui concerne la Corse; j'avais déjà préparé le détachement des 1.100 hommes que vous m'ordonnez d'y faire passer pour relever vos piquets ; j'en joint ici l'état, régiment par régiment, et j'y spécifie les piquets qui seront à Bastia, Calvi, Ajaccio et Bonifacio. J'ai cru devoir apporter quelque changement à la proportion de ces garnisons et j'ai diminué quelque chose sur celles de Calvi, Ajaccio et Bonifacio moins exposées, et parce que pour tous les cas qui peuvent se présenter, il convient que ce qui sera dans Bastia ait quelque consistance ; cette disposition est plus propre à en imposer aux rebelles et à accélérer la remise de Saint-Florent et des autres forts qui sont entre leurs mains. M. de Cursay continuera à résider à Bastia, M. de Varignon à Calvi, et je laisserai à Ajaccio pour commandant M. de Fontette, capitaine au régiment de Quercy, ainsi qu'à Bonifacio M. le chevalier de Vierset, capitaine au régiment Royal-Bavière ; ce sont deux officiers très intelligents et d'un mérite distingué.

Je fais noliser les bâtiments nécessaires pour le transport des 1.100 hommes et comme le temps qu'exigera le trajet de mer est incertain, je les fais pourvoir de vivres et d'eau pour un mois, ce qui suffira au large pour le passage de ceux que je fais partir d'ici et pour le retour de ceux qui reviennent de Corse. Comme depuis que les ports de Toscane reçoivent les Barbaresques, ils croisent sans cesse dans le canal de Piombino et rendent l'abord de la Corse dangereux, pour ne pas exposer nos troupes que je suis obligé, faute de bâtiments français, d'embarquer sur des navires étrangers dont le pavillon ne serait pas respecté, j'ai demandé à la République de faire escorter le convoi par deux de ses galères qui conduiront le tout jusqu'au Cap Corse, d'où une des deux galères fera route pour Bastia avec les 650 hommes qui y sont destinés, l'autre convoiera jusqu'à Calvi les 250 hommes qui en doivent former la garnison, ensuite conduira à Ajaccio les 100 hommes qui y sont, et le bâtiment qui n'a plus rien à craindre mènera les 100 autres hommes à Bonifacio.

De quelque célérité que j'use, il est impossible que les 1.100 hommes puissent partir du port de Gênes avant le 9 de ce mois; le vent et la mer pourront encore retarder leur départ ; ainsi je ne me flatte pas que les détachements qui reviennent de Corse soient de retour à Gênes avant le départ des corps d'où ils sont tirés. En conséquence les mêmes bâtiments qui y auront conduit les autres et qui ramèneront ceux-ci, auront ordre de faire voile directement de Corse vers les ports de France et relâcheront ou à Antibes, ou à Toulon, ou à Marseille. Les bâtiments qui ramèneront nos troupes de Bastia, viendront au Cap Corse d'où, si le vent les favorise, ils se rendront directement en France; si le vent est contraire ou la mer trop calme, ils tourneront l'isle jusqu'à Calvi, où ils trouveront le reste du convoi et reviendront tous ensemble. Les galères observeront leur marche du Cap Corse et auront attention de ne quitter ce parage que lorsqu'elles jugeront nos troupes en pleine sûreté. J'aurai soin qu'il y ait sur chaque bâtiment des gens intelligents à qui j'expliquerai tout ce qu'ils auront à faire et leur remettrai, outre cela, des instructions par écrit.

Les soldats qui partiront d'ici auront le prêt pour trois mois à commencer du 1er janvier 1749 et chacun 50 coups à tirer ; leurs subsistances dans l'isle de Corse sera assurée jusqu'au même terme. Il sera pourvu également à l'entretien des deux hôpitaux établis l'un à Bastia, l'autre à Calvi, et je crois que pour prévenir toute espèce d'inconvénients sur une partie si essentielle, je prendrai le parti, de concert avec M. de la Thuillerie, d'y faire passer un commis du trésorier qui est ici, avec quelques fonds pour subvenir aux nécessités imprévues, sauf, quand il n'y aura plus de troupes dans l'état de terre ferme de Gênes, à ce que ce commis se mette en relation ou avec le trésorier général de l'extraordinaire des guerres ou avec le trésorier particulier de quelqu'une des places de Provence.

Je joindrai aux 1.100 hommes que je vais faire partir un officier, un sergent et vingt canonniers et comme je n'ai point ici de canons de campagne, j'ai demandé à la République quatre canons de montagne qui se portent à dos mulet, que je compte bien qu'elle ne me refusera pas.

J'instruirai à l'avance M. de Cursay de tout ce détail par une felouque que je fais partir demain pour Bastia, laquelle vous portera aussi votre lettre. Je n'avais jamais espéré, Monseigneur, que vous amenassiez M. le marquis de Breille à ordonner la remise de Saint-Florent à la République. L'intention du Roy de Sardaigne, en n'y laissant qu'un aussi médiocre détachement, a toujours été de se servir du prétexte de sa faiblesse pour laisser en se retirant ce poste entre les mains des rebelles. Vous ne pouviez en cette occurrence tirer un meilleur parti de l'opiniâtreté de M. de Breille sur ce point que de vous faire remettre comme vous avez fait l'ordre au commandant piémontais d'évacuer l'isle. M. de Cursay à qui vous l'adressez sera à portée d'en faire usage pour se faire remettre Saint-Florent par les chefs des peuples qui, après les avances qu'ils lui ont faites à cet égard, n'auront plus de prétexte d'éluder cette démarche, ou, s'ils le font, ce sera une preuve décisive qu'ils n'ont cherché jusque ici qu'à nous amuser, et que par conséquent on ne pourra plus espérer de les réduire par la force.

(M. G. Vol. Corse 3.307)

Nice, le 6 décembre 1748. — Le maréchal de Belle-Isle à M. de Cursay. — Je viens de recevoir, Monsieur, votre lettre du 21 que M. de Chauvelin m'a fait passer, qui répond à la mienne du 13 que vous a portée M. de Castro ; vous en avez depuis reçue une du 21 et une du 26 et en dernier lieu une du 3 et une du 5 qui vous ont toutes confirmé ma façon de penser sur les affaires de Corse, et je compte que les dernières ont dû encore vous mettre bien plus à votre aise, puisque vous trouviez comme vous me le marquez aujourd'hui que celle du 13 que vous apportait M. de Castro vous y mettait déjà beaucoup.

J'approuve très fort la célérité avec laquelle vous vouliez profiter des circonstances et consommer avec les chefs des rebelles. Dès que la première de toutes les conditions est de vous remettre les places et du reste se remettre entièrement sous la protection du Roy et attendre ce que S. M. décidera de leur sort, je ne puis qu'approuver de ce que de votre part vous me promettez autre chose, si ce n'est que le Roy conservera les places jusqu'à ce que l'accommodement général soit terminé; la question de ce que les Piémontais pourraient dire si vous occupiez les places que les rebelles voulaient vous remettre avant l'évacuation, n'a plus de lien puisqu'il a été réglé ici que les Piémontais quitteraient St-Florent tout à l'heure et que je vous envoyai en original l'ordre que M. le marquis de Breille donne au commandant piémontais, de s'en aller en Sardaigne. Ainsi en tablant sur ce que vous me marquez, je vous dois croire actuellement maître de St-Florent et par conséquent bientôt après de Corte et autres postes dont vous me faites le détail. J'ai lu avec attention la description que vous me faites de chacune des places fortes de l'isle. Je vois qu'au moyen des 1.100 hommes effectifs que M. de Chauvelin va vous faire passer, s'ils ne le sont déjà, vous aurez de quoi remplir tout ce que vous vous proposez ; et à peu de chose près, le projet de distribution que j'en avais fait, est conforme au vôtre, car je destinais 150 hommes à Bonifacio, qui, étant la meilleure place de l'isle, doit être gardée avec soin ; je n'en destinais que 100 pour Ajaccio, mais sur le détail que vous me faites de l'importance de cette place, de sa situation et de la colonie grecque qui y est, il n'y a qu'à y mettre 100 ou 150 hommes de plus, et même 200 si vous le croyez nécessaire, en les tirant partie de Calvi, où vous dites qu'il n'en faut pas beaucoup, et partie de Bastia. J'ai recommandé à M. de Chauvelin de choisir, outre les deux lieutenants-colonels Varignon et Piédemont, que vous avez déjà en Corse, un nombre de capitaines de préférence sages et intelligents, pour commander dans chacun des postes. J'en sens toute la conséquence et toute la nécessité.

Lorsque je vous ai recommandé l'union et le ménagement pour le Commissaire Général, je n'ai pas douté que vous eussiez toute l'attention et tous les égards que vous savez qu'il faut avoir pour la République. J'ai lieu de croire qu'elle pense bien différemment aujourd'hui, qu'elle sent tout le besoin qu'elle a du secours et de la protection du Roy pour lui conserver la possession de la Corse et que les anciennes méfiances sont, sinon éteintes, mais du moins diminuées. Il faut en profiter pour travailler à l'accommodement. Je vois avec grand plaisir que l'arrivée du sieur Guisard ne vous fait aucune peine ; je ne le connais point du tout par moi-même, il est du choix de M. de Richelieu qui ne l'a sans doute fait qu'en grande connaissance de cause, et comme il ne s'intéresse pas moins à vous que moi et qu'il a autant d'envie de vous faire plaisir que j'en ai toujours eu, vous devez être persuadé qu'il n'a certainement pas eu envie de vous faire de la peine. M. de Richelieu a pensé, tout comme j'ai fait, que si une fois vous alliez engager les rebelles à vous remettre St-Florent et toutes leurs places, et à se livrer avec confiance aux bontés du Roy, que votre mission principale était dignement remplie, que vous aviez fait le plus difficile, le plus honorable pour vous, et le plus utile pour la chose publique, et établir la base fondamentale de l'accommodement. Je ne vous dissimule point que si on avait été forcé d'attaquer St-Florent et les rebelles de vive force, et qu'il eût fallu faire passer un gros corps en Corse, j'avais projeté d'y envoyer M. de Crussol tant parce que vous n'êtes encore que colonel et qu'il fallait un officier général, qu'il connaît aussi le pays et que d'ailleurs un seul homme ne suffit pas et que dans une guerre de cette espèce il faut être souvent séparé. Ainsi il n'y avait rien dans mon projet qui dût, ni qui pût vous faire raisonnablement aucune peine ; je crois avoir fait mes preuves avec vous de plus d'une manière et j'ai trop bonne opinion de vous pour que vous puissiez penser différemment à mon sujet. Je suis charmé à tous égards que nous ne soyons pas réduits à cette extrémité de faire la guerre en Corse et que vous ayez tout l'honneur du succès ; les choses peuvent même se tourner de manière que, quoique j'aie pensé que votre mission serait finie après la remise des places par les rebelles, il sera peut-être plus convenable que vous demeuriez encore en Corse pour la suite de l'accommodement, surtout pendant tout le temps que M. de Chauvelin suivra la besogne à Gênes.

Je sens toute la nécessité de faire certaines dépenses secrètes, je les autoriserai sans difficulté comme a fait M. de Richelieu pour le passé. Dès que vous regardez l'occupation de la tour de Solenzara comme nécessaire et qu'il ne s'agit que de 170 livres par mois, l'objet de dépense n'est pas assez considérable pour ne pas la continuer ; j'en ordonnerai aussi le paiement. J'ai mandé à M. Chauvelin de pourvoir au paiement du frêt, à la subsistance de toute espèce des 1.100 hommes qui vont passer en Corse pour jusques au mois d'avril. D'ici à cette époque la Cour aura le loisir de prendre de nouveaux arrangements suivant la situation où sont les affaires et tout ce qui se sera passé.

M. Chauvelin m'a envoyé copie de la lettre que vous lui avez écrite et copie de sa réponse. Je pense tout comme lui qu'il ne conviendrait pas que vous fussiez le porteur de procuration du pays par toutes les sages considérations qu'il vous expose à ce sujet. J'entends que l'assemblée générale peut s'en rapporter à vous pour le choix des chefs qui auront à traiter pour les intérêts des peuples, ce qui vous mettra à même de faire tomber ce choix sur ceux que vous croirez les plus sages, les plus honnêtes gens et de meilleure foi, auquel cas ce ne peut être qu'un très grand bien. Vous me faites grand plaisir en m'assurant que Matra sera condamné, déclaré infâme, ses biens confisqués, sa maison abattue etc., et qu'il sera inséré dans la condamnation que c'est pour avoir porté les armes contre la France. Cet article fera un effet merveilleux et sera la preuve la plus authentique du crédit que vous vous êtes acquis sur ces peuples. J'agirai avec ma vivacité ordinaire pour vous en faire procurer la récompense ; donnez-moi donc, je vous prie, sans délai de vos nouvelles ; vous comprendrez aisément quelle est sur cela mon impatience. — Je suis etc.

(M. G. Vol. Corse 3.307).

Bastia, le 7 décembre 1748. — M. de Cursay à ...., — Monseigneur, Je vous avais prévenu sur la pacification générale de l'isle de la Corse, je vous tiens parole aujourd'hui. J'avais reçu des instructions du maréchal de Belle-Isle assez vagues, telles que l'on les donne lorsque l'on regarde une chose comme une pure spéculation. Enfin j'ai pris des engagements si forts, ils sont la suite d'une conduite si constante que je me flatte de vaincre l'incrédulité la plus obstinée. Je joins ici le double des pièces que j'envoie par Castro à M. le maréchal de Belle-Isle.

La 1re contient la soumission des peuples pure et simple à la volonté du Roy.

La 2me est une lettre des chefs des peuples à M. de Bogin pour le prier de retirer les troupes du château de St-Florent ; j'en adresse l'original à M. le maréchal en le priant de le faire passer.

La 3me contient la copie de l'ordre pour entrer dans St-Pellegrin ; les autres places me seront remises quand je voudrai ; il n'y a nulle difficulté pour Corte.

J'avais déterminé les peuples par amour et les chefs par crainte à avoir une conférence le 2 du présent mois à Biguglia. Le concours du peuple, deux assassinats exécutés la veille par des partisans de la République et le 3 par un de leurs soldats contre les gens les plus considérables, avaient mis le peuple en armes et en fureur et rendait le succès fort douteux. Comme il était trop tard pour ouvrir l'assemblée, je la remis au lendemain matin. J'eus une conférence avec les deux chefs qui me communiquèrent leurs craintes et m'assurèrent que tout mon pouvoir échouerait dans une circonstance aussi récente. J'ouvris l'assemblée du lendemain par un discours à la fin duquel voyant les peuples entraînés, je leur remis mes propositions. Tout fut accordé tout d'une voix, comme vous le verrez dans la requête au Roy. Comme je voulais ôter à la République le plus léger soupçon de défiance, j'ai fait insérer « promettons d'obéir à tout ce qui nous sera ordonné par le commandant français. » Si j'avais parlé des places, ils m'auraient dit qu'ils ne demandaient pas mieux, pourvu que je ne les remisse pas aux Génois, et j'ai cru que quelque condition que cela fût, elle serait toujours indécente. C'est pourquoi je n'ai point voulu parler des villes. Les deux généraux Giuliani et Gafforio ont été déposés ; le magistrat est venu à portée de moi pour exécuter plus promptement mes volontés ; en attendant la décision de M. le maréchal de Belle-Isle sur la forme que l'on doit prescrire, je puis vous assurer d'avance que je regarde cette affaire comme finie. Je pourrais vous promettre presque le désarmement, mais ce que je puis vous assurer sur ma tête, c'est que les revenus de la République, qui est ce qui la touche le plus, seront assurés d'une façon indubitable, parce que mon projet sur cela est accepté. Gafforio et Giuliani savent que je travaille pour elle, et comme nous sommes maîtres de la nation en totalité, nous en ferons présentement ce que nous jugerons à propos. Ce n'est point un grand miracle d'avoir gagné des peuples raisonnables par la raison, mais ce qui me paraît l'être, c'est la conversion des Génois qui sont contents de tout et qui désirent que je fasse leur accommodement. J'assemble une Consulte générale à Corte le 14 du mois prochain pour y réunir les deux partis de l'isle, et leur faire entendre les dernières volontés.

M. le maréchal de Richelieu avait été dans le dessein de renvoyer Castro, aide-major de mon régiment, porter à la Cour les volontés du peuple et l'accommodement. Comme les pièces n'étaient point signées, quoiqu'elles fussent sûres, il a voulu attendre que l'on pût les faire voir indubitables. J'espère que M. le maréchal de Belle-Isle lui donnera cette satisfaction avec d'autant plus de raison que l'affaire de la Corse a paru par lui à Gênes et à tout le monde un être de raison. Je n'en demande d'autre fruit que de justifier vos bontés, et de procurer qu'en faisant ma fortune je sois digne de vos bontés. J'adresse à M. de Monconseil un mémoire que je le prie de vous remettre. C'est pour quelques officiers des régiments qui sont en Corse. Je ne vous y demande que des choses autorisées et que vous avez accordées à des succès moins heureux. — J'ai l'honneur etc.

(M. G. Vol. Corse 3,307).

Bastia, le 7 décembre 1748. — M. de Cursay au maréchal de Belle-Isle. — Monseigneur, Les peuples de l'isle m'ont tenu parole ; ils sont arrivés le deux au soir au couvent de Biguglia à une lieue d'ici ; il avait été impossible de les rassembler plus tôt ; les plus considérables de la nation s'y trouvèrent et avec eux une multitude de peuple. Comme il était trop tard pour tenir l'assemblée, je la remis au lendemain matin. J'eus une conférence en particulier avec les deux chefs, Gafforio et Giuliani, et malgré le crédit que je me suis acquis sur le peuple, je n'ai jamais été si près d'échouer par la catastrophe suivante. Le frère d'un des chefs principaux avait été assassiné la veille par des gens attachés à la République, et le même jour on en avait manqué un autre dans la piève de Tavagna. Je veux croire que la République et ses ministres n'y ont nulle part, mais le peuple n'est pas si facile à désabuser. Les chefs avec qui j'eus un long entretien me parurent persuadés que la circonstance était nuisible ; cependant comme on redoubla pour moi de respect et de considération, j'ordonnai l'assemblée pour le lendemain neuf heures du matin. Je fis un discours au peuple, après quoi je conclus par une délibération. Elle fut discutée par les raisons que je vous ai exposées et tout finit par se rendre à mon avis par la requête que vous trouverez dans votre lettre.

Les peuples ont demandé en grâce que je vous fisse passer le mémoire de leurs griefs que vous n'aurez pas la patience de lire ; vous serez content, j'espère, de leurs soumissions, et vous verrez qu'ils sont prêts de très bonne foi à passer par la volonté du Roy. Je m'imaginai n'avoir rien fait si je laissais subsister un pouvoir étranger ; c'est pourquoi je fis démettre les chefs de leur pouvoir et en conséquence le peuple passa sous les lois que je voudrais lui imposer jusqu'à l'accommodement général. Il fut question des places et comme je sentais qu'il n'était pas de la dignité de faire aucune convention avec eux, je me suis chargé de les garder sur ma parole sans explication ni convention quelconque. J'entre aujourd'hui en possession de San Pellegrin. A l'égard de Corte, il n'y a nulle difficulté ; j'y enverrai dès que j'aurai des troupes. Je vous envoie la lettre que les peuples écrivent à M. de Bongin pour le prier de faire retirer les Piémontais. Le peuple commande dans la ville, et le gouverneur m'a envoyé aujourd'hui demander mon ordre sur quelque chose qui y était arrivé. Gafforio se retire à Corte, Giuliani en Balagne, et je commande actuellement le peuple en totalité. Nous avons cru indispensable d'assembler à Corte une Consulte générale, tant de çà que de là les monts, pour réunir les peuples, et comme les procureurs particuliers de chaque piève seront gens à ma dévotion, j'y choisirai pour former le traité avec la République qui il me plaira. Les peuples doivent m'y remettre leurs procurations générales et j'espère que l'invitation que je fais à l'autre partie des monts réunira tous les esprits. Les chefs sont déjà prévenus qu'ils doivent rentrer sous l'empire de la République, et ce que nous en faisons est pour y parvenir avec moins d'obstacles.

Il est bon de vous informer que la République semble prendre tous les plus mauvais partis du monde pour entretenir le feu de la rébellion; elle a réformé un de ses régiments corses, renvoyé chez eux les officiers sans paye et sans leur avoir fait donner ce qui leur est dû de leurs appointements. La plupart sont d'au-delà les monts et ne laissent pas d'y avoir du crédit. Ils ont proposé aux peuples de cette partie une union toujours contre la République et protestent de leur attachement à la France. Vous sentez que les difficultés se perpétuent par une conduite aussi dangereuse dans le moment présent.

Dans le temps que mon traité était commencé, la République avait fait offrir aux peuples carte blanche sur leurs prétentions, leur promettant d'accorder tout ce qu'ils pouvaient prétendre et au-delà, s'ils voulaient ne pas passer par la voie de la France. Loin de tenter les peuples, ils l'ont pris pour un piège et leur défiance en est augmentée. Gafforio m'en a rendu compte en présence de Castro, et j'espère que je parviendrai à vous en donner des preuves authentiques. Je sens toute la nécessité du désarmement et j'espère y parvenir, mais cette partie doit être ménagée avec beaucoup d'art. Pour l'assurance des revenus, qui est ce qui touche le plus la République, j'en réponds sur ma tête et j'ai les moyens certains de les assurer. Si la République voulait me promettre de ne point me traverser, je répondrais d'exécuter quelques conditions qu'il vous plairait de m'imposer; mais loin d'en recevoir des secours, il n'y a pas sorte de moyens qu'elle n'emploie pour détruire mon ouvrage. Je vous demande vos instructions bien amples sur ce que je vais vous exposer.

Le premier grief des peuples a été la justice qui ne s'y rendait pas, et les homicides, n'étant jamais punis, en occasionnaient tous les jours de nouveaux. On s'est plaint, j'ai représenté, on a promis et on n'a jamais rien tenu. Je me suis flatté que vos conventions avec M. de Leutrum, où il est dit *que les coupables contre la tranquillité seront sévèrement châtiés* (sic); je l'ai promis au peuple en conformité de votre parole. Le jour de l'assemblée, le deux de ce mois, à cinq heures du soir, trois paysans, parents l'un de l'autre, se reposaient aux environs de l'étang sous Biguglia; ils étaient tous trois de la ville de Bastia; l'un d'eux, assassin public, a pris querelle avec les deux autres; il a donné un coup de stilet à un, dont il est mort hier, et l'autre lui reprochant son crime et voulant secourir le blessé, a reçu également un coup de poignard. Les deux blessés n'avaient point d'armes. Le peuple a arrêté le coupable, l'a mis dans une barque, l'a amené à la garde que j'ai sur la place de la ville. J'ai voulu le faire pendre le quatre, en vertu premièrement de la convention de votre part avec M. de Leutrum, et de celle signée en conséquence à Patrimonio ; deuxièmement en vertu de l'assemblée présente ; troisièmement à cause de risques que cela pouvait faire courir aux officiers et à moi qui étais au milieu des peuples et enfin la nécessité indispensable d'un exemple qui aurait arrêté sur le champ tous les meurtres qui se commettent, faute d'être réprimés. Toutes ces considérations n'ont pu toucher le vice-gérant. Il a soutenu que les conventions entre M. de Richelieu et la République étant que le commandant français ne pouvait se mêler en rien du gouvernement du civil, cet homme étant né sujet, il devait être jugé par leurs lois. J'ai eu beau représenter qu'il était dans le cas d'un ban qui suspend toutes sortes de lois, il a réclamé l'homme, m'a fait ses protestations par écrit, et comme leurs lois ne condamnent pas à mort pour meurtre dans une querelle particulière, il sera sauvé avec d'autant plus de certitude qu'il a quelque chose. J'aurais passé outre, mais les dernières instructions de M. le duc de Richelieu me défendant de me mêler en rien dans le civil, je n'ai osé le prendre sur moi. Cependant il est en sequestre au cachot, jusqu'à temps que vous en décidiez. Il est sûr que si je n'ai pas le pouvoir de faire pendre sur le champ les assassins, tout est perdu. Il est inutile que je traite davantage. Les seuls exemples impriment, et celui-ci fait sur l'heure était décisif. Ne croyez pas que ce soit faute de savoir prendre sur moi ; mais comme le même cas m'était presque arrivé il y a trois mois, et que M. le duc de Richelieu ne l'a pas décidé, mais au contraire m'a fait la réponse que je vous ai dite, je n'ai osé passer outre. Voici le fait :

Un assassin public tire un prêtre qui était dans une vigne et le tue uniquement pour faire un beau coup. Il ne le connaissait pas. Il vient quinze jours après à Bastia parce que tout le pays s'était armé contre. Le frère du mort vient me trouver et m'expose l'aventure. Il me dit qu'il est dans une maison d'un officier de la République. Je le fais arrêter ; le vice-gérant me le fait demander, et m'expose que, s'étant engagé la veille, il était absous de tout crime par une loi de la République. J'ai beau crier et réclamer contre. Enfin par accommodement j'obtiens qu'il restera au cachot et que je le ferai conduire sur le premier bâtiment qui ira en terre ferme, ce qui est exécuté. Le patron, qui malheureusement n'est pas d'ici, avait ordre de le débarquer à une lieue ; il est rentré dans l'isle, retourné dans le pays où il commet tous les crimes. J'ai montré pour ma satisfaction la lettre que m'en écrivent les parents. Vous sentez que si mes instructions ne sont pas changées, je ne puis plus exercer une justice qui est la seule chose qui nous soutienne, et que je perdrai parmi les peuples un crédit qui m'est aussi nécessaire pour parvenir à tous les points que désire la République.

Je viens à présent à vous demander quel est le traitement que vous ordonnez pour les troupes qui sont ici. Il me paraîtrait juste que l'on suivît celui que l'on avait déjà fait pour l'isle et dont M. de La Villeheurnoy a copie.

J'ai ici M. de Bononaud, ingénieur, qui va me devenir nécessaire pour établir toutes les places où nous entrerons, avec d'autant plus de raison que la République n'a point d'ingénieur ici.

Toutes les places de l'isle sont très mal pourvues ; les tours entre autres qui sont entre leurs mains et qui deviennent d'une nécessité absolue pour le commerce, le sont à peine pour huit jours. Je suis sans cesse refusé, et je n'ai jamais pu faire entendre raison. Vous avez des députés auprès de vous, peut-être auront-ils plus de déférences sur vos insinuations. Je vous demande vos ordres précis sur tous ces articles. Il est juste à présent de vous rendre compte de ceux dont j'ai tiré quelque utilité dans l'affaire présente.

M. Patrizi, capitaine dans Royal-Italien, a été employé avec succès dans la négociation ; si vous vouliez lui accorder votre protection, il en est digne. Il est à portée d'avoir la croix de Saint-Louis ou au moins une gratification.

L'archiprêtre Orto m'a servi utilement ; c'est un homme d'esprit auquel M. le cardinal avait donné huit cent livres de pension sur un bénéfice. Si vous vouliez faire augmenter sa pension, ce serait un exemple de satisfaction qui ne servirait qu'à augmenter notre crédit dans l'isle.

Je ne saurais trop me louer du frère de Gafforio ; il m'a servi avec fidélité et avec un secret admirable. On le soupçonnait d'autant moins qu'il était brouillé avec son frère et que l'on ne croyait pas que rien pût passer par lui. Je lui ai en partie obligation du succès, il est capitaine actuellement. M. le duc de Richelieu avait approuvé que je lui donnasse cent francs par mois. Il est de très bonne famille et si vous vouliez obtenir une commission de capitaine réformé à la suite de Royal Corse avec six cents livres d'appointements, attaché à l'isle, je crois que ce serait une chose placée.

M. le duc de Richelieu m'a mandé dans sa lettre qu'il avait eu dessein d'envoyer Castrc à la Cour, s'il avait eu les procurations des peuples : les voici, et une occasion de faire sa fortune et son avancement ; c'est un très bon sujet qui mérite vos bontés, et si j'osais me flatter de la continuation de celles que vous m'avez marquées, je vous les demanderais avec empressement.

Je demande aussi deux grâces pour des officiers de mon régiment qui m'ont suivi; mais comme elles sont sans aucune difficulté, j'enverrai simplement mon mémoire.

J'ai encore ici un capitaine du Royal-Comtois appelé Boismenil. Je vous importunerais pour lui, mais comme je compte le placer à Corte où les peuples le désirent, il sera en état d'y mériter les grâces du Roy, si vous nous laissez les piquets de son régiment. — J'ai l'honneur etc.

P. S. — Je vous prie de me mander si vous avez fait passer la lettre à M. de Bongin comme les peuples s'y attendent. Si vous faites réponse aux peuples, ne leur parlez point de la République. Gafforio et Giuliani le savent bien; laissez-nous nommer nos protecteurs.

(M. G. Vol. Corse, 3.307).

Nice, 7 décembre 1748. — Le maréchal de Belle-Isle à M. de Chauvelin. — J'ai reçu, Monsieur, etc. Vos lettres n° 110 et n° 111 ne traitent que des affaires de Corse. J'ai eu la copie de la lettre que vous a écrite M. de Cursay et celle de la réponse que vous y avez faite. Celle de M. de Cursay que vous m'avez envoyée contient toutes les mêmes choses que celles qu'il vous marque, mais elle entre dans de plus grands détails et est encore plus précise pour promettre avec certitude le succès de sa négociation, et une prompte remise de St-Florent et des autres places aux troupes du Roy. Il n'est pas possible à la manière dont M. de Cursay s'exprime de pouvoir douter de ce qu'il annonce, ou sinon il faudrait croire qu'il est devenu fol. Je vous envoie à cachet volant la réponse que je lui fais pour le tranquilliser sur ce qu'il me regarde. Je l'aime et l'estime et connais fort bien ce qu'il a de bon, aussi n'ai-je négligé aucune occasion de lui rendre service, lui ayant encore en dernier lieu fait le régiment qu'il a. Je désire donc à tous égards et pour le plus grand bien de la chose publique, et pour lui personnellement, que tout puisse prospérer en Corse, et si effectivement il réussit à faire condamner Matra, confisquer ses biens et raser ses maisons pour avoir porté les armes contre la France, je trouve que cela joint au reste doit faire beaucoup d'honneur à M. de Cursay, et qu'en ce cas on ne doit point du tout l'exclure de la suite de ce qu'il y aura à faire pour l'accommodement, surtout si, comme je l'ai proposé avec instance, vous en êtes chargé.

Quant à la procuration générale que veut lui donner la nation, cela peut s'expliquer de plus d'une manière; et en se gardant bien d'être personnellement le député des Corses, ce qui ne saurait convenir pour toutes les bonnes raisons que vous lui marquez dans votre réponse, il peut faire un usage fort utile de la confiance que veulent bien avoir en lui les peuples, en mettant à leur tête ceux qu'il croira les plus sages, les plus raisonnables et de meilleure foi. Nous ne saurions tarder à être éclairés sur tout cela et je vais en attendre des nouvelles avec bien de l'impatience.

Tout cela ne doit point empêcher qu'à tout événement vous ne preniez les mesures qui n'exigent point de dépenses pour pouvoir assiéger St-Florent, si les rebelles ne nous le remettaient point, et que contre toute vraisemblance, ils se fussent moqués de M. de Cursay, et dans tous les cas, le plus tôt que les 1.100 hommes destinés pour les places de Corse pourront y passer sera le mieux. Je vous ai mandé que rien ne nous gêne plus à cet égard, et qu'en même temps il fallait pourvoir à tout ce qui leur sera nécessaire pour les trois premiers mois de l'année prochaine. Je l'ai mandé de même à M. le comte d'Argenson qui aura tout le loisir pendant cet intervalle de prendre toutes les mesures qui seront jugées nécessaires pour prolonger plus ou moins suivant les circonstances. Faites passer, je vous prie, ma réponse à M. de Cursay tout le plus promptement en y ajoutant ce que vous jugerez à propos et prenez toutes les mesures possibles pour assurer le commerce et la correspondance la plus prompte avec la Corse, car nous ne saurions avoir des nouvelles trop fréquemment jusqu'à ce que nous soyons maîtres de St-Florent. Ainsi je vous prie de ne me laisser rien ignorer de tout ce que vous en apprendrez et ouvrez sans difficulté toutes les lettres que M. de Cursay m'écrira et agissez tout de suite en conséquence pour ce que vous croirez de plus convenable suivant la teneur des lettres et notre position actuelle. . . . -- Je suis etc.

(M. G. Vol. Corse 3.307)

Gênes, le 7 décembre 1748. — M. de Guymont au maréchal de Belle-Isle. — Monseigneur, J'ai reçu la lettre que vous m'avez fait l'honneur de m'écrire le 3 de ce mois.

Ma surprise a été extrême d'apprendre en même temps que vous avez terminé et fixé l'époque des évacuations ; je vous en fais mon compliment bien sincère. Il serait fort à désirer que nos affaires de Corse pussen être conclues avec la même promptitude, mais la Consulte du 15 novembre signée par ceux qui ont la confiance de M. de Cursay me fait craindre de plus en plus qu'on ne lui en ait imposé. La lettre que vous lui écrivez et les nouvelles instructions que vous lui donnez sont capables de l'éclairer plus que jamais. Toute notre espérance est dans le départ des Piédmontais. Si cette circonstance ne met pas ces peuples à la raison, il faudra bien prendre le parti de la force et alors vous n'en serez pas quitte pour un petit corps de troupes. Sans doute que si vous êtes obligé d'en venir à cette extrémité, on aura persuadé à ces insulaires que le Roy n'est pas résolu de faire des efforts capables de les réduire, et que les Piémontais en leur faisant de pareilles insinuations leur auront donné des espérances capables de surmonter leur crainte. C'est tout ce qu'on peut penser d'une opposition formelle de la part de ce peuple aux bonnes intentions de la France.

Il est vrai que M. Guisard n'a pas un grand empressement de passer en Corse avant que M. de Cursay ait conclu quelque chose. Vous jugez de tout le plaisir qu'il a de savoir que vos ordres ne s'opposent point à la répugnance qu'il avait à ce sujet.

Nous avons lieu de croire que le gouvernement accordera des galères pour escorter les 1.100 hommes qui passent en Corse. Les mesures promptes que vous avez prises pour le retour de nos troupes en France me fait craindre que vous en partiez incessamment pour la Cour.

M. de Chauvelin m'a fait part des différents détails de la lettre que vous lui avez écrite. La République doit être remplie de reconnaissance des soins que vous vous êtes donnés pour ses intérêts ; il est incompréhensible que vous ayez pu régler tant de choses en si peu de temps. — J'ai l'honneur etc.

(M. G. Vol. Corse 3,307).

Nice, le 7 décembre 1748. — Le maréchal de Belle-Isle à M. de Guymont. — Je vois, Monsieur, par votre lettre du 4 que vous étiez en peine de n'avoir point de mes nouvelles. Il est vrai que les premiers jours de l'arrivée de M. de Brown et de Breille ne m'ont guère laissé de loisir, mais vous aurez reçu depuis ma réponse à toutes les vôtres soit directement soit par ce que M. Chauvelin vous aura communiqué. Il m'a envoyé copie de la lettre qu'il avait reçue de M. de Cursay et de la réponse qu'il y a faite, que j'approuve en tout son contenu. Celle que mon dit sieur de Cursay m'écrit est beaucoup plus positive sur la soumission des chefs des rebelles et la remise des places aux troupes du Roy sans aucune condition, et si les choses s'exécutent comme il m'en assure, il aura rendu un grand service et aura établi les fondements de l'accommodement qui, quelque difficile qu'il soit, ne doit pas l'être à beaucoup près autant que ce qu'il aura obtenu.

Quant à ce que M. de Cursay marque que l'assemblée générale du peuple entier doit lui remettre ses intérêts entre les mains et le rendre personnellement l'arbitre de son sort, j'entends qu'elle veut s'en rapporter à lui pour le choix des chefs qui auront à traiter pour les intérêts des peuples, ce qui le mettra à même de faire tomber ce choix sur ceux qu'il connaîtra les plus sages, les plus honnêtes gens et de meilleure foi, auquel cas ce ne peut être qu'un grand bien.

Vous avez parfaitement bien fait de parler aux députés de la Corse avec la plus grande force sur la nécessité pressante et indispensable de pourvoir sans délai au paiement et à la subsistance de leurs troupes de Corse. Vous avez des moyens puissants à mettre sous leurs yeux, que c'est là le cas où ils doivent chacun vendre ou mettre en gage leur vaisselle et leurs bijoux; vous ne sauriez être trop vif là-dessus. Je le mande de même à M. de Chauvelin ; c'est le plus grand service que vous puissiez leur rendre et je vais en attendre le succès avec bien de l'impatience. — Je suis etc.

(M. G. Vol. Corse 3.307).

Nice, le 7 décembre 1748. — Le maréchal de Belle-Isle à M. de Puysieulx. — J'ai l'honneur de vous envoyer ci-joint, Monsieur, un paquet de M. de Guymont qui était si bien pris avec d'autres qu'en décachetant la première enveloppe on a décacheté celle-ci au point où vous la trouverez, dont j'ai été fort fâché. Je me flatte que vous êtes bien persuadé que cela n'est pas arrivé exprès ; il m'écrit sans doute les mêmes choses dont il vous rend compte, et M. Chauvelin et M. de Cursay m'ont encore écrit beaucoup plus longuement. Je ne crois pas que ce soit le moment de vous importuner de tous ces détails. M. de Cursay parle avec une telle confiance du succès de sa négociation qu'il n'est quasi pas permis d'en douter, d'autant que je l'ai mis fort à son aise par l'ordre que m'a remis M. de Breille pour le capitaine piémontais commandant à St-Florent, par lequel il lui prescrit d'en sortir et de passer en Sardaigne Je l'ai adressé à M. de Cursay lui-même ainsi que je crois avoir eu l'honneur de vous le mander.

Chaque jour et chaque circonstance nous découvre l'excès du désordre et de la répugnance presque insurmontable des Corses pour se soumettre à la République, fortifiée par un mépris fondé sur la connaissance de sa faiblesse, et plus on approfondit le gouvernement génois et son état actuel, et plus on est convaincu de l'impuissance absolue où est le gouvernement génois ni de réduire ni de conserver la Corse, si le Roy l'abandonnait.

Cette matière quoique souvent déjà traitée aura besoin encore de bien des dissertations, mais pour le moment présent l'objet le plus pressé est d'ôter St-Florent des mains des rebelles. Je n'ai négligé aucune des instructions qui m'ont paru nécessaires pour éviter d'employer la force et savoir néanmoins plutôt que plus tard à quoi s'en tenir.

Je puis vous assurer que ni le ministre autrichien ni le ministre piémontais n'oseraient ouvertement prendre aucune part à cette affaire, et que la Cour de Turin n'osant ni ne pouvant faire autrement, s'en tiendra à des pratiques sourdes pour entretenir le trouble dans cette isle. L'occupation de toutes les places par des détachements des troupes françaises remédiera à cet inconvénient, et comme les circonstances sont différentes de celles de 1737 et 1738, il y a lieu de croire que la République aura plus de confiance et de docilité et que la médiation de S. M. aura un meilleur succès et que sa garantie sera plus efficace. Cette affaire est suivie comme elle doit l'être et par quelqu'un qui sache la manier. — J'ai l'honneur etc.

(M. G. Vol. Corse 3.307).

Bastia, 7 *décembre* 1748. — L'archiprêtre Orto à... — Eccellenza, Dal M. de Castro l'E. V. sentirà quanto io mi sia affaticato per il servizio di S. M., e per eseguire l'ordine dell'Ecc^{mo} Maresciallo di Richelieu. Mi persuado che l'E. V. gradirà le mie operationi, come si degnò S. M. per le operationi da me fatte al tempo dell'Ecc^{mo} de Maillebois, che mi accordò la sua reale protezione. L'affari sono incomminciati con fondamento e felicità. Passo alla provincia d'Aiaccio, dove sono nato, perchè quella pure si rimetta alla decisione di S. M., e spero debba il tutto riuscire benchè mi abbia a costare de' fastidij e sollecitudini. In qualunque luogo sarò, riceverò con veneratione l'ordini dell' E. V. assicurandola di tutto il mio possibile per la loro esecutione, e con il più profondo rispetto mi do l'onore d'essere

Dell' E. V. Um^{mo} et Oss^{mo} servitore,

Arciprete Orto.

(M. G. Vol. Corse 3.307).

Gênes, le 9 décembre 1748. — M. de Guymont à ... — Monseigneur, — Depuis la lettre que j'ai eu l'honneur de vous écrire ce matin, on nous en a communiqué une de notre vice-consul à Bastia en date du 4 qui marque que la veille on s'était assemblé à Biguglia et qu'il y avait été résolu que les Corses se remettraient sans réserve à la volonté du Roy, que Gafforio, Giuliani et les autres chefs s'étaient démis du commandement en faveur de M. de Cursay au nom duquel on avait indiqué une assemblée générale à Corte pour le 14 janvier prochain, que cet officier avait exclu du pardon général tous ceux qui avaient commis des homicides depuis le 1er Juin dernier et leur avait ordonné de s'embarquer au plus tard dans quinze jours ; qu'au surplus tout le monde était persuadé que ce royaume allait jouir de la plus grande tranquillité, que le commerce se rétablirait et qu'il y avait toutes sortes de vivres en abondance.

Nous attendons avec impatience que M. de Cursay nous confirme ces nouvelles et nous envoie un détail de tout ce qui s'est passé dans cette assemblée, dont les commencements paraissent d'un bon augure.

Nous espérons que les onze cents hommes destinés à relever les piquets qui sont en Corse partiront vendredi.

Je quitte les députés de la République à qui nous avons fait les plus pressantes instances pour les engager à trouver un fond pour le paiement de leurs troupes et le rétablissement des places qui vont nous être remises. Ils nous ont répondu qu'ils faisaient les plus grands efforts afin de pourvoir promptement aux objets. Comme ils ne prenaient aucun temps fixe, au regard nous avons répliqué que toutes les mesures étaient prises pour embarquer vendredi 13 du courant nos 1.100 hommes, mais que si nous ne voyions pas avant ce temps-là les effets de leurs promesses, nous serions obligés de tout suspendre ; qu'ainsi nous ne leur donnions que jusqu'à jeudi pour y satisfaire. Après plusieurs raisons de cette espèce toutes convaincantes et sans réplique, ils sont sortis pour en aller rendre compte au gouvernement. Nous avons lieu d'espérer que la fermeté avec laquelle nous lui avons parlé produira l'effet que nous en attendons. — J'ai l'honneur etc.,

(M. G. Vol. Corse 3.307).

Gênes, le 9 décembre 1748. — M. de Guymont à..... — Monseigneur, Il y a déjà plusieurs jours que je n'ai point de vos nouvelles, ce que j'attribue à la grande quantité d'affaires dont vous êtes accablé.

J'ai lieu de croire que les dernières lettres de Corse qui vous ont été envoyées contiennent à peu près les mêmes choses que M. de Cursay a mandées à M. de Chauvelin.

Je ne puis me persuader que la République ait fait insinuer aux Corses de traiter directement avec elle. Les négociateurs dont parle M. de Cursay ne seraient-ils pas plutôt envoyés par les Piedmontais pour engager ces rebelles à s'accommoder avec la République sans que la France y contribue, parce que la médiation du Roy est un obstacle aux vues de la Cour de Turin. Quelles conséquences ne pourrait-on pas tirer d'une perfidie de cette espèce si M. de Cumiana en était véritablement l'auteur ? Néanmoins on en doit conclure que la haine de ces peuples contre les Génois est si enracinée qu'ils ne voudraient pas même recevoir du bien de leur part.

Ce que M. de Cursay marque de M. de Cumiana ne fait que confirmer les justes soupçons que j'avais de la Cour de Turin. On ne saurait trop s'appliquer à détruire les mauvais effets que pourraient avoir de pareilles insinuations. En perdant Matra on ne doit pas ménager Gafforio, qui ne doit être regardé que comme un fourbe adroit qui se vend aux deux partis et qui n'est véritablement livré qu'à ses intérêts personnels. Quel fond peut-on faire sur la bonne foi d'un homme de cette espèce ? Ce qui m'est revenu de Giuliani paraît assez conforme aux idées de M. de Cursay. Le crédit et les richesses qu'il a dans cette isle pourront nous servir avec d'autant plus d'utilité que la conservation de ses biens et l'envie d'en jouir tranquillement l'engageront à contribuer à y remettre le bon ordre et la tranquillité.

Les assurances réitérées du succès de la conférence qui devait se tenir le 2 de ce mois redoublent notre impatience de recevoir des nouvelles de pays-là. Si les sept principaux chefs ont des intentions aussi droites que Giuliani, tout sera terminé à la satisfaction de la France.

Il faudrait bien se garder de faire des promesses à quelques chefs des révoltés. La jalousie que les autres en concevraient n'occasionnerait que de mauvais effets, ainsi je crois que le mieux est de se borner toujours à des assurances générales de la protection du Roy. Il n'est pas douteux que les Corses ne soient instruits par les Piémontais de tous mouvements et qu'ils n'en tirent de justes conséquences. La Cour de Turin ne négligera rien pour entretenir des intelligences et nuire à nos bonnes intentions ; il faut s'attacher aux moyens de les détruire tant pour le présent que pour l'avenir.

M. de Cursay voudrait se charger seul du traité ; il serait fort à désirer qu'il fût en état de le conclure sans le secours de M. Guisard. Cet officier aura bien travaillé s'il parvient à se faire remettre purement et simplement les places et la soumission des rebelles. Son zèle ne doit pas le conduire au-delà de ses forces et des instructions que vous lui avez données ; il n'y a pas lieu de croire qu'il s'en écarte.

La République n'a pas encore pris une résolution fixe pour l'entretien de ses troupes non plus que pour les autres dépenses extraordinaires ; peut-être espère-t-elle que nous y pourvoirons. Le Gouvernement doit sentir la nécessité indispensable d'un article aussi important. Aujourd'hui les députés dînent chez moi où cet article sera amplement traité, afin que nous puissions savoir positivement à quoi nous en tenir. Je vous informerai du résultat. Quant à ce qui nous regarde, vous prendrez, sans doute, Monseigneur, des arrangements qui remédieront à tout. — J'ai l'honneur etc.

(M. G. Vol. Corse 3.307)

Gênes, le 9 décembre 1748. —Chauvelin au maréchal de Belle-Isle. — Monseigneur, J'attends avec la plus vive impatience des nouvelles de M. de Cursay qui fixent mes idées sur la lettre qu'a reçue aujourd'hui le consul de France. La République a aussi des lettres du vice-gérant de Bastia. Il paraît ne savoir que confusément le résultat de la conférence de Biguglia ; il y parle de soumission des peuples, il dit qu'il croit que San Pellegrino sera remis aux troupes françaises le 2 de janvier. On ne peut tirer de cette lettre des connaissances positives, car il paraît que la principale matière qu'il y traite est la crainte des inconvénients qui peuvent résulter de la permission que M. de Cursay a donnée à 5 ou 6 Corses rebelles d'entrer armés dans Bastia pour deux jours; voilà comme on s'attache à des riens pour négliger des choses essentielles Je désire bien ardemment des lettres de M. de Cursay.

J'ai eu cette après-midi avec les députés de la Giunte de Corse la conversation que je vous avais annoncée. J'ai élagué toutes les inutilités et je leur ai dit avec sang froid et fermeté que si jeudi matin je n'avais pas assurance positive qu'on faisait passer en Corse de la part de la République les fonds nécessaires pour trois mois, que j'ai évalués à 90.000 francs, je suspendrais l'embarquement et toutes autres mesures relatives à la conservation de cette isle. Il n'y a que ce ton à prendre, quand il s'agit d'argent, parce que réellement l'effort est démesuré, vu la situation actuelle des finances de la République, mais il n'en est pas moins indispensable, car Cursay m'en parle avec raison dans toutes ses lettres, et il vaut mieux terminer une fois de cette façon-là que d'avoir à y revenir tous les huit jours et perdre son temps et son crédit. J'espère avoir, sinon la totalité de la somme, du moins une partie proportionnée au besoin ; je vous en rendrai compte par la suite.

(M. G. Vol. Corse 3.307)

Bastia, le 10 décembre 1748. — M. de Cursay à......

Monseigneur, Je viens de recevoir la lettre que vous m'avez fait l'honneur de m'écrire le 27 du mois passé. Je présume que M. de Castro sera arrivé avant celle-ci et qu'il vous aura déjà rendu compte de bien des choses qui répondent en détail à tout ce que vous m'avez mandé. J'écris aujourd'hui une longue lettre à M. de Chauvelin pour le mettre au fait des motifs qui m'ont engagé à faire mille choses ; il vous enverra sans doute la copie de ma lettre, lui adressant celle-ci à cachet volant.

Comme la lettre de M. de Chauvelin du 24 me mettait à mon aise sur des points décisifs, je l'ai suivie à la lettre. En conséquence, je suis entré hier dans le fort de San Pellegrin avec les acclamations de tout le peuple qui a voulu lui-même porter les 3 pièces de canon dont j'ai fait garnir le fort. Voilà par ce moyen toute la Corse assurée, et ce qui est bien plus sensible à la République, un revenu assez considérable de rentrée, parce que c'était l'endroit où se faisait tout le commerce des châtaignes et du blé, ce qui augmente les droits d'environ 12.000 écus. Vous avez reçu la soumission des peuples, ainsi vous êtes tranquille dans cette partie. Je crois que vous ne doutez plus que je n'entre dans Saint-Florent au départ des Piedmontais. Pour à Corte, ce sera dès que j'aurai des troupes et de l'argent pour y faire les approvisionnements nécessaires pour 6 mois au moins. Je vous ai exposé l'état de la République. Castro vous le représentera plus fortement.

Je n'ai pas besoin de rien dire à la populace, parce que nous sommes maîtres de leur sort. Ce secret est entre Giuliani, Gafforio et moi. Nous savons bien que nous devons retourner sous la domination de la République et nous vous promettons d'y conduire la nation plus paisiblement que les sujets les plus attachés. La France en est le seul moyen ; un seul Français ici fait plus que toutes les républiques rassemblées. Ce qui fait que cette fois-ci la révolte a été soutenue, et qu'elle ne peut être abattue par des forces médiocres, c'est l'union intime des chefs qui en est le nœud. Il y a 30 chefs qui sont liés par un serment affreux ; ce sont les plus riches et les meilleurs de l'isle. Ils ont chacun trente hommes, et dès que quelque parti se lève pour favoriser la République, il est écrasé avant d'être sur pied ; le reste suit par crainte. Dix-neuf ont signé ; nous avions le consentement des autres, ils sont liés par le même serment à en passer par ce que nous arrangerons. Il est vrai que rien ne sera sûr sans la garantie de la France. Leurs prétentions ne sont pas injustes ; c'est beaucoup plus l'exécution que de nouvelles demandes, et la France prononcerait peu et la République promettrait beaucoup qu'il s'en tiendraient à la première.

Je ne sais pourquoi vous avez imaginé que j'accepterais la condition de remettre les places entre les mains des peuples à mon départ. Moi qui n'ai trouvé de décent que de n'en point faire, je dois prescrire aux peuples et ils ne doivent rien demander qu'avec respect. J'ai si bien senti tout le pouvoir que j'avais sur eux que vous voyez qu'il n'est pas parlé de la restitution des places, et que je la regarde comme une suite du pouvoir qu'ils m'ont remis. J'espère que je serai justifié par là d'une imprudence dont je ne suis pas capable.

Il est vrai que le commandant de la République a capitulé avec les Anglais ; mais ces mêmes postes sont remis depuis aux peuples qui en ont confié le dépôt aux Piedmontais. Cette alternative est bien indifférente, puisqu'il est convenu que j'y entrerai d'abord. La lettre à M. le comte de Bongin doit déterminer S. M. à faire évacuer cette place au plus tôt. J'espère que j'aurai bientôt une réponse de vous à cet article.

Les peuples ne peuvent mieux faire sans doute que de se livrer à la protection du Roy. Leur sentiment sur cela est sincère ; leur intérêt les y engage et non pas la crainte. Vous sentez à merveille que le château de Saint-Florent est une chose différente de la ville qui n'aurait point de part à ceci. On mettrait dans le fort des troupes soldées avec des vivres pour longtemps et les préparations du siège deviendraient onéreuses et coûteuses ; la République n'est point en état de l'entreprendre. Quant au reste de la conquête de l'isle, vous savez mieux que moi que M. de Maillebois ne l'a point faite avec seize bataillons et des millions, qu'il a été forcé de venir au même accommodement que je fais aujourd'hui, à la différence que je fais les conditions et qu'il les a reçues.

Je n'ai point traité sur les mêmes principes parce que je ne pouvais les appuyer de même. J'ai fait sentir aux peuples qu'en donnant tout, ils pouvaient tout espérer de la bonté du Roy avec d'autant moins de doute que la force n'y avait aucune part ; j'ai traité tous les chefs par lettres ou par amis, et le secret particulier est resté entre Gafforio, Giuliani, un autre homme dont je paraissais vivement solliciter une affaire, qui n'était qu'un prétexte, un Capucin qui portait les lettres et moi. Nous rendrons la Corse tranquille ou nous y périrons. J'ai du consentement de tous les peuples rendu une ordonnance pour qu'à commencer du 1er juin, jour de mon entrée, tous ceux qui avaient commis des homicides eussent à s'embarquer dans l'espace de quinze jours et qu'en conséquence il leur serait fourni les passeports et saufs conduits nécessaires. Ce sera des recrues pour le régiment corse. Tous les bandits qui troublent la tranquillité se trouvent enveloppés dans cette ordonnance et les peuples ont promis de se joindre à moi pour les faire exécuter. Le reste est prévenu que s'il en arrive quelqu'un, en cas d'inimitié même, il n'y aura pas de grâce pour eux, et qu'ils seront exceptés de l'accommodement général par une clause particulière. Tous les peuples s'engagent à soutenir cette ordonnance, j'en ai la preuve d'hier. Il s'est commis un meurtre dans la piève d'Orezza à près de vingt lieues de moi. J'avais ordonné aux communautés voisines des Piazzole d'arrêter tous ceux qui y avaient part. Huit hommes ont été arrêtés. On m'a envoyé un exprès pour me demander mes ordres. J'ai fait partir sur le champ M. de Beaumenil, capitaine au régiment de Royal-Comtois pour informer du fait et au cas de preuves, pour faire exécuter sur le champ les coupables conformément à l'ordre du douze de septembre, où il est dit que quiconque troublera la tranquillité sera sûrement châtié. Je l'ai envoyé escorté par les peuples et vous verrez par la lettre que je joins en original qu'il avait trouvé un détachement ainsi que je l'avais ordonné. Il m'a paru plus à propos de faire l'exemple sur les lieux, parce qu'il n'est jamais arrivé qu'il y en ait un dans les montagnes qui sont d'ordinaire la retraite.

L'extrait de la lettre de M. de Chauvelin n'est point conforme au vôtre. Il me mande que je vous prépare un détachement pour porter le nombre de vos troupes à 1.100. J'ai déjà dans l'isle, quand les piquets seront complets, 840; ainsi pour arriver au nombre projeté, ce ne serait que 260 au lieu de 4 à 500 que vous m'annoncez et qui seraient nécessaires, comme je vous l'ai mandé, parce qu'il faudrait en mettre au fort d'Aleria. Il est sûr qu'avec 500 d'augmentation je remplirai mes objets.

Je continue toujours à vivre avec les Piedmontais

dans la plus grande union, nous avons tous deux les mêmes désirs, eux de partir et moi de les voir dehors.

Vous m'avez fait une espèce de querelle avec M. de Varignon que je ne connais pas, mais dont j'ai ouï dire toute sorte de bien. Dans le temps que je traitais, il employait tout son zèle pour se faire des partisans qui ne devenaient d'aucune utilité et que je savais par Giuliani qui pouvaient nuire au but véritable. Comme je ne voulais pas dire mon secret, je lui ai mandé que dans les circonstances présentes les Corses me paraissaient trop obstinés et que je le priais d'attendre que vous eussiez pris un parti sur les troupes que vous vouliez nous envoyer et surtout de suspendre tout traité. Il m'a mandé que vous le chargiez de dire aux peuples telle et telle chose. Nous sommes tout au mieux depuis le succès, mais c'est pour vous représenter le danger, dans un pays éloigné, de multiplier les comptes et de les faire passer par d'autres voies que celles qu'elles doivent avoir naturellement. Cela entraîne souvent à des idées fausses. On vous rend les siennes selon sa passion ou son préjugé. Je connaîtrais mal les Corses si je m'en étais rapporté à ce qu'on m'en a dit à Gênes ou en France. Je traite avec des gens qui ont beaucoup d'esprit et beaucoup de vues; c'est pourquoi nous vous répondons de la fin des troubles et encore, ce qui touche le plus la république, de l'assurance de ses revenus.

M. le commissaire Passano doit être mort au moment que je vous écris; le courrier de ce matin me l'a annoncé sans espérance. — J'ai l'honneur etc.

(M. G. Vol. Corse 3.307).

Gênes, le 10 décembre 1748. — M. de Chauvelin au maréchal de Belle-Isle. — Monseigneur,.... J'ai lu avec une extrême attention ce que vous me mandez sur la Corse et vos lettres à M. de Cursay dont je prends copie, ainsi que des autres, afin d'avoir continuellement sous les yeux ce que vous lui écrivez. Je vois avec grande satisfaction que vous approuvez ce que je lui ai répondu au sujet de la procuration des Corses, qui n'est fondée que sur les termes positifs de la lettre où il me mande qu'il la recevra en son nom. Je ne néglige rien pour assurer une correspondance exacte et fréquente entre lui et moi, et je vous avoue que ce n'est pas sans impatience que j'attends de ses nouvelles surtout dans la circonstance présente où le résultat de la conférence de Biguglia a transpiré par des avis indiscrets et particuliers. Vous sentez bien que sur une notion aussi vague que la lettre du vice-consul de Bastia au consul de France à Gênes, je ne puis parler affirmativement ni asseoir aucun raisonnement. Il serait cependant essentiel que M. de Cursay me mît au fait de ce qui s'est passé et de l'état des choses, car je sais que quelques-uns du gouvernement murmurent de l'irrégularité de son procédé, de l'oubli qu'il a paru faire des intérêts et du décorum de la République, en acceptant en son nom une manière de souveraineté qui lui a été déférée par les rebelles. Ses lettres me mettraient en état de dissiper ces nuages en leur faisant voir évidemment l'utilité qui en résulte. J'ai cependant prévenu en quelque sorte la difficulté en disant dès hier aux députés que je ne doutais pas que parmi la quantité de gens qui composent le Conseil, il n'y en eût plusieurs qui, attachés scrupuleusement aux formes et aux usages, ne censurassent ce qui y paraissait déroger, mais je les priais de considérer que des têtes sages et éclairées comme les leurs ne devaient jamais sacrifier le fonds à la forme, que le fonds de l'affaire était le désir de leur rendre la souveraineté de la Corse pacifiée, avec tous les droits légitimes qui y appartiennent, que telle était l'intention du Roy, la vôtre et celle de tous ceux qui travaillent sous vos ordres, et qu'il ne fallait pas laisser péricliter un objet essentiel par une attention trop vétilleuse sur des moyens irréguliers qui en assuraient le succès. Ils m'ont paru persuadés au moins tant que je serai ici. Je réponds bien qu'ils n'entreront en aucune défiance de vos vues, et que je les engagerai au contraire à y concourir par tout ce qui sera en leur pouvoir.

Vous avez vu, Monseigneur, par la copie de la lettre du gouverneur de Savone que je vous ai adressée, que les ordres de M. le marquis de Breille ne sont pas encore parvenus le 9 dans la rivière du ponent. J'espère qu'ils y seront arrivés avant le 15, et je compte toujours mettre en marche ce jour là la première division. — J'ai l'honneur etc.,

(M. G. Vol. Corse 3,307)

Nice, le 10 décembre 1748. — Le maréchal de Belle-Isle à M. d'Argenson. — J'ai reçu, Monsieur, la lettre que vous m'avez fait l'honneur de m'écrire du 1er en réponse aux miennes des 17 et 20 du mois passé, où était joint le paquet de M. le marquis de Puysieulx. Je vous envoie copie de la réponse que je lui fais, quoiqu'une partie ne soit qu'une répétition de ce que je vous mande dans ma lettre du 8 ; mais je suis bien aise que vous soyez instruit en entier de toute ma conduite.

Je suis fort aise que vous ayez donné les mains à ce que M. Chauvelin soit chargé de la suite de la négociation qui concerne la Corse ; car certainement il est plus capable que M. de Guymont d'en tirer tout le parti possible. M. de Puysieulx ne me cache pas l'embarras que lui fait le désagrément qu'il faut encore lui donner pour la quatrième fois, mais il conclut pourtant que le bien du service doit aller avant toute autre considération et il me prie en conséquence d'ajuster tout cela le mieux qu'il me sera possible. C'est ce que je viens de faire en écrivant à M. de Guymont et à M. Chauvelin, à chacun comme il convient. Je ne laisse pourtant point de doute auprès et je lui fais entendre que la base de l'affaire de Corse étant absolument militaire, entamée par M. de Cursay qui ne peut être qu'aux ordres de M. Chauvelin, le fort doit emporter le faible et que tout ce qu'il y a à suivre n'ayant de poids que par les troupes qui restent dans les places de la Corse, il a été trouvé indispensable que M. Chauvelin restât à Gênes jusques au bout, ce qui lui doit faire d'autant moins de peine qu'il connaît le caractère liant de M. Chauvelin qui agira sur tout cela de concert et aura pour lui tous les égards et toutes les attentions qu'on peut désirer. Et comme c'est le premier moment qui est le plus fâcheux et que je serai encore ici plus d'un mois, je pourvoirai chaque jour aux petites difficultés qui pourraient s'élever et j'espère que quand je partirai, les choses seront tout établies, et nous parviendrons au but désiré qui est le point essentiel, sans quoi vous comprendrez que je ne me donnerais pas moi-même cette peine, et qu'il m'eût été beaucoup plus commode de laisser aller les choses comme elles auraient pu.

(M. G. Vol. Corse 3.307)

Lettre sans date ni adresse, mais placée au 10 décembre 1748. — J'ai mandé, Monsieur, au sieur Colonna de me venir trouver ici de Marseille où vous m'aviez donné avis qu'il était. Je l'ai entretenu à fond sur les affaires de Corse. Il m'a paru avoir beaucoup d'esprit et d'intelligence et pouvoir servir utilement. C'est pourquoi j'ai pris le parti de le renvoyer à Gênes prendre les ordres et instructions de M. Chauvelin et de là joindre M. de Cursay. Je n'ai pas manqué de le questionner sur l'avis de la proposition qui avait été faite à l'archiprêtre Orto d'offrir à la République six millions de son droit de souveraineté sur la Corse, avec promesse d'une récompense particulière pour le sénateur qui moyennerait la conclusion de ce marché, ainsi que pour lui-même archiprêtre Orto. Le dit sieur Colonna m'a dit qu'il était parvenu à se faire remettre cette pièce original, promettant de la rendre plus sûrement à l'archiprêtre, avec la résolution de ne rien faire et de vous en informer pour qu'il ne fût rien fait là-dessus qu'autant que vous jugeriez que cela soit utile au service du Roy et de l'agrément de S. M. Le dit Colonna n'avait point décacheté la lettre qu'il m'a remise bien entière ; c'est moi qui l'ai ouverte quand j'ai été seul.

J'aurais peine à vous exprimer toute la surprise qu'elle m'a causée, en voyant que c'était de la part et pour M. le maréchal de Saxe : 1° d'oser faire une démarche de telle nature sans le consentement de Sa Majesté; 2° qu'un homme que j'ai vu, quand il était lieutenant-général de mon armée en 1741, n'avoir pas de quoi faire son équipage, offrir du premier mot six millions d'argent comptant, indépendamment de toutes les autres dépenses qu'il fait.

Je ne ferai point là-dessus de commentaires ; vous êtes ministre du Roy, je suis bon citoyen, et c'est avec la plus sensible douleur que je vois les funestes effets d'un aussi pernicieux exemple, l'impression désavantageuse qu'il cause pour toute la nation, les discours tout à fait désagréables que j'entends tenir aux étrangers avec qui j'ai à traiter etc.

(M. G. Vol. Corse 3,307).

Versailles, le 10 décembre 1748. — M. d'Argenson au maréchal de Belle-Isle. — Le sieur Colonna, cy-devant capitaine au régiment Royal-Corse, que j'avais fait revenir de Venise, Monsieur, dans l'espérance de l'employer à un certain projet que nous avions concerté ensemble, au lieu de quoy M. de Richelieu le fit passer en Corse, me mande qu'il est revenu à Marseille où il a pris le nom de Bozzy. Je lui marque de s'adresser à vous pour recevoir vos instructions sur les choses auxquelles vous jugerez à propos de l'employer. Il prétend avoir par devers lui une lettre adressée à l'archiprêtre Orto, qui contient une proposition à la République de céder la Corse pour sept millions. Si cette offre était réelle, il serait nécessaire de savoir de quelle part elle a été faite, et comment elle a été reçue à Gênes; en tout cas vous verrez le parti que l'on peut tirer du sieur Colonna dans la conjoncture présente, relativement aux connaissances qu'il a de cette isle et au crédit qu'il peut y avoir par ses parents et ses amis, et je ne puis que m'en rapporter à l'usage que vous croirez devoir faire de sa bonne volonté. — J'ai l'honneur etc.

(M. G. Vol. Corse, 3.307).

Bastia, le 10 décembre 1748. — M. de Cursay à M. d'Argenson. — Monseigneur, Conformément à la lettre et aux instructions de M. de Chauvelin, je suis entré hier dans le fort de San Pellegrin, où j'ai fait mettre trois pièces de canon, selon qu'elles y étaient anciennement.

Les peuples continuent à marquer leur attachement pour moi et le plus grand respect pour mes ordres. J'ai donné un ordre du consentement de tout le monde pour enjoindre à tous ceux qui ont commis ou eu part à des homicides depuis le 1er juin, jour de mon arrivée dans l'isle, de songer à s'embarquer dans la quinzaine de la date et qu'il leur sera fourni pour cet effet tous les sauf-conduits nécessaires. Les peuples consentant à se joindre unanimement, nous nous déferons par là d'une quantité de gens qui troublent la tranquillité, et pour l'assurer davantage, j'annonce qu'il n'y aura plus de grâce à l'avenir et que ceux qui en commettront, seront exceptés par une clause expresse dans l'accommodement général. J'en ai eu dans le moment un exemple bien sensible. Il s'est commis un meurtre à vingt lieues de moi dans les montagnes les plus impraticables ; un village entier s'est battu et les coups de fusil ont duré deux jours. J'ai ordonné aux communautés voisines de marcher, huit coupables ont été arrêtés. On m'a envoyé sur le champ un exprès pour me demander mes ordres ; j'ai fait partir le sieur de Beaumenil, capitaine au régiment du Royal-Comtois tout seul, et n'étant escorté que par les peuples. J'ai prévenu ceux de cette partie d'envoyer un détachement considérable au-devant de lui, ce qui a été exécuté, comme la lettre que j'envoie en original à M. le maréchal de Belle-Isle en fait foi. Je lui ai ordonné de prendre connaissance du fait et de faire punir sur le champ les coupables en vertu de l'armistice public où il est dit que quiconque troublera la tranquillité sera sûrement châtié. Ce sera le premier exemple qui ait été jamais fait dans les montagnes. Ce prompt changement vous surprend peut-être, il est pourtant moins étonnant que celui de la République qui, content de ma conduite, approuve ce qui se fait pour la réunion. Aussi puis-je lui en répondre ; la journée d'hier lui a valu 36 mille livres de rente, ce qui n'est point indifférent avec des Génois. L'assemblée générale de Corte lui vaudra le retour de ses droits.

M. de Chauvelin me mande que les troupes d'ici seront portées à onze cents hommes et M. le maréchal de Belle-Isle à treize cents. Ce dernier serait plus raisonnable et plus nécessaire pour la distribution indispensable. Il faut profiter du temps, l'esprit du Corse est léger, plein de feu ; il faut le nourrir par des spectacles extraordinaires ; celui d'un Français sans puissance et sans titres vis à vis d'eux et qui dispose à son gré de 25 mille hommes peut fournir matière dans le cours de ceci. Le fruit que j'en voudrais tirer, ce serait de me faire connaître davantage de vous, et de vous convaincre qu'étant déjà votre créature par les bienfaits, je devrais espérer de l'être par la confiance. — J'ai l'honneur etc.

(M. G. Vol. Corse 3,307).

Venzolasca, le 11 décembre 1748. — M. de Beaumenil à M. de Cursay. — Monsieur, La nuy mas oblijer de coucher à Lenzolasca, ous M. de Caforios mas envoyer une escorte pour me conduire à Piazzole d'Orezza. Je pense y ariver vers les deuxeur après midi. Jay coucher chez la grandmer de M. Masser qui ma fait beaucoup damittiez qui ma dit avoir de furieux griesve contre les Bastya et doit nous prier de lui rendre justisse. Je nai pas pu avoir les cheveaux de Bigouille ny nen peut avoir yssy ; inssy je mene ceux de Bastya jusqous il pourront aller.

Jay et crit yerr en nariven a M. de Caforios ; je la sur

que je feray toute la diligence posible pour le joindre. — Jay l'honneur etc.

A Lezolasca se 11 décembre 1748.

(Le porteur est payer).

BEAUMENIL

(M. G. Vol. Corse 3.307).

Gênes, le 11 décembre 1748. — M. de Chauvelin au maréchal de Belle-Isle. — Monseigneur, Ce n'était pas témérairement que je vous annonçais le succès des deux points sur lesquels j'ai si vivement insisté auprès du gouvernement ; les députés viennent de m'annoncer que quant à l'article de l'argent, le petit Conseil venait d'affecter au payement des troupes réglées de Corse et à l'entretien des places un fonds de 80.000 francs qui est à peu de choses près, la somme que j'ai jugé nécessaire pour remplir ces objets pendant l'espace de trois mois, et que cette somme distraite d'un fonds destiné à un autre employ, serait envoyée après-demain en Corse pour ne pouvoir être appliquée à aucun autre usage que ceux que j'avais indiqué.

Quant à la punition de l'assassinat commis récemment auprès de Bastia et dans la circonstance dont j'ai eu l'honneur de vous rendre compte, j'ai frappé de façon les députés que le Sénat s'est assemblé extraordinairement, a donné au vice-gérant le pouvoir de condamner le criminel même à mort et lui a prescrit de suivre, sans égard à la loi ordinaire, pour règle de son jugement, la disposition de l'article 6 du règlement de 1738, qui condamne à perdre la vie tout homme convaincu d'avoir tué ou voulu tuer sans y être obligé par la nécessité de sa propre défense, disposition qui avant cet exemple n'avait jamais été en vigueur en Corse.

J'ai l'honneur de vous adresser ci-joint, à cachet volant, les lettres que j'écris à M. d'Argenson et à M. de Puysieulx. Je n'entre pas à beaucoup près avec eux dans les mêmes détails qu'avec vous, qui m'avez permis et même ordonné de vous faire part de mes idées, et je me garde bien de m'ouvrir sur le plan que je me proposerais, si la suite de cette affaire m'était confiée, mais je vous avoue que je ne me suis pas retenu de leur insinuer, surtout à M. d'Argenson, que je pensais que j'étais à portée d'influer beaucoup sur le succès de cette négociation ; je n'ay pas craint de leur faire cette ouverture, parce qu'elle est conforme aux démarches que vous avez faites, et je vous assure que ce n'est pas mon intérêt personnel que j'ai consulté; engagé par goût et par raison à suivre assidûment toute ma vie le métier de la guerre, je n'envisage pour moi aucun avantage dans une autre route, mais je me suis affectionné naturellement au succès d'une affaire que je vois en si bon train, et d'un autre côté je crois voir si évidemment d'un côté la possibilité de la bien terminer, et de l'autre la facilité de la faire échouer par maladresse, que je serais inconsolable si, faute d'avoir fait envisager la chose telle qu'elle est, je la voyais languir, traîner et manquer peut-être ou du moins se conclure sans la stabilité et les avantages dont je la crois susceptible.

(M. G. Vol. Corse 3.307)

Gênes, le 11 décembre 1748. — M. de Chauvelin au maréchal de Belle-Isle. — Monseigneur, M. de Castro qui vous porte les lettres de M. de Cursay vous rendra compte dans le plus grand détail de tout ce qui s'est passé le 2 à la conférence de Biguglia ; il me paraît qu'il n'y a rien à désirer dans le moment présent au-delà des preuves de soumission qu'il a su amener les Corses à donner au Roy, et je les crois liés irrévocablement sur l'exécution de cet article préliminaire de la remise des places que nous attendions avec tant d'impatience ; quoique nous ne soyons encore maîtres que de San Pellegrino, je ne forme aucune espèce de doute sur la reddition des autres postes. Il dit positivement qu'il marchera à Corte avec un détachement aussitôt que les troupes qu'il attend seront arrivées, et quant à St-Florent qui est le plus essentiel, l'ordre de M. Breille au commandant piémontais qui sera arrivé peu de temps après le départ de M. de Castro, déterminera leur départ et mettra les Corses à portée de remplir à cet égard leurs engagements.

Voyez donc le moment où le fond de la négociation qui se trouve à présent appuyée sur des fondements solides, peut s'entamer avec apparence de succès. Nous avons de la part des Génois et de la part des Corses des gages du désir qu'ils ont réciproquement de voir la tranquillité rétablie ; les uns l'ont manifesté par une demande en forme du séjour des troupes du Roy dans les places de Corse, et les autres par la remise de leurs postes, et par l'acte de soumission authentique aux volontés du Roy, duquel M. de Castro est porteur.

Dans ces circonstances je ne vois plus rien qui doive retarder le départ de M. de Guisard, et je ne compte l'arrêter qu'autant de temps qu'il sera nécessaire pour recevoir vos ordres positifs à cet égard, et pour dresser de concert avec les députés de la République un modèle des conditions qu'elle croira devoir accorder aux Corses, sauf à y ajouter ou à y changer suivant les circonstances et les notions les plus approfondies que M. de Guisard acquiérera lorsqu'il sera arrivé à Bastia.

Je profiterai de cet intervalle pour traiter encore avec les mêmes députés deux points préliminaires et importants, que j'ai déjà mis en assez bon état pour être fondé à en espérer la réussite.

L'un est l'article de l'argent; la façon froide et déterminée dont je leur ai parlé en dernier lieu sur la nécessité d'affecter un fonds fixe et réel qui pût au moins pendant trois mois subvenir à tous les besoins de l'isle, a opéré ; les députés m'ont dit ce matin que le Sénat était déjà d'accord d'appliquer à cet usage un fonds qui aurait été destiné à un autre emploi. Il ne s'agit plus que d'y faire consentir le petit Conseil qui a été assemblé ce matin à cet effet ; j'ai tout lieu de croire que d'après la détermination du Sénat la chose n'aura souffert aucune difficulté ; je le saurai demain avec plus de certitude.

Le second est la punition de mort que je demande hautement du bourgeois de Bastia qui a assassiné deux hommes à coups de stylet, le jour même de la conférence de Biguglia ; j'ai représenté aujourd'hui avec la plus grande force aux députés la nécessité d'un exemple rigoureux et les conséquences de l'impunité. Je leur ai dit que si ce criminel n'était pas exécuté, ou si son supplice se différait, la Cour de France ne pourrait se dispenser de croire que le principal grief des Corses contre les Génois qui est le dény de justice, était fondé, et d'en conclure que peut-être les autres ne le sont pas moins ; que d'un autre côté si les Corses qui poursuivaient avec chaleur la punition de cet assassinat la voyaient éluder, ils penseraient que le traité dont on les flatte est illusoire, sans compter qu'ils perdraient toute espèce de considération pour la France, s'ils reconnaissaient que le commandant de ses troupes n'a pas assez de considération auprès des Génois alliés de la couronne de France, pour en obtenir la punition d'un coupable avéré qu'il poursuit avec éclat et vivacité. La grande difficulté qui s'oppose à ce que je demande, est la constitution des lois établies en Corse qui ne punissent que par la galère ou le bannissement tout assassinat commis en suite de ce qu'ils appellent une querelle particulière, où l'assassin peut être censé n'avoir tué son adversaire que par la nécessité légitime de pourvoir à sa propre défense. Les députés m'ont objecté qu'il ne dépendait ni d'eux ni du Sénat d'abroger la loi, que cette autorité était réservée au Grand Conseil seul, qui, quand même il ordonnerait pour l'avenir la peine de mort contre les meurtriers, ne pourrait le faire par effet rétroactif sur le passé. J'ai répondu qu'il y avait des cas où le Souverain devait se servir sans réserve de toute l'autorité du pouvoir absolu pour opérer un bien qu'il voit évidemment en devoir résulter, que l'occurrence actuelle était de ce nombre, que le délai seul de la punition de ce criminel pouvait rallumer dans la Corse un feu à peine éteint, et qu'il ne fallait pas qu'un respect superstitieux pour des lois défectueuses qui étaient à l'instant d'être abrogées ranimassent des troubles qu'on venait de réussir à interrompre, et que par une sage conduite on pouvait se flatter d'extirper tout à fait, qu'en conséquence, je les priais avec instance de demander l'assemblée du grand conseil pour donner à ce que je leur demande la forme la plus régulière et la plus légitime.

C'est de bien bonne foi que je les ai pressés sur le supplice de ce malheureux ; je crois que dans le moment présent sa mort est de la première nécessité, et les Corses, qui ne recourent à la France que dans l'espérance que son ascendant sur la République leur procurera une administration équitable, changeront d'idées et de mesures s'ils voient que nous n'avons pas le crédit d'obtenir la punition d'un coupable.

Je vous avouerai, Monseigneur, que de ce moment-ci la négociation devient infiniment délicate à conduire vis-à-vis des Génois par l'abandon que les Corses marquent pour la France et par la nécessité où M. de Cursay s'est trouvé de recevoir en son propre nom ces actes de la soumission des peuples sans y mesler en rien la République, dont la plus simple intervention aurait détruit tout son travail. Les bonnes têtes et ceux à qui je peux expliquer en détail les motifs et la nécessité de cette conduite se rassurent, mais avant que cette impression ait saisi tous les esprits qui composent la totalité du gouvernement, il se passe bien du temps, et ce ne peut être que l'ouvrage d'une adresse et d'une application soutenues.

Le renouvellement des défiances n'est pas encore ce que j'appréhende le plus, surtout tant que je resterai chargé de la conduite des affaires, mais vous sentez mieux que moi que la fermeté et le ton imposant que suis obligé de mettre quelquefois en usage, nommément pour l'article de l'argent, que je me flatte d'avoir emporté, et pour celui de la punition du meurtrier que je poursuis actuellement, produisent nécessairement quelque légère aliénation, surtout ayant affaire à des gens timides, qui craignent plutôt par habitude que par raison qu'une grande puissance mêlée aussi avant dans leurs affaires les plus particulières n'anéantisse insensiblement les droits de leur souveraineté dont ils sont prodigieusement jaloux, et ne s'accoutume à leur prescrire avec autorité les conditions qu'elle jugera convenables ; il est cependant essentiel de ne pas mollir dans des occasions décisives, mais par une alternative mesurée de fermeté et de douceur, on peut dans des moments déterminer leur décision, dans d'autres regagner sur leur confiance le petit déchet qui a pu résulter de l'espèce de contrainte à laquelle on les a assujétis.

Voilà, si j'ose, Monseigneur, vous parler avec sincérité, ce qui me met en état plus que personne de négocier cette affaire avec les Génois, parce que d'un côté ils sont unanimement convaincus que personne ne s'intéresse plus vivement que moi à ce qui est de leur avantage réel, et que de l'autre, comme ils pensent que le devoir seul me détermine à exiger quelquefois d'eux des choses qui leur coûtent, quand je leur dis mon dernier mot avec assurance, ils savent qu'il n'y a rien à en rabattre et que je suis incapable de m'en relâcher.

Je vous assure, Monseigneur, que ce n'est point du tout pour me faire valoir à vos yeux que je vous expose ce que je crois avoir d'avantages pour amener à bien cette négociation, mais simplement par le désir que j'aurai de servir utilement le Roy dans cette affaire qui prend une tournure si favorable, et de seconder les vues également utiles et honorables qui ont réglé jusques ici votre conduite.

Je pousse actuellement plus loin mes idées et lorsque l'assemblée générale de toutes les paroisses de Corse aura confirmé et ratifié l'acte de soumission des chefs que M. de Cursay vous envoie, la convention ne sera pas difficile à conclure ; le point principal et critique sera d'y insérer des clauses qui assurent d'une façon durable l'exécution de cette convention. C'est sur quoi j'ai déjà formé intérieurement des plans que je vous développerai à mesure que l'affaire s'avancera. J'aurai beau jeu, s'il est nécessaire, à faire passer dans l'esprit des Génois des inquiétudes sur l'efficacité de la garantie de la France, qui les disposent à chercher et à imaginer des moyens qui remédient aux nouveaux troubles qui pourraient s'élever en Corse, si la France, occupée à des guerres étrangères, se trouvait un jour distraite de l'attention, qu'ils espèrent qu'elle fera dans les temps ordinaires, à l'exécution ponctuelle du règlement qu'on projette ; peut-être ne me serait-il pas impossible de les conduire à demander d'eux-mêmes que la France conservât d'icy à longtemps dans la Corse une influence solide et réelle, et à leur donner l'acquiescement de la France à cette condition comme une grâce, qui en effet deviendra telle par l'intention où est le Roy de n'en profiter que pour assurer à la République de Gênes la souveraineté de la Corse paisible, et peut-être devenue opulente, si on trouve moyen d'en éclairer les habitants sur leurs avantages, mais qui produirait en effet à la France des ressources infinies de commerce, de subsistances, de moyens utiles pour les guerres d'Italie, et qui avec une conduite sage et soutenue, nous donnerait sur la Méditerranée une supériorité décisive.

Vous jugez, Monseigneur, que je ne travaillerai d'après ce plan général et à peine ébauché, qu'autant que j'y serai autorisé par vos ordres et que vous en approuverez les dispositions. Ce n'est pas l'affaire d'un moment ; il faut aller de proche en proche et faire résulter les vues des autres, les impressions qui y concourent, mais je vois déjà le principe de toutes ces idées, et si elles étaient jugées convenables, je ne désespérerais pas de parvenir à leur donner de la consistance.

Je vous avoue, Monseigneur, que l'assemblée générale de toute la Corse devant s'ouvrir le 14 janvier, je ne vois pas sans peine que les troupes françaises auront évacué en totalité l'État de terre ferme de Gênes le 12 de ce même mois. S'il y avait quelque moyen ou quelque prétexte d'y retenir seulement 12 bataillons jusqu'au 25, je crois qu'on pourrait se répondre avec plus de certitude des dispositions d'un peuple volage, ardent, et parmi lequel une étincelle a souvent allumé des incendies.

M. de Castro ne m'a pas laissé ignorer que M. de Cursay désirerait fort que vous lui permissiez de continuer son voyage jusques à la Cour, espérant que cette occasion leur procurerait à tous deux des récompenses que l'un et l'autre me paraissent avoir bien méritées. Je ne dois pas non plus vous dissimuler que M. de Castro, d'ailleurs homme d'esprit, et fort au fait de la situation de la Corse, me paraît cependant, ainsi que M. de Cursay, trop confiant dans la bonne foi, la vérité et la stabilité des dispositions des Corses ; leur préjugé à cet égard qui les rend plus propres à captiver ces peuples, n'a besoin que d'être réglé, et c'est ce qui fonde encore l'utilité de l'influence que vous m'avez conservée sur cette négociation, parce qu'il est sûr que les Génois qui s'exagèrent encore la prétention favorable qu'ils supposent à M. de Cursay pour les Corses, ne douteraient pas qu'il ne les sacrifiât sans ménagement aux prétentions des peuples, s'il n'était à portée lui-même d'être contenu et dirigé par un homme qui eût sur lui une supériorité réelle de grade et d'autorité militaire, et [voulût] soutenir sans déchet les droits et les prérogatives de leur souveraineté. — Je suis etc.

(M. G. Vol. Corse 3.307)

Nice, le 11 décembre 1748. — Le maréchal de Belle-Isle à M. de Guymont. — J'ai reçu hier, Monsieur, presque à la fois vos 3 lettres des 5 et 9, qui répondent aux miennes des 30 novembre et 3 de ce mois. L'on ne peut s'empêcher d'être ému de colère et d'impatience, quand on voit la négligence, ou pour mieux dire, la léthargie de la République sur les affaires de Corse, qu'elle ne sent pas qu'elle est dans l'impuissance absolue de soumettre les rebelles, qu'elle est à la veille de perdre sans retour toute autorité dans cette isle, et que sans la protection et la générosité du Roy, les peuples se rendraient bientôt maîtres des places, qu'ils ne doivent pas se flatter de conserver s'ils ne payent pas le peu de troupes qu'ils y ont, et qu'ils ne pourvoient même pas à leurs subsistances. J'ai parlé sur cela avec la plus grande force à MM. Pinelli et Curlo; je n'ai point ménagé les termes, qui doivent avoir fait d'autant plus d'impression sur eux qu'ils viennent d'être témoin de la chaleur avec laquelle j'avais pris leurs intérêts vis-à-vis des ministres autrichiens dans la conférence qui se tint hier sur l'exécution de l'article 14 du traité définitif, la Cour de Vienne prétendant retenir en ses mains les effets des particuliers génois qui sont dans les banques de Vienne et de Milan, en paiement de 1.150.000 génouines dont elle prétend être légitime créancière et pour le payement des contributions. Les députés de la République lui ayant offert les dits effets, les ministres autrichiens soutiennent cette prétention par plusieurs prétextes spécieux. Je me suis élevé contre avec d'autant plus de force et de vivacité que je crois en cela défendre la justice, la gloire et l'honneur du Roy qui doit sa protection à ses alliés.

Il n'y a point de Génois qui eût pu prendre la défense de cet article avec plus de vivacité que je l'ai fait. MM. Curlo et Pinelli qui en sont instruits doivent sans doute en rendre compte, et vous devez profiter de cette circonstance pour arracher décisivement du gouvernement les secours pressants et pressés qu'exige la Corse. J'écris en conformité à M. Chauvelin, car comme tout ce qu'il y a à faire en Corse est absolument militaire et que M. de Cursay paraît avoir acquis la confiance des rebelles, il est nécessaire que M. Chauvelin qui est plus à portée que moi, le conduise en m'en rendant compte pendant tout le temps que je resterai encore ici, ce qui me mènera encore au mois de février, et comme selon toutes apparences, les affaires de Corse ne seront pas encore finies dans ce temps-là, l'on a pensé à la Cour comme moi, qu'il convenait que M. Chauvelin prolonge son séjour à Gênes pour avoir la conduite et la suite de cette affaire jusques au bout.

Je ne doute pas que M. de Puysieulx ne vous en instruise par la lettre ci-jointe qu'il vient de m'adresser pour vous, et je suis persuadé aussi que M. Chauvelin dont vous connaissez le caractère, agira sur tout cela avec vous dans le concert nécessaire et aura pour vous tous les égards et attentions que vous méritez personnellement, indépendamment du caractère dont vous êtes revêtu. Nous ne devons avoir tous dans cet objet que le bien, pour lequel toute autre considération doit cesser; je viens d'en donner l'exemple en restant ici vis à vis M. le comte de Brown, tandis qu'un Bathiany n'a point voulu aller à Bruxelles parce qu'il n'y avait qu'un lieutenant-général; je suis donc persuadé qu'animé du même esprit, vous concourrez et aiderez en tout ce qui dépendra de vous M. Chauvelin qui y répondra sûrement de son côté.

Je suis tout aussi impatient que vous de recevoir des nouvelles de M. de Cursay d'après l'assemblée du 2, et que nous soyons maîtres de Saint-Florent. Je ne le serai pas moins de savoir que vos remontrances et celles de M. Chauvelin auprès du gouvernement ayent opéré l'envoi de l'argent et des vivres nécessaires en Corse.

Je vous informerai de mon côté de ce qui se passera

d'essentiel dans la suite de nos conférences. — Je suis, Monsieur, etc.

M. G. Vol. Corse 3,307).

Nice, le 11 décembre 1748. — Le maréchal de Belle-Isle à M. de Cursay. — Je viens de recevoir à la fois, Monsieur, vos deux lettres du 22 et du 29, par laquelle je vois avec un sensible plaisir que vous êtes toujours dans la parfaite confiance que les chefs rebelles vous tiendront parole, et qu'il n'y a plus qu'à attendre l'assemblée générale du 2 décembre. Vous m'y confirmez ce que vous m'avez déjà mandé sur Matra, ce que je regarde comme un point extrêmement essentiel. J'attends avec la plus vive impatience des nouvelles de ce qui se sera passé le deux, car comme nos conférences avancent ici, et que nos premières divisions se mettront en marche de l'Etat de Gênes pour revenir en France le 15 de ce mois, il me paraît extrêmement important que les rebelles vous aient remis Saint-Florent et leurs autres places avant cette époque, de peur que les malintentionnés ne se servissent du prétexte du départ des Français pour empêcher l'effet de ce qui vous a été promis. Il est vrai qu'il n'y a que 12 bataillons qui reviennent à présent et que les 20 qui restent dans l'Etat de Gênes ne partiront que du 4 au 12 janvier. Je compte que les 1.100 hommes que M. de Chauvelin vient de vous faire passer auront fait un bon effet, en ce qu'il vous est facile de les doubler dans vos discours et de faire entendre qu'il en est arrivé 2 ou 3.000 et que si je n'en envoie pas davantage, c'est parce que vous êtes d'accord avec eux et que le Roy ne voulant que leur bien n'a pas besoin de plus de troupes pour les protéger.

Quant aux points principaux dont vous désirez d'être éclairci, je commencerai 1° par vous dire que j'ai pourvu par les ordres que j'ai donnés à ce que le prêt des troupes et leur subsistance en tout genre soient assurés pour jusques et y compris les 3 premiers mois de l'année prochaine 1749, pendant lequel temps les choses prendront une forme et on aura tout le loisir d'assurer le reste.

2° J'ai réglé que le traitement des troupes qui vont rester en Corse sera le même qu'elles ont eu jusqu'à ce jour, et il n'y aura à cet égard aucune innovation.

3° Je vous laisse l'ingénieur que vous avez dont vous me paraissez content; si vous en avez besoin d'un de plus, je vous le ferai passer.

4° Quant à l'approvisionnement et rétablissement des places, pour quoi vous demandez qu'il soit fait un fond, je viens de répondre à la première partie, puisque la solde et la subsistance des troupes est assurée jusqu'au premier avril.

Quant à la seconde qui concerne le rétablissement des dites places, vous sentez bien que ce n'est point au Roi à entrer dans cette dépense. M. Chauvelin ne cessera de presser la République pour qu'elle pourvoie aux articles les plus essentiels dont vous l'informerez journellement. Vous voyez la peine qu'il a pour obliger le gouvernement d'envoyer la farine pour nourrir leurs soldats. Je viens de prendre sur cela le ton le plus hautain avec les députés qui sont ici, et j'espère que ce ne sera pas sans effet. Adressez-vous pour tous ces détails à M. de Chauvelin qui est particulièrement chargé de suivre toutes les affaires de Corse jusques à leur couronnement, même après mon départ et celui des troupes. Je resterai vraisemblablement ici jusqu'au mois de février, et peut-être plus. J'espère qu'avant ce temps les affaires de Corse seront bien avancées au moyen des soins utiles que vous vous donnez et de la confiance que vous vous êtes acquise en Corse. Mais après mon départ vous serez uniquement aux ordres de M. Chauvelin avec lequel vous serez dans une continuelle correspondance.

Au surplus, je ne vois pas qu'il y ait de grandes dépenses à faire pour l'entretien ou la réparation des places de Corse, la paix étant générale dans toute l'Europe. Il n'y aurait donc que contre les rebelles que cette précaution serait nécessaire ; il n'y en aura bientôt plus, puisqu'ils se livrent à la protection du Roy et se soumettent à ce que vous leur prescrivez. Ainsi cet article, quoique convenable et nécessaire par la suite, est un des moins instans dans le moment présent, et il faut commencer par obliger le gouvernement à assurer la subsistance et le prêt de ce qu'il a de troupes en Corse.

Je ne puis assez vous exprimer combien je suis ravi de vos bons succès; je n'en laisse rien ignorer à nos ministres, et je ne doute pas que vous ne receviez toute la récompense qui vous sera due.

(M. G. Vol. Corse 3.307)

Gênes, le 12 décembre 1748. — M. de Guymont au maréchal de Belle-Isle. — Monseigneur, J'ai reçu la lettre que vous m'avez fait l'honneur de m'écrire le 7 de ce mois. M. de Castro arriva hier pour nous faire part de tout ce qui s'est passé dans l'assemblée du 3. Nous avons appris avec un sensible plaisir le succès qu'elle a eu, et qui confirme tout ce que M. de Cursay nous avait mandé des dispositions des Corses. On ne peut refuser à cet officier les louanges qu'il mérite pour avoir conduit sa négociation au point où elle en est. Il ne restera plus à M. Guisard qu'à profiter de la bonne volonté de ces insulaires, et il y a lieu de penser que puisqu'ils se soumettent sans nulle exception ni réserve aux volontés du Roy, il ne sera pas difficile de terminer avec eux un accommodement par lequel ils seront tenus de se comporter comme de bons sujets de la République, qui de son côté sera obligée d'avoir pour eux plus de douceur et de prendre à leur égard les sentiments que les souverains ont pour des peuples dont ils ont intérêt d'être aimés et respectés. J'ai de la peine à croire que sans la médiation du Roy on eût pu parvenir à quelque chose de stable; il ne faut moins que le frein d'une autorité aussi respectable pour suspendre les effets du ressentiment et de l'antipathie des Corses et des Génois et contenir les deux peuples dans les bornes qui leur seront prescrites pour les conventions respectives qui seront rédigées par M. Guisard.

Si M. de Cursay réussit, comme il l'assure, pour l'article de Matra, ce sera pour lui un surcroît de bonheur et de gloire; outre qu'il prouvera par là l'ascendant qu'il a su prendre sur les Corses, il procurera encore un grand bien, car le Roy de Sardaigne n'a protégé ce chef et ne l'a attaché à son service que parce qu'il a cru qu'il pourrait être utile à ses vues, et il y a lieu de croire qu'il l'abandonnera dès qu'il verra qu'il a perdu tout le crédit dont il voulait se servir. D'ailleurs la proscription de ce rebelle par ses concitoyens même, ordonnée pour avoir porté les armes contre la France, est un monument du respect que ces peuples ont pour elle. Leur soumission est bien marquée dans le placet qu'ils vous ont envoyé pour être présenté à S. M. Peut-être que les Génois ne seront pas satisfaits d'y voir rappeler qu'ils étaient autrefois sujets du Roy, mais notre façon

d'agir doit les convaincre des bonnes intentions de
S. M. Nous avons lieu d'espérer que les choses sont à
la veille de prendre une face conforme à nos desseins.

J'ai déjà eu l'honneur de vous informer de la vivacité
avec laquelle nous avons fait sentir aux députés la nécessité de pourvoir promptement et efficacement aux
besoins pressants de cette isle. M. de Chauvelin et moi
leur avons aussi parlé très fortement au sujet des assassinats dont se plaint M. de Cursay et principalement de
celui dont il a remis le coupable entre les mains du
vice-gérant. Si on refusait aux Corses la justice qui est
due en pareil cas, il en pourrait résulter un mal qu'il
faut prévenir. Dès le moment qu'on laisse aux Génois
le soin de punir les criminels, ce n'est point attenter à
leur autorité, et ils ne peuvent avoir trop de soin d'éviter toute source de mécontentement de la part de ces
insulaires, et par conséquent tout prétexte de renouveler des troubles qui ne sont point encore tout à fait
apaisés, et qui renaîtraient peut-être avec plus de force
et sans espoir de retour, si on n'y remédiait pas d'une
façon convenable et prompte qui peut seule calmer
l'esprit de ces peuples et leur ôter tout soupçon.

Ils nous promirent de faire de vives représentations
au gouvernement sur ces deux objets. Ils nous obser-
vèrent seulement que les collèges étaient déterminés à
assigner des fonds pour les besoins de la Corse ; qu'à
l'égard des homicides, leurs lois dans le cas dont il s'agit
n'exigeaient qu'un bannissement de trois ans, dont la
durée pouvait même être abrégée en s'accommodant
avec la partie civile. Malgré cela nous avons cru devoir
insister sur une punition exemplaire, et que si on la
refusait, la Cour et vous, Monseigneur, le trouveriez
très mauvais et leur imputeriez avec raison les suites
dangereuses que l'impunité ou une légère punition

pourrait occasionner. Ils nous assurèrent qu'ils nous rendraient une réponse prompte et positive.

En effet hier au soir ils vinrent nous dire qu'ils avaient communiqué nos représentations au gouvernement qui sur le champ avait fait écrire une lettre au vice-gérant par laquelle on lui ordonnait de ne pas perdre un moment pour faire constater le crime ainsi que les circonstances qui l'ont accompagné, et qu'on lui donnait un pouvoir extraordinaire d'en faire la punition la plus rigoureuse et la plus prompte. C'est tout ce nous pouvions exiger dans cette occasion.

Ils nous ont fait ensuite des représentations, mais très modérées, par rapport à l'attachement de M. de Cursay pour les rebelles et sur ce qu'il n'avait aucune sorte d'égards pour ceux qui étaient véritablement bons sujets de la République; que lui qui demandait des exemples avait négligé de faire punir un paysan qui avait maltraité un de leurs officiers; qu'ils ne parlaient pas de cette affaire pour s'en prévaloir en nulle façon, mais pour que M. de Cursay y fît plus d'attention à l'avenir; ils nous ont dit aussi avec beaucoup de circonspection que quelques membres du gouvernement avaient pris garde qu'il n'avait point encore fait mention de la République, mais que la plus grande partie était convenue (ainsi que nous nous en étions expliqués) qu'il n'était point encore temps de parler au nom des Génois, et que ce serait gâter tout; qu'il n'y avait même que la façon dont on s'était conduit qui pût ramener un peuple déraisonnable, et qu'il fallait bien se garder d'agir autrement quant à présent. Nous avons appuyé de pareils sentiments par des raisons dont ils ont paru être convaincus. M. de Chauvelin leur a aussi promis qu'il serait recommandé à M. de Cursay d'avoir plus d'égard à l'avenir pour les sujets attachés à la République; ils espèrent aussi que cet officier ne se mettra point du traité et s'en tiendra à la remise des places et à la soumission des rebelles; ses liaisons et sa bonne volonté pour eux leur est un peu suspecte. Nous leur avons dit tout ce qui était capable de détruire leurs soupçons en leur promettant de rechef qu'il ne se mêlerait plus de rien dès que ces deux objets seraient remplis. Ils nous ont paru très satisfaits des assurances que nous leur avons données à cet égard.

Quant à l'article de l'argent, ils ont dit que le gouvernement qui sentait la nécessité indispensable de s'exécuter, s'était enfin déterminé à déranger quatre-vingt mille livres des fonds destinés aux besoins de la côte du Ponent (qui leur allait être rendue) et les envoyer au plus tôt en Corse pour l'entretien de leurs troupes; qu'en même temps ils faisaient partir le sieur de Coste, ingénieur français qui était à leur service, pour réparer les places et les mettre en état de défense. Ils ont même ajouté qu'ils auraient la délicatesse de ne point envoyer de gentilshommes génois avec lui comme ils faisaient dans ces sortes d'occasion, afin qu'ils parussent ne se mêler de rien. Ils nous ont fait part aussi de leurs craintes par rapport à quelques milices auxquelles il était dû considérablement, mais n'étant point en situation d'entrer en paiement, M. de Cursay sera chargé d'examiner s'il est possible de les licencier ou s'il convient de les garder jusqu'à la fin de la négociation, afin de leur donner dans ce temps-là quelques acomptes et les renvoyer. Enfin j'ai tous les sujets du monde de me louer des députés et de la confiance du gouvernement qui n'a pas même été altérée par plusieurs propos qui lui sont revenus sur M. de Cursay. Ils me paraissent entièrement convaincus des bonnes intentions du Roy et pénétrés de ses bontés. — J'ai l'honneur etc.

(M. G. Vol. Corse 3.307)

Bastia, le 13 décembre 1748. — M. de Cursay au maréchal de Belle-Isle. — Monseigneur, Je viens de recevoir la lettre que vous m'avez fait l'honneur de m'écrire du trois. J'espère que Castro vous aura un peu tranquillisé sur ce qui se passe ici. Comme Gaftorio et Giuliani, chefs de la nation, se trouvent présentement fort éloignés de moi, l'un étant à Corte et l'autre en Balagne, je leur ai expédié sur le champ un courrier à chacun ainsi qu'aux magistrats, avec la copie de la lettre de M. de Breille, pour qu'ils aient à se rendre à Saint-Florent et que nous puissions prendre les arrangements pour y entrer. Je ne puis avoir leurs réponses que demain au soir, et par conséquent je ne puis prendre des arrangements définitifs que le quinze au plus tôt. Je l'enverrai à l'officier qui commande et j'aurai avec lui des arrangements à prendre en conséquence. Les craintes de M. de Breille sont très bien fondées; les Piedmontais ne sortiront peut-être pas de Saint-Florent sans une assistance de moi. Je serai forcé de dire aux Corses et de faire publier, sous des peines très sévères, de rien faire aux Piedmontais. L'usage que j'ai fait de cette lettre a été d'avertir les peuples, et j'espère que tout réussira selon que vous le désirez. Aussitôt que ce pas sera fait, je vous dépêcherai une felouque pour vous en donner avis.

L'officier piémontais qui est resté à Saint-Florent est un homme qui suivra les instructions qu'il aura de sa part et rien plus. Je compte que je n'aurai pas besoin de M. de Crussol pour prendre Saint-Florent. Vous auriez pu dans tous les temps et dans toutes les circonstances, me donner cette marque de bonté ; elle n'était point au-dessus de l'attachement que je vous ai marqué non plus que des talents nécessaires pour le remplir. M. de Chauvelin m'a adressé l'état des 1.100 hommes destinés pour ici ; je lui ai fait une observation là-dessus, qu'il vous fera passer sans doute.

J'avais la Consulte ou délibération que vous a remise M. de Breille. J'en ai parlé à Gafforio et Giuliani qui m'ont répondu, comme cela est vrai, que M. de Cumiana leur ayant fait ces propositions le quinze au soir, devant de partir le seize au matin, il leur avait donné deux heures pour répondre à toutes ces questions, ou l'alternative de signer qu'ils refusaient la protection du Roy de Sardaigne. Il me paraît simple que des peuples consentent à des articles indifférents, lorsqu'ils éludent le plus essentiel pour eux, qui est de traiter avec la République.

Je m'en remets à M. de Chauvelin à vous faire passer en détail toutes mes demandes. J'espère qu'il vous fera valoir toutes celles qui sont absolument indispensables. — J'ai l'honneur etc.

(M. G. Vol. Corse 3.307)

Gênes, le 13 décembre 1748. — M. de Chauvelin au maréchal de Belle-Isle. — Monseigneur, Permettez-moi de commencer par vous marquer ma sincère reconnaissance de la bonne opinion que vous avez de moi et que vous avez inspirée à M. d'Argenson et de Puysieulx. La confiance que vous me marquez est la récompense la plus flatteuse que je puisse obtenir d'une application qui ne se ralentira jamais.

J'ai l'honneur de vous adresser ci-joint copie de la

lettre que j'ai reçue de M. de Puysieulx, ainsi que la réponse que je lui fais à cachet-volant, afin qu'à l'avenir vous sachiez plus précisément ce qu'il me mandera. Je vous supplie de vouloir bien décacheter les lettres qu'il vous adressera pour moi.

Je ne suis point surpris des ménagements qu'il veut avoir dans cette occasion pour M. de Guymont, ils sont convenables, et de ma part je concourrai par tous les égards possibles à lui adoucir ce qu'il peut y avoir d'amer pour lui dans la distraction de cette partie de ses fonctions. Nous en avons déjà causé aujourd'hui ; je me suis bien aperçu par ce qu'il a laissé échapper, de l'impression qu'elle lui faisait et qu'il m'en déguisait la plus grande partie. J'aurais aggravé sa peine en paraissant la remarquer ; je me suis borné à l'assurer de toute l'union et l'ouverture qu'il pourrait désirer. Comme il est assez secret et a de bonnes intentions, il n'y a aucune espèce d'inconvénient.

J'ose vous assurer, Monseigneur, qu'il n'est pas dans mon caractère de prendre des avantages ni de faire trophée des marques de confiance qui me sont accordées ; mais l'envie que j'ai de voir réussir une besogne dont le début annonce le succès, m'a inspiré des réflexions sur les moyens qu'il est nécessaire que j'aie pour y concourir ; je vais prendre la liberté de vous les communiquer.

La lettre de M. de Puysieulx dont je joins ici la copie ne me paraît qu'annoncer l'exécution de ce que vous lui avez proposé, mais elle ne l'effectue pas encore. Je suis autorisé par cette lettre à me mêler de la négociation de Corse, mais je l'étais déjà par les ordres que vous m'aviez donnés à cet égard, et jusque à présent ce que me mande M. de Puysieulx ne peut être regardé que comme une approbation de ce que vous avez cru devoir faire pour le bien de la chose. Tant qu'il y aura des troupes françaises dans l'état de Gênes, comme je les commande, j'y ai un état et des fonctions et tout ce que je fais de plus ou moins relatif à cette qualité, avec l'autorisation du général de l'armée et des ministres du Roy, est placé et a force et vigueur ; mais les troupes une fois parties, comme elles le seront le 12 de janvier, si vos arrangements ne varient pas, je n'ai plus ici ni état ni caractère. En quelle qualité continuerai-je à traiter avec la République de Gênes ? A quel titre pourrai-je accepter les propositions des Corses et l'accession de la République à ces propositions ? En vertu de quels droits pourrai-je y changer ou y ajouter ce que je penserai donner à l'accommodement de la consistance et de la stabilité ? Il me faut pour cela des pouvoirs réels et que je puisse représenter. J'ai bien pensé que votre intention n'avait jamais été que je restasse ici, comme le conseil de l'envoyé, après que vous m'avez procuré la distinction d'y commander 30 bataillons ; mais le terme est court, d'autres affaires peuvent distraire l'attention de la Corse, et il serait encore plus contraire au bien de la chose que fâcheux pour moi qu'il y eût un intervalle pendant lequel je fusse sans aucunes fonctions qui me conservassent la force et la considération nécessaire pour pouvoir dans bien des cas qui se présenteront, parler avec l'autorité que doit avoir celui qui parle au nom du Roy, aux Génois et aux Corses.

Comme ces conditions me paraissent essentielles pour me mettre en état d'agir, il n'est pas apparent qu'elles échappent à l'attention du ministère, mais j'ai cru plus prudent de vous en prévenir par surabondance de précaution. D'ailleurs, pour diminuer autant qu'il est possible, le genre de désagrément que M. de Guymont pourrait envisager dans ce choix, il me semble qu'il serait simple de borner mes pouvoirs et mon caractère à la médiation des affaires de Corse, en lui laissant les autres détails politiques ; par là je ne ferai que suivre une négociation que sa liaison primitive avec la partie militaire m'aura fait tomber, et il conserverait le reste de ses fonctions.

Permettez-moi de vous représenter encore que jusques ici dans les différentes instructions que j'ai reçues de vous, il n'y a rien qui m'indique jusques à quel point le Roy veut influer tant sur l'accommodement que sur les moyens d'en assurer l'exécution fidèle de part et d'autre ; c'est pourtant là le point intéressant et critique, car dans l'état où sont les choses, il est sûr que l'on fera une convention, mais si elle n'est pas plus exactement suivie que les quatre qui l'ont précédée, ce ne serait presque pas la peine, je crois, que la circonstance ouvre des voyes pour la rendre solide, qui étaient alors interdites ; il convient, ce me semble, d'en profiter.

Trouvez bon, Monseigneur, que j'ajoute ici un article qui, quoiqu'il occupe le dernier rang dans ma tête, est pourtant intéressant. Je suis pauvre ; j'ai délabré ma fortune à la guerre et principalement à Gênes, où tout le monde est témoin des dépenses nécessaires que j'ai faites ; je ne demande pas dans ce moment-ci les moyens de remplacer ce qui se trouve consommé de mon bien ; je me borne à ceux de subsister ici pendant que j'y resterai pour le service du Roy, et j'ose espérer que vous voudrez bien me les procurer. — Je suis etc.

(M. G. Vol. Corse 3.307).

Gênes, le 13 décembre 1748. — M. de Chauvelin au

maréchal de Belle-Isle. — Monseigneur, J'ai reçu avant hier une lettre de M. le comte d'Argenson au sujet de l'amnistie accordée aux compagnies des grenadiers royaux Génois; j'aurai l'honneur de vous rendre compte incessamment de ce qu'elle contient et des mesures que je prendrai pour m'y conformer etc.

L'embarquement destiné pour la Corse est tout prêt, les troupes embarquées ainsi que les provisions. J'ai eu grande attention que rien ne manquât et que tous les piquets fussent complets et en bon état. M. de la Thuillerie envoie par cette occasion à M. de Cursay une somme de 12.000 livres pour les dépenses imprévues qui peuvent survenir ; ainsi dès que le vent qui manque totalement depuis 3 jours sera favorable, le convoi partira sans aucun retardement......

Le détail que vous aura fait M. de Castro, Monseigneur, vous aura mis à portée de juger de la situation des affaires de Corse. J'attends incessamment et avec impatience la nouvelle de la remise de St-Florent à nos troupes, et je ne crois pas qu'elle soit douteuse, l'ordre de M. le marquis de Breille étant arrivé dans la circonstance où M. de Cursay a dépêché M. de Castro. Je n'ai rien à ajouter sur ce qui regarde la négociation, à ce que j'ai eu l'honneur de vous écrire par la felouque que j'ai dépêchée hier. J'ai fait partir ce matin la lettre que vous écrivez à M. de Cursay, et j'y en ai ajouté une autre où je tâche de lui inspirer pour les Génois et pour le vice-gérant en particulier des égards et des ménagements qui deviennent d'autant plus nécessaires qu'il est obligé par la tournure qu'a prise cette affaire de négliger les formes, et de paraître perdre de vue dans ce moment-ci les droits de la République et les prérogatives de sa Souveraineté. Il m'a semblé que dans cette circonstance ici, les Génois étaient beaucoup moins choqués de la remise des places au commandant français, de l'acte de soumission à la volonté du Roy et des coups d'autorité que fait M. de Cursay comme s'il était Souverain du pays, parce que je leur ai fait sentir la nécessité de ces démarches, qu'ils n'ont été sensibles à de certains manques d'attention de M. de Cursay pour le vice-gérant, qui dans le fond sont des misères, mais qui par cette même raison ne doivent pas lui coûter.

(M. G. Vol. Corse 3.307)

Bastia, le 13 décembre 1748. — M. de Cursay à M. de Chauvelin. — Je viens de recevoir, Monsieur, les dépêches que vous m'avez fait l'honneur de m'adresser des 3 et 7 de ce mois, auxquels je vais répondre article par article.

Le premier contient l'espérance que j'avais que les peuples me remettraient les possessions entre les mains. Cet article a commencé par être exécuté, et vous aurez vu par la lettre que vous a remise Castro et par celle que j'ai eu l'honneur de vous écrire depuis, que j'avais raison de m'en flatter.

La soumission des peuples répondant au second article de votre lettre, à l'égard du troisième, j'avoue que je n'avais pas pensé de même. J'ai cru qu'il était très nécessaire que les peuples pour marquer le respect et la soumission à mes ordres me remissent aveuglément leurs procurations pour nommer qui je jugerais à propos des gens du pays pour consommer cet arrangement définitif et si nécessaire. Lorsqu'il s'agit de traiter les intérêts d'une nation, tout le monde veut être patriote, et le nombre considérable nuit aux grandes affaires. Mon dessein était donc de restreindre le pouvoir entre trois ou quatre personnes des plus intelligents, des plus attachés et des moins opiniâtres au fanatisme, mais plus sensibles à la réalité. Cette procuration générale détruisait l'égalité et empêchait cette source continuelle de discussions qu'elle fait naître. Je ne vois pas que le passage d'un moment pût être de quelques conséquences. Croyez-vous que je voulusse traiter vis à vis de qui que ce fût? Il faudrait pour cela que l'on eût nommé gens à peu près de même grade. Enfin les peuples feront ce qu'ils voudront ; je leur laisserai nommer autant de députés qu'il leur plaira, qui détruiront par leur contrariété une prompte conclusion.

Il me paraît que la confiance de M. le maréchal de Belle-Isle et la vôtre se bornent à des objets extrêmement réservés. Vous m'ordonnez de traiter de la remission des places et vous me défendez de rien faire au-delà, parce que M. Guisard, chargé de la confiance de la Cour, est infiniment plus propre à traiter des conventions que j'ignore. Je vous réponds que je n'avais sur cela aucune ambition ; la Consulte générale qui ouvrira les yeux du peuple, le mettra en état de faire agir ses lumières.

La situation où je suis par rapport aux fonds mérite, il est vrai, l'attention la plus sérieuse. Je n'ai pas vu un écu ni au Roy ni à la République; les dépenses secrètes que j'ai faites jusques à présent pour le Roy depuis que je suis dans l'isle, montent à 100 louis. Je crois que cette économie mérite qu'on y ait confiance ; je sais que quand je suis arrivé, le Roy donnait à la République des subsides ; c'était un moyen pour être remboursé des frais qui étaient absolument nécessaires. Si ce moyen manque, il en faut trouver un autre, ou que la République dise qu'elle renonce à la pacification de l'isle. La République est maîtresse ou non de soutenir ses troupes ; les officiers ne sont point payés à Bastia, les vivres y ont manqué, et la République, par un effort, s'est enfin déterminée à y envoyer des farines pour 20 jours, sur lesquels il était dû neuf ; que ses troupes manquent en totalité d'argent et de vivres, il en naîtra incessamment une révolte; mais tout cela ne fait encore rien à la pacification au-dedans de l'isle Je serai justifié, et pourvu que je puisse prouver que j'ai crié sans cesse, on ne pourra pas m'imputer qu'il soit rien arrivé par ma négligence.

Si la République n'établit pas pour ce qui me regarde un fonds par mois pour pourvoir aux choses indispensables qui regardent mon objet sans passer par le caprice de ses ministres, il est très inutile que je songe d'entrer dans les places, et vous me ferez plaisir de me le défendre. Vous croyez bien que je n'irai pas exposer les troupes du Roy et ma propre réputation. Les Corses sont dans ce moment-ci que les sujets véritables (sic), mais leur attachement est fondé sur leur caprice. Je mets que ces gens-là viennent à changer lorsque je serai dans les places, Corte par exemple, à 25 lieues de moi; c'est un poste important parce qu'ils y ont leur artillerie qu'il faut nécessairement que j'occupe. Il serait convenable d'y mettre cent hommes. Je dois les approvisionner pour 6 mois, parce qu'avec 1.100 hommes je n'ai pas de communication, et quand je l'aurais, les peuples ont 25.000 hommes sous les armes. Saint-Florent doit être approvisionné de même et généralement toutes les places; où prendrai-je ces approvisionnements qui n'existent pas ? où prendrai-je l'argent pour les réparations ? La République vous promettra sans doute, parce que ce sont des choses raisonnables que je vous demande, mais l'arrangement qu'elle aura pris sera détruit huit jours après et ne sera certainement pas exécuté après votre départ. Je vous demande en conséquence que vous vous fassiez remettre une somme honnête qui pourvoie à tous ces besoins.

A l'égard des dépenses secrètes, l'étude des courriers ne laissera pas de devenir considérable. Comme tout le royaume ressort ici présentement, les plaintes des communautés, les ordres et les événements différents y arrivent. Il y a cinquante lieues d'un bout du royaume à l'autre, et l'objet des bâtiments devient à charge.

Vous me faites remarquer que je ne dois point payer de pensionnaire. Je ne me suis jamais servi de ces moyens, et quand je ferai des gratifications, c'est qu'elles seront indispensables.

A l'égard de la demande que je vous ai faite d'un détachement de maréchaussée, c'est que je l'ai cru nécessaire. L'inutilité dont il pouvait être à M. de Maillebois est la raison pour laquelle il me devient indispensable. Avec 16 bataillons, M. de Maillebois pouvait et devait tout faire; avec ce que j'ai, je dois me soutenir par ma fermeté et par mon autorité. Les exemples de justice sont nécessaires, et ceux du caprice seraient dangereux. La République est trop juste pour s'opposer aux moyens qui doivent conduire à une conclusion raisonnable et les peuples ont besoin d'effroy. L'exemple que j'ai rendu hier est bien éclatant. Il s'est commis un crime dans la piève d'Orezza ; je mande qu'on en arrête les auteurs. On en prend huit; les peuples me demandent de leur envoyer rendre justice. Je donne le commandement des pièves de la montagne à M. Beaumenil, avec pouvoir de juger définitivement et j'ordonne aux peuples de m'en répondre. Il part un détachement qui vient jour et nuit au-devant de M. de Beaumenil, l'assurant que toute leur frayeur était que quelque émissaire des Génois ne lui eût fait outrage et qu'on eût rendu responsable la nation. De ces huit, trois sont absous, deux sont convaincus du fait par des témoins et avouent et conviennent même d'autres crimes antécédents. Ils sont condamnés à mort et exécutés. Les trois autres, qui n'étaient pas aussi coupables, ne sont condamnés qu'au bannissement et par conséquent je vais les envoyer au Régiment Royal-Corse. M. de Beaumenil est ramené ici comme en triomphe et le peuple le comble de bénédictions. Chacun sortait de son village au-devant de lui. Il y a quelque chose de plus fort encore ; c'est qu'hier on a arrêté deux paysans, déserteurs génois, qu'on m'a ramenés et que je remettrai à l'officier qui fait recrue pour la République, s'ils n'ont pas commis quelque crime.

Je reçois dans ce moment-ci une grande requête de la piève de Campoloro, pour y faire la même chose.

Par votre lettre du sept, je reçois, Monsieur, celle qui y était jointe de M. le maréchal de Belle-Isle avec le paquet pour le commandant piémontais que je ne lui enverrai qu'après-demain, parce que, pour éviter toute la longueur, j'ai envoyé des courriers à Gafforio et à Giuliani qui sont à trente lieues de moi, avec lesquels il faut que je prenne des arrangements pour la reddition de Saint-Florent. M. le maréchal de Belle-Isle me donne des instructions vis à vis ce commandant, comme si j'avais à traiter avec M. de Saint Séverin; mais ce commandant est une espèce d'imbécille, qui est parvenu à la tête de son corps, comme on parvient toujours. J'espère que tout s'arrangera ; vous serez satisfait par la première felouque.

La disposition que vous faites dans les places de l'isle n'est pas tout à fait suivant l'exigence du cas présent. Celle où vous mettez 250 hommes serait une très bonne place, même en temps de guerre, fût-elle attaquée par les Français, à plus forte raison lorsqu'il ne faudrait que fermer ses portes. Dans la ville d'Ajaccio vous ne mettez que 100 hommes ; le peuple y est très mutin et fomenté encore par un procès qu'il vient de perdre vis à vis de son évêque. Il y a de plus 120 Grecs qui ne sont ni maintenus ni payés, quoiqu'ils soient soldats de la République et se sont déjà révoltés. Dix-huit se sont retirés dans une église. Tout cela s'est passé à la vue de M. Balbi. Je vous avais proposé d'augmenter la garnison d'Ajaccio, de faire sortir 60 Grecs pour venir ici sous mes yeux, et lorsque cette idée aurait été remplie, nous aurions alors pu retirer ce que nous aurions trouvé de Français de trop dans cette partie. Vous n'avez jamais voulu me faire réponse sur cet article. Je vous prie d'être bien persuadé que l'envoi de vos troupes, leurs changements et leur détermination ne fait rien du tout au fond de la négociation ; c'est la fermeté de ma conduite ou la mollesse qui doit faire la décision de cette affaire.

J'ai expédié à MM. de Varignon, de Fontette et de Vierzey les lettres que vous m'avez adressées pour eux, par lesquelles vous les confirmez dans le commandement. Je les crois admirables, mais je ne les ai jamais vus.

Dès que les nouveaux piquets seront arrivés à Bastia, je ferai partir les anciens. Dès qu'ils sont escortés par les galères, je ne les verrai pas sitôt. J'ai éprouvé qu'on ne sort pas quand on veut de Porto Venere. Je suis fâché que vous ne les ayez fait approvisionner que pour un mois, parce que je prévois qu'ils nous seront à charge et que la consommation qu'ils auront faite dans le trajet peut fort bien être au-dessus de ce que vous auriez imaginé.

Je suis fâché que vous m'ôtiez tous les officiers que je connais, parce que devant en mettre parmi les peuples, je suis corrigé de me déterminer légèrement sur la réputation. Je suis très fâché de perdre M. de Beaumenil que ses affaires rappellent en France et que j'avais destiné à Corte. Je prendrai sur moi de garder aussi le bonhomme Bedier, capitaine au régiment Royal-Bavière, qui, lui, est nécessaire et dont j'ai fait la destination, ainsi que de M. de Goujon, lieutenant au même régiment, qui fait le détail des piquets en l'absence de Castro, et qui a toujours été garçon major. Je joins ici la liste des officiers qui demandent à rester ; vous m'en manderez votre sentiment ; si les troupes ne sont pas point parties, je n'y vois point d'inconvénient ; si elles étaient arrivées ici, et que vous m'envoyassiez une felouque dans l'intervalle, vous pourriez approuver l'échange de gré à gré. Pensez aussi, je vous prie, à me faire conserver M. de Bononot, ingénieur, parce qu'il est nécessaire de réparer les places où j'entrerai.

Je vous suis très obligé du canon et encore plus des artilleurs ; mais un bon nombre de cartouches, de pierres à fusil, de balles aurait été aussi nécessaires.

Il est arrivé une affaire à Ajaccio dont on m'a rendu compte. Un caporal de la République en a assassiné un de Salis ; le caporal s'est échappé. M. de Fontette fait des informations et M. le commissaire aussi. M. de Fontette a écrit à M. de Varignon pour lui rendre compte du fait. En conséquence il lui a mandé de faire tenir conseil de guerre partie génois et partie français (ce que le commissaire ne peut approuver, avec raison) et au cas que les officiers génois refusent de s'y trouver par la défense du commissaire, il mande à M. de Fontette de les mettre aux arrêts ; ceci me paraît tout à fait irrégulier : le brevet ou la lettre donne aux officiers français le pouvoir tacite de juger, mais dans une République ce n'est pas la même chose. Les officiers ne sont point en droit de tenir conseil de guerre; ainsi ils seraient dans le cas d'homicide, s'ils condamnaient un homme à mort ; je ne pourrais pas même leur en donner cette faculté parce qu'ils ne sont pas sujets du Roy. Enfin, Monsieur, si un soldat français en avait assassiné un génois, je ne leur remettrais pas. Tout ce qu'on doit prétendre, c'est qu'un officier français assiste aux informations, en conséquence desquelles le coupable sera jugé par la justice de son prince. Je vous prie de me donner votre décision sur cela. Voilà celle que j'ai envoyée en attendant à Ajaccio. — J'ai l'honneur etc.

Etat des officiers qui demandent à rester en Corse:
M. Duvivier, caporal de Vastan.
M. Patrizi, capitaine de Royal Italien.
M. De la Houssière, capitaine de Tournaisis.
M. Bedier, capitaine de Royal Bavière.
M. de Girardi, lieutenant de Royal Italien.
M. de Goujon, lieutenant de Royal Bavière.
Le sieur Beauséjour, ci-devant sergent, commandant dans la tour de la Padulella, a été fait sous-lieutenant au régiment de Tournaisis pour l'avoir défendue. Il y a quatre mois qu'il y est comme en prison, et ce poste mérite un commandant fixe, je vous demande qu'il y reste.

(M. G. Vol. Corse 3.307)

Génes, le 15 décembre 1748. — M. de Guymont à ...
— Monseigneur, J'ai reçu la lettre dont vous m'avez honoré le ... de ce mois.

Vous aurez vu par ma dernière que nos remontrances et nos sollicitations auprès du gouvernement ont eu l'effet que nous en attendions ; il a senti la nécessité et la justice de nos vives représentations. Ainsi le parti qu'il a pris en conséquence doit faire espérer à l'avenir plus d'attention de sa part à remédier aux besoins de cette Isle.

La République doit être très reconnaissante de la vivacité que vous avez employée à soutenir ses intérêts ; je n'ai pas manqué de le faire connaître ici afin d'en tirer parti dans les occasions qui pourront se présenter. Sans doute que les Autrichiens auront égard à vos raisons et qu'ils rentreront dans les bornes de la justice et de l'équité. Leur antipathie contre les Génois, quoique moins ancienne, est aussi forte que celle des Corses, et je doute que la maison d'Autriche leur pardonne jamais l'affront que ses troupes ont essuyé à Gênes ; cependant elle ne doit en accuser que la tyrannie qu'elle a exercée sur ce pays, son avidité pour l'argent et la mauvaise conduite de son général.

Les premières nouvelles de Corse nous apprendront sans doute que M. de Cursay est maître de St-Florent et de toutes les autres places qu'on devait lui remettre. Nous ne devons pas douter, après l'exécution d'un article aussi important, que la conférence du 14 Janvier n'ait tout le succès que nous devons en attendre.

Vous m'obligerez sensiblement de me faire part de ce qui se passera à vos conférences, afin que je dirige ma conduite et mes discours conformément à vos instructions.

Quant à l'article de votre dépêche qui regarde le courant de la négociation de Corse auprès de la République, je ne puis que me confirmer à ce que vous me prescrirez....

Vous verrez par la lettre de M. de Cursay du 10 de ce mois que les rebelles avaient trente chefs ennemis jurés des Génois et engagés par serment à détruire tous les partis qui pourraient se former en faveur de la République ; nous avons déterminé de ne point communiquer cet article, par rapport aux conséquences qui en peuvent résulter, si les Génois n'étaient pas contents. Ainsi, Monseigneur, je vous prie de ne rien dire aux députés.

L'assemblée indiquée à Corte pour le 14 janvier a pour objet de réunir tous les chefs des différentes pièves dont la plus grande partie sont ennemis de la République, et cependant déterminés à s'en rapporter à la France ; cette considération m'a fait penser qu'il ne doit pas y être fait mention des Génois; ce serait indisposer ces chefs et nous mettre dans le risque de ne plus les ramener ; mais qu'il y soit nommé des députés pour traiter, que leurs pouvoirs soient très étendus et fassent même que les peuples s'en rapportent aveuglément à la décision de la France. Alors elle dictera les conditions du traité qu'il ne pourront pas refuser, et dont l'adresse de M. de Guisard leur fera connaître les avantages.

Il est question aujourd'hui de savoir si M. de Guisard doit partir avant ou après cette assemblée. Nous sommes convenus d'écrire à M. de Cursay et de lui dire les raisons que nous avons de le faire partir, afin qu'il nous marque en détail les inconvénients qu'il y peut trouver, car si nous devons en croire M. de Castro, M. Guisard ne doit paraître qu'après cette assemblée qui doit être décisive. — J'ai l'honneur etc.

Du 16 décembre.— Il a fallu prendre le parti de vous en expédier aujourd'hui par terre, la mer étant impraticable.

(M. G. Vol. Corse 3.307)

Nice, le 15 décembre 1748. — M. de Belle-Isle à M.

d'Argenson. — M. de Castro, capitaine aide major du Régiment de Tournaisis, vient d'arriver ici, Monsieur, dépêché par M. de Cursay pour me rendre compte de tout ce qui s'était passé à l'assemblée générale des rebelles en Corse le 2 de ce mois. Comme M. de Cursay souhaite vivement que le dit sieur de Castro aille lui-même faire le détail de la situation actuelle des choses que l'on peut difficilement rendre par écrit et que M. le maréchal de Richelieu l'avait ainsi projeté, je n'ai pas cru devoir rien changer, ce qui, joint à ce que vous mande lui-même M. de Cursay, m'empêche de m'étendre plus au long sur ce qu'il me mande, qui ne serait que des répétitions moins circonstanciées de ce que vous dira le sieur de Castro. Je me bornerai donc à vous faire part de ce que je mande à M. de Cursay en réponse sur les décisions qu'il me demande, faisant passer comme j'en ai toujours usé jusqu'à présent, mes lettres toutes ouvertes par M. de Chauvelin pour que tout parte d'un même principe, et qu'il fasse part aux députés du gouvernement de ce qu'il convient de leur dire, et ajoute ensuite à M. de Cursay tout ce qui y est relatif.

Je mande décisivement qu'il faut que le meurtrier dont il est parlé soit pendu, puisqu'il y a eu une loi nouvelle de la République en 1738 ; sans quoi il aurait fallu la peine de mort en vertu du ban et de la parole que nous nous sommes donnée, M. de Leutrum et moi ; mais vous verrez par ce que vous mande M. Chauvelin, que la République y a enfin consenti. Je crois que vous approuverez la façon de penser de mon dit sieur de Chauvelin, la conduite qu'il a tenue envers les députés du gouvernement, celle qu'il se propose de tenir dans la suite de toutes les affaires de Corse. Il est certain que l'on éprouvera beaucoup plus de difficultés, et, si j'ose le dire, de mauvaise foi de la part de la République que de celle des Corses, mais comme M. de Chauvelin les connaît à fond, qu'il a acquis de longue main leur estime et leur amitié, et qu'il sait employer à propos l'aigre et le doux, la complaisance et la fermeté, il y a tout lieu d'espérer qu'il en tirera tout le parti possible et plus qu'aucun autre ne pourrait faire.

Il en sera de même pour conduire M. de Cursay ; il est son ami et son supérieur naturel pour le grade militaire, comme il l'est du sieur Guisard en sa qualité de Commissaire de guerre, ce qui n'aurait jamais pu s'accorder avec M. de Guymont, pour lequel M. de Chauvelin aura en même temps tout le ménagement possible.

L'on ne peut cependant que louer infiniment M. de Cursay d'être parvenu à se concilier la confiance des chefs des rebelles, et de les avoir amenés au point de se démettre de leur autorité, et que les peuples la lui aient déférée. Vous verrez par ce qu'il vous mande les menées du Commissaire général génois, qui a préféré d'offrir aux rebelles des conditions contraires à la souveraineté de la République, pour que la France n'y eût aucune part. L'on prendrait volontiers de l'humeur, si les conséquences n'étaient aussi importantes, ainsi que M. le maréchal de Richelieu et moi l'avons démontré. Il sera incessamment à portée de raisonner avec vous et M. le marquis de Puysieulx ; c'est pourquoi, sans faire attention aux mauvais procédés de ces républicains, il faut aller au bien en leur conservant la Corse malgré eux, pour empêcher qu'elle ne tombe en d'autres mains, et que le Roy, dans tous les cas qui pourraient arriver y ayant une influence décidée, puisse s'en prévaloir suivant les circonstances. C'est à quoi il y a lieu d'espérer que nous parviendrons dès que M. de Cursay aura consommé avec les rebelles tout ce qu'ils lui ont promis et qu'ils ont commencé d'effectuer en lui remettant S. Pellegrino. La lettre de M. le marquis de Breille que je lui ai envoyée à cachet volant, l'aura mis en état de se faire remettre tout de suite St-Florent. Il ne restera plus que Corte où il doit se rendre lui-même après en avoir fait prendre possession, dès que nos détachements auront été arrivés.

Je mande à M. de Cursay que l'on a pourvu à la subsistance des détachements pour les trois premiers mois de l'année sur le même pied qu'ils ont été jusqu'à présent ; qu'à l'égard des munitions de guerre, M. de Chauvelin obligera le gouvernement à y en faire passer de Gênes, et qu'à l'égard des réparations à faire aux places, ce doit être aux frais de la République, qu'au surplus rien ne presse là-dessus, puisque tout est en paix au-dehors, et que les rebelles étant soumis au-dedans, il ne peut pas y avoir d'attaque de place à craindre, et que ceux qui commanderont dans ces places doivent être assez vigilants pour ne point craindre de surprise.

Je ne vous importunerai point, Monsieur, de tous les autres détails dans lesquels j'entre avec M. de Chauvelin et M. de Cursay ; je me flatte que vous êtes bien persuadé que je n'oublie rien de ce que je crois nécessaire sur cette matière et que je ne perdrai point de vue, tant que je serai dans ce pays-ci ; j'espère même qu'elle sera bien avancée avant que j'en parle.

M. de Cursay me sollicite vivement pour que je me joigne à lui en faveur de M. de Castro, dont il dit des biens infinis, et comme lui ayant été fort utile dans toutes les négociations de Corse. Il est certain que M. de Cursay personnellement mérite louange et récompense et que vous vouliez bien faire quelque chose pour l'officier qui va vous rendre tous les détails. Le frère de Gafforio, qui a été l'âme de toutes la négociation de

Cursay, mérite aussi que le Roy l'attache à son service pour la suite de toutes les affaires de Corse ; c'est un sujet rempli d'esprit, de courage et de talent, il restera en Corse dans tous les temps et l'on aura en lui le meilleur agent et le plus sûr commissaire que le Roy puisse y entretenir. Une commission de capitaine avec 600 livres d'appointements, l'attachera à la France pour toujours. Ce sera un garant de sa fidélité et il épargnera une infinité de dépenses qu'il faudrait faire pour y suppléer. Il en est de même de l'archiprêtre Orto, pour lequel je ne fais ici que prendre date ; je vous enverrai un mémoire détaillé par le premier ordinaire.

(M. G. Vol. Corse 3.307).

Nice, le 16 décembre 1748. — M. de Belle-Isle à M. de Chauvelin. — J'ai reçu, Monsieur, vos trois lettres.., j'ai reçu en même temps la lettre de M. de Cursay que m'a remis M. de Castro ; je vous envoie ci-joint la réponse que je lui fais..... j'ai laissé aller M. de Castro à la Cour, comme il le souhaitait, et que M. de Richelieu avait promis, quoique dans le fond cela ne fût pas fort nécessaire.

Vous avez très bien fait à parler à MM. du gouvernement à l'occasion du meurtre de Biguglia, et je suis fort aise d'apprendre que la République ait enfin envoyé ordre positif de le faire pendre, et je vous avoue que s'il n'avait pas pris ce parti, j'aurais mandé à M. de Cursay de le faire faire de sa propre autorité en prenant le prétexte de ma convention avec M. de Leutrum. J'ai parlé là-dessus hier avec MM. Pinelli et Curlo avec la plus grande vivacité ; je leur dis en bon français qu'il fallait qu'une porte fût ouverte ou fermée ; que si la République se croyait suffisante pour soumettre la

Corse, qu'elle n'avait qu'à le faire et que j'allais en retirer les troupes du Roy, mais que, comme malheureusement, elle n'en avait pas les moyens, c'était à elle à voir à quelle puissance de l'Europe elle voulait avoir recours pour leur rendre ce service, qu'ils étaient les maîtres du choix, que le Roy était ennuyé de leurs irrésolutions et de leur peu de reconnaissance, que j'avais en quelque manière violer le ministère pour consentir que je laissasse des détachements en Corse, mais que je les retirerais à l'instant, si je voyais le moindre motif de soupçon et de méfiance, qu'il fallait tout ou rien, et qu'en un mot ou qu'ils fissent tous seuls leur affaire ou qu'ils nous laissassent faire ; que les rebelles leur en donnaient l'exemple en se livrant entièrement à la bonté, à la justice et à la générosité du Roy; que la République devait en faire de même ; que le Roy ne voulait point conquérir la Corse, mais qu'il ne souffrirait point qu'elle tombât entre les mains d'une autre puissance, et que vu leur faiblesse et leur mauvaise administration, les peuples extermineraient bientôt le dernier Génois qui serait dans leur isle, et se rendraient maîtres des places si le Roy les abandonnait, ce que je serais le premier à conseiller s'ils ne se conduisaient pas mieux. Je finis en disant à ces MM. que je leur parlais avec cette liberté, parce que j'étais véritablement leur ami et que j'avais assez donné des marques de mon affection pour la République par tout ce que j'avais fait personnellement pour son service depuis deux ans, pour pouvoir leur parler comme je venais de le faire. Je leur reprochai ce que M. de Cursay mande des dernières menées de la République pour traverser sa négociation, et c'est pour cela que je voudrais qu'il m'en envoyât les preuves. Je priai ces deux MM. de faire part de tout cela à leur gouvernement ; je souhaite qu'ils le fassent, car je sens bien qu'il y a des moments où il faut leur parler avec la plus grande force. Je leur ajoutai tout de suite que c'était vous qui étiez chargé par le Roy de suivre toute l'affaire de Corse, que vous demeurerez à Gênes jusqu'à ce qu'elle fût terminée, que c'était moi qui l'avais demandé ainsi et avais cru par cette dernière marque mettre le comble à tout ce que j'avais fait pour le bien et le service de la République.

Je vous envoye ci-joint une lettre de M. de Puysieulx et deux de M. d'Argenson qui vous confirment que leur intention, ainsi que celle du Roy, est que vous restiez à Gênes jusqu'à l'entière consommation de l'affaire de Corse. Je mande à M. de Cursay et je lui confirme qu'il est tout entièrement à vos ordres. Vous n'avez donc à présent qu'à vous donner tout entier à la suite de l'affaire du monde la plus épineuse, la plus remplie de difficultés, mais aussi qui vous fera le plus d'honneur. Je n'entrerai point dans un plus grand détail; vous êtes autant et plus instruit que moi de tout ce qu'il y a à faire. Je ne puis que louer et approuver tous les principes que vous établissez et toutes les conséquences que vous en tirez ; j'ai fait passer vos lettres pour MM. de Puysieulx et d'Argenson par M. Castro. Vous voyez que je leur en avais assez mandé pour leur persuader qu'il n'y avait que vous qui puissiez mener cette affaire à bien. Je suis charmé d'y avoir réussi encore plus pour le succès de la besogne et l'utilité qui en reviendra au Roy et à l'Etat que pour l'honneur et les avantages qui en doivent rejaillir sur vous, ce que désire de tout mon cœur.

Je parlerai sur le ton que vous me le conseillez à M. Curlo sur la garde des hommes qui doit vous être donnée, dès l'instant que M. d'Ahumada sera parti; de votre côté, vous ferez la demande seulement à l'instant que la chose devra être exécutée.

M. de Breille m'a assuré que la Rivière du ponent serait évacuée pour le 15 ; mais en tout cas il n'y aura aucun inconvénient que vous ayez retardé jusqu'à ce que tout fût vuide, quelques jours de plus ou de moins ne faisant rien du tout.

Je n'écris que quatre mots à M. de Guymont, à qui je mande naturellement, que je vous envoie ma lettre pour M. de Cursay, et que vous lui ferez part de tout ce qui sera nécessaire, et comme à présent il n'ignore pas que c'est vous qui êtes chargé en chef de l'affaire de Corse, vous lui communiquerez tout ce que vous jugerez à propos, et plus vous aurez pour lui d'attention et plus cela vous fera honneur.

(M. G. Vol. Corse 3.307)

Nice, le 16 décembre 1748. — M. le maréchal de Belle-Isle à M. de Cursay. — M. de Castro m'a remis, Monsieur, votre lettre du 7, et je commence par vous faire mon compliment sur le succès de vos négociations qui a répondu jusqu'à présent à tout ce que vous en aviez annoncé ; je ne doute pas que tout le reste ne suive de même ; c'est pourquoi j'attends avec grande impatience d'apprendre l'usage que vous aurez fait de la lettre de M. le marquis de Breille pour le commandant piémontais dans Saint-Florent, désirant, je vous l'avoue, que cette place vous soit remise le plus tôt qu'il sera possible, car je regarde la possession de toutes les places de Corse comme la base de toute la négociation qu'il y a à faire entre la République et les peuples, et le gage qui servira de lien pour l'exécution envers les uns et envers les autres. C'est donc là à quoi vous devez donner votre principale attention. J'aurais souhaité que l'assemblée générale que vous avez fait indiquer à Corte n'eût pas été à un terme aussi éloigné, car en général avec les peuples il faut profiter des premiers moments et ne pas leur donner le loisir de réfléchir, surtout avec ceux avec qui vous avez à faire, sur lesquels vous savez que l'on ne peut jamais prendre confiance ; ainsi paraissant en avoir beaucoup, vous ne sauriez cependant être assez sur vos gardes. Serrez donc la mesure tout autant que vous le pourrez avec prudence, et faites-vous remettre toutes les places de manière ou d'autre sans délai.

Je vais à présent répondre aux principaux articles de votre lettre qui exigent des décisions :

1° Vous avez très mal à propos suivi la première instruction de M. le duc de Richelieu à l'occasion du meurtrier qui a tué un paysan et en a blessé un autre auprès de l'étang sous Biguglia. Les circonstances où vous vous trouviez alors étaient si différentes qu'elles exigeaient aussi une autre conduite, et vous n'aviez qu'à le faire pendre tout de suite en vertu du ban et convention que j'ai fait avec M. de Leutrum contre quiconque troublerait la tranquillité publique. Or rien n'y est si contraire que le meurtre. Mais comme M. Chauvelin a pressé là-dessus le gouvernement avec toute ta force que le cas exige, et qu'on lui a promis d'envoyer l'ordre au commissaire de la République de le faire pendre, je compte cette affaire présentement finie, sans quoi je vous aurais mandé de faire pendre cet homme en vertu du ban et de la convention à l'armistice, ou du moins d'exiger à quelque prix que ce soit que le commissaire de la République le fît faire, car d'ailleurs je ne puis assez vous recommander de laisser toujours l'exercice de la justice et de la souveraineté au Sénat, du moins extérieurement, car comme le Roy ne veut en aucune manière se rendre maître de la Corse et que l'objet de S. M. est au contraire de mettre la République en état de la conserver, vous devez en toute occasion faire comprendre aux rebelles qu'il faut bien qu'ils soient soumis à leurs légitimes souverains, mais que le Roy par sa médiation règlera les droits des maîtres et des sujets et sera garant de l'exécution ; que tout consiste donc à faire un règlement qui assure l'état des uns des autres.

Le Roy a donné la commission à M. Chauvelin de suivre toute cette affaire auprès de la République, et quoique nos troupes doivent quitter incessamment l'État de Gênes pour revenir en France, M. Chauvelin a ordre de demeurer à Gênes jusqu'à ce que toutes les affaires de Corse soient entièrement terminées, et comme vous vous êtes acquis la confiance des peuples, que vous êtes au fait, et que pour toutes les raisons votre présence y est devenue nécessaire, vous rendrez compte directement à M. de Chauvelin de tout ce qui se passera ; vous lui ferez part de toutes vos idées, après quoi vous exécuterez tous les ordres qu'il vous donnera et vous vous conformerez à toutes les instructions qu'il vous enverra, et tandis que vous agirez vis à vis les rebelles, il agira pour et au nom du Roy vis à vis la République suivant les comptes que vous lui rendrez, ce qui doit vous être beaucoup plus agréable que si vous étiez demeuré dans la dépendance de M. de Guymont, car comme c'est la partie militaire qui a le plus influé dans toute cette affaire, il est naturel que ce soient des militaires qui la consomment. Ainsi vous n'aurez à faire qu'à M. Chauvelin, et suivant l'état où vous aurez amené les choses, il y a lieu de croire qu'elles seront bien avancées dans le courant du mois de janvier, après l'assemblée générale qui doit se tenir à

Corte, et que vous aurez fait nommer des procureurs du pays qui seront à votre dévotion.

M. Chauvelin, instruit par vous des manœuvres du commissaire général pour traverser votre négociation, a parlé comme il devait à MM. du gouvernement. J'en ai usé de même envers les députés de la République qui sont ici. Ils nient le fait que vous me marquez que la République eût offert aux peuples carte blanche sur leurs prétentions, leur promettant d'accorder tout ce qu'ils pourraient prétendre et au-delà, s'ils voulaient ne pas passer par la voie de la France. Ainsi il serait très important que vous pussiez en produire des preuves authentiques comme vous me le promettez. M. Chauvelin et moi en ferions un usage qui serait décisif pour l'avenir. Faites donc votre possible pour y parvenir.

Si vous pouviez aussi faire exécuter le désarmement général et assurer la perception des revenus qu'exige la République (ce sont là les deux points principaux), la République sera contente et les revenus qu'elle retirera de la Corse sont suffisants pour l'entretien des troupes et des places de ce royaume et pour l'administration de la justice, et en général pour les frais à faire dans la Corse et pour la Corse, et qu'il ne faille pas employer des fonds étrangers. Cette prétention est aussi juste que raisonnable; mais ce n'est pas à présent le moment de traiter les articles de l'accommodement ; il faut commencer par être maître de toutes les places, faire ensuite l'assemblée générale et l'élection de procureurs dont vous soyez le maître.

Quant au traitement des troupes, je vous ai déjà mandé qu'il sera le même qu'il a été jusqu'à présent, dont il me paraît qu'elles ont été contentes.

Je vous ai répondu sur l'article des réparations et

approvisionnements des places. M. Chauvelin suivra ce détail avec vous.

J'ai écrit à M. d'Argenson 1° pour procurer la commission de capitaine avec 600 livres d'appointements au frère de Gafforio.

2° La croix de Saint Louis au sieur Patrici.

3° Pour une augmentation de 100 livres de pension à l'archiprêtre Orto. Je dois à cette occasion vous faire part que ledit archiprêtre Orto doit avoir reçu une lettre qui contient une proposition à la République de céder la Corse pour 7 millions. Vous sentez de quelle importance il est de savoir de quelle part elle a été faite, et si l'archiprêtre Orto en fait usage, et M. Chauvelin tâcherait de démêler comment cette proposition y a été reçue.

J'ai aussi écrit à M. d'Argenson en faveur de M. de Castro; je l'ai laissé porter lui-même à la Cour la nouvelle et le détail de ce que vous aviez fait, ainsi que vous l'avez désiré. Il m'a remis à cet effet votre lettre pour M. d'Argenson que vous aviez oublié apparemment de m'adresser; je l'ai remise dans mon paquet avec celle des chefs des rebelles pour le Roy; je ne compte pas faire usage de celle qu'ils écrivent à M. le comte Baujain (Bogino). Plus on la lit et moins il paraît convenable qu'une pareille lettre passe par mes mains; d'ailleurs elle est absolument inutile au moyen de celle de M. le marquis de Breille que je vous ai adressée.

A l'égard de la lettre qu'ils m'ont écrite, je vous en adresserai la réponse lorsque j'aurai appris qu'ils vous ont remis Saint-Florent, et j'aurai soin alors de ménager les termes dans le sens que vous me le marquez.

Quoique le Régiment Royal Comtois s'en aille, vous n'aurez qu'à garder le sieur de Beaumenil pour le mettre commander à Corte, puisque vous croyez qu'il y est plus propre qu'un autre; cette considération doit aller avant tout.

J'adresse cette lettre à cachet volant à M. de Chauvelin afin qu'il y ajoute tout ce qu'il croira convenable. Je finis en vous renouvelant etc.

(M. G. Vol. Corse 3,307).

Gênes, le 17 décembre 1748. — M. de Chauvelin au maréchal de Belle-Isle. — Monseigneur, Je ne vous envoie point la copie de la dernière lettre de M. de Cursay ni de ma réponse, parce que l'une et l'autre ne contiennent que des détails peu essentiels qui n'ont point de rapport au fonds essentiel de l'affaire. Je m'attache principalement à diminuer ici l'impression que la conduite, que M. de Cursay a été forcément obligé de tenir, y a excitée dans l'esprit de la plupart des Génois. J'ai encore eu aujourd'hui dans cet objet une conférence fort longue avec les députés; j'ai gagné beaucoup de terrain, mais il me faut des soins assidus pour ne pas le perdre à mesure qu'il transpire ici quelque nouvel acte d'autorité de M. de Cursay.

...Je joins ici un mémoire que j'adresse sans perte de temps à M. de Cursay, parce que ne voulant pas laisser languir la négociation que je crois actuellement, tant vis à vis les Génois que vis à vis les Corses, dans les circonstances les plus favorables à son succès, j'ai absolument besoin pour aller en avant, et ne pas alarmer le gouvernement, des éclaircissements que je lui demande. Comme mon mémoire ne contient que des questions simples sans rien prescrire à M. de Cursay, je ne le crois pas prématuré. Si cependant vous y trouviez quelque chose à changer, je pourrais d'après votre réponse dépêcher une nouvelle felouque à M. de Cursay.

J'adresse un double de ce mémoire à M. d'Argenson et à M. de Puysieulx, ainsi que vous le verrez par les lettres à cachet volant que je joins à ce paquet, parce que les ouvertures nécessaires que je fais à M. de Cursay les mettront peut-être à portée de m'adresser des instructions pour la suite sur des points que je leur fais envisager, et auxquels il est possible qu'ils n'aient pas fait jusqu'ici une attention réfléchie. Je suis etc.

(M. G. Vol. Corse, 3.307).

Gênes, le 17 décembre 1748. — M. de Chauvelin à M. d'Argenson. — Monseigneur, J'ai l'honneur de vous adresser ci-joint le double du mémoire que j'envoie à M. de Cursay, afin de pouvoir après, sur les réponses, me former un plan solide et raisonné des moyens propres et à terminer et à rendre stable l'accommodement entre les Génois et les Corses. Le crédit que M. de Cursay s'est acquis sur ces derniers est trop évident et a déjà produit des effets trop considérables pour que l'on ne doive pas selon moi ne prendre d'autres mesures que celles que lui, qui est sur les lieux et qui connaît le caractère des gens avec qui il traite, trouvera propres à réussir. Lorsqu'une fois je pourrai par sa réponse juger de ces prétentions et de ces idées, il ne sera plus question que de faire agréer à la République celles qui seront raisonnables et de suggérer à M. de Cursay les modifications qu'il devra inspirer aux Corses de recevoir sur leurs prétentions. Si les uns et les autres ne se prêtaient pas de bonne foi et avec la docilité nécessaire, ce serait alors le cas d'employer avec force le poids de l'intervention du Roy pour déterminer leur consentement ; mais dans tous les sens, les éclaircissements que je demande à M. de Cursay dans mon mémoire, m'ont paru devoir précéder les aventures que M. de Guisard peut avoir à faire relativement à la commission dont M. le maréchal de Richelieu l'a chargé, et comme ce ne sera qu'à l'assemblée générale de Corte qu'on pourra traiter le fond de l'affaire, j'aurai encore le temps de revoir les réponses de M. de Cursay avant que la présence de M. Guisard en Corse soit nécessaire.—Je suis etc.

(M. G. Vol. Corse 3.307).

Nice, le 18 décembre 1748. — Le maréchal de Belle-Isle à M. de Guymont. — J'ai reçu Monsieur, votre lettre du 15 par laquelle je vois avec plaisir que vous avez fait les mêmes réflexions que M. Chauvelin et moi, qu'il ne convenait pas que la République eût aucune connaissance que les rebelles avaient 30 chefs ennemis jurés des Génois, et engagés par serment à détruire tous les partis qui pourraient se former en faveur de la République. On ne peut que leur cacher tout ce qui peut aigrir ou leur donner lieu de faire un mauvais usage de notre trop grande confiance.

Il y a tout lieu d'espérer de celle que les peuples ont en M. de Cursay que les choses se conduiront à un accommodement solide. Je mande à M. de Chauvelin que je m'en rapporte à ce dont il conviendra avec vous pour l'envoi du sieur Guisard ; car comme c'est présentement sur M. de Cursay que roulent les opérations qui doivent se faire dans l'intérieur de la Corse, il ne serait pas sage de le froisser ni de rien faire qui puisse déplaire au dit sieur de Cursay ; c'est cette raison qui a nécessité de charger M. Chauvelin de la direction des affaires de Corse. Elle a été entamée par la partie militaire, c'est par elle que l'exécution s'en fait, c'est elle qui en impose, et c'est enfin elle qui doit en maintenir la solidité. Vous êtes trop éclairé et trop bon citoyen pour ne pas être le premier à entrer dans ces considérations qui n'ont rien qui vous soit personnel; l'on vous rend la justice qui vous est due et moi plus que qui que ce soit, et comme je suis persuadé que M. Chauvelin se fera un plaisir d'agir de concert avec vous, je ne doute point que de votre côté vous n'alliez au-devant de tout ce qui pourra l'aider à terminer heureusement et promptement cette affaire qui vous mettra à même dans la suite à avoir des choses plus importantes et plus agréables à manier dans le ministère que vous aurez à exercer auprès de la République.

Nos conférences ne roulent à présent que sur de petits objets de détail pour lesquels j'appuye MM. Pinelli et Curlo de tout mon pouvoir, car c'est moi qui me charge de tous leurs mémoires et qui en poursuit l'exé--cution auprès de MM. de Brown et de Breille......

(M. G. Vol. Corse 3,307).

Nice, le 18 décembre 1748. — M. de Belle-Isle à M. de Cursay. — Je réponds sur le champ, Monsieur, à votre lettre du 10 qui répond à la mienne du 23 novembre qui me confirme la suite de tous vos succès. Je ne doute pas que votre prochaine lettre ne m'apprenne que vous êtes maître de St-Florent, en vertu de la lettre de M. le marquis de Breille qui a prévenu ce que les chefs des rebelles demandaient à M. le comte Bogin, ce qui m'a déterminé à ne point faire passer leurs lettres à ce ministre, indépendamment des autres raisons que je vous ai mandées.

Je vous remercie de tous les détails instructifs dont vous me faites part dans votre lettre, je laisse à M. de Chauvelin le soin d'y répondre, car comme c'est présentement lui qui est chargé par la Cour de suivre toute cette affaire jusques au bout, vous recevrez ses ordres et concerterez avec lui pour toutes les démarches qu'il y aura à faire; il n'y a jusqu'à présent qu'à louer votre conduite et applaudir à tous vos succès.

Rien n'est mieux que d'avoir proscrit tous les meurtriers et assassins depuis le premier Juin et de punir sur le champ à l'avenir tous ceux qui tombent dans le cas ; rien ne doit vous faire plus d'honneur que ce rétablissement de la justice.

Lorsque je vous ai mandé que je vous envoyais 4 ou 500 hommes de plus que vous n'aviez, je ne vous en comptais que 6 à 700 de plus, au lieu que je vois que vous en aviez 840. Si vous persistez à penser que les 1.100 hommes effectifs que je vous envoie ne soient plus suffisants et qu'il vous en faille 200 de plus, je mande à M. Chauvelin de vous les faire passer.

Lorsque j'ai écrit à M. de Varignon, je ne recevais point de vos nouvelles, je vais lui mander qu'étant à vos ordres, c'est à vous seul qu'il doit s'adresser. — Je suis toujours etc.

Je vous envoie ci-joint la lettre que j'ai écrite à l'archiprêtre Orto, que vous lui remettrez si vous le jugez à propos.

Copie de la lettre écrite à l'archiprêtre Orto

J'ai reçu, M., la lettre que vous avez pris la peine de m'écrire. M. de Cursay m'avait déjà rendu compte de tout le zèle avec lequel vous vous êtes porté à seconder ses soins pour rétablir la tranquillité dans votre patrie. La récompense que vous avez déjà reçue des premiers services que vous avez rendus, doivent vous assurer que vous recevrez encore de nouvelles marques de la satisfaction de S. M., ayant, ainsi que M. de Cursay m'en avait parlé, informé le Roy et ses ministres de la continuation de votre affection à son service, et des dispositions où vous êtes de persévérer dans les mêmes sentiments. Je serai ravi en mon particulier de trouver des occasions de vous faire plaisir et vous marquer que je suis etc.

(M. G. Vol. Corse 3,307).

Gênes, le 18 décembre 1748. — M. de Guymont à M... — Monseigneur,... Quoique les nouvelles de Corse ne nous apprennent rien de bien intéressant, nous les communicâmes aux députés à l'ordinaire ; ils nous firent des plaintes sur ce que M. de Cursay avait laissé entrer dans Bastia quelques criminels condamnés par la République, en observant que rien ne pouvait autoriser cette façon d'agir, et que l'amnistie n'était point un prétexte fondé à cet égard.

Nous répondîmes que M. de Cursay y avait apparemment été forcé par des raisons politiques, mais qu'il ne fallait pas s'arrêter dans ces commencements à des choses de cette espèce, étant obligé de passer par dessus les règles, comme nous les en avions prévenus plus d'une fois, jusqu'à ce que son pouvoir eût une consistance bien déterminée.

Ensuite ils nous firent connaître qu'on n'était pas bien persuadé de la réussite de la négociation et qu'ils persistaient à n'avoir pas une grande confiance en M. de Cursay, que cependant ils étaient déterminés à suivre aveuglément tout ce qui leur serait prescrit dans cette affaire. Nous leur avons répliqué que s'ils jugeaient à propos qu'on fît revenir cet officier, on lui donnerait des ordres conformément, mais que nous les priions d'observer qu'il avait déjà fait connaître son crédit par le commandement que les peuples lui avaient remis entre les mains, que la confiance qu'ils avaient en lui était assez prouvée pour ne pas douter qu'il était seul capable de venir à bout de les persuader dans toutes les occasions. Tout ce que nous leur avons dit à cet égard n'a pas paru les convaincre. Je crois que leur animosité par rapport à M. de Cursay n'a été occasionnée que par le peu de complaisance qu'il a eu pour le vice-gérant et beaucoup de petites choses de cette espèce qui affectent souvent le gouvernement très mal à propos. Nous ne leur avons pas parlé, comme je vous en ai prévenu, des trente chefs qui sont à la dévotion de M. de Cursay, parce que s'il arrivait quelque mécontentement de la part de ces gens-ci, ils pourraient faire agir directement ou indirectement pour les désunir et troubler le cours de notre négociation. Il fut question encore de réformer quelques objets qui augmentaient leurs dépenses mal à propos ; ils entrèrent volontiers dans nos vues et nous promirent que le gouvernement ne manquerait pas d'y remédier.

Ils nous firent part aussi du détail de la distribution des 80 mille livres assignées pour la Corse, qui doivent être envoyées dès que le temps permettra de passer dans cette Isle. Voilà le précis de notre conférence.

M. Guisard m'apprit hier qu'un Corse nommé Colonna était passé à Marseille dans le dessein d'aller vous trouver, Monseigneur, et de savoir plus positivement de vous les bonnes intentions de la France pour en rendre compte à ces insulaires. — J'ai l'honneur etc.

(M. G. Vol. Corse 3.307)

Nice, le 18 décembre 1748. — Le maréchal de Belle-Isle à M. de Chauvelin. — J'ai reçu, Monsieur, par le courrier que vous m'avez dépêché vos lettres des 13, 14 et 16... J'ai trouvé celle de M. de Cursay dont vous aurez pris lecture. Je joins ici à cachet volant une réponse qui est fort courte, m'en remettant entièrement à vous pour toutes les instructions etc.

Vous voyez ce que je lui mande sur les deux cents hommes d'augmentation qu'il désire; si vous les croyez nécessaires, faites-lui passer tout de suite en les tirant des 4 bataillons qui doivent rester en Provence, dont vous n'en aviez point encore pris. Je préviens M. le comte d'Argenson de cette augmentation en lui mandant que je vous ai laissé le maître d'en décider. Je ne raisonnerai point sur tout le reste des affaires de Corse que je laisse absolument à vos soins.

Je viens d'écrire à M. de Puysieulx tout ce qu'il faut pour qu'il ne diffère pas d'un moment à vous envoyer les pouvoirs nécessaires pour une lettre de créance concernant les affaires de Corse seulement; j'ai toujours bien pensé qu'il fallait que cela fût ainsi et l'ai mandé de même ; peut-être cela est-il fait, mais comme le temps presse, j'ai appuyé ce que vous écrivez là-dessus avec toute la force dont je suis capable. Je n'ai pas oublié ce qui regarde l'article de la dépense, et ai fait toute la nécessité de vous donner les secours pécuniaires qu'exige votre situation. J'agirai encore plus efficacement là-dessus lorsque je serai de retour à la Cour, parce que l'on dit une infinité de choses que l'on ne peut pas écrire. Soyez persuadé que j'aurai sur cet article toute la vivacité que je crois conforme à ce que je pense.

M. de Guymont me paraît prendre avec sagesse le désagrément qu'il essuye. Je joins ici copie de la réponse que je lui fais,, ce qui fait que je ne répète point ce que j'aurais à vous dire sur nos conférences.

Je m'en rapporte bien à vous pour lui adoucir sa situation par vos attentions et vos politesses.....

Je m'en rapporte aussi totalement à vous pour faire passer plus tôt que plus tard le sieur Guisard en Corse. Je crois qu'il faut agir sur cela de concert avec M. de Cursay pour prévenir toute espèce de tracasserie.

J'attendrai les réflexions que vous avez faites sur tout ce que M. de Cursay vous a mandé en dernier lieu dont vous voulez me faire part ; elles serviront à mes instructions.

Il n'y a aucune difficulté à fournir aux détachements de 40 hommes des troupes de Modène qui vont à Massa et à Lavanta, le pain comme aux troupes du Roy jusqu'au 4 janvier et même plus loin, parce que la retenue leur en sera faite à leurs régiments où ils reçoivent le pain du Roy comme tout le reste de l'armée. — Je suis etc.

(M. G. Vol. Corse 3.307).

Nice, le 18 décembre 1748. — Le maréchal de Belle-Isle à M. le marquis de Puysieulx. — J'ai l'honneur de vous envoyer ci-joint, Monsieur, le paquet que M. Chauvelin vient de m'adresser pour vous ; il vous rend compte en substance de la situation actuelle où se trouvent les affaires de Corse, qui est encore plus favorable que l'on aurait pu s'en flatter par l'ascendant que M. de Cursay a trouvé moyen d'acquérir également et sur les peuples et sur les chefs des rebelles, qui se sont réellement démis de leur pouvoir, et que les peuples lui ont confié ; la place de San Pelegrino dont ils ont été toujours maîtres, est actuellement occupée par les troupes du Roy ; il en sera usé de même à Corte, dès que le détachement que M. de Cursay y a destiné sera arrivé, et l'on n'attendait que la retraite des Piémontais pour lui livrer St-Florent. M. de Cursay me paraît assuré que ces peuples accepteront les principales conditions que désire la République ; il m'écrit, ainsi qu'à M. de Chauvelin, d'une manière à ne laisser aucun doute, surtout quand on voit le succès qui a suivi tout ce que mon dit sieur de Cursay avait promis jusqu'à présent ; c'est encore un des motifs qui m'a le plus déterminé à vous proposer, Monsieur, et à M. le comte d'Argenson, de charger M. Chauvelin de la direction et de la suite de toute cette affaire jusques à son entier accomplissement, parce que M. de Cursay se trouvant naturellement à ses ordres pour toute la partie militaire et ayant d'ailleurs estime et confiance en M. de Chauvelin, la déférence du cœur et de l'esprit se joignant à la subordination du devoir et du grade militaire, la besogne en ira beaucoup mieux, et se trouvera réunie à un seul point, ainsi que vous avez très bien observé que cela était indispensable pour pouvoir réussir. M. de Cursay n'aurait jamais marché avec M. de Guymont, non plus que tous les officiers détachés en Corse, ni même le sieur Guisard, au lieu que tout se trouve soumis sans difficulté et sans répugnance, à M. de Chauvelin, qui de son côté a eu et continuera d'avoir pour M. Guymont les déférences et toutes les attentions possibles. J'en ai usé de même; car jusqu'à présent j'ai écrit alternativement et à M. de Chauvelin et à M. de Guymont, et celui auquel j'ai écrit a communiqué ma lettre à l'autre. Je connais trop combien l'union est nécessaire entre ceux qui manient les affaires du Roy dans un même lieu pour rien négliger de tout ce que j'imagine qui peut y contribuer. Je suis donc persuadé que le seul moyen de réussir dans l'affaire de Corse était d'en charger M. Chauvelin.

Il vous fait dans sa lettre une observation également vraie et judicieuse sur la nécessité de lui donner une lettre de créance auprès de la République et un pouvoir particulier qui le mettent en état de parler et agir efficacement avec le gouvernement lorsque M. de Chauvelin se trouvera seul de sa personne à Gênes, car tant que les troupes du Roy y sont, le caractère d'officier général commandant un corps aussi considérable, lui donne du poids et une influence dans les affaires, et une considération inséparable d'un commandement aussi distingué, au lieu qu'il ne devient plus qu'un simple particulier qui a indispensable besoin d'être accrédité, et pour diminuer autant que possible le genre de désagrément que M. de Guymont a pu envisager dans le choix de M. de Chauvelin, il n'y a qu'à borner les pouvoirs que vous expédierez pour lui à la médiation des affaires de Corse uniquement, en laissant comme de raison tous les autres détails et affaires politiques à M. de Guymont dans sa qualité d'envoyé du Roy ; ce n'est en quelque manière charger M. Chauvelin que de la suite d'une négociation que sa liaison primitive avec la partie militaire lui a fait nécessairement tomber, M. de Guymont conservant également le reste de ses fonctions. Vous savez mieux que moi, Monsieur, que ce n'est pas la première fois que le Roy a donné des pouvoirs et des commandements particuliers dans des lieux et dans des cours où S. M. avait des ambassadeurs, sans même qu'ils en aient été blessés à cause des circonstances, et celle-ci est une de celles qui s'est présentée le plus naturellement. J'ajoute à tout cela ce que vous pensez vous-même plus que personne, et que vous m'avez fait l'honneur de me marquer, qui est que le bien du service du Roy doit aller devant toutes les considérations personnelles.

Quant aux instructions plus particulières que vous demandez à M. Chauvelin, elles se bornent essentiellement à ramener les peuples dans l'obéissance et la soumission qu'ils doivent à leur souverain et obliger la République à constituer une forme de gouvernement par lequel la justice soit rendue, car c'est là le premier grief des Corses que leur état soit certain, et enfin que ce qui aura été une fois réglé et constaté d'un consentement unanime par la médiation du Roy conserve une solidité permanente par la garantie de S. M. qui obligera également la République et les sujets.

Quant au détail, M. Chauvelin en est pleinement instruit et dirigeant comme il le fera M. de Cursay qui pour le présent fait faire aux Corses ce qu'il veut, tandis qu'il fera à Gênes du côté du Sénat tout ce qu'il jugera nécessaire, en employant à propos et avec discernement la force, la douceur, les politesses et les menaces, suivant le caractère des différents avec lesquels il aura à traiter, il les connaît à fond et à tous les talents désirables pour y réussir.

Voilà, Monsieur, ce que j'ai cru devoir vous dire sur ce sujet ; je crois que M. le maréchal de Richelieu qui sera présentement à la Cour vous parlera de même ; il n'y a point de temps à perdre pour l'expédition des pouvoirs dont M. Chauvelin a besoin; la dernière division des troupes du Roy devait partir de Gênes le 12 janvier. — J'ai l'honneur etc.

(M. G. Vol. Corse 3.307).

Gênes, le 19 décembre 1748. — M. de Chauvelin à M. de Cursay. — J'ai reçu, Monsieur, la lettre que vous m'avez fait l'honneur de m'écrire le 13 et je fais passer à M. le maréchal de Belle-Isle celle que vous m'avez adressée pour lui à cachet volant.

Je vous ai déjà marqué qu'en restreignant ce que vous me mandiez de la procuration que les Corses comptaient vous donner personnellement, à l'acceptation d'une autorité qui marque leur soumission pour le Roy, et qui vous met en état de pacifier leur pays, je trouvais que, bien loin qu'il y eût aucun inconvénient à votre conduite, elle devait être au contraire fort approuvée.

Je vous ai mandé de même, et j'ai vu avec grand plaisir que M. le maréchal de Belle-Isle vous confirmât que l'arrivée de M. Guisard, bien loin de traverser l'influence que vous deviez avoir sur la négociation, n'était faite au contraire que pour l'appuyer et pour la conduire à son but, puisque d'après les sentiments que vous inspirerez aux peuples, il discutera avec eux en détail les articles dont vous les engagerez à adopter et même à désirer la substance. D'ailleurs vous avez vu par ma dernière lettre que je m'en remettais à vous de juger le temps où vous penseriez que l'arrivée de M. de Guisard serait placée et son entremise utile.

Je ne parle point de l'article de l'argent, puisque je vous ai déjà adressé l'état de répartition des 80.000 livres qui sont bien réellement affectées aux besoins de la Corse, puisque l'argent et les farines sont sur la galère pour Bastia et ont déjà été envoyées dans les autres places de l'Isle. Les 180.000 livres destinées aux réparations et entretiens des places seront remises à l'ingénieur Medoni qui partira aussi sur la galère, duquel je vous réponds que vous serez content ; il est intelligent et docile ; il se conformera sûrement aux avis de M. de Bononot qui vous reste et à vos ordres.

Quant aux dépenses secrètes, l'économie dont vous avez usé par le passé est un sûr garant de celle qui réglera votre conduite à l'avenir ; vous en sentez la nécessité, et en vous réduisant, comme vous vous le proposez, aux dépenses indispensables, je suis persuadé que M. le maréchal de Belle-Isle en ordonnera aussitôt le remplacement. Comme je dois, ainsi que vous le verrez par sa lettre ci-jointe, rester à Gênes après le départ des troupes pour suivre vis-à-vis de la République la négociation que vous avez entamée avec les Corses, je lui demanderai ses ordres sur les moyens de pourvoir aux dépenses particulières que vous aurez à faire, lorsqu'il n'y aura plus de troupes du Roy dans l'Etat de Gênes et par conséquent plus de fonds de l'extraordinaire des guerres.

Je vous ai déjà mandé que vous aviez un moyen de pourvoir à l'approvisionnement des places qui vous seront remises, pour les munitions de bouche ; les soldats que je vous envoie en sont pourvus pour quatre mois ; ainsi il n'y aura qu'à emmagasiner dans chaque poste proportionnellement à la force du détachement à qui vous en remettrez la garde. Pour les munitions de guerre, sur les états que vous m'adresserez de vos besoins, j'en ferai passer de Gênes.

La punition que vous avez fait faire du crime dans la piève d'Orezza était nécessaire et ne peut que faire un très bon effet ; elle imprimera aux peuples, et l'usage que vous avez fait de l'autorité qu'ils vous ont remise, entretiendra en eux le sentiment de respect que vous vous attachez à leur imprimer. Je vous préviens que cette justice militaire et expéditive a peiné le gouvernement, mais j'ai tenu ferme et leur ai prouvé que bien loin que votre conduite altère leurs droits, elle est la seule propre à les leur rendre ; ce n'est pas dans des occasions pareilles que je vous conseillerai la circonspection et les égards.

Je vous ai déjà répondu sur l'article de Calvi qu'il est

vrai que la bonté de la place semblait suppléer à la force de la garnison, mais que cependant plus elle était forte, plus il convenait que dans tous les cas nous en fussions assurés. D'ailleurs vous savez que l'intention de M. le maréchal de Belle-Isle est que vous puissiez changer à votre gré et suivant les circonstances la disposition des garnisons de Corse.

Les piquets que je vous envoie sont approvisionnés pour un mois en rations de mer, ainsi la consommation qu'ils feront dans leur trajet n'altérera point les quatre mois de ration de terre dont ils sont pourvus et qui sont chargés sur les mêmes bâtiments qui les transportent.

Vous pouvez garder tous les officiers que vous jugerez vous être utiles, et ceux qui partant d'ici se trouveraient faire un double emploi en Corse, serviront à ramener les anciens piquets en France.

Je trouve que vous pensez très juste sur l'affaire survenue à Ajaccio. Dès que le soldat qui a fait le crime est sujet de la République, il est décent qu'elle le juge, mais il est nécessaire qu'elle le punisse à la rigueur. J'ai parlé sur ce ton aux députés et j'écrirai en ce sens à M. de Varignon en lui marquant positivement de se conformer à votre décision.

Puisque vous avez reçu l'ordre du marquis de Breille au commandant Piémontais, je ne doute pas que vous n'ayez bientôt St-Florent, mais j'en attends toujours des nouvelles avec une grande impatience.

Je ne dois pas vous dissimuler que je crois avoir pénétré aujourd'hui par des propos des députés que plusieurs d'entre le gouvernement se figurent que vous avez promis ou du moins fait espérer aux Corses qu'ils ne rentreraient jamais sous l'obéissance de la République. Je suis bien convaincu que ces préjugés sont dépourvus de tout fondement; mais il n'y a que les faits qui puissent radicalement les détruire, et je conclus de là que plutôt vous pourrez établir dans l'esprit des Corses sans inconvénient qu'ils ne doivent point songer à traiter sans reconnaître la souveraineté de la République, et mieux ce sera; par là vous gagnerez la confiance des Génois qui trouveront d'autant plus de satisfaction dans cette assurance qu'ils sont bien pleinement convaincus que, s'ils peuvent un jour avoir la Corse, ce n'est que par vous. — J'ai l'honneur etc.

(M. G. Vol. Corse 3.307)

Gênes, le 19 décembre 1748. — M. de Chauvelin au maréchal de Belle-Isle. — Monseigneur, ... Je suis fort aise que vous ayez parlé avec fermeté à MM. Pinelli et Curlo; cette conversation leur fera une impression qu'ils communiqueront au reste du gouvernement, mais je crois que M. de Cursay s'est trompé en vous assurant si positivement que la République avait fait des menées pour traverser sa négociation, et j'ai d'autant plus de raison de le croire, que lui-même m'a mandé dans une lettre postérieure qu'il avait approfondi que ces démarches secrètes étaient inspirées par les émissaires des Piémontais qui voudraient que la France n'eût aucune influence sur ce qui va se passer en Corse. Je sais sur quoi tombent les ombrages et les irrésolutions de la République.

Les premiers ont leur source dans la hauteur des particuliers qui voient avec peine que la faiblesse de la République l'oblige à garder devant des sujets un silence dont ils la croient humiliée. Les irrésolutions naissent de la persuasion générale où tous les Génois sans exception sont, qu'il est impossible de conduire la

Corse à une tranquillité durable. Ce préjugé est fondé sur l'expérience de 19 ans de troubles, mais ils ne réfléchissent pas que tous les événements dépendent des circonstances, et qu'il en existe aujourd'hui telles qui n'ont jamais eu lieu dans les temps qu'ils se rappellent. Je travaille vis-à-vis des Génois conséquemment à ce que je sais et à ce que je pénètre de leurs idées, et j'espère qu'à force de soins, je les amènerai à des idées justes et conformes aux intentions du Roy.

La lettre de M. de Puysieulx que vous m'avez adressée ne dit rien ; elle ne fait qu'approuver la démarche que j'ai fait faire au gouvernement de demander par écrit le séjour des troupes du Roy dans les places de Corse jusqu'à la conclusion de l'accommodement.

Je suis trop heureux, Monseigneur, que vous connaissiez à fond les difficultés et les épines de toute cette affaire, car quoique j'en espère le succès, si, contre mon attente et malgré mes soins, elle venait à échouer, du moins je serai justifié auprès de vous ; votre suffrage me flattera toujours sensiblement.

J'espère que vous voudrez bien d'ici au départ de la totalité des troupes, donner quelque moment d'attention à des moyens qui me sont nécessaires pour suivre l'affaire dont je suis chargé ; avec quelque économie que M. de Cursay dirige les dépenses particulières de courriers, d'espionnage etc., il en fera toujours quelques-unes et s'adressera à moi pour le remboursement. De mon côté, il sera nécessaire que j'entretienne un nombre de felouques pour ne pas laisser dans Gênes la correspondance. Il surviendra peut-être d'autres dépenses dont l'objet ne se présente pas à moi dans ce moment-ci. Aussi de toute nécessité j'aurai besoin d'un fonds pour y fournir; quand vous ne serez plus à Nice, je ne saurai plus à qui avoir recours ; je vous supplie donc de vouloir bien régler tout cela à l'avance.

Je vous assure que je mets vis-à-vis de M. de Guymont toute la confiance, toute la simplicité et tout le liant dont je suis capable ; malgré cela je pénètre qu'il est fâché, mais c'est du fonds de la chose et je n'y sais pas de remède. J'ignore si son mécontentement lui suggère quelque démarche et comme j'ai beaucoup plus pour objet dans tout ceci le bien de la chose que mon agrément particulier, je ne me donne point de soin pour la découvrir.

J'attends avec grande impatience le succès de l'affaire des 1.150 mille genovines, et si vous l'emportez comme je n'en doute pas, je vous serai bien obligé, Monseigneur, de m'écrire là-dessus quelque détail dont je puisse tirer avantage vis-à-vis de ceux à qui j'ai affaire pour déterminer de plus en plus leur confiance et les amener à des accessoires plus faciles.

Enfin nos bâtiments pour la Corse sont partis aujourd'hui par le temps le plus favorable, et j'espère qu'ils y arriveront en peu de temps et heureusement.— J'ai l'honneur etc.

(M. G. Vol. Corse 3.307)

Gênes, le 19 décembre 1748. — M. de Chauvelin au marquis d'Argenson. — Monseigneur, J'ai reçu les deux lettres dont vous m'avez honoré le 4 et le 10 de décembre par lesquelles vous m'annoncez que l'intention du Roy est que je reste à Gênes après le départ des troupes, pour suivre vis à vis de la République la négociation entamée avec les Corses. Vous avez vu par mes précédentes que, quoique j'eusse déjà reçu une lettre de M. de Puysieulx, qui me faisait part de cette disposition, je ne regardais mon sort comme décidé que par les lettres que je recevrais de vous. Je suis bien sensible, Monseigneur, à cette nouvelle marque de confiance, et je vais redoubler de zèle et d'application pour la mériter. Je vous assure avec vérité que, quoique le théâtre soit resserré, il faut cependant mettre en œuvre ici tout ce qu'on a de ressources et de moyens; cette multitude de têtes dont la réunion seule opère des décisions est bien difficile à inspirer et à conduire. Après avoir persuadé les députés avec lesquels on traite directement, il faut leur suggérer des moyens pour convaincre les autres, et il faut que ces moyens soient également fondés et sur leurs intérêts réels, et sur leur façon de les apercevoir. Le caractère des Corses d'un autre côté est un mélange de soumission, de révolte, de finesse, de simplicité et de bonne foi et d'astuce qui met souvent en défaut celui qui est chargé de traiter avec eux. Je sens toutes les difficultés de l'affaire qui m'est confiée, mais je ne désespère pas de les surmonter à force de travail. Je vous rendrai un compte exact de tout ce qui aura rapport à cette affaire et je vous supplie de vouloir bien me diriger et me conduire par des instructions fréquentes auxquelles je me conformerai avec la plus grande docilité.

Je n'ai rien appris de nouveau par les dernières lettres que j'ai reçues de Corse. M. de Cursay me mande seulement qu'il a reçu l'ordre de M. le marquis de Breille que je lui ai adressé, par lequel il est enjoint au commandant piémontais d'évacuer Saint-Florent; il n'a point voulu le lui remettre sans convenir à l'avance avec les chefs des peuples des mesures qu'il y avait à prendre pour faire entrer les troupes du Roy dans cette place aussitôt que les Piémontais en seraient dehors.

Les 1.100 hommes que j'ai fait embarquer depuis

plusieurs jours, pour aller relever en Corse les piquets que nous y avions, lesquels étaient dépourvus de plusieurs choses nécessaires, sont partis ce matin par un temps et un vent favorable, et j'espère qu'aucun inconvénient ne retardera leur arrivée. — Je suis etc.

(M. G. Vol. Corse 3.307)

Nice, le 20 décembre 1748. — Le maréchal de Belle-Isle à M. de Puysieulx. — J'ai l'honneur de vous envoyer ci-joint, Monsieur, un paquet de M. Chauvelin contenant le double des mémoires qu'il a fait passer à M. de Cursay pour constater les principes sur lesquels la négociation qu'il a entamée avec les chefs des rebelles doit être suivie. Vous trouverez, je crois, M., toutes les observations qu'il fait fort sages, et qu'il y a plusieurs articles sur lesquels il est indispensable d'avoir un plan fixe formé et un parti pris avant l'assemblée générale qui doit se faire à Corte le 4 janvier.

J'ose espérer, vu toutes les circonstances, que M. de Cursay dirigé par M. de Chauvelin, et assisté sur les lieux du sieur Guisard, pourra amener les Corses à ce qu'il voudra. Je suis beaucoup moins assuré qu'il trouve les mêmes facilités du côté de la République. Si néanmoins quelqu'un est capable de lui faire connaître ses véritables intérêts, de lui faire sentir son impuissance absolue de soumettre les Corses, de leur montrer tous les motifs qui doivent annuler leurs anciens soupçons et au contraire fortifier la confiance qu'ils doivent avoir dans S. M., c'est sans doute M. Chauvelin, tant par ses talents naturels que par la liaison où il est avec les principaux membres du gouvernement. Je crois donc qu'il n'y a qu'à le laisser faire, et que vraisemblablement lui et M. de Cursay parviendront à un accommodement et une conciliation également utile à la République et aux Corses; mais le point essentiel est celui d'en maintenir la solidité et la durée; ce ne peut être que par la garantie du Roy. Mais pour que cette garantie puisse s'effectuer, quels sont les moyens? Je n'en imagine point d'autres que celui de laisser en Corse pendant un temps plus ou moins long les détachements que nous y avons actuellement ; la République qui ne s'est portée à supplier le Roy de les y faire passer et de les y laisser pour le présent que par la nécessité urgente, a certainement pour objet de les en voir sortir le plus tôt qu'il sera possible, mais l'état de misère où elle se trouve, qui ne fera qu'augmenter, ne lui fournira de longtemps les moyens de pouvoir mettre sur pied et entretenir le corps de troupes qui lui est nécessaire pour la garde de ses places de terre ferme et pour celles des places de Corse. Je suis donc persuadé d'avance que par le fait de la République, il y aura besoin que des détachements des troupes du Roy demeurent ; leur séjour pendant les premiers temps qui suivront l'accommodement en assurera l'exécution, et quand les peuples s'y seront accoutumés, et que le gouvernement génois retenu en respect par la présence des dites troupes en aura goûté tout le fruit, et connu par expérience les avantages de cette tranquillité, il sera alors moins dangereux de retirer les troupes du Roy ; leur départ trop prompt détruirait immanquablement ce qui aurait été établi avec tant de peine, et l'on aurait en quelque manière compromis une seconde fois la médiation et la garantie de S. M. qui serait donc obligée pour la faire valoir d'user des menaces qu'il faudrait faire suivre par des voies de fait peut-être alors aussi embarrassantes que coûteuses, au lieu que 11 ou 1.200 hommes que nous avons actuellement en Corse, ne forment qu'un objet fort médiocre d'augmentation de dépenses, préviennent tous les cas qu'on a voulu éviter et assurent au Roy tous les avantages dont nous avons si souvent parlé M. le maréchal de Richelieu et moi, et comme il est maintenant à portée de vous en entretenir lui-même, je ne m'étendrai pas davantage là-dessus. Vous avez d'ailleurs tout le temps nécessaire pour délibérer sur le parti que le conseil du Roy croira devoir prendre, puisque dans tous les cas il faut indispensablement que des détachements qui sont en Corse y demeurent au moins les trois mois pour lesquels on a assuré leur subsistance. C'est dans cet esprit que je fais réponse à M. Chauvelin en attendant que vous nous en fassiez une plus positive que nous ne saurions recevoir trop tôt, pour avoir le loisir d'écrire en conséquence à M. de Cursay avant l'assemblée du 14 janvier, et comme les vents et la mer rendent le trajet d'ici à Gênes et de Gênes en Corse fort incertain, j'ai cru devoir vous faire passer cette lettre par un courrier, vu ce que j'ai l'honneur de vous mander en même temps par la lettre séparée ci-jointe. — J'ai etc.

M. le marquis de Breille a été attaqué d'une colique néphrétique assez violente pour laquelle il a été saigné deux fois ; il s'y est joint une violente indigestion, et il a été assez mal ; mais comme il est beaucoup mieux, il y a apparence que cela n'aura point de suite. Il n'a encore vu personne, et comme il y a ici des adjoints dont je vous ai informé, le détail courant des affaires n'en a point langui.

(M. G. Vol. Corse 3.307)

Gênes, le 21 décembre 1748. — M. de Guymont à.....
— Monseigneur, Je réponds en même temps aux deux

lettres dont vous m'avez honoré les 16 et 18 de ce mois, n'étant pas parti de felouque plus tôt qu'aujourd'hui.

Il y a lieu de penser que le gouvernement ne négligera rien pour mettre en état de défense les places que la République a en Corse ; c'est dans ce point de vue qu'il a déterminé d'y envoyer le sieur Medoni, ingénieur habile, au lieu de M. de Coste qui a demandé une autre destination. Nous espérons aussi qu'on y fera passer les munitions de guerre qui peuvent y être nécessaires.

Comme il ne nous est pas possible de cacher les expéditions qui nous viennent de Corse, nous en faisons part aussitôt aux députés en observant de supprimer prudemment tout ce qui pourrait les alarmer ou exciter leur défiance. Il y a cependant lieu de croire que les Génois prennent d'autres moyens que les nôtres pour être informés de tout ce qui se passe dans cette isle, et qu'ils ne nous communiquent pas leurs nouvelles. Nous ne devons pas douter que jusqu'aux moindres démarches de M. de Cursay ne soient observées et que tous ses discours ne soient rapportés et peut-être envenimés ; ainsi il ne saurait se comporter avec trop de circonspection.

Nous sommes convenus avec M. de Chauvelin de savoir l'avis de M. de Cursay par rapport au départ de M. Guisard. La solidité des raisons dont il nous fera part, soit pour le faire arriver avant la conférence du 14 ou pour ne l'envoyer qu'après, détermineront le parti que nous prendrons à cet égard. Les deux points les plus importants du commissaire seront de se concilier avec cet officier et d'amener les Corses à notre but. Sans le premier, il ne viendrait certainement pas à bout du second ; il faut aussi que M. de Cursay n'y mette aucun obstacle de son côté et qu'il soit persuadé que le mérite de ses succès ne peut qu'augmenter par la réussite de la négociation de celui-ci. L'envoi de M. Dutheil à Aix la Chapelle n'a point diminué l'honneur que M. de Saint Séverin s'est acquis ; c'est ce qu'il faut lui faire entendre afin d'éviter de lui donner de l'humeur. Quant à ce qui me regarde, vous savez, Monseigneur, ce que j'ai eu l'honneur de vous marquer. La conduite que j'ai tenue ici dans les circonstances épineuses et importantes où je me suis trouvé doivent prouver suffisamment le véritable citoyen et quelque chose de plus ; si l'on ne me rend pas toute la justice qui m'est due, je n'en serai pas moins occupé à le mériter.

Les premières nouvelles de Corse nous apprendront sans doute que M. de Cursay est maître de Saint-Florent. Je n'ai pas moins d'impatience que vous de voir arriver quelque expédition de ce pays-là.

M. de Chauvelin m'a dit qu'il n'avait point trouvé dans votre lettre à M. de Cursay celle de l'archiprêtre Orto, mais seulement la réponse que vous lui faites. Cet ecclésiastique ne m'a pas paru d'une grande solidité dans les projets qu'il nous a proposés et je ne voudrais me fier à lui qu'à bonnes enseignes. Il a l'air d'un fourbe, peut-être en a-t-il les qualités, il a toujours été suspect aux Génois, parce qu'il est Corse et qu'il a depuis longtemps une pension de 800 francs de la France.

Nos 1.100 hommes partirent avant-hier pour la Corse ; le temps favorable qu'ils ont eu me fait croire qu'ils sont arrivés. — J'ai l'honneur etc.

(M. G. Vol. Corse 3.307)

Mémoire sur la négociation de Corse
(De M. de Chauvelin)

(Cette pièce non datée doit être placée avant le 21 décembre 1748).

La démarche préliminaire de soumission que M. de

Cursay a déterminé les Corses à faire dans la conférence de Biguglia tenue le 2 décembre, annonce la disposition où ils sont d'accepter les conditions qui leur seront dictées par le Roy. La réquisition en forme que la République de Gênes a faite à S. M. de laisser ses troupes dans les places de Corse jusqu'à l'entière conclusion et même l'exécution de l'accommodement, et d'interposer sans réserve sa puissance pour rétablir le calme dans l'isle, donne lieu de penser aussi que la République, pleine de confiance dans les bontés éprouvées du Roy et dans ses intentions, accordera de bonne foy les avantages que S. M. jugera nécessaires pour ramener les peuples à une obéissance paisible.

Mais quelque favorables que soient ces dispositions de part et d'autre, les plus légers incidents peuvent les altérer; on ne doit pas perdre de vue qu'on traite d'un côté avec un peuple subtil, inconstant, accoutumé au brigandage, indocile au joug, rempli depuis longtemps de fureur et d'animosité contre le souverain, sous l'obéissance duquel le Roy veut le remettre, et de l'autre avec une république défiante, timide et jalouse de ses droits, aigrie contre des sujets qu'elle méprise et dont la révolte l'humilie, et où le nombre des gens éclairés est au moins balancé par celui des gens sans vues, sans lumières et sans connaissances, qui se figurent qu'il vaut mieux ne pas assujettir la Corse et laisser subsister le désordre et l'anarchie que d'en devoir la soumission et la tranquillité à une puissance redoutable qui a accumulé tous les droits imaginables de parler aux Génois d'un ton de maître et qui peut un jour faire acheter cher ses services.

Ces deux considérations doivent être pesées avec d'autant plus d'attention que la forme nécessaire que M. de Cursay a été obligé d'employer pour obliger les

Corses à la remise de leurs places et à la soumission en recevant d'eux un pouvoir sans bornes et en observant en conséquence les actes de l'autorité la plus absolue, est propre à faire naître dans les esprits du gouvernement des ombrages et des soupçons ; jusqu'ici ils ont été prévenus et dissipés par les soins de ceux qui traitent les affaires de Corse à Gênes ; on ose même assurer sans crainte que la totalité du gouvernement est persuadée que cette forme était indispensable ; elle était annoncée et agréée avant qu'on sût qu'elle avait lieu. Ainsi tout est tranquille à cet égard, mais d'autres incidents ou la prolongation de ce même pouvoir entre les mains de M. de Cursay peuvent ranimer ou exciter des sentiments plutôt de jalousie que de défiance qu'il est important de prévenir ou d'arrêter dans le principe. Et quoiqu'on puisse se promettre que le gros du gouvernement ne se livrera pas à la crainte ridicule de voir le Roy s'emparer de la Corse malgré la République, la plupart craindront que trop de facilité et de condescendance pour la nation Corse ne lui obtienne des privilèges qui peu à peu dégénèreront en abus impossible à déraciner.

D'un autre côté la protection du Roy pour les Génois a éclaté si visiblement et par des effets si dignes de sa grandeur, les Corses en sont si positivement informés qu'ils ne peuvent se dissimuler que l'intention réelle de S. M. est de les remettre sous l'obéissance de leurs maîtres légitimes, et si on ne continue à les convaincre, comme M. de Cursay a fait jusqu'ici, que bien loin que la justice du Roy permette aux Génois d'aggraver leur joug au-delà des devoirs des sujets envers le souverain, au contraire il fixera leurs droits de la manière la plus équitable et la plus solide, et les affranchira pour jamais de la tyrannie, ils se persuaderont facilement qu'on ne s'applique à les pacifier que pour les sacrifier plus sûrement.

Il résulte de ces réflexions qu'on ne saurait travailler avec trop d'attention et de méthode à perpétuer et à augmenter la confiance des Génois et des Corses pour le Roy, et quoique ces deux objets ne soient rien moins qu'incompatibles, cependant l'aversion réciproque, invétérée qui existe entre eux, rend ces objets difficiles à concilier.

Pour y réussir, il est essentiel que M. de Cursay en Corse et ceux qui négocient à Gênes agissent dans les mêmes principes et conviennent entre eux à l'avance de certains points principaux tant pour le fond que pour la forme, afin que d'après la réunion de leurs idées, ce que M. de Cursay proposera aux Corses pour les réduire aux devoirs des sujets soumis et fidèles ne paraisse pas suggéré par la République, et ce que ceux qui suivent la négociation de Gênes insinueront à la République pour la faire condescendre aux concessions raisonnables que des sujets doivent prétendre, n'ait pas l'air d'être inspiré par les Corses pour se soustraire à leurs devoirs, mais qu'au contraire on soit à portée tant en Corse qu'à Gênes de pressentir d'avance et les Corses et le gouvernement sur les points sujets à discussion, et que les démarches qui se feront dans cette vue paraissent être une suite des instructions données par la France pour fixer équitablement les droits des uns et des autres.

Quoiqu'il convienne dans ces circonstances de ménager également les Corses et la République, il est cependant certain que la convention, telle qu'on l'envisage, devant être également avantageuse aux Génois et aux Corses, il y a moins de difficulté à vaincre vis à vis d'un gouvernement où il y a de bonnes têtes, et qui est susceptible d'entendre raison, que vis à vis d'une multitude effrénée qui peut se cabrer même au préjudice de ses vrais intérêts et auprès de laquelle il n'y aurait plus de ressources si elle était aliénée. Il est donc essentiel de savoir par quels ressorts M. de Cursay compte la conduire, afin de tâcher d'amener par raisonnement le gouvernement génois à condescendre aux moyens que M. de Cursay est résolu d'employer.

D'après ces principes, il est nécessaire de savoir les idées et l'opinion de M. de Cursay sur plusieurs objets qui vont se présenter incessamment.

1° L'assemblée générale de Corte est indiquée pour le 14 de janvier. Probablement elle ratifiera ce qui a été résolu dans la conférence de Biguglia, et nommera des représentants à qui elle donnera le pouvoir le plus étendu pour traiter des intérêts de la nation et recevoir les conditions que la France imposera. Mais il est à observer que jusqu'ici le nom de la République n'a pas été prononcé aux Corses par M. de Cursay, et il a très sagement fait d'user de cette circonspection. Il serait nécessaire de savoir comment il se comportera à cet égard à l'ouverture de l'assemblée de Corte, à laquelle il préside, s'il doit pendant une ou plusieurs séances garder le même silence, si ce n'est qu'avec les procureurs généraux et représentants qu'il compte s'ouvrir sur la nécessité de retourner à l'obéissance de la République, si au lieu de cela il s'imagine qu'il aura assez de crédit ou d'ascendant pour déclarer à la nation assemblée que l'intention du Roy est de rendre la Corse à ses maîtres et que c'est sur ce plan qu'on doit traiter. Lui seul peut juger de ce qu'il peut et doit faire à cet égard, et il faut que ses intentions soient connues d'avance pour y préparer la République.

2° M. de Guisard a été choisi par M. le maréchal de

Richelieu pour traiter en détail les articles de la convention vis à vis les Corses; il est instruit à fond de la matière, il a les lumières et les connaissances nécessaires pour se bien acquitter de sa mission qui d'ailleurs est agréable à la République. Son intention est d'agir de concert avec M. de Cursay, de le consulter, de suivre ses avis. Il est trop éclairé pour ne pas sentir que la confiance de la nation Corse reposant en M. de Cursay, tout homme qui prendrait vis à vis d'elle un système opposé à ses vues, serait sûr d'échouer ; mais de quelque utilité que doive être sa présence en Corse pour régler et discuter tout ce qui a rapport au civil, à l'économique et au commerce qu'il entend très bien, il faut qu'il y paraisse à propos et surtout qu'il y débute au gré des gens à qui il aura à faire. Il est encore nécessaire de savoir l'avis de M. de Cursay sur l'époque de l'arrivée de M. Guisard, s'il pense qu'il doive passer en Corse avant l'assemblée de Corte ou lorsqu'on pourra juger des dispositions de cette assemblée.

3° La nation, une fois résolue à traiter avec la condition de rentrer sous l'obéissance des Génois, les articles du détail ne seront pas difficiles à arranger ; quelques-uns seulement trouveront de la contradiction, et il est nécessaire de savoir à l'avance quelle tournure on envisage pouvoir leur donner.

Ces articles peuvent se réduire à trois : les impôts, le tribunal des 18 notables et le désarmement.

Quant aux impôts, M. de Cursay qui connaît la dépense que la conservation de la Corse occasionne à la République et les ressources de cette isle, se flatte-t-il de pouvoir établir une proportion entre ces deux objets ? Quelle forme imagine-t-il pour les percevoir ? Quelle époque peut-on fixer conjecturalement pour commencer à les recouvrer?

Le tribunal des 18 notables choque singulièrement la République; il semble donner à la Corse un air d'indépendance; M. de Cursay pourra-t-il en détacher les Corses? Faudra-t-il faire des efforts auprès de la République pour l'engager à se relâcher sur cet article en lui donnant des bornes qui en préviennent les inconvénients et la satisfassent?

Le désarmement serait au premier coup d'œil le gage le plus assuré de la tranquillité de la Corse; M. de Cursay dans plusieurs de ses lettres paraît se flatter d'y parvenir. S'il le peut obtenir et faire exécuter, il semble qu'il doit y mettre de la fermeté; alors on pourrait le faire espérer à la République et à la faveur de cet avantage l'engager à se relâcher sur d'autres points. Si on désespère d'y amener les Corses ou si après avoir été stipulé, il n'est pas exécuté de bonne foi, il vaut mieux y renoncer et ne pas l'exiger que de paraître céder sur un article aussi essentiel à l'opiniâtreté des Corses; alors il serait dangereux de l'annoncer à la République, qui, s'il n'avait pas lieu, après qu'elle en eût été prévenue, se figurerait qu'on a cédé par indulgence pour les Corses et perdrait dès ce moment toute confiance en ceux qui se mêlent de la négociation.

4° En supposant que, toutes ces difficultés aplanies, on parvienne à faire une convention avantageuse pour les deux parties, il s'agira de lui donner de la solidité et de s'en assurer l'exécution; il n'y a que la garantie de la France qui puisse opérer cette sûreté; les Corses et les Génois paraissent désirer également qu'elle soit efficace; quels moyens M. de Cursay imagine-t-il pour la rendre telle? Quels sont à cet égard les désirs raisonnables des Corses? Il faut que ces moyens ne soient ni humiliants pour la République ni onéreux pour la France, ni à charge à la nation. En se prescrivant ces trois conditions, M. de Cursay en envisage-t-il quelques-unes qu'il puisse faire désirer par les Corses, et qu'on puisse amener le gouvernement génois à demander ou à recevoir sans peine et sans défiance?

Voilà à peu près l'exposition de tout le système sur lequel est appuyée la tranquillité qu'on projette d'établir et d'affermir en Corse. M. de Cursay sentira mieux que personne que les instructions de la Cour devant être fondées sur les réponses qu'il croira pouvoir faire à ces demandes, il ne saurait les peser trop mûrement ; qu'en même temps il ne doit rien laisser transpirer en Corse de ce qu'il pensera sur tous ces points, de même que ceux qui négocient à Gênes doivent aussi garder le secret le plus inviolable à cet égard, et que le moment décisif pour rétablir la tranquillité étant celui de la conférence de Corte, il serait extrêmement utile qu'on pût avoir, avant qu'elle s'ouvrit, les éclaircissements qu'on lui demande, afin de former un plan raisonnable et suivi, qui ne serait susceptible de variation qu'autant que les circonstances changeraient. Il doit penser encore que la célérité qui est l'âme de toutes les affaires est indispensable pour celle-ci où on traite avec un peuple entier et inconstant dont les dispositions, aujourd'hui favorables, peuvent changer si on les laissait refroidir, et si la langueur des résolutions donnait moyen à plusieurs partis d'éclore et de se traverser mutuellement.

(M. G. Vol. Corse 3.307)

Nice, le 21 décembre 1748. — Le maréchal de Belle-Isle à M. de Chauvelin. — Je répondrai fort à la hâte, Monsieur, à vos lettres des 16, 17 et 18. J'y vois avec beaucoup de peine que nos détachements n'étaient point encore partis pour la Corse, et que vous n'avez point de nouvelles de l'usage qu'aura fait M. de Cursay de la lettre de M. le marquis de Breille pour l'évacuation de St-Florent. J'avoue que j'ai impatience d'apprendre que nous en soyons maîtres.

J'ai lu avec grande attention votre mémoire d'observations sur la négociation de Corse. Il est plein de réflexions également judicieuses et nécessaires. Je ne m'arrêterai ici avec vous que sur l'article 4 qui est le dernier, qui est qu'en supposant toutes les difficultés aplanies, et qu'on soit parvenu à faire une convention avantageuse et pour la République et pour les Corses, il est indispensable de lui donner de la solidité et d'en assurer l'exécution ; il n'y a certainement que la garantie de la France qui puisse opérer cette difficulté; mais la raison se réduit donc à savoir quels en seront les meilleurs moyens. Vous avez écrit là-dessus à M. de Cursay en lui envoyant le double du même mémoire que vous adressez à M. de Puysieulx et à M. d'Argenson. Vous voulez savoir avec raison de M. de Cursay, quels peuvent être à cet égard les désirs raisonnables des Corses parce qu'il faut que ces moyens ne soient ni humiliants pour la République, ni onéreux à la France, ni à charge à la nation.

Je ne doute pas que de votre côté vous ne preniez du côté de la République tous ceux qui vous paraîtront nécessaires pour qu'elle se lie de façon vis-à-vis du Roy qu'on puisse raisonnablement compter qu'elle ne manquera point à cet égard à ses engagements. Et moi, en faisant passer vos deux paquets à MM. de Puysieulx et d'Argenson, que je dépêche exprès, je leur marque qu'en prenant de votre part toutes les mesures pour parvenir à cet accommodement et en assurer, autant qu'il est possible, l'exécution et par la République et par les Corses, je crois qu'il sera indispensable de laisser nos détachements dans les places de cette isle assez longtemps, parce que c'est leur présence qui contiendra également les Corses et les membres du Sénat qui exerceront les différentes charges dans cette isle ; qu'ainsi le ministère doit se résoudre à la petite dépense qu'occasionnera le séjour de 1.300 hommes en Corse tout autant que cela pourra convenir ; ce n'est pas là un objet en comparaison des avantages qui en résulteront.

Peut-être même pourrait-on tirer de la Corse même les secours nécessaires pour la dépense et l'entretien des 1.300 hommes en question, ou tout au moins pour le supplément de leur subsistance, et de ce qu'il en coûterait au Roy, s'ils étaient dans la garnison de son Royaume. Mais de quelque manière que ce puisse être, je conclus avec nos ministres que le séjour des troupes du Roy en Corse sera indispensable au moins pour un an.

Vous me faites part à votre tour de vos réflexions sur cette dernière partie et de ce que vous aurez fait ou compté faire du côté de la République pour parvenir au succès d'une affaire qui vous fera infiniment d'honneur. Je viens encore de mander tout net à nos deux ministres que je ne connaissais que vous seul capable d'y réussir. C'est toujours avec plaisir que je saisis les occasions de vous rendre la justice qui vous est due et d'expliquer ma façon de penser sur votre sujet...

Vous avez très bien fait de ne point perdre de temps à m'envoyer copie de la dernière lettre que vous a écrite M. de Cursay, et de vous attacher à l'essentiel qui est de lui donner les instructions nécessaires et de faire du côté du gouvernement tout ce qu'il faut... — Je suis toujours etc.

(M. G. Vol. Corse 3.307).

Gênes, le 22 décembre 1748. — M. de Guymont à M. d'Argenson. — Monseigneur, J'ai reçu la dépêche dont vous m'avez honoré le 6 de ce mois.

Je ne doute point que M. le maréchal de Belle-Isle et M. de Chauvelin ne vous aient fait part dans le plus grand détail des affaires de Corse. Nous savions que M. de Cursay s'était acquis la confiance des chefs de ces insulaires, et qu'il avait beaucoup de crédit parmi les peuples, mais le caractère de cette nation vous faisait craindre que ce colonel ne vînt pas si facilement à bout d'exécuter les vues qu'il s'était proposées ; la soumission des Corses et la remise des places entre les mains des Français est un événement très glorieux pour lui et dont la République tirera d'autant plus d'avantage que c'était le seul moyen qui pût nous faire espérer de voir rétablir la tranquillité dans cette Isle, et il ne faut pas moins que la médiation du Roy pour adoucir un peuple aussi féroce et le faire rentrer sous la domination des Génois pour lesquels il a toujours conservé la haine la plus invétérée.

Les choses en sont aujourd'hui au point qu'il ne s'agit plus de savoir s'il convient d'envoyer dès à présent M. Guisard en Corse, ou s'il faut attendre le résultat de la conférence qui se doit tenir à Corte le 14 janvier. Nous avons écrit à M. de Cursay pour qu'il nous fît part des raisons qu'il pourrait avoir à faire accélérer ou retarder le départ de ce Commissaire de guerre et nous attendons sa réponse pour nous déterminer. Alors il ne sera plus question que de convenir des articles qui concernent l'administration économique de ce royaume, et nous espérons que M. Guisard qui est fort intelligent et au fait de ces matières, terminera cet accommodement d'une façon convenable aux Génois et aux Corses.

Nous n'avons pas eu de nouvelles de M. de Cursay depuis le 13 du courant. Il y a lieu de croire que les premières nous apprendront qu'il est maître de Saint-Florent... — J'ai l'honneur etc.,

(M. G. Vol. Corse 3.307).

Nice, le 23 décembre 1748. — Le maréchal de Belle-Isle à M. de Chauvelin... — Je ne puis qu'approuver tout ce que vous mandez à M. de Cursay ; il faut tâcher de le concilier avec le sieur Guisard, car il n'y aurait rien de plus fâcheux qu'ils ne fussent pas ensemble avec la confiance convenable ; vous en sentez comme moi toutes les conséquences. Faites, je vous prie, sur cela tout ce qu'il faut.

L'article des dépenses indispensables à faire en Corse m'embarrasse le plus, parce qu'aujourd'hui tout ce qui est finance devient difficile. Il y a de plusieurs espèces de dépenses ; la Cour pourvoira sans difficulté à tout ce qui concerne la subsistance et l'entretien des troupes qui sont en Corse, et je vous ai déjà autorisé, ainsi que M. de La Thuillerie, à assurer le prêt du soldat y compris le sol d'augmentation et la paie des officiers pour jusqu'au 1er avril, et de même le pain, viande, riz etc.

Quant aux réparations des places et aux munitions de guerre, il faut que ce soit la République qui y pourvoie, et je n'y vois point d'embarras ; les munitions n'y manquent point, et je vois qu'il y a un fonds fait pour l'ingénieur génois qui passe en Corse dont il faut tâcher que M. de Cursay soit le maître pour le concilier avec M. Bonono. Il faudrait aussi que sur ce que les Corses paieront à présent à la République, M. de Cursay fît prendre les frais des courriers, messagers, et autres exprès qu'il aura à envoyer dans l'Isle, et réduire autant que possible la dépense qui aura à se faire pour le compte du Roy, à ce que nous appelons dépenses secrètes d'espions, d'émissaires et autres frais imprévus pour lesquels il est indispensable que l'on vous laisse un fonds à Gênes avant le départ de M. de La Thuillerie, et comme il doit rester un commis du trésorier pour nos détachements de Corse, il serait à vos ordres. Je vais écrire sur cela avec la vivacité dont je suis capable, et en attendant voyez avec M. de la Thuillerie combien il pourrait vous laisser entre les mains du dit commis du trésorier ; quand ce ne serait que 10 ou 12.000 livres, cela vous donnerait toujours le loisir d'attendre. Mandez-moi ce que vous aurez pu faire sur cela avec lui, et j'autoriserai le tout par un ordre que je lui adresserai, et afin que cette somme vous demeure plus entière, faites vous envoyer par M. de Cursay l'état de tout ce qu'il peut avoir dépensé. Joignez-y toutes les autres dépenses extraordinaires de toute espèce jusqu'au départ de nos troupes pour que je fasse payer le tout avant le départ de M. de la Thuillerie et de nos dernières divisions. Soyez assuré que quand je serai de retour à la Cour, je suivrai tout cela avec la même attention que si j'étais chargé de l'affaire et demeuré avec vous à Gênes.

(M. G. Vol. Corse 3.307).

Gênes, le 24 décembre 1748. — M. de Chauvelin au maréchal de Belle-Isle. — Monseigneur, J'ai reçu la lettre dont vous m'avez honoré le 21 de ce mois. Je suis très flatté de l'approbation que vous voulez bien donner au mémoire que je vous ai adressé sur les affaires de Corse, en même temps que je l'ai fait passer à MM. d'Argenson et Puysieulx. L'article 4 est en effet celui qui mérite les plus sérieuses réflexions, et l'objet de cet article est celui qui doit être conduit avec le plus grand soin et le plus d'adresse. Je ne le considère pas relativement à la France, parce que je ne fais aucun doute que la Cour ne s'en rapporte entièrement à ce que vous avez suggéré, et la considération de la dépense que le séjour de 1.300 Français en Corse occasionnera ne doit pas entrer en comparaison avec l'avantage qui résultera de la tranquillité de cette Isle solidement établie. Je ne le considère pas non plus vis-à-vis les Corses, parce que je ne puis influer sur leur détermination à cet égard et d'ailleurs il ne sera pas bien difficile à M. de Cursay de les amener à un sentiment qu'ils ont déjà d'eux-mêmes. Je me borne donc à l'examiner vis-à-vis du gouvernement génois, parce que je sens que mon ministère immédiat est de leur faire adopter les partis qui seront conformes à leurs intérêts réels et aux avantages de la France.

Il est certain, comme vous le pensez Monseigneur, que le seul moyen de rendre la garantie du Roy efficace, est de laisser des troupes de S. M. dans les places de Corse, non seulement pendant un an, mais même pendant un plus long terme s'il est nécessaire. Je ne vous l'ai pas encore prononcé expressément, mais vous avez sûrement conclu de toutes les lettres que j'ai eu l'honneur de vous écrire précédemment que telle était mon idée et que j'avais pour but de la réaliser.

Il n'est pas moins certain que ce parti est la chose du monde à laquelle je trouverai le plus d'opposition dans les esprits du gouvernement génois, et que je désespèrerais même qu'il pût jamais s'y prêter, s'il n'y était amené par un concours de circonstances que je m'occupe sans cesse à préparer, et dont je ne ferai usage que lorsqu'il faudra frapper le coup décisif.

Mon premier soin à cet égard est de convaincre bien évidemment les Génois d'une vérité que j'espère leur persuader parce que je la sens ; c'est que l'intention du Roy n'est ni de s'assujétir la Corse, ni d'en conserver la possibilité, et dans tout ce qu'il fait pour la pacification de ce pays, il n'est guidé que par les motifs de sa grandeur et de l'intérêt qu'il a à en conserver la possession à la République de Gênes.

Lorsque les choses seront assez avancées pour qu'il soit question de discuter les moyens d'assurer l'exécution de la convention qui sera alors faite et acceptée de part et d'autre, si, comme je le suppose, je suis autorisé par la Cour à promettre au nom du Roy le séjour de ses troupes dans les places de Corse, j'ai trois façons d'y faire condescendre la République.

La 1re de leur persuader que n'ayant elle-même point de troupes à y placer, et ne pouvant contenir les peuples que par le respect que les troupes seules peuvent leur inspirer, elle est trop heureuse qu'un allié puissant dont elle ne doit ni ne peut se défier, supplée à sa faiblesse, et veuille bien faire les frais d'une garde onéreuse, dont elle recueille la première et les plus solides avantages.

La 2me de lui faire valoir le désir et le cri des Corses sur ce point délicat avec assez de force pour la mettre dans le cas d'opter entre les deux inconvénients, ou de laisser ses places à la discrétion d'un grand prince qui ne peut être censé vouloir à la face de l'Europe tromper un allié inférieur qui s'abandonne à sa bonne foi, ou de voir subsister éternellement dans l'isle, le désordre, la révolte et l'anarchie, et de la perdre par une succession rapide de rébellions, qui sont alors inévitables.

La 3ᵐᵉ de parler avec autorité et décisivement et de déclarer à la République qu'il ne convient pas à la grandeur du Roy, après avoir interposé publiquement sa médiation pour réconcilier la République de Gênes avec ses sujets, de laisser son ouvrage imparfait, pour respecter une délicatesse chimérique et des craintes ridicules, que, maître des places comme il l'est, s'il voulait les retenir pour usurper la souveraineté du pays, rien dans le monde n'y pourrait mettre obstacle, mais qu'il veut employer pour leur honneur des voies de conciliation, au défaut desquelles il ne souffrira pas que des peuples qui se sont livrés sans réserve à sa protection soient tyrannisés, sans retirer aucun avantage de la garantie qu'il leur a accordée de leurs privilèges.

Je sens, Monseigneur, la délicatesse de tous ces moyens, surtout du dernier, je n'ai aucune disposition à employer l'une de préférence à l'autre ; j'obéirai aux circonstances, et je ferai à chaque moment ce que je croirai y convenir le mieux. Je ne prendrai rien sur moi ; j'attendrai les ordres et les instructions que j'aurai sans doute ; je développerai le système que je me formerai à mesure que je le concevrai moi-même, et de plus je ne réponds de rien, parce que souvent dans les affaires de cette matière, avec les intentions les plus pures et la conduite la plus réfléchie, on échoue contre l'opiniâtreté et l'aveuglement.

Permettez-moi de vous représenter qu'en cas que l'intention du Roy soit de laisser des troupes en Corse, il me semble qu'il n'est pas de sa grandeur de tirer de ce pays une partie de la subsistance de ces troupes ; cette économie, outre qu'elle accréditerait les ombrages des Génois, diminuerait le prix et la noblesse d'une action qu'il me paraît qu'il convient de faire gratuitement.

.... Les réflexions que j'ai placées dans cette lettre sur les affaires de Corse sont jetées au hasard. Si vous vouliez, Monseigneur, en faire usage, quoique ce ne soit pas encore le moment, j'en formerai un mémoire plus raisonné et plus approfondi. — Je suis etc.

(M. G. Vol. Corse 3.307)

Gênes, le 24 décembre 1748. — M. de Guymont à....
— Monseigneur, Nous n'avons reçu aucune nouvelle de M. de Cursay depuis le 13, ce qui me surprend d'autant plus qu'il est venu ici une expédition qui a apporté des lettres du 16 ; notre vice-consul de Calvi me confirme tout ce qui s'est passé et paraît ne pas douter que la confiance que M. de Cursay s'est acquise ne le fasse parvenir au but qu'il se propose ; mais il me marque en même temps que les peuples de la Balagne, en choisissant les députés qui doivent se trouver le 14 à Corte, leur ont défendu de convenir aucun article et ont borné leur commission à écouter les propositions qui leur seraient faites et leur en rendre compte, et qu'ils enverraient ensuite eux-mêmes leur réponse à M. de Cursay, ce qui me fait croire que ces peuples ont pensé que c'était dans cette assemblée qu'on devait terminer l'accommodement définitif, et que malgré leur confiance en Giuliani, ils sont bien aises de ne pas s'en rapporter à lui seul. Ils ont même laissé transpirer quelque mécontentement contre ce chef sur ce qu'il avait plus pensé à sa propre sûreté en traitant avec le commandant français qu'à celle de son parti et de cette province...— J'ai l'honneur etc.,

(M. G. Vol. Corse 3.307)

Versailles, le 24 décembre 1748. — M. de Puysieulx à M. le maréchal de Belle-Isle. — J'ai reçu, Monsieur, avec la lettre dont vous m'avez honoré du 15 de ce mois, les copies que vous avez bien voulu me communiquer de celles que vous avez écrites le même jour à M. d'Argenson. Je commence à concevoir les mêmes espérances que vous sur le succès de notre négociation en Corse. Il dépendra principalement de l'esprit de modération et d'équité que la République fera paraître dans la discussion des points qu'il s'agit de régler entre elle et les rebelles, et vous ne pouvez trop, Monsieur endoctriner à cet égard MM. Pinelli et Curlo.

M. Chauvelin me mande, Monsieur, que les originaux du Placet au Roy et des lettres que les Corses ont remises à M. de Cursay vous ont été envoyés. Je crois que vous trouverez convenable que toutes ces pièces et celles que la République ou ces insulaires pourraient produire dans la suite se trouvent rassemblées dans mes bureaux. Ainsi je vous prie de vouloir bien me les faire passer. Il arrivera peut-être que nous aurons quelque jour des discussions avec les Génois sur l'affaire dont il s'agit, et il sera bon d'avoir ici tous les matériaux réunis pour y avoir recours dans le besoin.... — Je suis etc.

(M. G. Vol. Corse 3,307).

Gênes, le 25 décembre 1748. — M. de Chauvelin au maréchal de Belle-Isle. — ..... Je ne puis vous dissimuler, Monseigneur, que je suis dans une très grande inquiétude de ne point recevoir de nouvelles de M. de Cursay, depuis que je sais qu'il a reçu l'ordre de M. de Breille pour l'évacuation de St-Florent par les Piémontais. Il me mandait lui-même que de là à trois jours, après avoir vu Giuliani et Gaforio, il m'expédierait une felouque ; je ne l'ai pas encore reçue, et je crains toujours qu'il ne soit survenu quelque variation à la disposition où les peuples étaient de remettre cette place à nos troupes. Il est vrai aussi que je n'ai rien appris là-dessus qui doive m'allarmer. Ainsi dans cette incertitude, je prends le parti de ne point écrire encore à la Cour, parce que je crois qu'il ne faut lui donner mal à propos ni des inquiétudes ni des espérances..... — Je suis etc.

(M. G. Vol. Corse 3.307).

Bastia, le 27 décembre 1748. — M. de Cursay à M. d'Argenson. — Monseigneur, J'ai eu l'honneur de vous envoyer ce qui s'était passé à la conférence de Biguglia. M. le maréchal de Belle-Isle m'ayant adressé depuis une lettre de M. le marquis de Breille pour remettre au commandant piémontais qui lui enjoignait de se retirer en Sardaigne, il en reçut une dans le même temps de S. M. qui lui ordonnait de remettre la place aux chefs du peuple et de les exhorter de sa part d'entrer en conférence avec les Génois auprès desquels ils pourraient faire leurs conditions plus avantageuses en tirant parti de Saint-Florent. Il fut convenu avec l'officier piémontais qu'il attendrait la réponse des peuples qui ne pouvaient le faire avant le vingt-trois à cause de l'éloignement des chefs. Cependant la nuit du 21 au 22, le commandant piémontais, surpris d'une terreur panique d'autant plus mal placée que je lui avais mandé que j'ordonnerais au peuple de respecter les troupes et que j'y enverrais même un officier français pour le contenir, malgré tout cela, il se retira avec une précipitation qui ressemblait à une fuite, abandonnant deux ou trois soldats qu'il ne voulut point revenir chercher, et laissant le château sans avoir rien consigné. On y fit entrer des peuples du Nebbio et des autres provinces. Le peuple rassemblé le 22 m'écrivit le 23 pour me prier d'y faire entrer des troupes françaises ainsi que dans le fort de la Mortella qui défend le golfe. Ils ont député un de leurs chefs principaux pour mettre le tout entre les mains de l'officier et recevoir la quittance des munitions.

Je n'ai point voulu occuper la ville pour 3 raisons : la 1re, elle est ouverte et ayant la citadelle qui est très bonne, et où il y a quatre pièces de gros canon ; cela est suffisant. La 2e que les troupes qui doivent relever les anciens piquets ne sont point encore arrivées en totalité ; et la 3e qu'ayant le consentement de tous les chefs, qui est l'essentiel, j'ai été bien aise à l'assemblée générale du 14 de m'en faire un mérite auprès des peuples en paraissant tout avoir de l'aveu même de la multitude.

Je vous ai rendu compte de l'ordonnance que j'avais rendue contre tous les assassins, ou ceux qui auraient commis des homicides depuis le premier juin, temps de mon entrée dans l'isle. Depuis la publication quelques pièves se sont tirées pour fait d'inimitiés. J'ai fait partir sur le champ M. de Boismenil, capitaine dans Royal Comtois, avec 90 hommes pour la piève d'Ampugnani, et j'ai ordonné à tout le peuple de la montagne d'y faire trouver le tiers des gens portants les armes. Il y est arrivé entre 5 à 6 mille hommes. M. de Boismenil a choisi ce qui lui a paru le meilleur et a marché avec 30 Français et 600 Corses dans les pièves de Moriani, Tavagna et Campoloro, tant pour y faire arrêter les coupables que pour y faire des exemples sévères, sur ceux qui ont tué quelques officiers de la République. Le second, composé de 30 Français et 300 Corses, est destiné pour Rustino, Valle Rustie et les plus hautes montagnes pour la même fin, et le troisième, du même nombre, pour Caccia, Pietralba et l'autre partie. Tout cela rend compte à M. de Boismenil. Le fils d'un des chefs les plus riches a tiré un autre sur le grand chemin ; il sera jugé tout aussi sévèrement, malgré tout l'argent que l'on offre. Vous verrez incessamment la Corse si paisible que l'on ira sans crainte d'un bout à l'autre. C'est à quoi je m'engage. Je vous ai promis les places, je vous tiens parole. Je compte la désarmer ; mais quoique mes espérances soient certaines, je n'en réponds pas. Une chose dont je réponds sur ma tête, c'est qu'elle acceptera toutes les conditions que nous voudrons.

Mes prisons sont pleines de gens qui en vertu de mon ordonnance viennent s'y remettre. Je les fais tous passer au régiment Royal Corse ; il en part aujourd'hui bon nombre pour Marseille. Ils seront remis entre les mains de l'officier chargé des recrues. Je compte le compléter.

M. le maréchal m'a mandé de garder M. de Bononaud, ingénieur, et m'a fait beaucoup de plaisir. J'en avais besoin pour le rétablissement des places que l'on me remet. J'ai fait faire tout ce qui était nécessaire à San Pelegrin, au compte toutefois de la République.

Les traverses que j'essuie ici sont incompréhensibles. Si M. le maréchal a envoyé Castro, il aura pu vous en rendre compte. Ne soyez pourtant pas inquiet ; personne n'ose me traverser ouvertement. Je suis plus maître du peuple que l'on ne l'est dans Paris. Ainsi tout ira selon vos désirs. — J'ai l'honneur etc.

(M. G. Vol. Corse 3.307).

Nice, le 27 décembre 1748. — Le maréchal de Belle-Isle à M. de Chauvelin. . . . — Le sieur Colonna qui vous remettra mon paquet a déjà été employé par M. le Comte d'Argenson à différentes commissions de confiance. Il est Corse et a du crédit dans son canton. M. de Richelieu l'y a déjà fait passer dans le commencement que M. de Cursay y alla lors de l'arrivée des Piémontais et des Autrichiens à St-Florent. Je ne le connaissais que de réputation, mais M. le Comte d'Argenson me l'ayant présentement adressé, vu la situation où sont les affaires de Corse, je vous l'envoie pour que, après lui avoir donné les instructions que vous jugerez nécessaires et l'avoir entretenu à fond (car il a de l'esprit et connaît parfaitement son pays), vous l'enverrez à M. de Cursay auquel un homme de ce caractère peut être utile, et il paraît par ce que m'en a dit M. d'Argenson que l'on peut avoir en lui confiance. Comme il avait dépensé le reste de l'argent que lui avait fait donner M. de Richelieu, je viens de lui faire remettre 1.200 livres qui le mèneront longtemps, parce qu'il n'aura pas de dépenses extraordinaires à faire, étant avec M. de Cursay. Vous trouverez qu'il a du sens, mais que dans le fond de l'âme, il est comme les autres Corses fort opposé à la République. — Je suis toujours etc.

(M. G. Vol. Corse 3.307)

Gênes, le 28 décembre 1748. — M. de Guymont à. . . . — Monseigneur, . . . Nous sommes dans la plus vive inquiétude par rapport à M. de Cursay dont nous ne recevons aucune nouvelle ; nous ne savons à quoi attribuer son silence, vu que nous avons eu des lettres de Calvi du 15 dont je vous ai fait mention par ma lettre du 24. Les députés à qui j'en ai parlé m'ont dit qu'ils n'en avaient point reçu, mais j'ai quelque peine à le croire ; ils ne sont point encore rassurés sur le succès de la négociation de M. de Cursay ; cependant elle est si avancée que je ne crois pas qu'il y survienne d'obstacles qui justifient leurs craintes et leurs soupçons, à moins que les peuples qui doivent s'assembler par députés à Corte le 14 du mois prochain ne ratifient pas ce qui a été convenu par leurs chefs, ou que les peuples n'eussent fait quelques difficultés de remettre St-Florent quand le détachement piémontais en sera parti.

C'est dans la vue d'éviter toute discussion que M. de Cursay ne doit rien entamer de l'accommodement dans cette assemblée ; ce sera à M. Guisard à entrer dans tous ces détails. Nous attendons la réponse de ce colonel pour le faire partir ne pouvant nous déterminer sur l'utilité qu'il peut y avoir d'avancer ou de retarder son voyage, que sur les raisons qu'il nous en donnera.... — J'ai l'honneur etc.

(M. G. Vol. Corse 3.307).

Paris, le 29 décembre 1748. — M. de Puysieulx au maréchal de Belle-Isle.— J'ai reçu, Monsieur, les lettres dont vous m'avez honoré des 18 et 20 de ce mois, qui roulent presque uniquement sur les affaires de Corse. On ne peut donner trop d'éloges à la façon dont vous avez conduit jusqu'à présent toute cette négociation, en quoi vous avez été utilement secondé par l'intelligence et la sagesse de M. de Chauvelin, et par l'activité de M. de Cursay, à en juger par leurs relations, sur l'exactitude desquelles nous comptons beaucoup; il paraît que s'il y a encore des difficultés à surmonter, elles viendront de la part de la République de Gênes, et nous ne la croyons que trop capable d'en susciter de mauvaises.

Les demandes des Corses, tant par rapport à l'administration de la justice dans leur isle que pour l'exécution et le maintien de ce qui aura été réglé par la médiation du Roy, sont très raisonnables et les réflexions que vous faites, Monseigneur, en conséquence sont fort sages. Il faut donc tâcher de concilier les prétentions de ces insulaires avec l'esprit d'aigreur et de prévention que les Génois n'auront pas vraisemblablement perdu. Cette combinaison ne sera pas l'affaire d'un jour, surtout s'il faut faire consentir la République à établir par la suite de nouvelles lois en Corse, et si la négociation vient à s'embrouiller, il s'écoulera bien du temps avant qu'elle soit entièrement terminée ; mais d'un mal il en résultera peut-être un bien, parce que nous continuerons de laisser les troupes du Roy dans les places de cette Isle, et qu'il arrivera sans doute que les Génois et les Corses se familiariseront également à les y voir.

Je n'entre pas dans de plus grands détails avec vous, Monseigneur, sur ce sujet ; ce que je pourrais vous dire de plus se trouve dans la réponse que je joins ici à cachet volant pour M. Chauvelin à qui j'envoie des pouvoirs en qualité de ministre plénipotentiaire du Roy, et dans la forme que vous m'avez indiquée. Comme je n'ai point de chiffre avec lui, je vous prie de lui faire passer ce paquet par une voie sûre.

Rien n'est plus juste, Monseigneur, que la remarque que vous faites sur la singularité dont il est que MM. de Brown et de Breil se trouvent sans instructions et sans pouvoirs par rapport aux articles qui concernent M. le duc de Modène etc.

(M. G. Vol. Corse 3.307)

Génes, le 31 décembre 1748. — M. de Chauvelin au

maréchal de Belle-Isle. — Monseigneur...., Je connais déjà le sieur Colonna et ai été témoin de plusieurs conversations entre lui et M. le maréchal de Richelieu, lorsqu'il revint de Venise. Je compte, après avoir causé avec lui et profité de ses connaissances, l'envoyer à M. de Cursay qui saura mieux que moi à quel usage il faudra l'employer, car je ne crois pas devoir lui rien prescrire de particulier qui puisse croiser les vues de M. de Cursay, d'autant que d'un côté le sieur Colonna est fort suspect au gouvernement génois qu'il abhorre, et que de l'autre, la négociation de M. de Cursay étant immédiatement ouverte entre lui et les trente chefs dont il vous a parlé, l'association d'un homme assez considérable dans le pays, et qui n'est pas de leur clique, pourrait ou les aliéner, ou ralentir le zèle qu'ils ont affiché jusqu'ici pour l'entière pacification de l'Isle.

Comme je me flatte toujours que les premières nouvelles que je recevrai de Corse m'annonceront la remise de St-Florent à nos troupes, je vous supplie, Monseigneur, de me marquer si, lorsque j'en serai positivement assuré, je ne pourrai pas renvoyer en France les quatre ingénieurs que j'ai retenus ici par vos ordres, ne réservant en Corse que le sieur Bonaunaud.

Comme je vous adresse à cachet volant toutes les les lettres que j'écris à M. le comte d'Argenson, vous y trouverez plusieurs états que je ne crois pas devoir répéter dans celle que j'ai l'honneur de vous écrire.....

(M. G. Vol. Corse 3.307)

Nice, le 31 décembre 1748. — Le maréchal de Belle-Isle à M. de Cursay. — J'ai reçu, M., votre lettre du 13 qui avait été oubliée par mégarde à Gênes, au moyen de quoi une partie de ce qu'elle contient n'exige plus de réponse, d'autant qu'elle ne parle que de l'affaire de

St-Florent et de la remise de la lettre de M. le marquis de Breille. Il vient dans le moment de m'apprendre que l'officier piémontais qui était dans le château de Saint-Florent avait écrit au Roy de Sardaigne qu'il en était parti le 20. Je ne doute pas que les chefs des rebelles ne vous en aient mis tout de suite en possession, et je suis surpris que M. de Chauvelin n'en ait point encore reçu de nouvelles à Gênes le 27, qui est la date de la dernière lettre qu'il m'a écrite. Il vous aura répondu sur tout le reste, et vous aura appris que les troupes du Roy resteront dans l'Etat de Gênes au moins tout le mois de janvier, ce qui doit faciliter et donner plus de poids à toutes vos négociations. Je me borne donc à vous renouveler etc.

(M. G. Vol. Corse 3.307)

Nice, le 31 décembre 1748. — Le maréchal de Belle-Isle à M. de Chauvelin. — J'attendais, Monsieur, de vos nouvelles avec grande impatience, lorsque j'ai reçu par le courrier que vous m'avez dépêché par terre vos lettres des 24, 25 et 27, avec la lettre de M. de Cursay du 13 qui avait été oubliée, dont je vous envoie ci-joint la copie à cachet volant. Vous y verrez que les Piémontais ont évacué Saint-Florent le 20, et comme ils ont bien trouvé le moyen d'en donner avis au roi de Sardaigne, il semble que M. de Cursay aurait pu de même aussi nous donner de ses nouvelles. J'attends, je vous l'avoue, avec impatience, que nous soyons maîtres de Saint-Florent ; ce que je regarde comme le sceau de la bonne foi des chefs des rebelles.

J'ai lu avec attention les réflexions dont vous me faites part sur la conduite à tenir vis-à-vis de la République, lorsque les affaires seront un peu plus avancées ; les trois différents moyens que vous me proposez de mettre en œuvre seront peut-être tous trois nécessaires, suivant les circonstances. Il serait à désirer que vous ne fussiez pas obligé de faire usage du dernier, mais quand une fois les choses seront avancés à un certain point, il ne sera plus possible de reculer, et il faudra bien pousser la chose jusques où elle peut aller, pour que toutes les démarches que le Roy aura faites ne soient point infructueuses. L'on ne saurait mieux faire que de laisser le tout à votre prudence ; c'est ainsi que je m'en suis expliqué avec nos ministres, et que je continuerai à le faire quand je serai de retour à la Cour. Les instructions qu'elle pourrait vous donner seront trop incertaines et ne pourraient guère que vous donner de l'embarras. Tout ce qu'elle pourra faire de mieux, ce sera de répondre décisivement à des questions essentielles qui peuvent se présenter, et le moins que vous pourrez en faire sera le mieux. Le premier point, le plus essentiel, est de laisser les troupes en Corse tout le temps qui sera jugé nécessaire, et comme je pense tout comme vous que cette nécessité subsistera longtemps, il faut de votre part que vous y prépariez le gouvernement sans affectation quand les occasions s'en présenteront, et que de mon côté je dispose notre ministère à vouloir bien les y laisser, car il en est peut-être aussi éloigné que la République, et c'est là le cas où il faut aller au bien, pour ainsi dire malgré ceux qui y ont le plus d'intérêt.

(M. G. Vol. Corse 3.307)

Copie de l'instruction donnée à M. Guisard, commissaire des guerres, passé en Corse par ordre de M. le maréchal de Richelieu au mois de décembre 1748.

Les troubles qui ont agité la Corse ont eu des circonstances bien différentes depuis leur commencement ; le sieur Guisard est mieux informé qu'un autre de tout ce qui s'est passé à cet égard.

Les peuples de cette isle semblent être ennuyés d'une rébellion ruineuse pour le pays et qui ne peut être profitable qu'à quelques chefs qui voudraient pouvoir toujours abuser de l'illusion pour conserver leur crédit et leur autorité. Mais les peuples de ce pays qui ont de l'esprit, commencent à être éclairés par l'expérience sur leurs véritables intérêts. Ils pensent avec raison que le seul moyen serait d'obtenir de la France la protection avec la garantie des promesses qu'ils ont extorquées de la faiblesse du gouvernement génois, qui n'a jamais eu intention de les tenir et qui ne peuvent avoir d'exécution, jusqu'à ce qu'une grande puissance ait, par la médiation vis à vis de la République et vis à vis les peuples, interposé son autorité pour établir une règle qui puisse faire jouir le pauvre pays d'autant de repos que la situation et le génie de ses peuples puissent le comporter, et ils reconnaissent avec raison que cette puissance ne peut être que la France, à laquelle ils sont pour cette raison attachés comme au seul secours qu'ils puissent avoir pour leur libération.

Les circonstances d'ailleurs où la République se trouve avec la France doivent augmenter la facilité où sa puissance pourrait la mettre, d'établir cette règle que l'on avait eu l'air de chercher à établir en 1738, mais dont personne alors n'avait songé à chercher les moyens. Mais aujourd'hui tout semble y concourir et la retraite des Piémontais et toutes les places dont nous sommes les maîtres achèvent de persuader aux peuples que nous pouvons les sauver ou les détruire. Les circonstances ne sont pas moins favorables du côté de la République qui voit par son état (que le sieur Guisard connaît) qu'il lui serait impossible d'être maitresse de cette isle et que la révolution à laquelle elle n'était pas en état de mettre opposition lui enlèverait la Corse à jamais. C'est ce qui a déterminé le gouvernement à se livrer absolument à la France, dont les secours lui ont, avec raison, inspiré tant de confiance et lui ont fait écarter toutes les défiances qu'il avait à cet égard autrefois.

Il a nommé les sieurs Riniere et Giacomo Grimaldi pour traiter avec moi sur les moyens à employer pour établir des lois dans la Corse et prévenir la République d'une possession que la France a tant d'intérêt de lui conserver, puisqu'elle ne pourrait elle-même en être maîtresse sans exciter la jalousie des autres puissances qu'elle ne doit pas exciter, et qu'elle souffrirait aussi un très grand préjudice, si une autre puissance que les Génois en était en possession.

Les députés sont convenus de tous ces principes et marquant toute la confiance qu'ils doivent avoir dans les bontés du Roy et dans ses bonnes intentions pour la République qui doit animer tous ses ministres, ils en ont passé sans peine par toutes les choses que je leur ai proposées ; ils consentent à confirmer tous les articles qu'ils ont accordés aux Corses depuis 1738 et que la France les garantisse.

Il y a trois articles seulement sur lesquels ils ont fait de justes représentations ou observations.

Le premier regarde l'exécution de certaines lieutenances pour lesquelles les peuples doivent proposer deux sujets dont la République en doit choisir un, et le gouvernement demanderait que le nombre fût de six, ou de quatre pour que le choix ne parût pas aussi restreint.

Le sieur Antonietti m'a dit que cela ne ferait pas la moindre difficulté.

Le second article regarde les évêchés que la République avait promis qu'ils ne seraient conférés qu'à des naturels Corses, ce qui fait avec justice une grande peine à ce gouvernement ; mais comme la nomination de tous les bénéfices appartient au Pape, ce serait limiter son pouvoir que de rien statuer à cet égard, et la France, en faisant l'office de médiateur, doit prendre bien garde de rien stipuler qui puisse blesser la Cour de Rome; c'est sur quoi le sieur Guisard aura le plus de peine, je crois, vis à vis des peuples et sur quoi il doit tenir ferme. Il peut seulement faire des promesses vagues de conciliation vis à vis du Pape, mais faire sentir au peuple que lorsque la faiblesse de la République lui a fait faire cette promesse, elle n'a jamais eu l'intention de la tenir, ce qu'elle sentait elle-même qu'elle ne pourrait faire exécuter et ne veut rien promettre que de juste et de convenable.

Le troisième article regarde les subsides dans la Corse que le sieur Guisard verra dans les différents articles des conventions faites par la République qui se réduisent à sept mille pistoles, et la République se récrie avec raison sur ce petit subside par rapport à ce que le pays pourrait fournir et aux dépenses qu'il exige du gouvernement. J'en ai parlé à Antonietti qui m'a dit que pourvu que le pays pût user par lui-même les subsides, il serait juste qu'il fournît toutes les dépenses qu'il exige pour son entretien, celles des garnisons, entretien des places, gages du gouverneur et officiers de justice et militaires. Mais comme il faut finir de façon ou d'autre je n'ai d'autre règle à donner au sieur Guisard que celle de tâcher de porter le subside le plus haut qu'il lui sera possible.

Le sieur Antonietti est un des chefs des rebelles le plus accrédité et qui a plus d'esprit; mais il y en a bien d'autres qui ne lui sont pas soumis; aussi on ne peut tirer que des inductions de ce qu'il dit, et il faudra que le sieur Guisard traite avec tous les chefs toujours de concert et même subordonnément à ce que lui marquera M. de Cursay qui a conduit les choses au point de recevoir de tous les chefs leur soumission à se soumettre aux volontés du Roy.

Ce qu'il y aura de plus difficile sera la manière d'exécuter tout ce qui aura été convenu de part et d'autre, et il faudra pour ainsi dire faire une constitution nouvelle dans les lois et traiter tout cela avec des gens qui ont tant d'intérêts différents et si peu d'autorité réelle et aucune légitime; c'est où il faudra plus d'adresse et de soins de la part du sieur Guisard, et où les menaces de l'autorité du Roy pourront faire grand effet. Il est impossible de prévenir à cet égard aucune difficulté dont le sieur Guisard rendra compte à mesure qu'elles se présenteront et des moyens qu'il se proposera pour les lever, et on ne peut s'en remettre en attendant qu'à ce que la prudence lui suggérera et à ce que M. de Cursay lui donnera d'éclaircissement à cet égard.

Le sieur Guisard rendra compte de tout à M. de Chauvelin tant qu'il sera ici et à M. de Guymont, mais surtout à M. le maréchal de Belle-Isle de qui il recevra les ordres, et pour abréger, il pourra envoyer à MM. de Guymont et Chauvelin les lettres ouvertes qu'il enverra à M. de Belle-Isle, et s'il est possible d'amener les Corses au point de commencer pour faire une avance sur les subsides qu'ils devront, il faut tâcher de les y déterminer pour donner une preuve de leur fidélité, et surtout de la façon dont les impositions se percevront à l'avenir, l'exécution des détails étant la seule chose qui peut faire connaître ce que l'on peut espérer de l'application.

Il n'est pas possible d'ailleurs de rien prévenir sur les difficultés qui pourraient se rencontrer qui ne viendront qu'à mesure que l'ouvrage s'avancera, et sur lesquelles il y aura des ordres suivant le compte que le sieur Guisard en rendra, et l'on ne peut s'en rapporter qu'à sa prudence pour conduire les choses selon ce qu'il voit dans ladite instruction et le principe de rendre la condition des Génois la meilleure qu'il se pourra et y observer toute la décence qu'un souverain peut désirer en traitant avec ses sujets.

Signé : Le Duc de Richelieu

(M. G. Vol. Corse 3.307)

Instructions pour M. de Cursay.
(Pièce sans date et sans nom d'auteur).

Il faut que M. de Cursay se fasse donner par écrit la soumission des chefs des rebelles, d'exécuter les conditions que le roi règlera pour eux avec la République.

2° Qu'ils remettront aux troupes du Roy San Fiorenzo, Corte, San Pellegrino et autres postes qu'ils occupent, aussitôt la sortie des troupes autrichiennes et piémontaises du pays.

3° Qu'ils nommeront un député de chaque piève dans le nombre desquels il en sera élu quelqu'un pour représenter la nation. L'on aura attention qu'ils soient élus le plus légitimement.

4° Il faudra que M. de Cursay tâche de voir s'il ne serait pas possible d'exclure Matra de la négociation par le grand avantage qu'il y aurait pour l'exemple de l'exclure du pardon, attendu qu'en sortant du Régiment

Royal Corse, il a porté les armes contre les troupes du Roi. Si cependant l'on y trouvait de trop grandes difficultés ou qu'il fût en état de rendre de grands services, il ne faudrait pas y songer.

(M. G. Vol. Corse 3.307).

LISTE DES LETTRES & PIÈCES DIVERSES

Relatives à la Mission de M. de CURSAY

en Corse pendant l'Année 1748.

Extrait des nouvelles de Corse du 3 janvier. . . Pag.	1 à 2
Versailles, le 14 Janvier. — M. de Puysieulx au maréchal de Belle-Isle.	2
Paris, le 31 janvier. — Le marquis de Pallavicini à .	3
Extrait d'une partie des papiers trouvés dans les bâtiments venant de Corse (dates diverses).	3 à 10
Paris, le 17 février. — Le marquis de Pallavicini à M. de Puysieulx.	10 à 12
Au camp de Casarsa, le 5 mars. – M. de Crussol à . .	12 à 14
Mémoire sur le passage des troupes du Roy en Corse .	14 à 17
Arrangement convenu avec les députés du gouvernement génois pour envoyer un corps de troupes en Corse pour la défense des places de Calvi, Ajaccio et Bonifacio, du 3 avril	17 à 21
Mai. — Journal du Siège de Bastia, du 2 au 27 mai (Anonyme)	21 à 32
3 mai. — Giuramento di fedeltà della città di Bastia alla Serenissima Repubblica	32 à 37
20 mai. — Instructions pour M. de Cursay, envoyées par le duc de Richelieu.	37 à 41
Bastia, le 31 mai. — De Cursay à	41-42
Calvi, le 10 juin. — M. de Varignon à.	42-43

Bastia, le 12 juin. — M. de Cursay au maréchal de Belle-Isle . . . . Pag.	43 à 46
Bastia, le 1er juillet. — M. de Cursay à	46 à 49
Bastia, le 2 juillet. — M. de Cursay au maréchal de Belle-Isle.	49-50
Bastia, le 4 juillet. — Marc-Antonio Cardi au Magistrat de Corse à Gênes.	50
Bastia, le 6 juillet. — M. de Cursay à. . . , . .	50 à 53
Bastia, le 10 juillet. — M. de Cursay à	53 à 55
Bastia, le 15 juillet. — M. de Cursay à	55 à 57
24 juillet. — Copie des articles de la capitulation de la garnison française de Nonza	58
Etat des prisonniers de guerre faits à Nonza	59
Bastia, le 25 juillet. — M. de Cursay à	59 à 62
Mémoire des Corses	62-63
San Remo, 2 août. — Le baron de Leutrum à . . .	64
A bord du Boyne, le 2 août. — L'amiral Byng au maréchal de Belle-Isle.	64 à 66
2 août. - Le même au duc de Richelieu	66
Gênes, le 3 août. — Le duc de Richelieu à l'amiral Byng	66 à 68
Nice, le 4 août. — Le maréchal de Belle-Isle à M. d'Argenson	68 à 70
Nice, le 5 août. - Le maréchal de Belle-Isle au duc de Richelieu.	70 à 74
Nice, le 5 août. - Le maréchal de Belle-Isle au baron de Leutrum	74
Nice, le 5 août. — Le même à l'amiral Byng. . . .	75
Premiers jours d'août. — Memoria da presentarsi al Signor Duca di Richelieu, acciò si compiaccia di farlo passare a Sua Eccellenza il Signor Maresciallo de Belle-Isle.	75 à 78
Bastia, le 6 août. — M. de Cursay à M. de Fumeron .	78-79
A bord du Boyne, le 6 août. L'amiral Byng au duc de Richelieu	79 à 81
Nice, le 6 août. - Le maréchal de Belle-Isle au duc de Richelieu.	81-82

Tralonca, le 6 août. — Le sieur Antoniotti à M. de Cursay . . . . Pag. 82-83
Bastia, le 6 août. — M. de Castro à M. de Regnauldin. 83-84
Bastia, le 10 août. — M. de Cursay à M. de Fumeron. 84-85
Turin, le 10 août — Extrait de la lettre du Roy de Sardaigne au baron de Leutrum 85-86
Gênes, le 10 août. — Le duc de Richelieu à M. de Puysieulx 86-87
Gênes, le 10 août. — Le duc de Richelieu au maréchal de Belle-Isle. 87-88
Bastia, le 11 août. — M. de Cursay au maréchal de Belle-Isle. . . . . 88 à 91
Compiègne, le 12 août. — M. de Puysieulx au maréchal de Belle-Isle . . . . 91 à 93
San-Remo, le 12 août. — M. de Leutrum au maréchal de Belle-Isle. 93-94
Nice, le 12 août. — Le maréchal de Belle-Isle à M. d'Argenson 94-95
Alesani, le 13 août. — Lettre écrite par le P. Jean-Vincent Garelli. 95-96
Quercitello, le 15 août. — Lettre écrite par le Sr Jean-Baptiste Viterbi . . . . 96 à 98
Compiègne, le 16 août. M d'Argenson à M. le duc de Richelieu. 98-99
Compiègne, le 16 août. — M. d'Argenson au maréchal de Belle-Isle. . . . . 99 à 101
A bord du *Boyne*, le 19 août. — L'amiral Byng au maréchal de Belle-Isle. . . . . 101 à 105
Gênes, le 21 août. — Le duc de Richelieu au comte d'Argenson . . . . 105 à 107
Versailles, le 22 août. — M. de Puysieulx au maréchal de Belle-Isle. 107-108
Nice, le 24 août. — Le maréchal de Belle-Isle à M. de Cursay 108-109
Nice, le 24 août. — Le maréchal de Belle-Isle au duc de Richelieu. 109-110

San-Remo, le 25 août. — M. de Leutrum au maréchal
de Belle-Isle . . . . Pag. 110 à 112
Nice, le 27 août. — Le maréchal de Belle-Isle au duc
de Richelieu. 112-113
Gênes, le 28 août 1748. — M. le Duc de Richelieu à M.
le comte d'Argenson 113-114
Convention de l'armistice à établir en Corse, dont les
généraux respectifs donnent leur parole 114-115
Bastia, le 2 septembre. - M. de Cursay au maréchal
de Belle-Isle. . . . . 115 à 118
San-Remo, le 3 septembre. — M. de Leutrum au ma-
réchal de Belle-Isle. 118
Versailles, le 3 septembre. — M. d'Argenson au maré-
chal de Belle-Isle 118-119
Nice, le 4 septembre. — Le maréchal de Belle-Isle à
M. de Cursay 119-120
6 septembre 1748. — Instruction envoyée à M. de Cursay 120 à 123
Bastia, le 7 septembre. — M. de Cursay à M. de Fumeron. 123-124
Bastia, le 7 septembre. — M. de Cursay au maréchal
de Belle-Isle. . . . . 124 à 127
Saint-Florent, le 8 septembre. — M. de Cumiana à M.
de Cursay 127-128
Bastia, le 9 septembre. — M. de Cursay au maréchal
de Belle-Isle. 128-129
12 septembre. — Convention préalable sur laquelle on
doit publier l'armistice etc. 130-131
12 septembre. - Journal de ce qui s'est passé à la conférence du 12 septembre, entre M. de Cursay et M.
de Cumiana . . . . 131 à 133
Limites proposées entre les troupes belligérantes dans
les environs de Saint-Florent. 133-134
Publication de l'armistice par les chefs du peuple . . 134-135
Saint-Florent, le 13 septembre. — Matra et Giuliani
au commandant Peretti . . . . 135 à 137
Versailles, le 14 septembre. — M. de Puysieulx au
maréchal de Belle-Isle. . . . . 137 à 139

Bastia, le 15 septembre. — M. de Cursay à M. de Fumeron. . . . . Pag.	139
Saint-Florent, le 1ᵉʳ octobre. — I Capi Corsi ai loro compatriotti.	140 à 142
2 octobre. — M. de Cursay au duc de Richelieu. . .	142-143
Gênes, le 3 octobre. — Le duc de Richelieu à M. de Puysieulx	143 à 147
Premiers jours d'octobre. — Il Supremo Magistrato del Regno al capitan Basilio Renucci	147
De la Vénerie, le 6 octobre. — Le Roi de Sardaigne au baron de Leutrum	147 à 151
7 octobre. — M. de Cursay au duc de Richelieu. . .	151 à 154
Extraits des lettres de M. de Cursay des 9, 10 et 14 octobre	154 à 155
Nice, le 14 octobre. — Le maréchal de Belle-Isle au baron de Leutrum	155 à 159
Nice, le 18 octobre. — Le maréchal de Belle-Isle à M. de Fumeron.	159-160
Nice, le 18 octobre. — Le maréchal de Belle-Isle au duc de Richelieu.	160-161
19 octobre. — M. de Cumiana aux chefs Corses. . .	161-162
Gênes, le 19 octobre. — Le duc de Richelieu à M. de Puysieulx.	162 à 165
Nice, le 19 octobre. — Le maréchal de Belle-Isle à M. d'Argenson	166
Gênes, le 20 octobre. — Le duc de Richelieu au maréchal de Belle-Isle	166 à 168
21 et 22 octobre. — Délibérations prises à la Consulte de Casinca sous la présidence d'Ignazio Venturini et Gio. Pietro Gaffori.	168 à 172
Nice, le 22 octobre. — Le maréchal de Belle-Isle au baron de Leutrum	172-173
Nice, le 23 octobre. — Le maréchal de Belle-Isle à M. de Fumeron.	173 à 175
Saint-Florent, le 24 octobre. — M. de Cumiana à M. de Cursay.	175-176

Extraits des lettres de M. de Cursay des 19, 23 et 25
 octobre, de Bastia . . . . Pag.   176 à 178
26 octobre. — Lettre écrite de la piève d'Aregno . .   178 à 180
Gênes, le 29 octobre. - Le maréchal de Richelieu à M.
 de Puysieulx. . . . .   180 à 184
Gênes, le 29 octobre. — Le maréchal de Richelieu à
 M d'Argenson   184-185
29 octobre. — Extrait des articles du billet du Roy de
 Sardaigne, touchant ses troupes et celles de la reine
 de Hongrie   185-186
Bastia, le 29 octobre. — M. de Cursay au maréchal de
 Belle-Isle.   187
San-Remo, le 30 octobre. — M. de Leutrum au maré-
 chal de Belle-Isle . . . .   187 à 189
Nice, le 1er novembre. — Le maréchal de Belle-Isle au
 duc de Richelieu.   189-190
Nice, le 2 novembre. — Le maréchal de Belle-Isle à M.
 de Puysieulx. . . . .   190 à 194
Nice, le 2 novembre. — Le maréchal de Belle-Isle à M.
 d'Argenson . . . .   194 à 197
Fontainebleau, le 3 novembre. — M. de Puysieulx au
 maréchal de Belle-Isle. . . . .   197 à 199
Gênes, le 4 novembre. — M. de Guymont à M. d'Ar-
 genson   199-200
Gênes, le 4 novembre. — Le duc de Richelieu à M. de
 Puysieulx.   200-201
Fontainebleau, le 6 novembre. — M. d'Argenson au
 maréchal de Belle-Isle. . . . .   202 à 203
Nice, le 7 novembre. — Le maréchal de Belle-Isle à M.
 d'Argenson   203
9 novembre. — Pouvoirs donnés à M. Guisard par M.
 le duc de Richelieu   203-204
Instructions pour M. Guisard envoyé en Corse . . .   204 à 208
Gênes, le 10 novembre. — M. de Chauvelin à M. d'Argenson   208-209
Bastia, le 10 novembre. — M. de Cursay à M. d'Argenson   209-210

Bastia, le 10 novembre. — M. de Cursay au maréchal de Belle-Isle . . . . Pag. 210-211

Bastia, le 10 novembre. — Extrait de la lettre de M. de Cursay au maréchal de Richelieu. . , . . . 211-212

Fontainebleau, le 11 novembre. — M. d'Argenson au maréchal de Belle-Isle. . . . . 212 à 214

Fontainebleau, le 11 novembre — M de Puysieulx au maréchal de Belle-Isle. . . . . 214 à 217

Nice, le 12 novembre. — Le maréchal de Belle-Isle à M. de Puysieulx. . . . . . , . . . 217 à 220

Nice, le 13 novembre. — Le maréchal de Belle-Isle à M. de Cursay. . . . . 220 à 224

Gênes, le 13 novembre. — M. de Chauvelin au maréchal de Belle-Isle. . . . . 224 à 228

Nice, le 13 novembre, - Le maréchal de Belle-Isle à M. de Guymont. . . . . 228 à 230

Nice, le 15 novembre. — Le maréchal de Belle-Isle à M. d'Argenson . . . . 230 à 232

15 novembre. — Extrait de la lettre écrite à M. de Cumiana par M. de Cursay . . . . . , , . 232 à 236

Bastia, le 16 novembre. - M. de Cursay à M. d'Argenson . . . . 236 à 240

Bastia, le 16 novembre. — M. de Cursay à. 240-241

Gênes, le 16 novembre. — M. de Guymont au maréchal de Belle-Isle . . . . 241 à 244

Bastia, le 16 novembre. — M. de Cursay à M. Chauvelin. . . . . 244 à 2 0

Gênes, le 17 novembre. — M. de Chauvelin à . . . 250 à 256

Gênes, le 17 novembre. — M. de Chauvelin à M. d'Argenson 256-257

Nice, le 16 novembre — Le maréchal de Belle-Isle à M. de Chauvelin . . . . 258 à 265

Nice, le 17 novembre. — Le maréchal de Belle-Isle à M. d'Argenson. 265-266

Nice, le 17 novembre. — Le maréchal de Belle-Isle à M. de Puysieulx . . . . . , . . . 266-267

Gênes, le 17 novembre. — M. de Chauvelin au maréchal de Belle-Isle . . . . Pag. 267-268
Gênes, le 19 novembre. — M. de Guymont à. . . . 269-270
Nice, le 21 novembre. - Le maréchal de Belle-Isle à M. de Guymont. . . . . 270 à 272
Nice, le 21 novembre. — Le maréchal de Belle-Isle à M. de Chauvelin . . . . 272 à 276
Couvent d'Orezza, le 21 novembre. — G. P. Gaffori à son frère. 276-277
Bastia, le 21 novembre. — M. de Cursay au maréchal de Belle-Isle. . . . . 278 à 290
Gênes, le 21 novembre. — M. de Guymont au maréchal de Belle-Isle. 290-291
Gênes, le 21 novembre. — M. de Chauvelin à . . . 291 à 295
Nice, le 21 novembre. — Le maréchal de Belle-Isle à M. de Cursay. 295
Couvent d'Orezza, le 22 novembre. — Gaffori et Giuliani à M. de Cursay 296
Nice, le 23 novembre. — Le maréchal de Belle-Isle à M. de Guymont. 297-298
Bastia, le 23 novembre. — M. de Cursay à M. de Chauvelin . . . . 298 à 303
Bastia, le 23 novembre. — M. de Cursay à M. de la Thuillerie . . . . 303 à 305
Gênes, le 24 novembre. — M. de Chauvelin à M. de Cursay . . . . 306 à 312
Gênes, le 24 novembre. — M. de Chauvelin au maréchal de Belle-Isle . . . . 312 à 317
Bastia, le 24 novembre. — Bononaud, ingénieur, au maréchal de Belle-Isle. . . . . 317 à 323
Bastia, le 24 novembre. — M. de Cursay à M. de Fumeron. . . . . 323 à 326
Gênes, le 25 novembre. — M. de Guymont au maréchal de Belle-Isle. . . . . 326 à 329
Versailles, le 26 novembre. — M. de Puysieulx au maréchal de Belle-Isle. 330

Nice, le 26 novembre. — Le maréchal de Belle-Isle à
   M. de Cursay . . . . Pag. 330 à 334
Nice, le 26 novembre. — Le maréchal de Belle-Isle à
   M. de Guymont. 334-335
Nice, le 26 novembre. — Le maréchal de Belle-Isle à M.
   de Chauvelin. . . . . 335 à 337
Gênes, le 26 novembre. — M. de Chauvelin à M. de
   Cursay . . . . 337 à 339
Gênes, le 26 novembre. — M. de Chauvelin au maré-
   chal de Belle-Isle 340-341
Gênes, le 27 novembre. — Les députés du gouvernement
   génois à M. de Chauvelin. 341-342
Gênes, le 27 novembre. — M. de Chauvelin au maré-
   chal de Belle-Isle 342
Couvent de Casinca, le 27 novembre. — Giuliani à M.
   de Cursay 342-343
Nice, le 27 novembre. — Le maréchal de Belle-Isle au
   marquis d'Argenson . . . . 343 à 345
Versailles, le 27 novembre. — M. d'Argenson au ma-
   réchal de Belle-Isle. 345-346
Nice, le 27 novembre. — Le maréchal de Belle-Isle à
   M. de Puysieulx. . . . . 346 à 350
Gênes, le 28 novembre. — M. de Chauvelin à . . . 350-351
Bastia, le 28 novembre. — M. de Cursay à 351-352
Gênes, le 28 novembre. — M. de Chauvelin à M. d'Ar-
   genson 353-354
Calvi, le 28 novembre. — M. de Varignon à Don Gio :
   Girolami 354-355
Gênes, le 29 novembre. — M. de Chauvelin à . . . 355
Bastia, le 29 novembre. — M. de Cursay au maréchal
   de Belle-Isle 356-357
Versailles, le 30 novembre. — M. de Puysieulx au ma-
   réchal de Belle-Isle 357
Nice, le 30 novembre. — Le maréchal de Belle-Isle à
   M. de Chauvelin. . . . . 357 à 359
Nice, le 30 novembre. — Le maréchal de Belle-Isle à
   M. de Guymont. 359-360

Gênes, le 30 novembre. — M. de Guymont au maréchal de Belle-Isle . . . . Pag. 360 à 363

Nice, le 2 décembre. — Le maréchal de Belle-Isle à M. d'Argenson . . . . 363 à 365

Journal de M. de Cursay concernant la Consulte de Corte . . . . 365 à 367

2 décembre. — Harangue de M. de Cursay aux Corses assemblés à Biguglia 367

Nice, le 2 décembre. — Le marquis de Breille au commandant français dans Saint-Florent 368

Versailles, le 3 décembre. — M. de Puysieulx à M. de Chauvelin. 368-369

3 décembre. — Adresse des Corses au roi de France. (Traduction officielle) . . . . 369 à 371

Idem. (Texte original). . . . . 371 à 373

Gênes, le 3 décembre. — M. de Chauvelin à M. de Cursay. . . . . 373 à 379

Gênes, le 3 décembre. — M. de Chauvelin au maréchal de Belle-Isle 380-381

Nice, le 3 décembre. — Le maréchal de Belle-Isle à M. de Cursay . . . . 381 à 384

Gênes, le 3 décembre. — M. de Chauvelin au maréchal de Belle-Isle. . . . . 384 à 387

Gênes, le 4 décembre. — M. de Guymont au maréchal de Belle-Isle. . . . . 387 à 389

Gênes, le 5 décembre. — M. de Chauvelin au maréchal de Belle-Isle 389

Nice, le 5 décembre. — Le maréchal de Belle-Isle à M. de Cursay 389-390

Casinca, 5 décembre. — Lettre des chefs Corses au comte Bogino, premier ministre du Roy de Sardaigne 390-391

Gênes, le 5 décembre. — M. de Guymont au maréchal de Belle-Isle 392-393

Nice, le 5 décembre. — Le maréchal de Belle-Isle à M. de Chauvelin. 393-394

Nice, le 6 décembre. — Le maréchal de Belle-Isle au

comte d'Argenson. . . . . Pag.	394-395
Gênes, le 6 décembre. — M. de Chauvelin au maréchal de Belle-Isle.	395 à 399
Nice, le 6 décembre. — Le maréchal de Belle-Isle à M. de Cursay	399 à 403
Bastia, le 7 décembre. — M. de Cursay à.	403 à 405
Bastia, le 7 décembre. — M. de Cursay au maréchal de Belle-Isle.	405 à 412
Nice, le 7 décembre. — Le maréchal de Belle-Isle à M. de Chauvelin	412 à 414
Gênes, le 7 décembre. — M. de Guymont au maréchal de Belle-Isle.	414-415
Nice, le 7 décembre. — Le maréchal de Belle-Isle à M. de Guymont.	415 à 417
Bastia, le 7 décembre. — L'archiprêtre Orto à . . .	418-419
Gênes, le 9 décembre. — M. de Guymont à . . .	419-420
Gênes, le 9 décembre. — M. de Guymont à	420 à 422
Gênes, le 9 décembre. — M. de Chauvelin au maréchal de Belle-Isle.	422-423
Bastia, le 10 décembre. — M. de Cursay à . . .	423 à 428
Gênes, le 10 décembre.— M. de Chauvelin au maréchal de Belle-Isle.	428 à 430
Nice, le 10 décembre. — Le maréchal de Belle-Isle à M. d'Argenson	430-431
10 décembre. — Lettre sans date ni adresse. . . .	431 à 433
Versailles, le 10 décembre..— M. d'Argenson au maréchal de Belle-Isle	433
Bastia, le 10 décembre. — M. de Cursay à M. d'Argenson	433 à 435
Venzolasca, le 11 décembre. — M. de Beaumenil à M. de Cursay	435-436
Gênes, le 11 décembre.— M. de Chauvelin au maréchal de Belle-Isle.	436-437
Gênes, le 11 décembre. — M. de Chauvelin au maréchal de Belle-Isle	437 à 444
Nice, le 11 décembre. — Le maréchal de Belle-Isle à M. de Guymont.	444 à 447

Nice, le 11 décembre. — Le maréchal de Belle-Isle à
M. de Cursay . . . . , ... Pag. 447 à 449
Gênes, le 12 décembre. — M. de Guymont au maréchal
de Belle-Isle. . . . . 449 à 454
Bastia, le 13 décembre. — M. de Cursay au maréchal
de Belle-Isle. 454-455
Gênes, le 13 décembre. — M. de Chauvelin au maréchal de Belle-Isle . . . . 455 à 458
Gênes, le 13 décembre. — M. de Chauvelin au maréchal de Belle-Isle . . . . 458 à 460
Bastia, le 13 décembre. — M. de Cursay à M. de
Chauvelin . . . . 460 à 467
Gênes, le 15 décembre. — M. de Guymont à . . . 467 à 469
Nice, le 15 décembre. — Le maréchal de Belle-Isle à
M. d'Argenson . . . . 469 à 473
Nice, le 16 décembre. — Le maréchal de Belle-Isle à
M. de Chauvelin. . . . . 473 à 476
Nice, le 16 décembre. — Le maréchal de Belle-Isle à
M. de Cursay. . . . . 476 à 481
Gênes, le 17 décembre. — M. de Chauvelin au maréchal
de Belle-Isle. 481-482
Gênes, le 17 décembre. — M. de Chauvelin à M. d'Argenson 482-483
Nice, le 18 décembre. — Le maréchal de Belle-Isle à
M. de Guymont. 483-484
Nice, le 18 décembre. — Le maréchal de Belle-Isle à
M. de Cursay 484-485
Nice, le 18 décembre. — Le maréchal de Belle-Isle à
l'archiprêtre Orto 485-486
Gênes, le 18 décembre. — M. de Guymont à . . . 486-487
Nice, le 18 décembre. — Le maréchal de Belle-Isle à
M. de Chauvelin. . . . . 487 à 489
Nice, le 18 décembre. — Le maréchal de Belle-Isle à
M. de Puysieulx. . . . . 489 à 492
Gênes, le 19 décembre. — M. de Chauvelin à M. de
Cursay. . . . . 492 à 496
Gênes, le 19 décembre. — M. de Chauvelin au maréchal

de Belle-Isle. . . . . Pag. 496 à 498
Gênes, le 19 décembre. — M. de Chauvelin à M. d'Argenson . . . . 498 à 500
Nice, le 20 décembre. — Le maréchal de Belle-Isle à M. de Puysieulx. . . . . 500 à 502
Gênes, le 21 décembre. — M. de Guymont à. . . . 502 à 504
Gênes, (avant le 21 décembre). — Mémoire sur la négociation de Corse rédigé par M. de Chauvelin. . 504 à 511
Nice, le 21 décembre — Le maréchal de Belle-Isle à M. de Chauvelin . . . . 511 à 515
Nice, le 23 décembre. — Le maréchal de Belle-Isle à M. de Chauvelin. 515-516
Gênes, le 24 décembre.— M. de Chauvelin au maréchal de Belle-Isle. . . . . 516 à 520
Gênes, le 24 décembre. — M. de Guymont à . . . 520
Versailles, le 24 décembre. — M de Puysieulx au maréchal de Belle-Isle. 521
Gênes, le 25 décembre.— M. de Chauvelin au maréchal de Belle-Isle 521-522
Bastia, le 27 décembre. - M. de Cursay à M. d'Argenson . . . . 522 à 524
Nice, le 27 décembre. — Le maréchal de Belle-Isle à M. de Chauvelin 524-525
Gênes, le 28 décembre. - M. de Guymont à . . . 525-526
Paris, le 29 décembre. — M. de Puysieulx au maréchal de Belle-Isle. 526-527
Gênes, le 31 décembre. — M. de Chauvelin au maréchal de Belle-Isle 527-528
Nice, le 31 novembre. — Le maréchal de Belle-Isle à M. de Cursay. 528-529
Nice, le 31 novembre.— Le maréchal de Belle-Isle à M. de Chauvelin. 529-530
Décembre 1748. — Copie de l'instruction donnée à M. Guisard . . . . 530 à 535
Instructions pour M. de Cursay. 535-536

TABLE DES NOMS PROPRES

A

Agenois (d'), 40, 165.
Agostini Leonardo, 34.
Agostini Paolo Francesco, 371.
Ahumada (d'), 200, 265, 475.
Aitelli, piévan, 10.
Angeli Battista, 33.
Angeli Don Pietro, 33.
Angeli Pietro, 33.
Antoine (d'), lieutenant, 59.
Antonietti, docteur, 10, 145, 164, 207, 355, 362, 533, 534.
Antonio (Don), 61.
Antoniotti Joseph, 82, 89, 97.
Argenson (d'), ministre du Roi, passim.
Aschero Antonio Giuseppe, 32.
Aschero Giovanni, 34.
Aschero Gio. Francesco, 34.
Astima Nicolò Maria, 128.
Audin, capitaine, 59.

B

Bada, commandant, 58.
Badano Maria, 37.
Balbi, 121, 181, 287, 300, 302, 329, 339, 465.
Beaumenil ou Boismenil, 366, 412, 427, 463, 464, 466, 480, 523.
Beauséjour, sous-lieut., 467.
Bedier, capitaine, 466, 467.
Belgodere Cruciano, 33.
Belle-Isle (maréchal de), passim
Benedetti Pietro, 33.
Benedetti Stefano, 33.
Bernardi Gian Francesco, 371.
Bertolacci Pietro, 34.
Biadelli Teodoro, 34.
Biguglia Goffredo, 33.
Biguglia Francesco Saverio, 33.
Bilanciotti, 296.
Bissy (de), 226.
Blanchat, commissaire, 186, 232, 234, 237, 239, 246, 279, 306, 307.
Bogino (comte de), passim.

Bolognè Gian Battista, 35.
Bonavita Domenico, 371.
Bonelli Anton Filippo, 33.
Bononaud, ingénieur, 317, 393, 410, 466, 515, 524, 528.
Boufflers (de) 265, 267.
Breille (marquis de), 276, 298, 336, 347, 358, 360, 363, 364, 382, 383, 384, 394, 398, 400, 416, 430, 438, 454, 455, 459, 472, 476, 484, 499, 502, 512, 521, 522, 527.

Briois, commissaire, 394.
Brizzi Angelo, 35.
Brons (chevalier de), 58, 59, 94, 103, 109, 111.
Brown (de), 44, 276, 298, 360, 364, 382, 393, 416, 484, 527.
Bustoro Andrea, 35.
Buttafoco Battista, 37, 371.
Byng (amiral anglais), 66, 79, 87, 91, 93, 95, 100, 101.

C

Campodonico Anton Bernardo, 34.
Camugli Giuseppe, 34.
Canavaggia Pietro, 35.
Caraffa Antonio, 33.
Carbuccia Antonio, 33.
Carbuccia Stefano, 34.
Cardi Felice, 32.
Cardi Marc Antonio, 50.
Carlotti, de Venaco, 8.
Carrone Domenico, 34.
Casabianca Quirico, 9, 147, 371, 391.
Casale Antonio Maria, 8, 371.
Casale Cosmo Maria, 371.
Casale Gian Giuseppe, 9.
Casale Orso Santo, 9.
Casali (les), 6.
Casanova Alessandro, 33.
Casanova Antonio, 33.
Castro, aide-major, 83, 238, 256, 278, 279, 302, 303, 305, 306, 307, 376, 383, 399, 408, 411, 424, 437, 444, 449, 454, 459, 466, 469, 470, 472, 473, 476, 480, 524.
Cecconi Giacinto, 35.

Cecconi Giuseppe, 35.
Chauvelin (marquis de), *passim*.
Ciavaldini, 9, 54.
Clerici, 7.
Colombani Giuseppe Maria, 33.
Colonna Bozzy, 431, 432, 433, 487, 524, 528.
Corbara Francesco Maria, 33.
Corsegno (marquis de), 4.
Cosso, capitaine, 25, 33.
Costa Simone, 34.
Coste (de), ingénieur, 503.
Costantini Gasparo, 33, 36.
Cristiani Gio. Francesco, 35.
Cristofari Giacinto, 34.
Cristofari Matteo, 35.
Cristofini Giuseppe, 34.
Crussol (marquis de), 12, 184, 196, 214, 231, 274, 275, 317, 325, 383, 454.
Cumiana (de), commandant piémontais), *passim*.
Curlo, commissaire génois, 219, 220, 243, 263, 265, 266, 272, 273, 297, 348, 405, 445, 473, 475, 484, 496, 521.
Cursay (marquis de), *passim*.

D

Degola Nicolò, 34.
Desiderio, religieux, 10.
Domarchi, 61.
Doria Andrea, 65.

Drago Andrea, 34.
Durante Andrea, 34.
Durazzo Carlo Emanuelle, 312.
Duvivier, caporal, 467.

E

Ersa Gio. Battista, 34.

Espinasse (d'), 303, 304, 379.

F

Farconnet, 40.
Farinola Alessandro, 33.
Ficarella Giacomo, 33.
Filippi Angelo, 147, 391.
Filippi Francesco Matteo, 371.
Flach, aide-major, 59.
Fontette (de), officier français, 13, 39, 282, 396, 465, 466.
Forbès (de), amiral, 239.
Franceschi Geronimo, 35.
Franceschi (de) Ottone, 34.
Francischetti Stefano, 33.
Frediani Simon-Pietro, 8, 147, 371, 391.

G

Gaffori Anton Francesco, 411, 480.
Gaffori Jean Pietro, 2, 6, 9, 22, 23, 25, 47, 54, 135, 140, 147, 153, 161, 167, 172, 176, 177, 178, 179, 199, 200, 201, 211, 237, 238, 239, 240, 245, 247, 257, 268, 276, 278, 289, 296, 298, 307, 321, 323, 351, 354, 363, 371, 381, 385, 387, 389, 391, 404, 405, 408, 419, 421, 435, 454, 455, 522.
Galeazzini (Comte), 30.
Galeazzini Salvatore, 32.
Garelli Jean-Vincent, 95.
Gavi Gio. Battista, 35.
Gerardi (de), 467.
Geronimo (Don), 61.

Gio. Felice, de Rostino, 9.
Girolami (Don Gio.), 354.
Goujon (de), 466, 467.
Giuliani Gian Tommaso, 1, 2, 3, 8, 9, 22, 25, 82, 134, 135, 140, 161, 180, 211, 237, 238, 240, 245, 247, 257, 268, 278, 283, 289, 296, 307, 321, 323, 351, 354, 371, 404, 406, 419, 421, 454, 455, 520, 522.
Grimaldi Antonio, 33.
Grimaldi Anton Giuseppe, 34.
Grimaldi Filippo, colonel, 25, 33, 152.
Grimaldi Giacomino, 164, 205, 226, 228, 230, 259, 270, 271, 273, 276, 291, 314,

334, 336, 340, 342, 532.
Grimaldi Riniero, 183, 205, 226, 228, 230, 259, 270, 271, 273, 276, 291, 297, 314, 334, 336, 340, 342, 532.

Guaitella Giuseppe, 35.
Guasco Giuseppe Maria, 33.
Guerucci, Simone, 34.
Guisard, Commissaire de guerre, *passim*, de 200 à 531.

H

Huesca (duc de), 197.

I

Imbri Anton Maria, 34.

Imperiali (marquis), 28, 29.

J

Janninetto, chef des rebelles, 53, 55.

L

La Mina, 197, 214, 230, 265, 330.
La Rossa, 305.
Leutrum (baron de), 68, 70, 71, 85, 87, 89, 91, 93, 98, 100, 101, 102, 109, 110, 113, 114, 115, 118, 119, 120, 128, 136, 139, 147, 155, 159, 160, 161, 173, 175, 185, 187, 189, 190, 191, 192, 193, 194, 195, 202, 211, 212, 213, 216, 230, 232, 233, 237, 268, 273, 276, 364, 382, 408, 409.

Licciardi Antonio, 32.
Licciardi Anton Domenico, 33.
Limperani, capitaine, 178.
Lombardi Giacomo Filippo, 33.
Lombardi Giuseppe Maria, 34.
Lota Anton Giuseppe, 35.
Lota Carlo Domenico, 35.
Lota Gio. Francesco, 34.
Lota Giuseppe, 34.
Lucciano Domenico Maria, 33.
Luciesi, capitaine, 97.
Luo Sebastiano, 34.
Luri Giuseppe, 34.

M

Manoritta Pietro, 34.
Margueritte (de la), 236.

Mari (marquis de), 11.
Marini Angelo, 35.

Mariotti, évêque, 9.
Marsilio, chef corse, 97.
Massoni, de Còrte, 343.
Matra Alerio Francesco, 3, 5, 6, 9, 10, 21, 22, 23, 24, 25, 29, 31, 32, 47, 53, 54, 78 79, 82, 84, 85, 90, 95, 96, 97, 116, 127, 134, 135, 140, 142, 152, 159, 161, 176, 210, 211, 223, 237, 238, 240, 245, 256, 257, 268, 269, 277, 285, 289, 322, 325, 328, 352, 402, 421, 447, 535.

Mattei Anton Giuseppe, 32.
Matteo Peppo, 5.
Maurier, 305.
Medori, ingénieur, 493, 503.
Meria Anton Giuseppe, 35.
Mizorno Don Pietro, 60.
Monconseil (de), 405.
Montchenu (de), 276.
Mordiconi, 5, 6.
Morelli Antonio, 32.
Morelli Domenico Maria, 33.
Morelli Giuseppe, 33.
Moro Paolo Agostino, 33.

N

Nicolai Francesco Maria, 34.

O

Oletta Sylvestre, 1.
Olmeta Parisi, 33.
Orbecchi Matteo, 34.

Orbecci Anton Maria, 35.
Orto, archiprêtre, 268, 411, 432, 480.

P

Pallavicini, ministre de Gênes, 2, 3, 10, 11 et passim.
Paoli Clément, 8, 371.
Papi Ubaldo, 33.
Pasqualetti Giorgio Francesco, 33.
Pasqualini Pietro, 33.
Passano, commissaire général, 352, 428.
Patrizi, capitaine, 236, 238, 247, 296, 307, 351, 411, 467, 480.
Pédemont (de), officier français, 13, 28, 41, 46, 60, 78, 79, 83, 261, 293, 400.

Pellegrini Carlo Giovanni, 33.
Pellegrino Francesco Saverio, 34.
Pellegrino Gio. Luca, 33.
Pelle Pasquale, 34.
Peretti, commandant, 135.
Perfetti Anton Pietro, 33.
Perfetti Luigi, 33.
Pieno Antonio, 95.
Pietri Francesco, 35.
Pietri Domenico, 34.
Pietrino, de Casacconi, 97.
Pinelli, commiss. génois, 219, 263, 265, 266, 272, 273, 348, 445, 473, 484, 496, 521,

Poggi Pietro, 33.
Poggiolo Giov. Battista, 34.
Poli, lieutenant général, 9.
Poli Gio Battista, 371.

Ponzevera Giacomo, 34.
Prelà Seraffino, 35.
Puysieulx (de), *passim*.

Q

Quartini Cesare Maria, 34.

R

Raffaelli, lieutenant-général, 9.
Raibaldi Gio. Battista, 34.
Rapouillet, capitaine, 35.
Regnauldin, 83.
Renucci Basilio, 147.
Ribizzo Ignazio, 32.
Richelieu (duc de), *passim*.

Rinesi Domenico, 35.
Rivarola Domenico, 1, 2, 3, 5, 6, 7, 210, 211.
Rogliano Gioacchino, 33.
Rogliano Gio. Domenico, 35.
Romani Anton Giuseppe 35.
Rossi Geronimo, 34.

S

Saint-Oyen (de), 103, 109, 127, 236, 246.
Saint-Séverin, 108.
Saint-Victor (de), capitaine, 53.
Saliceti Antonio, 35.
Saliceti Domenico, 7, 371.
Saliceti Girolamo, 4, 7.
Santelli Simon Francesco, 34.
Santini Giacinto, 33.
Santucci, lieutenant-général, 9.

Santucci Paolo, 54.
Séjeant, 303.
Sisco Ambrogio, 34.
Sisco Gio. Battista, 35.
Sorba, 265, 266.
Sottomajor (de), 197.
Spinola, vice-gérant, 22, 24, 33.
Spinola Don Luigi, 135, 142.
Stefanini Francesco Maria, 33.
Straforelli Ignazio, 34.

T

Taddei Gio Francesco, 371.
Terrigo Bernardo, 35.
Thuillerie (de la), commissaire des guerres) *passim*.

Tornatore Bartolomeo, 35.
Torriglia Anton Giuseppe, 33.
Tribuzij Antonio, 33.

V

Valentini Gio. Felice, 371.
Varese Gio. Battista, 34.
Varese Pietro, 33.
Varignon (de) officier français), 13, 24, 39, 42, 293, 305, 354, 396, 400, 465, 466, 485, 495.
Venturini Ignazio, 134 140, 147, 159, 161, 176, 391.
Viale Antonio, 35.
Viansin (comte de), 68, 86, 93, 110, 111, 112, 118, 151, 155, 157, 158, 161, 172, 173, 174, 175, 268.

Vierset (de), commandant, 256, 396, 465.
Vignol (de), 59.
Villeheurnoy (de La), 410.
Villemur (marquis de), 222.
Vincentelli, de Caccia, 8.
Vincentelli Franc., Maria, 371.
Vincenti Domenico Maria, 371.
Vinciguerra Alessandro, 147, 391.
Vinciguerra Paolo Luigi, 371.
Viterbi Gio. Battista, 96.

Z

Zerbi Anton Matteo, 33.

Zerbi Paolo, 32.

PUBLICATIONS DE LA SOCIÉTÉ :

Bulletin de la Société des Sciences Historiques et Naturelles de la Corse, années 1881-1882, 1883-1884, 1885-1886 et 1887-1890, 4 vol., 724, 663, 596 et 606 pp.

Mémoires de Rostini, texte italien avec traduction française, par M. l'abbé Letteron, 2 vol., 482 et 588 pp.

Memorie del Padre Bonfiglio Guelfucci, dal 1729 al 1764, 1 vol., 236 pp.

Dialogo nominato Corsica del R^{mo} Monsignor Agostino Justiniano, vescovo di Nebbio, texte revu par M. de Caraffa, conseiller à la cour d'appel, 1 volume 120 pp.

Voyage géologique et minéralogique en Corse par M. Emile Gueymard, ingénieur des mines, (1820-1821), publié par M. J. Bonavita, 1 vol., 160 pp.

Pietro Cirneo, texte latin, traduction de M. l'abbé Letteron, 1 vol., 414 pp.

Histoire des Corses, par Gregorovius, trad. de M. P. Lucciana, 1 vol., 168 pp.

Corsica, par Gregorovius, traduction de M. P. Lucciana, 2 vol., 262 et 360 pp. (Ces trois derniers volumes font partie du même ouvrage).

Pratica delli Capi Ribelli Corsi giustiziati nel Palazzo Criminale (7 Maggio 1746). Documents extraits des archives de Gênes. Texte revu et annoté par M. de Caraffa, conseiller, et MM. Lucciana frères, professeurs. 1 vol. 420 pp.

Pratica Manuale del dottor Pietro Morati di Muro. Texte revu par M. V. de Caraffa, deux vol., 354 et 516 pp.

La Corse, Cosme Ier de Médicis et Philippe II, par M. A. de Morati, ancien conseiller, 1 vol., 160 pp.

La Guerre de Corse, texte latin d'Antonio Roccatagliata, revu et annoté par M. de C Stelli, traduit en français par M. l'abbé Letteron, 1 vol., 250 pp.

Annales de Banchero, ancien Podestat de Bastia, manuscrit inédit, texte italien publié par M. l'abbé Letteron, 1 vol., 220 pp.

Histoire de la Corse, (dite de Filippini), traduction de M. l'abbé Letteron, 1er volume., XLVII-504 pp. — 2e vol., XVI-332 pp. — 3e vol., XX-412 pp.

Deux Documents inédits sur l'Affaire des Corses à Rome, publiés par MM. L. e P. Lucciana, 1 vol., 442 pages.

Deux Visites pastorales, publiées par MM. Philippe et Vincent de Caraffa conseiller, 4 vol, 240 pages.

Pièces et documents divers pour servir à l'Histoire de la Corse pendant la Révolution Française, recueillis et publiés par M. l'abbé Letteron, 3 vol., 428, 404 et XXIV-338 pp.

Procès-verbaux des séances du Parlement Anglo-Corse, du 7 février au 16 mai 1795, publiés par M. l'abbé Letteron, 1 vol., 739 pp.

Sampiero et l'annina d'Ornano, (1434-1563), par M. A. de Morati, 1 vol., 83 pp.

Correspondance de Sir Gilbert Elliot, Vice-Roi de Corse avec le gouvernement Anglais. Traduction de M. Sébastien de Caraffa, avocat, 1 vol., VIII-553 pp.

Mémoires Historiques sur la Corse, par un Officier du régiment de Picardie (1774-1777), publiés par M. V. de Caraffa, 1 vol., 266 pp.

Mémoires du Colonel Gio. Lorenzo de Petriconi (1730-1784), publiés par M. l'abbé Letteron, 1 vol., 245 pp.

Pièces et documents divers pour servir à l'Histoire de la Corse pendant les années 1737-1739, recueillis et publiés par M. l'abbé Letteron, 1 volume, XIX-548 pp.

Théodore Ier, roi de Corse, traduction de l'allemand de Varnaghen par M. Pierre Farnole, professeur au Collège de Corte, 1 vol., IV-75.

Documents sur les troubles de Bastia (1er, 2 et 3 juin 1794), publiés par M. A Cagnani, 1 vol., 117 pp.

PUBLICATIONS DE LA SOCIÉTÉ

Documents relatifs à l'épiscopat du B. Alexandre Sauli, évêque d'Aleria, publiés par M. l'Abbé VENTURINI, archiprêtre de Corte, 1 vol. de 310 pp.
Recherches et notes divers sur l'Histoire de l'Église en Corse, par Mgr DE LA FOATA, évêque d'Ajaccio, 1 vol. de 304 pp.
Journal de deux Campagnes en Corse par les troupes impériales (1731-1732), publié par M. le Capitaine E. ESPRANDIEU, 1 vol. de 48 pp.
Mauro Rosso de la Corse, publié par M. l'Abbé LETTERON, 392 pp.
Délibérations et Correspondance du Comité Supérieur siégeant à Bastia (du 24 mars au 7 septembre 1790), publiées par M. l'Abbé LETTERON, 2 vol. XVI-243 et VIII-196.
Correspondance de Sir Gilbert Elliot, Vice-Roi de Corse, avec le Gouvernement Anglais (Dépêches d'Angleterre). — Traduction de M. SEBASTIEN DE CARAFFA, Avocat, 1 vol. de 2,256 pp.
Vie et Lettres de Sir Gilbert Elliot. — Traduction de M. SEBASTIEN DE CARAFFA, Avocat, 1 vol. de 136 pp.
Les Milandri de Corse. Une invest. du fief Un linco par François Sforza, par M. A. DE MORATI, 1 vol. de 121 pp.
Procès-verbaux de l'Assemblée générale des États de Corse tenue à Bastia en 1770, 1773, 1875, 1877, 1778 et 1781, publiés par M. A. DE MORATI et M. l'ABBÉ LETTERON, 4 vol.
Lettres de Pascal Paoli, publiées par M. le docteur PERELLI, 5 vol. 600, 752, 400, 368 et 176 pp.
Correspondance des agents de France à Gênes, avec le Ministère, en 1780 et suiv., publiée par M. l'ABBÉ LETTERON, 1 vol. de 604 pp.
Lettres diverses à Paoli (1759-1794), publiées par M. FRANÇOIS DE MORATI GENTILE, 1 vol. de VIII-190 pp.
Genova et la Corsica, 1758-1778, par M. le général UGO ASSERETO, 1 vol. de 164 pp.
Résumé des travaux sur la Géologie de la Corse, par M. N., 1 vol. de 102.
Essai sur les Poissons des côtes de la Corse, nomenclature descriptive de ceux qui sont observés sur la côte orientale de Corse, par M. TITO DE CARAFFA, 1 vol. illustré de 226 pp.
Osservazioni Storiche Sopra la Corsica dell' Abbate Ambroggio Rossi, t. I-XV à XVII, 386, 113, 354, 422, 306, 420, 408, 416, 488, 416, 160 et 260 pp.) 1705-1818, publiés par M. l'ABBÉ LETTERON.
Étude sur la faune des mollusques vivants terrestres et fluviatiles de l'Île de Corse, par le commandant CAZIOT.
Étude médicale sur les climats de la Corse, par le docteur BAGNARSI.

BULLETIN
DE LA
SOCIÉTÉ DES SCIENCES HISTORIQUES ET NATURELLES DE LA CORSE

PRIX DU BULLETIN

Pour les membres de la Société, un an .... **10 fr.**

ABONNEMENTS

Pour la Corse et la France, un an .... **10 fr.**
Pour les pays étrangers compris dans l'union postale, un an .... **12 fr.**
Pour les pays étrangers non compris dans l'union postale, un an .... **15 fr.**

Nota. — Tout abonnement est payable d'avance, et se prend à l'année (du mois de janvier au mois de décembre).

S'adresser pour les abonnements à M. J.-B. BOURGEON, Négociant, Trésorier de la Société.

www.ingramcontent.com/pod-product-compliance
Lightning Source LLC
Chambersburg PA
CBHW060503230426
43665CB00013B/1367